역시 한국사

GNP EDU

역시 한국사

김인덕, 이기명, 장득진, 정성일, 한문종, 홍성덕

한국역사문화교육연구회
THE EDUCATION STUDIES OF KOREAN HISTORY AND CULTURE

머리말

"역사를 잃으면 나라를 잃는 것과 같다."는 말이 있다. "역사는 정신이니, 역사를 잃으면 정신을 잃고 정신없는 나라를 만들게 된다. 어찌 두렵지 아니한가?" 일제 강점기 독립 운동가이자 역사학자이며 언론인이기도 했던 단재 신채호가 한 말이다.

물론 지금은 나라를 잃은 그때와 우리나라의 상황이 적지 않게 다르다. 대한민국은 2018년 국내총생산(GDP) 기준으로 볼 때 세계 경제 규모 12위에 오를 정도로 크게 성장했다. 그렇다고 하더라도 우리 역사를 올바로 알고 숙지하는 것이 중요함은 여전하다. 공무원 채용 시험을 비롯한 각종 국가시험에서 우리 역사인 「국사」 과목이 들어 있는 것은 바로 그 때문이다.

이 책은 『역시 한국사』라는 책 이름에서 알 수 있듯이, 역사 시험(역시)에 대비할 수 있게 만든 것이다. 예를 들면 국사편찬위원회가 주관하는 한국사능력검정시험에 대비할 수 있게 구성하였다. 이를 위하여 날줄에 해당하는 시간을 기준으로 선사 시대부터 현대까지 우리 역사를 세우고, 거기에 정치 · 경제 · 사회 · 문화의 씨줄을 가로로 엮어서 모두 26개 소주제로 정리하였다. 이른바 원시[선사시대]부터 고대[삼국과 남북국], 중세[고려, 조선], 근대[개항기, 일제 강점기], 현대[광복 이후]에 이르는 전 시기를 망라하여 우리 역사의 역동성과 다양성을 알기 쉽게 간추렸다.

최근 한국사 시험을 준비하는 대학생들이 늘어남에 따라 각 대학에서는 교양 한국사 교과목의 수업 내용을 역시에 대비할 수 있게 바꾸고 있는 추세이다. 그래서 이 책도 보통 15주에서 17주 수업으로 진행하는 대학의 교양 한국사 교재로 활용할 수 있게 꾸몄다. 예를 들면 전반부를 〈01 선사문화의 이해〉부터 〈14 조선의 문화와 사상〉까지, 그리고 후반부를 〈15 근대 사회의 전개〉부터 〈26 평화 통일의 과제〉까지로 나누어서 수업에 활용할 수 있게 구성하였다.

　『역시 한국사』는 대학 현장에서 오랜 동안 한국사를 가르치는 교수들이 중심이 되어 편찬하였다. 역시에 대비하는 대학생들이 최소한의 노력으로 최대의 성과를 얻을 수 있게 경제성을 고려하여 설계하였다. 그리고 (주)지엔피링크 황순신 대표님을 비롯한 여러 전문가의 힘을 빌려서 이 책이 세상에 나올 수 있었기에 여기에 관계하신 모든 분들께 감사를 드린다.

　마지막으로 『역시 한국사』의 독자에게는 바라는 만큼 성과를 얻을 수 있기를 진심으로 기원하는 바이다.

2018년 8월
저자 일동

목차

1 선사 문화의 이해

고인돌 유적(전북 고창)

1 우리 조상의 기원과 자연 환경

　예로부터 우리 조상들은 만주 지역과 한반도를 중심으로 한 비교적 넓은 지역에 퍼져 살고 있었다. 이 지역은 계절 변화가 뚜렷하여 사람이 살기에 적합한 곳이다. 이로 인해 만주와 한반도 지역은 전기 구석기 시대인 약 70만 년부터 사람들이 살기 시작한 것으로 여겨진다.

　수십만 년 전에 이 땅에 살았던 구석기 시대 사람들은 이동 생활을 했기 때문에 우리의 직접적인 조상으로 볼 수 없다. 대체로 신석기 시대에서 청동기 시대를 거치면서 우리 민족의 기틀과 문화적 특징들이 형성되었다.

2 선사 시대의 생활과 문화

　돌로 만든 도구를 주로 사용한 시기를 석기 시대라고 하는데, 한반도의 여러 곳에서 석기 시대 유적이 발굴되어 많은 유물이 나왔다. 석기 시대는 다시 뗀석기를 사용하는 구석기 시대와 간석기를 사용한 신석기 시대로 나눈다.

1) 구석기 시대

　구석기 유적은 1933년 함경북도 동관진에서 처음 발견하였으며 광복 이후로는 평안남도 상원 검은모루, 경기도 연천 전곡리, 충청남도 공주 석장리 등을 비롯하여 전국에서 발견되고 있다. 구석기 유적

점말 동굴(충북 제천) 얼굴을 새긴 코뿔소뼈가 출토되었다.

석장리 선사 유적지(충남 공주) 남한에서 광복 이후 최초로 발굴된 구석기 유적지이자 가장 많은 유물이 출토된 구석기 문화 유적이다. 집터, 불땐자리, 사람의 털과 짐승의 털 등이 발견됐고, 긁개·찌르개·자르개·주먹도끼·주먹대패 등 수많은 유물들이 발굴됐다.

지에서는 긁개, 주먹도끼와 같은 뗀석기와 함께 코뿔소, 곰, 원숭이 등의 뼈가 출토되었으며 불을 피운 흔적도 확인되고 있다. 우리나라에 살았던 사람 화석으로 가장 오래된 것은 평안남도 덕천 승리산 동굴에서 발견된 화석이며 이밖에 평양시 상원 용곡 동굴에서 나온 용곡 사람과 단양 상시 동굴에서 발견된 뼈 등이 있다.

구석기 시대 사람들은 처음에는 돌을 거의 그대로 사용하다가 점차 쓰임새에 따라 여러 가지 뗀석기를 만들어 사용하였다. 주된 도구는 주먹도끼였는데 사냥에도 쓰였지만 효과적이지 못하였다. 그래서 사냥보다는 식물이나 열매, 뿌리, 곤충 등의 채집을 통해 먹을거리를 구하는 것이 일반적이었으며 식량을 저장할 줄은 알았지만 오래 보존할 수는 없었다. 이들은 규모가 크지 않아 작게는 3~4명, 많게는 10명 내외의 사람들이 사냥과 채집에 유리한 동굴이나 바위그늘, 막집에 살면서 계절에 따라 이동하는 생활을 하였다.

구석기 시대 후기에 들어와서는 기후가 따뜻해지면서 덩치가 큰 짐승보다는 토끼, 여우, 새 등과 같은 작고 빠른 짐승들이 많아졌다. 이러한 자연 환경의 변화에 따라 활, 창, 작살처럼 보다 정교하고 빠른 사냥 도구들이 만들어졌다.

2) 신석기 시대

약 1만 년 전경 빙하기가 끝나면서 지구의 온도가 올라갔다. 이에 따라 식물의 분포가 달라지고 맘모스 등 대형 동물이 사라지면서 멧돼지, 사슴 등 작은 동물이 번창하게 되었다. 사람들의 사냥감이 바뀌면서 사냥에 쓰이는 도구도 발전하여 돌을 갈아 다양한 모양의 간석기를 만들었다.

주먹도끼

1970년대 연천 전곡리에서 양면 핵석기가 발굴되어 우리나라도 전기 구석기의 발달된 문화를 가지고 있음이 증명되었다. 전곡리는 사적 제 268호로 1978년 미군 병사 보웬이 처음 확인한 이후 10차례에 걸쳐 발굴 조사되었다. 주먹도끼는 전기 구석기의 가장 특징적인 석기로 처음에는 냇돌이나 돌덩이의 한쪽 면을 때려 떼어서 날을 세운 찍개(chopper)와 양쪽 면을 떼어서 날을 세운 찍개(chopping tool)를 썼지만, 이어서 손에 쥐기 좋도록 형태를 다듬은 주먹도끼로 발전시켰다. 이러한 주먹도끼는 짐승을 사냥하는 데는 물론 사냥한 짐승의 가죽을 벗기는 데 사용했고, 또한 땅을 파서 나무뿌리 등을 캐는 다목적용 석기였다.

미국의 H. 모비우스 교수에 따르면 주먹도끼문화는 주로 아프리카 · 유럽 · 중근동 · 인도 · 자바 등 구대륙에서만 발견되고 있으며, 동남아시아와 중국 · 한국 · 일본 등을 포함한 동북아시아에서는 찍개로 대표되는 자갈돌 석기문화가 있었다고 한다. 그러나 1978년 경기 연천 전곡리에서 아슐리안형 주먹도끼가 발견되면서 모비우스의 학설에 제동이 걸렸다. 전곡리 유적에서 출토된 주먹도끼 · 클리버 도끼 · 다각 원구(圓球)망치(Polyhedron) · 찍개 · 긁개 등은 유럽의 아슐리안 후기 석기문화를 크게 닮아 있어 동아시아의 구석기 문화가 새롭게 조명되고 있다.

특히 정교해지고 날카로운 활과 화살의 개발로 먼 거리에 있는 사냥감을 잡을 수 있게 되었다.

대략 우리나라에서는 기원전 8000년경부터 신석기 시대가 시작되었다. 신석기 시대 유적은 한반도 전 지역에 고루 퍼져 있으며, 주로 강 유역이나 해안 지역에서 발견된다. 이 지역은 물고기와 조개 등 쉽게 잡을 수 있는 먹을거리가 있었기 때문이다. 고기잡이에 사용된 도구는 동물의 뼈와 돌로 만든 작살과 낚시바늘, 그리고 그물에 쓰였던 그물추였다.

이 시대의 가장 큰 변화는 농경과 목축의 시작이다. 초보적 수준의 농경이 가능했기 때문에 인류의 생활을 크게 변화시켰다. 우리나라의 경우 탄화된 좁쌀, 기장 등 곡물과 괭이, 낫, 호미 등의 농기구가 주로 신석기 시대 중기 유적지에서 발견되고 있어 이무렵부터 농경 생활이 시작되었을 것으로 생각된다. 그런데 농사로 거둔 작물의 양이 많지 않아 사람들은 필요한 식량을 해결하기 위해 여전히 사냥과 고기잡이, 채집 활동을 해야 했다. 신석기 시대의 유적지에서 발견되는 활, 창, 동물의 뼈나 조개류, 그물, 작살, 뼈낚시 바늘 등은 이러한 사실을 잘 말해주고 있다.

당시 신석기인들은 주로 돌이나 나무로 농기구를 만들어 농사를 지었

흥수아이 1983년 청원 두루봉 흥수굴에서 발견된 흥수아이는 편편한 석회암 낙반석 위에 누워 있었는데 시신 위에 고운 흙과 국화꽃(꽃가루)이 있었다. 석회암 동굴에 국화꽃이 자생하지 않는 점으로 미루어 보아 꽃은 장례를 위해 다른 곳에서 가져왔을 것으로 추정된다. 따라서 구석기 시대에도 매장 풍속이 있었던 것으로 보인다. 근래 흥수아이 유적이 구석기 시대가 아니라는 설이 나오고 있다.

한반도 신석기 시대 여인상 우리나라는 신석기 시대에 이르러 여성을 주제로 한 예술품이 제작되었다. 울산 신암리 등에서는 흙으로 만든 여인상이 출토되었는데 가슴과 엉덩이를 풍만하게 표현하고 있다. 이는 신석기 모계 씨족 사회의 다산이나 풍요를 상징하는 것으로 보인다.

가락바퀴 방주차(紡錘車)라고도 불리는 가락바퀴는 신석기 시대부터 청동기 시대까지 사용한 원시적인 방적 도구로 돌·흙·뼈·도기 등으로 만들었다. 그 모양도 원판형·구형·반구형·원통형 등 다양하였다. 가락바퀴는 그 중앙에 둥근 구멍이 뚫려 있는데, 그 구멍을 통하여 가락바퀴의 축이 될 막대를 넣어 고정시키고 막대의 위쪽 끝에는 갈퀴를 만들었다.

신석기 시대 집터 (서울 강동) 신석기 시대의 집터는 대개 땅을 파고 만든 움집 자리로, 바닥은 원형이나 모서리가 둥근 사각형이다. 움집의 중앙에는 불씨를 보관하거나 취사와 난방을 위한 화덕이 위치하였다. 출입문이나 화덕의 옆에는 저장 구덩이를 만들기도 하였다. 집의 크기는 4~5명 정도가 살 수 있는 크기였으며, 주로 해안이나 강가에 분포한다.

고, 주로 구릉지대의 나무와 풀을 자르고 불에 태워 농토로 개간한 후 농사를 짓는 방법이 동원되었다.

신석기인들은 뼈바늘 등을 이용하여 나무껍질이나 짐승의 가죽으로 옷을 만들어 입었을 것으로 여겨진다. 이후 가락바퀴를 이용하여 짐승의 털이나 삼 등의 재료에서 실을 만들고 이것으로 옷감을 짜서 옷을 만든 후 조개껍질 등의 꾸미개도 달았을 것으로 여겨진다.

신석기 시대 사람들은 주로 땅을 파고 그 위에 지붕을 씌운 움집에서 살았는데, 움집은 땅을 파고 기둥을 세운 후 그 위에 갈대 등으로 지붕을 만들어 얹은 형태이다. 바닥은 진흙을 깔고 다졌으며 화덕도 만들어져 있어 난방과 음식물을 조리하였을 것이다.

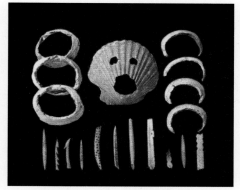

조개껍질 가면과 뼈도구 신석기 시대 사람들은 조개껍데기 가면이나 뼈로 만든 장신구로 치장하거나 예술 활동을 하였다. 이는 아름다움을 표현하기 위한 욕구일 뿐만 아니라 그들의 주술적 행위였다.

서울 암사동 선사 유적지에는 이와 같은 신석기 시대의 움집 수십여 개가 밀집되어 있다. 한 마을에 여러 집이 있었다는 사실은 같은 핏줄의 씨족이 모여 마을을 형성하고, 나아가 몇 개의 씨족이 모여 부족을 이루었다는 것을 알 수 있다.

신석기 시대 사람들은 저장할 그릇을 필요로 하였다. 흙으로 그릇을 만들어 쓴다는 것은 구석기 시대와 뚜렷이 구별되는 특징이었다. 이들은 노천에서 불을 지펴 흙으로 그릇을 만들어 사용했는데 토기의 제작 과정이나 무늬의 종류·생김새 등이 지역마다 같지는 않았다. 토기의 제작으로 음식물의 조리가 다양해지고 저장이 가능해져 보다 편한 동식물의 섭취가 가능해졌다.

대개 처음에는 토기 겉면에 진흙띠를 만들어 붙인 덧무늬(융기문) 토기가 제작되었는데, 양양 오산리·부산 동삼동·양산 신암리·통영 상노대도 등지에서 발견되었다. 이 시기를 대표하는 토기는 겉면에 머리를 빗질한 것처럼 보이는 빗살무늬를 새겨 놓고 점, 선, 원 따위의 기하학적인 무늬를 넣은 빗살무늬 토기이다. 대개 형태는 바닥면이 포탄 모양으로 뾰족한 것과 편평한 화분 모양의 두 종류가 있다. 이 외에도 무늬가 없는 이른 민무늬 토기가 있었다.

인구가 증가하면서 사람들은 자신들을 이끌고 나갈 지도자가 필요하였다. 그러나 신석기 시대의 지

신석기 혁명

신석기 시대의 농경문화를 가리킨다. 고고학자인 고든 차일드(Gordon V. Childe)가 1936년에 펴낸 책에서 처음 제기한 것으로 수렵과 채집에만 의존하던 신석기 시대 사람들이 농경이라는 새로운 차원의 생산 양식을 발명하였다는 것이다. 고든 차일드는 농경 시작을 하나의 혁명적 사건이라는 뜻에서 '신석기 혁명(The Neolithic Revolution)'이라고 하였다.

덧무늬 토기(동아대학교 박물관) 신석기 시대 것으로
추정되는 토기이다.

빗살무늬 토기 신석기 시대를 대표하
는 토기로 대체로 강가와 바닷가에서
발견된다. 주로 생선뼈 모양 무늬가 중
심이 되나 밑바닥이 뾰족하며 아가리·
몸통·밑바닥이 각각 다른 무늬로 되어
있다. 아가리는 짧은 무늬가 4줄의 평행
선 모양으로 이어지고, 몸통은 생선뼈
무늬가 상하로 이어졌으며, 밑부분은
아가리와 같은 모습을 하고 있다.

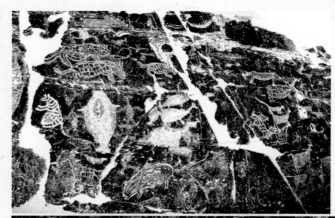

**울주 반구대의 바위그림 사진〈아래〉과 탁본〈위〉(울산
울주)** 암벽에 그려진 고래를 포함한 호랑이, 사슴, 사람 얼
굴, 새 등은 사냥과 고기잡이의 성공을 비는 선사 시대 사람
들의 소망이 깃들어 있다. 세계에서 가장 오래된 바위그림
유적 중의 하나로, 바위 그림은 신석기에서 초기 철기까지
여러 시대에 걸쳐 나타나고 있으나, 울주 반구대의 바위 그
림은 대체로 신석기 시대에서 청동기 시대 초기에 제작되었
다고 보고 있다.

도자는 정치적인 권력을 가진 것이 아니라 경험이나 나이가 많은 사람이었으며 부족을 이끌어 농사나 사냥 등의 생산 활동을 지휘하였다. 따라서 신석기 시대의 모든 사람들은 평등한 관계였다.

농경이 시작되면서 그들은 자연의 변화에 관심을 두었고, 풍요로운 수확을 기원하는 초보적 단계의 종교 의식도 나타났다.

특히 자신들이 곰, 호랑이 등과 같은 특정한 동물에서 비롯되었다고 생각하여 그것을 숭배하는 토테미즘 신앙이 나타났다. 아울러 산, 강, 바다, 나무 같은 자연물이나 우주 만물에 영혼이 있다는 정령 신앙(애니미즘)을 믿었다. 이들은 자연환경의 변화에 적응하고, 이를 숭배하여 재난을 피하고 풍요를 기원했다. 이 밖에 자신들의 조상을 숭배하는 신앙도 있었고, 샤머니즘과 같은 종교 의식도 나타났다. 또 종교적 이유에서 만들어진 흙으로 빚은 사람 얼굴이나 동물 모양의 조각, 조개껍질의 가면, 짐승의 뼈나 이빨로 만든 치레걸이들이 발견되기도 한다.

3) 청동기 시대

청동기 시대는 기원전 2000년경 만주 지역에서 그리고 기원전 1500년경에 한반도에서 시작되었다고 하나, 다른 학설도 많아 정확한 연도는 알 수 없다. 인류는 처음에 구리를 도구보다는 장신구로만 사용하였다. 그러나 구리에 주석이나 아연을 넣어 청동이라는 단단한 금속을 만들고 이것으로 다시 도구를 만들어 사용하였다.

청동으로 도구를 만들기 시작하였다고 해서 당시 모든 지역이 청동기를 사용한 것은 아니었다. 청동기를 일찍 들여온 집단은 그들 사이에서 우수한 집단으로 자리 잡을 수 있었다. 청동기는 대개 지배 계급의 무기나 장식품, 제기로 사용되었고, 생활 도구는 여전히 돌이나 나무로 만들었다.

청동기 시대 사람들은 주로 강을 끼고 있는 야산이나 구릉지대에 살면서 농사를 짓고 살았다. 돌도끼, 괭이 등으로 밭을 일구고 돌칼 등을 이용하여 이삭을 베는 등 농업기술이 좀 더 향상되었다. 아울러

농경무늬 청동기 밭을 가는 따비 모습이 새겨져 있는 청동기 시대의 것으로 주술적인 용도로 쓰인 것으로 보인다. 이 유적을 보면 한 사람은 따비로 밭을 갈고, 한 사람은 괭이로 땅을 고르는 장면이 새겨져있다.

불탄 볍씨 (부여 송국리 유적지)
탄화된 쌀과 볍씨 자국이 있는 토기 등이 부여 송국리 등 여러 지역에서 발견된다.

민무늬 토기 청동기 시대의 대표적인 토기이다. 신석기 시대의 빗살무늬 토기는 뾰쪽한 바닥과 둥근바닥이 많았지만 민무늬 토기는 대부분이 납작바닥이라는 점이 특징이다.

농경이 발달함에 따라 잉여 생산물이 생기게 되고, 이에 따른 생산물에 대한 사유 개념이 나타나 빈부의 차이가 생기고 계급이 분화되었으며 활발한 정복활동으로 계급의 분화가 점차 뚜렷해져 갔다.

청동기 시대는 조, 보리, 콩, 수수 등의 밭농사를 주로 지었고 사냥과 고기잡이도 있었으나 비중이 점차 줄어들었다. 밭농사의 경우 이 시기부터 밭에 이랑을 만들고 곡식을 심는 방법이 사용되었을 것으로 여겨진다. 그러나 당시는 금속제 농기구가 사용되지 않아 땅을 깊이 갈 수 없었다.

한편 청동기 시대에는 벼농사가 시작되었다. 이 시기 벼농사를 지은 흔적으로 여주 흔암리, 부여 송국리 유적에서 불탄 볍씨가 발견되었고, 토기 바닥이나 몸통에 볍씨 자국이 확인되는 경우도 있다.

청동기 시대의 집은 직사각형이나 원형의 반움집이었고 신석기 시대보다 훨씬 커졌다. 집은 주춧돌을 사용하기도 하였으며 난방 기술의 발달로 움집에서 지상 가옥으로 바뀌어 갔다. 집 중앙에 위치하던 화덕은 점차 한쪽 벽으로 옮겨졌고 음식이나 물건을 저장하는 저장 구덩이도 따로 설치하였다.

청동기 시대의 대표적인 토기는 민무늬 토기였다. 신석기 시대의 민무늬 토기와 달리 대개 적갈색을 띠고 있으며 형태도 다양하다. 사발, 보시기, 접시, 항아리 등의 용도로 널리 사용되었다. 노천에서 낮은 온도로 구웠으므로 대부분 바닥이 납작하다.

부족을 통솔하는 족장(지도자)은 농업 생산이 증대함에 따라 재산을 늘리는 한편, 청동검 등 청동제 무기를 이용하여 이웃 부족을 정복하며

반달돌칼 생김새가 대체로 한쪽이 곧고 다른 한쪽이 둥근 반달처럼 생겼다 해서 반달돌칼이라고 한다. 그러나 여러가지 다른 형태도 있다. 만주 지역에서부터 한반도 전역에 걸쳐 두루 발굴된다. 반달돌칼의 한복판에나 등쪽에는 보통 한 개 내지 두 개의 구멍이 뚫려 있는데 이 구멍 사이에 끈을 꿰어 끈 사이로 손가락을 집어 넣어 사용했다. 주로 낫처럼 곡식을 수확하는 데 쓰였으며, 청동기 시대의 대표적인 유물이다.

고인돌 유적(전북 고창)　　　　　　　　　　　　고인돌 핑매바위(전남 화순)

세력을 확장하였다. 족장은 하늘에 제사 지내는 종교 의식도 주관하여 더욱 권위를 높였다. 이처럼 정치적인 지배자가 종교 의식까지 주관하는 사회를 제정일치 사회라고 한다.

　청동기 시대 대표적인 문화 유산은 고인돌(지석묘)이다. 고인돌 아래에는 토기, 돌칼, 돌화살 뿐만 아니라 청동으로 만든 검과 방울, 거울 등도 함께 출토된다. 고인돌은 세계적으로 널리 분포하고 있는 거석문화의 하나로, 규모가 큰 것은 덮개돌이 수십 톤이나 된다. 이 정도 규모의 무덤을 만들기 위해서는 수많은 사람들이 동원되었을 것이고 이러한 정도의 노동력을 부릴 수 있는 사람은 권력을 가진 당시 지배자인 족장으로 추정하고 있다. 그러나 전라도 지방만 하여도 고창, 화순, 여수, 곡성 등 전지역에 걸쳐 16,000기가 넘는 고인돌이 있다는 점을 미루어 보아 모두를 지배 계급과 관련이 있다고 말하기는 어려울 듯하다.

　고인돌은 형태에 따라 탁자식, 바둑판식, 개석식 등이 있었다. 우선 탁자식 고인돌은 잘 다듬어진 대형 판돌 3매 또는 4매로 'ㄷ'자나 'ㅁ'자로 짜 맞춘 무덤방을 지상에 축조하고 그 위에 편평하고 거대한 판석상의 덮개돌을 얹어놓은 것으로 탁자나 책상 형태이다. 바둑판식 고인돌은 판석, 깬돌, 냇돌 등을 사용하여 지하에 돌방을 만들고, 뚜껑돌과 돌방 사이에 3~4개 또는 그 이상의 받침돌을 괸 것이다. 한편 개석식 고인돌은 지하에 만든 무덤방 위에 바로 뚜껑으로 덮은 형식으로, 받침돌이 없이 바로 무덤방을 덮었기 때문에 무지석식, 뚜껑식 등으로 불린다. 이 형식은 제단적인 기능을 가지기도 한 탁자식이나 바둑판식과는 달리 온전히 무덤의 기능만을 한다. 중국 랴오잉 지방에서부터 한반도 전역에 분포하고 있으며, 양적인 면에서도 대다수를 차지하고 있다.

　권력을 가진 지도자(족장)가 죽으면 그의 권위를 상징하는 거대한 고인돌이나 돌널무덤을 만들었고, 청동검, 청동 거울 등도 껴묻거리로 함께 묻었다.

비파형 동검 청동기 시대의 칼로 만
주, 한반도 등에서 출토된다. 칼날과
칼자루가 따로 만들어진 조립식이다.

청동 거울의 경우 처음에는 거친무늬 거울이었다가 이후 줄무늬가 가
늘게 변화되어 매우 정교한 무늬의 잔무늬 거울로 바뀌게 된다.

비파형 동검은 그 출토 지역이 우리 민족이 주류를 이룬 예맥족의 거
주지와 거의 일치한다. 이 비파형 동검은 한반도로 유입되면서 아연이
합금된 세형 동검이라는 독특한 한국식 동검으로 발전해 갔다. 세형 동
검이나 잔무늬 거울 등은 우리나라만의 독자적인 청동 문화의 발달을
나타내 주는 유물이다.

청동기 시대 사람들은 자신들이 정치적이나 경제적으로 우세하다고
생각하여 자신의 부족을 스스로 하늘의 자손이라는 '선민(選民)' 사상을
가졌다. 그리고 청동제 의식용 도구에 각종 동물이나 기하학적 무늬를
새기기도 하였다. 이러한 것은 장식 이외에도 풍요를 기원하는 주술적
의미를 갖는 것이었다. 고령 양전동 바위그림에 나타나는 동심원, 삼각
형 등의 무늬는 당시 사람들의 태양숭배 사상을 나타내 주는 것이다.

4) 초기 철기 시대

우리나라의 철기 문화는 중국 전국 시대의 말기인 기원전 3세기경 연

송국리식 토기

송국리 청동기 움집과 목책 복원 모습(충남 부여) 부여 송국리에 있는 청동기 시대 집터 유적이다. 하천과 평지에 인접한 낮은 구릉 위에 100여
기 이상의 집터가 발굴됐다. 집터는 둥근 것과 긴 네모꼴인 것이 있는데, 30~150cm 깊이로 땅을 파고, 한쪽 벽은 얕게 파서 문을 만들어 드나들었
다. 집터 안에서는 토기와 석기가 많이 출토됐다. 토기는 납작한 바닥, 긴 달걀형의 몸체, 목이 없이 아가리가 밖으로 약간 꺾인 모습 등 특이한 형
태를 지니고 있다. 이를 송국리식 토기라 부른다. 또 유적에서 돌칼, 돌화살촉, 가락바퀴(방추차), 돌도끼를 비롯하여 다양한 석기와 많은 양의 불탄
볍씨와 청동 도끼 거푸집 등이 출토됐다. 송국리 집터는 기원전 7~6세기 전에 농경과 수렵에 기반을 둔 사람들에 의해 만들어진 것으로 추측되며,
청동기 시대 사람들의 생활상을 보여주는 중요한 자료이다.

나라에서 들어와 사용되기 시작하였다. 곧 기원전 4~3세기부터 철기가 본격적으로 생산, 보급됨으로써 청동기 사회는 변화하였다. 단단하고 예리한 철기는 쓰임새가 다양하여 각종 도구의 역할을 훌륭하게 해내었다. 뿐만 아니라 철을 두드려서 모양을 낼 수 있고(단조) 불을 이용하여 쇳물을 틀에 부어 여러 가지 다양한 도구나 무기를 만들어 사용하였다. 철제 도구의 발전은 무엇보다도 농업 생산력 발전에 크게 이바지하였다. 철제 도끼와 자귀 등을 통해 농경지를 쉽게 일굴 수 있었고, 이에 따라 1인당 경작면적도 늘어났다.

특히, 기원전 1세기 무렵 중국 한나라의 영향으로 철기가 본격적으로 들어와 보급됨으로써 거의 모든 도구가 철로 만들어졌다.

철기의 사용으로 농기구가 단단한 철기로 바뀌어 농업 생산력이 증대되고 경제 기반 확대와 교역이 활발해지자 사회는 서서히 연맹체 국가로 발전한다. 또, 철검, 철모, 등자, 재갈(철비) 등 철제 기구와 철제 무기가 사용되어 정복 전쟁이 확대되었고 종래의 청동기는 의기화 되었다.

이 시기의 집터는 집터 농경의 발달과 인구의 증가로 정착 생활의 규모가 점차 확대됨에 따라 취락의 규모가 커지고, 창고·공동 작업장·집회소·공공 의식을 위한 장소를 다양한 크기로 만들었다.

한편 다호리 유적지에는 명도전, 반량전, 오수전 등 중국의 동전이 한반도에서 출토되는 것으로 미루어 보아 중국과의 교류도 이루어졌음을 알 수 있다. 전국 시대 연나라와 제나라, 조나라에서 사용한 화폐인 명도전의 경우 주로 청천강, 대동강, 압록강 상류 지역과 한반도 서북부에 걸

세형 동검 청동기 후기에서 초기 철기 시대에 사용된 칼로 한반도에서만 발견되고 있다. '한국식 동검'이라 한다.

다호리 유적지 (기원전 200년~100년) 출토 붓〈아래〉과 손칼〈위〉(경남, 창원)

경남 창원 다호리에서는 붓과 손칼, 철덩어리, 철제 기구, 나무널 등 여러 유물이 출토되었다. 이 가운데 붓과 손칼은 당시 대나무나 나무판에 글씨를 쓰고 지우는 오늘날의 연필과 지우개와 같은 것이다. 이를 통해 2000년 전 우리나라에서 문자가 사용되었음을 알 수 있다.

명도전	반량전	오수전
중국 전국 시대에 사용되던 화폐로 표면에 '명(明)'자 비슷한 표지가 있어 붙여졌다.	중국 진대의 화폐로 전국 통일 후, 그 이전의 화폐를 폐지하고 만든 것으로 '반량(半兩)'의 글씨가 있다	중국 한나라에서 처음 만들어져 위진남북조, 수나라에서 사용된 화폐이다. 당시 중국 문화가 한반도로 파급된 것을 나타내는 자료이다.

쳐서 발견되었다. 경남 사천의 늑도에서까지 반량전과 명도전이 출토되고 있어 당시 남부 지방까지도 중국과의 교류 사실을 확인할 수 있다.

철제 농기구

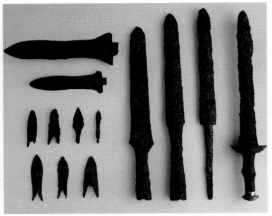

철제 무기

2 고조선의 건국과 여러 나라의 성장

태백산 천제단 (강원 태백) 하늘에 제사를 지내는 곳이다.

1 고조선의 건국과 발전

1) 고조선의 건국과 단군신화

청동기 문화가 형성되면서 랴오닝 지방과 한반도 서북 지방에는 족장(지도자)이 다스리는 많은 부족들이 나타났다. 그 가운데 단군은 부족들을 통합하여 우리나라 최초의 국가인 고조선을 건국하였다(기원전 2333년, 『삼국유사』).

고조선은 중국 사서에 의하면 발해만 북쪽에 있었던 것으로 나타나는데, 대체로 랴오허강 유역에서 한반도 서북 지방에 걸쳐 성장한 집단인 것으로 보인다. 이 지역에서는 비파형 동검과 고인돌 및 미송리식 토기가 집중적으로 출토되는데, 아마 초기 고조선의 중심지였을 것이다. 대개 기원전 10세기 정도로 생각된다.

참성단(마니산, 인천 강화) 단군이 하늘에 제사를 올리던 제단이라고 전해진다. 제단은 다듬은 돌로 하부는 둥글게, 그 위에 네모난 단을 쌓아 올렸다. 고려 원종 11년에 보수했고, 조선 인조 17년과 숙종 26년에도 보수했다는 기록이 남아있다. 지금은 해마다 10월 3일 개천절에 이곳에서 단군의 제사를 지내고 있다. 또한, 전국 체육대회 때마다 대회장에 타오르는 성화가 이곳 참성단에서 채화되어 사용되고 있다.

미송리식 토기(국립중앙박물관) 청동기 시대 민무늬 토기의 한 형태로, 1959년 평북 의주군 미송리 동굴 유적에서 발견되어 이름을 미송리식 토기라고 불린다. 손잡이가 있고 적갈색인 것이 특징이다. 미송리식 토기와 비파형 동검, 탁자식 고인돌의 분포 지역으로 고조선의 문화 범위를 추측할 수 있다.

단군 이야기

고기(古記)에 이르기를 옛날 환인의 아들 환웅이 자주 천하에 뜻이 있어 인간세상을 지망하였다. 그 아버지가 아들의 뜻을 알고 아래로 삼위 태백 땅을 내려다보니 널리 인간들에게 큰 이익을 줄만 하였다. 이에 천부인 세 개를 주어 가서 다스리게 하였다. 환웅이 무리 3천을 이끌고 태백산 꼭대기에 있는 신단수 아래로 내려와 그 곳을 신시라 하였으니 이가 바로 환웅천왕이다. 그는 풍백과 우사와 운사를 거느리고 곡식과 생명과 질병과 형벌과 선악 및 인간의 360여 가지 일을 주관하여 세상에 살면서 교화를 베풀었다. 이때에 곰 한 마리와 호랑이 한 마리가 같은 동굴에서 살고 있었는데 항상 신웅에게 기도하여 사람 되기를 원하였다. 이때 신웅이 신령스러운 쑥 한 줌과 마늘 20개를 주며 말하기를 "너희들이 이것을 먹고 햇빛을 백일 동안 보지 않으면 곧 사람이 될 것이다"라고 하였다. 곰과 호랑이는 이것을 얻어먹고 21일 동안 삼가니 곰은 여자의 몸으로 변했으나 호랑이는 능히 삼가지 못해 사람이 되지 못하였다. 웅녀는 혼인해서 같이 살 사람이 없으므로 날마다 신단수 아래에서 아기 갖기를 빌었다. 환웅이 잠시 변하여 혼인하였더니 이내 잉태해서 아들을 낳았으니 이름을 '단군 왕검'이라 하였다. 그는 요 임금이 즉위한 50년 경인년에 평양성에 도읍하고 비로소 조선이라 일컬었다.

『삼국유사』 권1, 기이 2, 고조선

삼국유사에서 우리 민족의 시조 신화에 따르면, 단군 왕검이 고조선을 세운 시기적 상황을 알 수 있다. 곰과 호랑이가 등장하는 것에서는 선사 시대에 형성되었던 특정 동물을 숭배하는 토테미즘 신앙의 요소가 반영되어 있다. 또한 비, 바람, 구름을 주관하는 사람이 있었다는 내용에서는 민족 최초의 국가가 농경 사회를 배경으로 성립되었다는 것을 짐작할 수 있다.

2) 고조선의 변천

고조선의 실상을 알려주는 기록은 분명하지 않고, 또 이에 관한 유적지도 발견되지 않아 고조선의 중심지와 건국 연대 등에 대해 많은 논란이 있다. 그러나 대략 중국의 랴오허 강 유역에서 한반도 서북 지방에 걸쳐 있었던 집단이었던 것으로 이해되고 있다.

고조선은 기원전 4세기 무렵 성장하여 서쪽의 연나라와 대립하다가 기원전 3세기 초 이들의 침공으로 영토를 크게 상실하였다. 이때 고조선은 영토를 잃어 수도를 평양으로 옮긴 게 아닌가 한다.

이후 기원전 3세기 말에 이르러 진나라가 망하고 한나라가 건국되는 혼란기에 수만 명의 유이민 집단이 중국에서 고조선 쪽으로 이동하여 주로 청천강과 압록강 사이에 정착하였을 것으로 여겨진다.

기원전 2세기경에는 서쪽 지방에서 세력을 키운 위만이라는 사람이 철기 문화를 가지고 한반도에 들어왔다. 위만은 고조선 준왕의 신임을 받아 서쪽 변경의 수비를 맡았으나 세력을 키워 기원전 194년에 준왕을 몰아내고 왕이 되었다. 위만에 대해『사기』조선전에는 '위만이 망명할 때 상투를 틀고 오랑캐의 복장을 하고는 동쪽으로 달아나 요새를 나왔다'고 적혀 있다. 이러한 내용과 왕이 되고서도 국호를 그대로 조선이라 한 점 등을 들어 위만을 조선인 계통 사람으로 보는 견해가 우세하다.

위만이 통치하던 고조선 철기 문화가 확산되면서 이를 바탕으로 주위의 여러 부족을 통합하여 세력을 크게 확장하고 중국의 한나라에 대항할 정도로 세력이 강해졌다. 또 흉노와 손을 잡아 한나라의 유민을 적극 끌어들였으며, 한반도 남부 지방에 위치한 여러 나라와 중국의 한나라 사이에서 중계 무역을 하면서 경제적인 이익을 얻어 부강해졌다.

강력했던 위만 조선은 지배층의 내분과 한나라의 침략으로 멸망하였다. 한의 침공에 대항해 1년간 싸웠지만 결국 왕검성이 함락되었다(기원전 108년). 고조선을 멸망시킨 한나라는 옛 고조선 땅에 4개의 한 군현(한사군)을 설치하여 간섭하였다. 그러나 토착민들의 끈질긴 저항을 받았으며, 그 뒤에 한 군현은 만주 지역에서 성장한 부여와 고구려에 의해 쫓겨나고 말았다.

고조선 중심지

고조선의 영토에 관해서는 ① 대동강 중심설(대부분 조선 시대 사서) ② 요동 중심설(권람, 『응제시주』) ③ 요동에서 대동강으로 이동하였다는 이동설(신채호)이 있다. 북한에서는 처음 요동 중심설을 주장하다가, 1993년 갑자기 평양에서 단군릉을 발굴하였다고 보도하고, 이어 인골의 연대측정을 통해 기년이 기원전 3000년이라고 주장하고 있다.

3) 고조선의 사회와 문화

고조선은 청동기 문화의 발전에 따라 점차 세력을 확장해 갔다. 고조선 사회는 생산력의 증가로 사유 재산이 늘어나면서 빈부의 차이가 생기고, 정치와 군사를 담당하는 지배 계층과 생산을 담당하는 피지배 계층으로 구분되었다.

위만 조선 때에는 박사, 경, 대부 등의 관직이 나타나는 것으로 보아 통치 조직과 관제가 정비되어 있었다.

고조선은 사회를 유지하기 위해 8개의 법 조항(범금 8조)을 두었는데 그 가운데 3개의 조항이 전해지고 있다. 범금 8조를 통해 살펴본 고조선 사회는 개인의 재산 소유를 인정하였고, 형벌에 의한 노비도 발생하였으며, 사유재산을 엄격하게 보호하였음을 알 수 있다. 그러나 한나라 군현의 지나친 간섭과 수탈로 토착민들이 대항하자 한나라도 엄격한 율령을 실시하여 법이 무려 60여 조항에 이르렀고, 풍속도 각박해졌다.

단군릉(평양) 1994년 조성한 무덤으로 단군과 단군 부인이 묻혀 있다고 한다. 그러나 한국과 외국의 학자들은 북한이 사용한 연대 추정 방법 등에 문제가 있다고 하여 믿지 않는 형편이다.

고조선의 범금 8조

낙랑 조선에는 범금 8조가 있다. ①서로 죽이면 그 때에 곧 죽인다. ②서로 상하게 하면 곡식으로 배상한다. ③도둑질한 자는 남자는 그 집의 가노로 삼고 여자는 비로 삼는다. 노비에서 벗어나기를 원하는 자는 50만전을 내야 하는데 비록 면하여 백성신분이 되어도 사람들이 이를 부끄럽게 여겨 장가들고자 하여도 결혼할 사람이 없다. 이런 까닭에 그 백성들이 끝내 서로 도둑질하지 않았고 문을 닫는 사람이 없었다. 부인들은 단정하여 음란한 일이 없었다. …상인들이 왕래하면서 밤에는 도둑질을 한 까닭에 민심이 점차 각박해졌다. 지금은 범금이 점차 많아져 60여 조항에 이르렀다.

(「한서」 권28 하, 지8 하, 지리).

2 여러 나라의 성장

고조선이 한나라에게 멸망하면서 많은 사람들이 한의 지배를 받거나 저항하기도 하였지만, 이주한 경우도 많았다. 이주한 사람들을 통해 고조선의 철기 문화가 한반도 전역으로 확산되었다. 철기 문화를 기반으로 고조선의 영향에 있던 지역에서 부여, 고구려, 옥저, 동예, 삼한(마한, 진한, 변한)과 같은 많은 국가들이 탄생하였다.

1) 부여

고조선 멸망 이후 우리 역사에 등장하는 최초의 국가는 부여였다. 부여는 만주의 송화강 유역에서 성립하였으며, 반농 반목 형태로 경제 활동을 하였고, 특산물로 말, 주옥, 모피 등이 있었다.

부여는 일찍부터 5부족 연맹 왕국으로 발전하였다. 왕 아래에 '가(加)'라고 불리는 부족장이 있었다. 동물 이름을 딴 마가, 우가, 저가, 구가 등의 가는 사출도라는 행정 구역으로 나누어진 자기 부족을 다스렸다. 부족장의 세력은 강하여 자연 재해가 발생하거나 흉년이 들면 왕을 바꾸거나 죽이기까지 하였다.

부여의 사회는 지배층으로 왕과 가 및 대사, 사자, 대사자 등이 있었고, 평민인 호민과 하호가 있어 가의 통솔을 받았다. 천민인 노예도 있었다.

부여에는 순장이라는 장례 풍습이 있어 왕이 죽으면 사람을 껴묻거리와 함께 묻었다. 부여에도 고조선의 8조법과 비슷한 법이 있었다. 부여의 풍속으로는 12월에 열리는 제천 행사인 영고가 있었는데, 영고 때에는 노래와 춤을 즐기고 죄수를 사면하여 공동체의 단결을 강화하였다. 전쟁이 일어나면 하늘에 제사를 지내고 우제점법이라 하여 소를 죽여 그 굽으로 점을 쳤다. 흰옷을 즐겨 입었으며 형이 죽으면 형수를 아내로 맞아들이는 형사취수제라는 풍습이 있었는데, 만약 부인이 투기하면 모두 죽였다. 이 풍습은 고구려에도 이어졌다.

왕성은 현도군에서 북쪽으로 천여 리 떨어진 곳에 있었고, 성책을 만드는데 모두 둥글게 하였으며 감옥과 비슷하였다고 전한다. 부여는 고구려가 성장하면서 중국과 외교 관계를 맺어 대립하였다. 3세기말 선비족의 침입으로 쇠퇴하다가 결국 5세기말 고구려에 편입되었다(494년).

2) 고구려

고구려는 부여에서 갈라져 나온 주몽이 압록강의 지류인 동가강 유역의 졸본(환인) 지방에 세운 나라였다. 이곳은 산악 지대로 농사를 짓기가 힘들었다. 고구려는 예맥 계통으로 부여 및 한 군현과 다툼 속에서 성장하여 일찍부터 활발한 정복 활동을 펼쳤다. 초기에는 계루부, 소노부, 절노부, 순노부, 관노부 등 5부족으로 이루어진 부족 연맹체가 중심이었고, 그 가운데 소노부가 왕권을 가지고 있었

오녀산성 중국 랴오닝성 환런현 오녀산에 있는 산성으로 고구려의 첫 도읍지 졸본성으로 추정된다.

다. 그러나 곧 계루부가 왕권을 차지하게 되었다.

이후 태조왕 때 중앙 집권 국가로 발전하였다. 동쪽의 옥저를 복속시키고 북으로 부여와 대립하였다. 왕 아래에는 상가, 고추가 등 대가가 있어 각기 자기 부족을 다스렸으며, 그들은 각기 사자나 조의, 선인 등 관리를 거느렸다.

고구려의 법은 부여의 법과 유사하여 감옥이 없고 범죄를 지을 경우 제가회의를 통해 결정하여 처벌하였다. 또 고구려에는 집집마다 부경이라는 작은 창고가 있어 물건을 두었다.

고구려에는 신랑이 신부의 집에서 살다가 아이가 어느 정도 성장하면 신랑 집으로 돌아오는 서옥제라는 결혼 풍속이 있었다. 또 부여의 영향을 받은 형사취수제라는 풍습이 있었다. 10월에는 동맹이라 하여 제천 행사를 거행하였다. 이때 왕과 신하는 건국 시조인 주몽과 그 어머니 유화 부인을 국동대혈에서 제사지냈다.

3) 옥저와 동예

옥저는 지형적으로 고원과 고구려에 가로 막혀 선진 문화의 접촉이 늦었고 크게 성장하지도 못하였다. 왕이 없이 각 읍락은 삼로(三老)라는 군장이 다스렸다. 옥저는 함경남도 해안 지방에서 두만강 일대에 걸쳐 있었는데, 함경도 함흥 일대를 동옥저라 하고, 두만강 일대의 집단을 북옥저라 하였다. 3세기 무렵 동옥저의 인구는 5천여 호였다.

옥저는 해안 지역에 위치하여 생선, 소금 등 해산물이 풍부하였고, 평야가 발달하여 농산물도 풍부하였다. 언어, 음식과 의복 등은 고구려와 비슷하였다. 일찍부터 고구려에 복속되어 특산물을 공납으로 바쳤다.

동예의 민무늬 토기 (춘천박물관)

기록에 의하면 소나 말이 적었고 창을 잘 쓰고 땅에서 하는 싸움에 능했다고 한다.

결혼 풍속은 여자가 신랑 집에 가서 생활하는 민며느리제가 있었다. 민며느리제는 일종의 매매혼 형태로 여자가 10세가 되면 양가에서 혼인 약속을 하고 여자를 남자 집으로 보냈다. 여자가 성인이 된 후 다시 여자 집으로 돌아오는데 이때 남자 측에서 여자 집에 대가를 지불하고 다시 여자를 데려오는 결혼 형태였다. 장례 풍속으로는 가족이 죽으면 주검을 풀이나 흙으로 덮어 임시로 매장을 하였다가 뼈만 추려서 나무 곽에 보관하는 가족 공동묘인 골장제가 있었다.

동예의 위치는 현재 함경도 원산 일대에서 경북의 영덕에 이르는 동해안 지역과 강원도의 북부 지방이었다. 인구는 2만여 명 정도였다. 동예 사람들은 혼인, 장례, 언어 등이 고구려와 비슷하여 그들을 고구려와 같은 족속이라 하였다. 대체로 2세기 후반 고구려에 복속되었다. 읍락의 일은 '거수'라는 족장이 자치적으로 처리하였고, 이들을 통해 고구려에 공납을 바쳤다.

동예는 책화라 하여 산과 강을 경계로 구역을 나눠 함부로 다른 지역에 들어가지 않았는데, 만약 이를 어길 경우 노예, 말, 소 등으로 보상하였다. 가족 중 한 사람이 사망하면 집을 버리고 다른 곳으로 가서 살았고 같은 씨족과 결혼하지 않는 족외혼의 풍속이 있었다. 살인한 자는 죽이고, 호랑이를 섬겼다. 10월에는 하늘에 제사를 지내고 밤낮으로 먹고 마시며 춤을 추었는데, 이를 무천이라 하였다.

동예는 옥저처럼 해산물과 농산물이 풍부하였으나 농사를 주업으로 하였다. 산누에를 쳐서 생산한 명주와 삼베를 이용한 방직 기술이 발달하였다. 특산물로는 박달나무로 만든 활(단궁), 작은 말(과하마), 바다표범 가죽(반어피)이 유명하였다.

동예의 생활 흔적은 집터를 통해 확인되는데, 철자형 집터(강원 강릉)와 여자형 집터(강원 횡성)가 대표적이다.

4) 삼한

한반도 중부이남 지역에 있던 삼한은 고조선 시대에는 '진(辰)'이라 불렸다. 진국은 기원전 3~2세기에 있었던 집단으로 충청남도와 전라도 일대에 농업 경제를 기반으로 하였다.

고조선이 멸망한 후 이주해 온 집단을 통해 철기 문화를 수용하여 마한, 진한, 변한 연맹체를 형성하게 되었다.

마한이 가장 큰 연맹체로 54개국 10여 만 호가 있었다. 큰 나라는 1만여 호, 작은 나라는 수천 호에 이르렀다. 백성들은 토착 생활을 하면서 곡식을 심었으며 누에를 치고 뽕나무를 가꾸며 면포를 생산했다.

변한과 진한은 각각 12개국 4~5만여 호가 있었다. 큰 나라는 4천~5천호, 작은 나라는 6~7백호였다. 소국은 국읍을 중심으로 다시 몇 개의 읍락으로 구성되었는데, 국읍은 세력이 강한 대읍락이었다. 읍락의

소도와 솟대 소도는 신성한 곳으로 하늘의 신에게 제사 지내는 곳이었다. 그래서 하늘과 땅을 연결하는 존재인 기러기를 앉혀 놓은 장대를 세워 신성한 곳임을 표시하였는데 그것이 솟대의 유래이다.

중심은 하천이나 구릉지대에 위치하였고, 토루 · 목책 · 환호 등의 방어시설도 있었다.

삼한은 정치와 종교가 분리되어 종교를 주관하는 제사장인 천군이 다스리는 '소도'라는 특수 지역이 있었다. 이 지역은 군장의 세력이 미치지 못하는 곳으로 도둑이나 살인자도 들어가면 잡아올 수 없었다. 군장이 다스리는 일반인들은 농업과 수공업에 종사하였다.

삼한은 한반도에서 가장 평야가 발달한 지역에서 형성되어 일찍부터 농업이 발달하였다. 특히 삼한은 벼농사가 발달했는데, 김제의 벽골제, 밀양의 수산제, 제천의 의림지 등은 당시 축조된 저수지이다.

제천 행사로는 5월과 10월에 수릿날, 계절제라 하여 제사를 지냈다. 다른 초기 국가들과 마찬가지로 제천 행사 기간에는 음주가무를 즐겼다. 짚신 또는 가죽신을 신었고, 구슬을 소중하게 여겨 달거나 귀걸이와 목걸이로 치장하였다.

변한의 경우는 철의 생산이 많아 철을 화폐처럼 사용하였고, 왜와 낙랑에 수출도 하였다. 여러 소국의 연맹체였던 삼한은 철기 문화의 발달로 소국들이 성장하면서 백제국, 사로국, 구야국이 성장하였고 이들이 각각 백제, 신라, 가야로 발전하였다.

벽골제 제2수문 장생거 (전북 김제) 전라북도 김제시에서 남아 있는 백제 시대의 저수지이다. 우리나라 최대의 고대 저수지로 백제의 제11대 비류왕 27년(330년)에 축조된 것으로 알려져 있다. 벼농사에 이용한 저수지의 수문으로 수문의 폭이 4.2m, 여기에 사용된 돌기둥의 높이는 5.5m, 무게는 약 8톤에 달한다. 당시의 토목 기술과 농사 수준이 고도로 발달됐음을 알 수 있다.

3 삼국 · 가야 문화의 이해

고구려 환도산성 (중국 지안) 국내성 도읍기의 왕성이다.

1 삼국·가야의 성립과 발전

1) 고구려의 발전

고조선이 멸망한 후 만주와 한반도 일대에서는 여러 국가들이 일어났는데, 고구려, 백제, 신라의 모태가 된 것은 구려국과 삼한 지방에 있었던 백제국·사로국이다. 이 나라들은 주변의 작은 국가를 통합하면서 발전하였다.

삼국 중 가장 먼저 국가 체제를 정비한 나라는 고구려였다. 구려국은 압록강 중류 유역에서 일어나 기원전 1세기경에 그 지역의 맹주국으로 떠올랐다. 그 주인공은 부여에서 나온 주몽으로 압록강 지류인 동가강 유역에 나라를 세웠다(기원전 37년, 『삼국사기』).

고구려는 초기 건국 중심지인 압록강 중류를 벗어나 세력을 확장하면서 중국과 충돌하기 시작하였다. 우선 유리왕 대에 왕망의 신과 충돌하기 시작하여 태조왕 대에 현도와 요동군을 격파하였다. 이후 동천왕 대에 위나라 장군 관구검의 침입으로 큰 타격을 입었으나 미천왕 대인 313년에 낙랑군을 몰아내고 다음해에 대방군마저 쫓아냄으로써 한반도에서 중국의 군현 세력을 완전히 몰아냈다.

초기 고구려는 '나부 체제'를 성립하여 정치를 이끌어 나갔다. 각 '나부'는 자치권을 지닌 동시에 계루부의 통제를 받는 '하부 단위 정치체'였고, 계루부는 이 지역 전체를 통괄하는 왕권으로 성장하였지만 나부를 통하여 통치력을 행사하고 직접 통치하지 못한 한계를 지녔다.

고구려는 제가회의에서 대외 전쟁이나 국정의 중대사를 결정하였고, 왕위 계승에 영향력을 행사함으로써 왕권을 견제하고 제가 세력의 이익을 옹호하는 기능을 하였다. 또 고구려는 지방 통치제가 체계적으로 정비되면서 최고 지방관인 욕살이 중앙의 명령을 받아 하위 행정단위에 전달하며 이를 통솔하는 역할을 하였다. 욕살 아래의 지방관은 처려근지로서 일명 '도사'라고도 하였다.

1930년대의 국내성(좌)과 현재의 국내성 (우) (중국 지안)
유리왕 때 졸본에서 천도하여 427년 장수왕의 평양 천도 전까지 약 400년 동안 고구려의 도성이었다. 이 사진에서 보듯이 1930년대에는 9m 높이의 성곽 형태를 볼 수 있지만, 지금은 3m 정도만 남아 있다.

고구려는 2세기 고국천왕 이후 왕권을 강화할 목적에서 왕위 계승도 형제 상속에서 부자 상속으로 바꾸었다. 4세기 초에는 압록강 중류 지역을 벗어나 남쪽으로 진출할 수 있는 발판을 마련하였다. 고구려와 백제 간의 전쟁은 4세기 후반 본격화되었다. 고국원왕은 백제의 국경을 공격하였으나 실패하였고, 결국 371년 백제 근초고왕의 3만 대군과 평양성에서 전투를 벌이다가 전사하였다.

그러나 고국원왕의 뒤를 이은 소수림왕은 고구려의 대내외적 문제를 수습하고 고구려의 통치체제를 정비하였다. 372년(소수림왕 2년)에 삼국 중 처음으로 불교를 수용하고, 태학을 설립했으며, 율령을 반포하여 국가 조직을 정비하였다. 이로써 고구려는 중앙 집권 체제를 더욱 강화하여 새로운 발전의 토대를 마련하게 되었다.

왕	주요 업적
태조왕(53년-146년)	옥저 정복, 계루부 왕위 세습
고국천왕(179년-197년)	5부의 행정 구역 설치, 왕위 부자상속, 진대법 실시
동천왕(227년-248년)	중국의 대립 이용, 서안평 공격 → 위의 관구검의 침입
미천왕(300년-331년)	서안평 점령, 낙랑 점령(313년)
고국원왕(331년-371년)	근초고왕의 침입으로 전사(평양성 전투)
소수림왕(371년-384년)	전진과 수교, 불교 수용, 태학 설립, 율령 반포 → 중앙 집권 체제 강화
장수왕(413년-491년)	427년 평양 천도, 남한강 유역 진출(충주 고구려비), 중국 남북조와 교류

2) 고구려의 전성기

고구려는 소수림왕의 내정 개혁을 바탕으로 5세기 광개토대왕과 장수왕 대에 이르러 적극적인 대외 팽창 정책을 단행하였다. 광개토대왕은 북으로 거란, 숙신, 후연, 동부여 등을 공략하고, 남으로 백제에 대한 대대적인 공격에 나섰다. 그리하여 396년 백제의 58개성과 700여 촌을 점령하고 백제 아신왕의 항복을 받아냈다.

당시 한반도 남부에는 가야와 왜가 힘을 합쳐 신라를 위협하고 있었는데, 내물왕의 요청으로 광개토대왕이 신라에 침입한 왜를 격퇴함으로써 한반도 남부에까지 고구려의 영향력을 미쳤다. 고구려의 전성시대를 열었던 그의 업적은 만주 집안에 있는 광개토대왕릉비에 기록되어 있다.

광개토대왕은 고구려 제19대 왕으로 391년부터 412년까지 집권하였다. 18세의 젊은 나이로 왕위에 올라 4만의 병력으로 백제를 공격하여 임진강 일대를 차지하였다. 또 그는 활발한 정복 활동을 벌여 남으로는 한강, 북으로는 송화강, 동북으로는 시베리아에 이르는 광대한 영토를 건설하였다.

광개토대왕의 뒤를 이은 장수왕은 이름 그대로 79년이라는 오랜 기간 동안 재위하면서 고구려의 전

광개토대왕릉비 414년(장수왕 3년)에 고구려 제19대 광개토대왕의 업적을 기념하기 위하여 아들인 장수왕이 세운 비석으로 높이가 약 6.39m이다. 묘호인 국강상광개토경평안호태왕(國岡上廣開土境平安好太王)의 마지막 세 글자를 본떠서 '호태왕비'라고도 한다. 412년 광개토대왕이 세상을 뜨자, 414년 능에 옮겨 묻고 생전의 흔적을 기록한 능비를 건립하였다. 비문의 내용은 추모왕(주몽)의 건국신화를 비롯하여 대주류왕(대무신왕)으로부터 광개토대왕에 이르는 대왕의 세계와 약력 및 비의 건립경위가 기술되어 있다. 광개토대왕은 재위기간 중 64개의 성과 1,400여 곳의 촌락을 점령하였다고 한다. 광개토대왕비에서 가장 문제가 되는 것은 신묘년 기사이다. "백제와 신라는 옛 속민으로 조공을 바쳐왔는데, 신묘년에 왜가 바다를 건너오자 이를 공파하고, 백제와 신라 등을 신민으로 삼았다(百殘新羅舊是屬民由來朝貢 而倭以辛卯年來渡海 破百殘△△新羅以爲臣民)."

충주 고구려비(충북 충주) 충주시(옛지명은 중원군 가금면)에서 발견된 고구려의 비석이다. 장수왕 때 고구려가 한강 유역으로 진출했음을 알 수 있다.

성기를 구가하였다. 그는 영토가 늘어나자 다시 국가 체제 정비의 필요성을 느껴 적극적으로 남진 정책을 추진하여 수도를 국내성에서 대동강 유역의 평양으로 옮겼다(427년).

고구려의 남하에 위기감을 느낀 백제는 433년 신라와 동맹(나·제 동맹)을 맺어 고구려에 대항하고자 하였다. 이에 장수왕은 3만의 군대를 보내 백제를 공격하여 개로왕을 전사시키고 한강 유역을 확보하였다. 이로써 고구려는 죽령 일대로부터 남양만에 이르는 영토를 차지하고 삼국 간의 항쟁에 주도권을 잡게 되었다.

장수왕의 뒤를 이은 문자왕은 부여를 합병하고 고구려 최대 영토를 확보하였으며, 여러 차례 신라의 내정에 간섭하여 신라의 왕까지도 바꾸게 하였다. 이처럼 5세기 말 고구려의 계속된 대외 팽창으로 고구려는 한반도의 중부 지방과 요동을 포함한 만주 땅을 차지하여 동북아시아의 강대국으로 위세를 떨쳤다.

이후 고구려는 신라 진흥왕과 백제 성왕의 공격으로 한강 유역을 상실하자 이를 다시 찾기 위하여 여러 차례 군대를 보내 신라의 북쪽 변경을 공략하였다. 특히, 평원왕의 사위로 중국 후주와의 전투에서 이름을 날렸던 온달 장군이 영양왕(590년~618년) 초 신라를 공격하였다. 그러나 뜻을 이루지 못하고

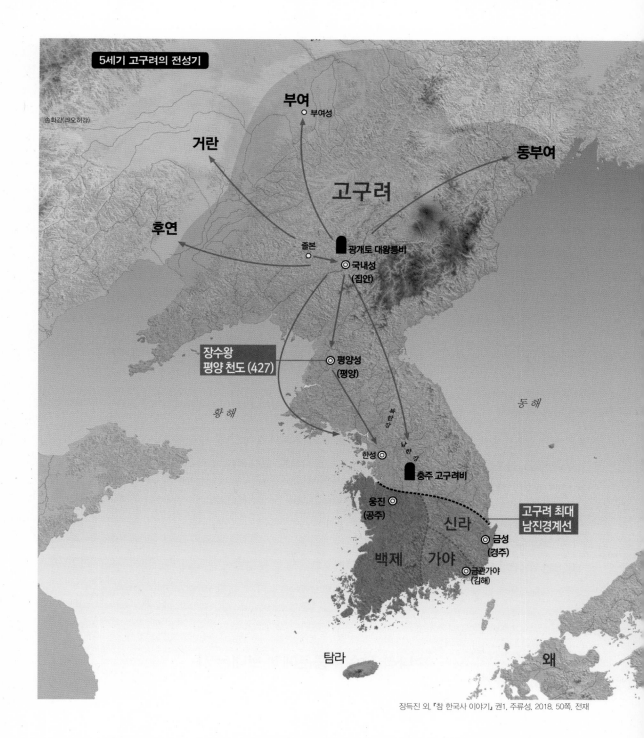

5세기 고구려의 전성기

송화강(랴오허강)

부여
○ 부여성

거란

동부여

고구려

후연

졸본 ○

◎ 광개토 대왕릉비
◎ 국내성
(집안)

장수왕
평양 천도 (427)

◎ 평양성
(평양)

황 해

동 해

북한강

한성 ◎

남한강

◎ 충주 고구려비

웅진 ◎
(공주)

신라

고구려 최대
남진경계선

◎ 금성
(경주)

백제

가야

◎ 금관가야
(김해)

탐라

왜

장득진 외, 『참 한국사 이야기』 권1, 주류성, 2018. 50쪽, 전재

아단성에서 전사하고 말았다. 기록에 의하면 온달은 신라와의 싸움에 앞서 "계립현(조령 인근)과 죽령 서쪽의 땅을 우리가 차지하지 않으면 돌아오지 않겠다."라는 비장한 각오로 출정하였다고 한다.

3) 고구려와 수나라·당나라와의 전쟁

(1) 살수대첩

6세기 중반 이후 신라가 한강 유역을 차지하게 되었다. 그러나 이때 중국 대륙에도 위·진 남북조 시대가 끝나고 수나라가 중국을 통일하였다(589년). 이에 고구려는 수의 침입을 미리 막고 전략상 유리한 지역을 차지하기 위해 598년(영양왕 9년) 랴오허 강을 건너 수나라 바로 아래에 있는 전략적 요충지인 요서 지방을 말갈군과 함께 먼저 공격하였다. 이에 수나라 문제는 30만 명을 동원하여 공격하였으나 고구려는 모든 백성을 성안으로 들어오게 한 후 적이 이용할 만한 식량이나 가축 등을 모두 없애는 청야 정책으로 수의 대군을 격파하였다.

이후 한강유역 수복을 위해 608년 고구려가 신라를 공격하자 신라 진평왕은 수에게 군사를 요청하였고, 612년(영양왕 23년) 여름 우문술과 우중문이 이끄는 수의 113만 대군이 압록강에 이르렀다. 이에 을지문덕은 왕명을 받들고 그들의 진영에 가서 거짓 항복하였다. 당시 우중문과 우문술은 고구려의 왕이나 을지문덕이 오면 잡아두라고 명령하였는데 어찌된 영문인지 을지문덕을 돌려보냈다. 실수를 안 우문술은 압록강을 건너 쫓아갔으나 을지문덕은 수나라 군대가 굶주린 기색이 있음을 알고, 더욱 피곤함에 지치도록 하기 위해, 싸우면 바로 패하는 척 하기를 7번 거듭했다. 수의 군대가 평양성 30리 밖에까지 이르자 을지문덕은 장수 우중문에게 시를 보내 수나라 군대를 우롱하였고, 수군은 철군을 시작하였다. 고구려는 이 틈을 타서 적군이 살수(청천강)를 건널 때 그 주력 부대를 공격하여 전멸시켰다. 이 싸움을 살수대첩이라 한다. 당시 수의 군대는 30만 5천 명이었으나 그들이 요동성에 돌아갔을 때는 겨우 2천 7백 명뿐이었다고 한다. 그 뒤에도 고구려는 수나라의 공격을 몇 차례 더 물리쳐 나라의 위기를 극복하였다.

(2) 안시성 전투

618년 수나라에서 정변이 일어 수나라 양제가 부하에게 살해되었고 이어 당나라가 섰다. 당은 건국 초에는 고구려에 대해 우호적이었으나 태종이 즉위한 뒤부터는 관계가 벌어지기 시작하였다. 고구려

수나라 장수 우중문에게 보내는 시

신비로운 계책은 하늘의 흐름을 알아서 하고(神策究天文)

기묘한 꾀는 땅의 이치를 다 알아서 하는 게지(妙算窮地理)

싸움에서 이긴 공 높을 수밖에 없겠네(戰勝功既高)

그만하면 족하니 이제 그치는 게 어떠한지(知足願云止)

는 당의 침략에 대비하기 위해 국경 지방에 천리장성을 쌓고 방어 체제를 강화하였다. 천리장성 축조의 감독을 맡았던 연개소문은 정변을 일으켜 영류왕을 시해하고 보장왕을 새로운 왕으로 추대하였다. 그리고 자신은 최고의 관직인 대막리지가 되어 군권과 정권을 모두 장악했다.

당의 태종은 연개소문이 당에 대한 강경책을 쓰자 반대 여론에도 불구하고 침공을 계획하였다. 그는 직접 수십만 명의 군대를 이끌고 육군과 수군으로 양쪽에서 공격해 왔다(644년). 당나라 군대는 랴오허강을 건너 개모성 등을 함락시키고 고구려 최대의 요새지였던 요동성을 공격하여 함락시켰다. 이어 다시 진격하여 백암성을 점령하고 안시성을 공격하였다.

서쪽 변경의 중요한 요새였던 안시성에서는 군인들과 백성들이 성주인 양만춘과 합심하여 완강하게 싸웠다. 이에 당 태종은 안시성 옆에 높은 토산(성을 넘어가기 위한 방법으로 성 높이 이상 쌓은 산)을 쌓기 시작하고, 매일 6~7회씩 공격하였다. 그러나 고구려군은 적의 토산 건설에 대해 성벽을 더 높이 쌓고 파괴된 성벽을 보수하면서 적의 성내 진입을 막는 한편, 야간에는 특공대를 편성하여 적을 기습했다. 결국 당 태종은 군대를 이끌고 철수할 수밖에 없었다.

이와 같이 고구려가 수·당과 싸워 그 침략을 막아낸 것은 고구려 자신을 보호한 것만 아니라 한반도 전체를 중국의 침략으로부터 지켜냈다는 데 의의가 있다.

2 백제의 건국과 발전

1) 백제의 건국과 발전

비류와 온조는 고구려 건국자인 주몽과 졸본 왕녀 사이에 태어났는데, 주몽의 원래 자식인 유리가 아버지를 찾아와 태자가 되자 둘이 함께 남하하여 형인 비류는 미추홀(인천)에, 동생 온조는 하남위례성에 각각 도읍하여 나라를 세웠다(기원전 18년). 온조는 비류가 죽자 형의 세력을 통합하여 나라를 키우고 십제에서 백제로 고쳤다. 오늘날 서울 송파 일대에는 3세기 중엽에서 4세기에 축조된 백제 시

신채호의 을지문덕 평가

을지문덕 주의는 적이 커도 우리는 반드시 나아가고, 적이 강해도 우리는 반드시 나아가며, 적이 사납든지 용맹하든지 간에 우리는 반드시 나아가며, 한 걸음 뒤로 물러나면 식은땀으로 등이 젖고, 털끝만큼이라도 양보하면 입으로 피를 토하면서 이로써 자신을 독려하고, 이로써 동료를 고무하며, 이로써 전국 국민을 흥기시켜, 그 삶을 조선으로서 하며 그 한 번 숨 쉬고 한 번 먹는 것을 반드시 조선으로서 한 결과 마침내 여진 마을을 다 우리의 식민지로 만들었고, 중국의 천자를 우리 손으로 거의 사로잡을 뻔했던 것이다.

(신채호, 『을지문덕전』).

대의 대형 돌무지무덤이 전하고 있는데, 이를 통해 백제와 고구려와는 밀접한 관계를 가진 것으로 생각된다.

　여하튼 한강 하류에서 일어난 백제는 54개 마한 소국 중 하나였으나, 기원을 전후한 시기에 근처의 작은 나라들을 한데 모아 이끌어 가는 나라로 발전하였다. 이후 2세기 후반 중국 대륙의 혼란으로 한 군현의 세력이 약화되자 많은 유이민이 들어 왔다.

　3세기 중엽 백제는 목지국을 공격하고 한강 유역을 장악하였고, 지방의 유력한 세력을 중앙의 귀족으로 편입시켰다. 특히 고이왕은 이 과정에서 6좌평을 두고 16관등을 정하였으며, 관리의 복색과 중요한 법령을 제정하는 등 중앙 집권 국가의 토대를 형성하였다.

　이렇듯 백제의 관등제로는 16관등과 6좌평이 있었다. 좌평은 백제의 벼슬 등급을 나타내는 16관등 중 제1품으로, 좌평·좌솔로도 불린다. 내신좌평은 왕의 명령을 전하거나 왕에게 보고하는 일을, 내두좌평은 창고와 재정에 관한 일을, 내법좌평은 예법과 의례에 관한 일을, 위사좌평은 왕을 호위하고 왕궁을 지키는 일을, 조정좌평은 형벌과 감옥에 관한 일을, 병관좌평은 일반 군사 업무를 각각 맡았다고 한다. 한편, 16관등은 복색과 관식 및 띠의 색에 의해 구분되었다.

　4세기 후반 백제는 전성기를 맞이하여 크게 발전하였다. 근초고왕 때 부자 상속에 의한 왕위 계승이 시작되었으며, 마한의 영토를 복속시키고 낙동강 유역까지 진출하였다. 그는 369년 태자인 근구수를 보내 치양(백천)에서 고구려 군대를 격파하였으며, 동왕 26년(371년)에는 자신이 태자와 함께 3만여 명의 군사를 이끌고 고구려 평양성에 쳐들어가 그곳에 사냥을 나온 고구려의 고국원왕을 전사시켰다. 이러한 활발한 정복 활동을 통하여 축적한 군사력과 경제력을 바탕으로 백제는 중국의 요서 지방에 이어 산둥 지방과 일본 규슈 지방에까지 진출하는 등 활발한 대외 활동을 벌였다.

　근초고왕은 이러한 정복 활동 이외에도 박사 고흥으로 하여금 나라의 역사서인 『서기』를 편찬하게 하고, 유력한 백제의 지배 집단인 진씨를 왕비로 맞아 들여 한층 더 왕권을 강화하였다.

몽촌토성 목책(서울 송파) 백제 초기의 토성터이다. 지리적으로 좋은 곳에 위치해 수비하기 좋고, 견고함으로 보아 풍납토성과 더불어 백제 초기에 중요한 역할을 했음을 짐작해 볼 수 있다.

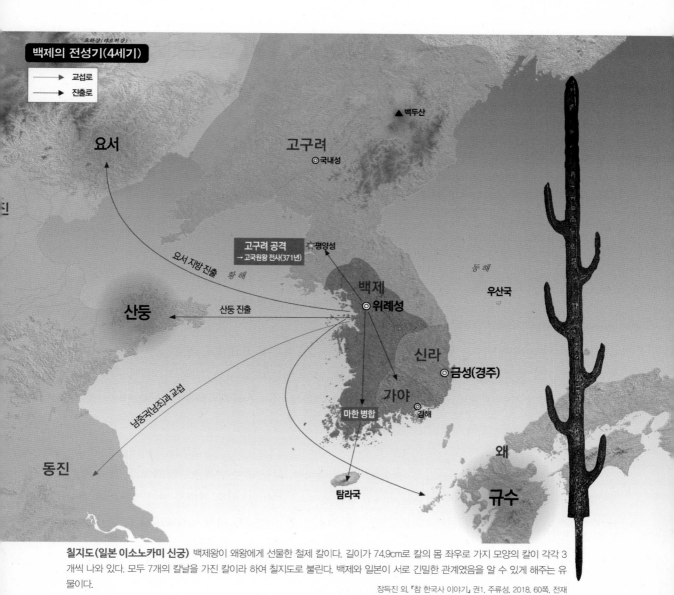

백제의 전성기(4세기)

→ 교섭로
→ 진출로

요하강(다오허강)

요서

▲백두산

고구려

◎국내성

요서 지방 진출

황해

고구려 공격
→ 고국원왕 전사(371년)

☆평양성

백제

◎위례성

동해

우산국

산둥

산둥 진출

신라

◎금성(경주)

가야

남중국(남조)과 교섭

마한 병합

김해

동진

탐라국

왜

규수

칠지도(일본 이소노카미 신궁) 백제왕이 왜왕에게 선물한 철제 칼이다. 길이가 74.9cm로 칼의 몸 좌우로 가지 모양의 칼이 각각 3개씩 나와 있다. 모두 7개의 칼날을 가진 칼이라 하여 칠지도로 불린다. 백제와 일본이 서로 긴밀한 관계였음을 알 수 있게 해주는 유물이다.

장득진 외, 『참 한국사 이야기』 권1, 주류성, 2018. 60쪽, 전재

백제의 해외 진출

백제는 활발한 해외 활동으로 요서 지방을 점령하고 소유하였다는 기록이 있다. 가장 최초의 기록은 『송서』 백제전에 "백제국은 본래 고려와 함께 요동의 동 1,000여 리에 있었다. 그 후 고려가 요동을 차지하니 백제는 요서를 차지했다. 백제가 통치한 곳을 진평군 진평현이라 한다."라는 것이다. 이 외에도 많은 기사가 있는데 대략 근초고왕 대가 아닌가 한다. 그러나 백제의 요서 영유에 대하여는 『양서』와 『남서』 등 중국 남조계의 사서에는 등장하지만 당사국인 백제나 북조계의 사서에는 나타나지 않는다. 백제가 굳이 바다를 건너 수만 리에 있는 그곳까지 진출할 필요성에 대한 의문과 고고학적 유물도 아직 출토되지 않은 상태이다.

왕	주요 업적
고이왕(234년-286년)	공복 제정, 6좌평 제도, 율령 반포, 한강 유역 확보, 통치 체제 확립
근초고왕(346년-375년)	마한 병합, 동진, 일본과 수교, 탐라 복속, 요서 · 산둥 · 일본 진출
침류왕(384년-385년)	불교의 수용
무령왕(501년-523년)	국력 회복, 지방 통제 강화(22담로), 남조(양) 문화 도입
성왕(523년-554년)	사비 천도(538년, 국호 남부여), 중앙 관서(22부) 및 지방 제도(5부 5방) 강화, 일본에 불교 전파(552년), 신라와 연합하여 한강 하류 회복 → 신라의 배신 → 신라 공격 → 관산성에서 전사

2) 백제의 침체와 중흥

고구려 장수왕이 평양으로 도읍을 옮기고 남진 정책을 펼치자 백제는 큰 위기를 맞게 되었다. 이에 백제의 비유왕은 신라의 눌지왕과 동맹을 맺고(나 · 제 동맹, 433년) 고구려 공격에 대비하였다. 그러나 고구려 장수왕에게 한성을 비롯한 한강 유역을 빼앗겼으며 전투 과정에서 개로왕이 사로잡혀 죽임을 당하였다. 결국 그의 아들 문주는 도읍을 웅진(공주)으로 옮겼다(475년).

한강 유역을 상실한 백제는 대외 팽창이 위축되고 경제적으로도 어려움을 겪었다. 이러한 시련 속에서 중앙 귀족들 간의 권력 다툼은 국력을 더욱 약화시켰다. 문주왕은 귀족 해구에게 암살당하였고, 그를 이은 삼근왕도 귀족 세력인 진씨에 의해 제거되었다.

이러한 백제의 위기 속에서 5세기 말 동성왕이 즉위하였다. 그는 중국 남제와 수교하고, 신라에 사신을 파견하였으며, 신라 소지왕 때 이벌찬 비지의 딸을 왕비로 맞이하는 결혼 동맹을 맺어 고구려의 침략에 대항하였다. 또 그는 탐라를 복속하기도 하였다. 그러나 왕권 안정을 위한 동성왕의 정책 역시 귀족 세력의 반발을 사 귀족 백가에게 살해되었다.

6세기 동성왕의 뒤를 이어 즉위한 무령왕은 지방의 지배를 위해 22개의 담로를 설치하고, 이곳에

공산성(충남 공주) 백제 시대의 산성이다. 백제는 고구려 장수왕의 공격을 받아 수도인 한성(현재의 서울)을 비롯한 한강 유역을 빼앗겼다. 그리하여 백제는 수도를 웅진성(지금의 공주)으로 옮겨 백제의 정치 · 경제 · 문화의 중심지가 되었다. 공산성은 이러한 공주를 보호하기 위해 만들어진 것이다.

왕족을 보내 지방에 대한 통제력을 강화하였다. 중국 남조의 양나라와 국교를 맺고 문화 교류에도 힘썼다. 이어 고구려에 대한 적극적인 공세를 펴 국력을 점차 회복함으로써 백제 중흥의 발판을 마련하였다. 왜와도 교류를 활발히 하여 오경박사를 비롯하여 의학, 점술, 기와 박사를 일본에 파견하였다.

무령왕의 뒤를 이어 즉위한 그의 아들 성왕은 성명왕이라고도 하는데 그는 538년 수도를 다시 웅진에서 사비(부여)로 옮기고, 국호를 '남부여'라 고친 후 관제를 정비하였다. 중앙에는 22부를 두고, 지방에 5부 5방을 두어 다스렸으며, 불교를 장려하고 중국의 남조 및 왜와 활발하게 교류하였다. 또 양나라로부터 모시박사(학자), 공장(기술자), 화사(화가) 등을 초빙하였고, 노리사치계를 일본에 보내 불상과 불경 등을 전해 주었다. 그리고 신라와 연합하여 이전에 고구려에 빼앗겼던 한강 유역을 되찾았으나, 곧 동맹국인 신라의 공격을 받아 한강 유역을 다시 빼앗겼다. 이후 성왕은 왜에 원군을 청하는 한편 대가야와 연합하여 신라 관산성을 공격하였는데 백제는 김무력 등이 거느린 신라군에 크게 패하였으며 성왕마저 전사하였다. 이로서 나·제 동맹이 파기되었다.

성왕의 뒤를 이은 위덕왕 역시 중국과 일본과의 문화 교류를 활발하게 전개하였다. 왕자인 아좌태자는 일본으로 건너가 쇼토쿠 태자의 스승이 되었다.

이후 7세기 무왕은 군사력을 강화하여 고구려와 신라에 적극 대응하였다. 외교적으로도 중국에 사신을 보내 긴밀한 관계를 유지하였다. 특히 그는 당나라 고조로부터 '대방군왕 백제왕'이라는 칭호도

무령왕릉 (복원도) 충청남도 공주시에 있는 백제 제25대 무령왕과 그 왕비의 무덤이다. 1971년 7월 금관을 비롯해 2,500여 점의 껴묻거리가 발굴되었다. 사마왕이라고도 하였다.

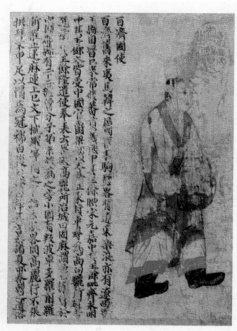

양직공도 (중국 난징) 6세기 양나라에 파견된 외국인 사절을 그림과 함께 그려 해설한 것이다. 난징박물원에 소장되어 있다. 여기에 백제 사신의 모습을 파악할 수 있다.

받았으며, 일본에 관륵을 파견하여 천문, 지리, 역법 관련 서적과 불교를 전달하게 하였다. 그러나 여러 절을 건립하고 궁성 옆에 연못을 파 놀이터로 삼는 등 무리한 토목공사를 벌여 국력을 낭비하여 백성들의 원성을 받기도 하였다.

무왕의 맏아들로 왕위에 오른 의자왕은 '해동증자'라 불릴 정도로 성군 소리를 들었다. 642년(의자왕 2년) 7월 직접 군사를 거느리고 신라 서쪽의 40여 성을 함락시켰으며, 8월에는 고구려 군사와 연합해 신라의 대 중국교통 거점인 당(항)성(화성)을 공격하였다. 또 의자왕은 장군 윤충에게 군사 1만 명을 주어 신라의 대야성을 공격하였다. 여기서 김춘추의 사위인 김품석은 싸우지도 않고 항복하여 가족과 함께 죽임을 당하였다. 그리고 대야성의 남녀 1천여 인은 사로잡혀서 백제의 서쪽 지방으로 옮겨졌다.

3 신라의 건국과 발전

1) 신라의 건국

신라는 경주 평야에 있던 진한 12국 중 하나인 사로국에서 시작하였다. 기록에 의하면 기원전 57년에 세워졌다. 처음에는 박·석·김 3성의 시조 설화에서 볼 수 있듯이 여러 세력 집단이 연합하여 이루어진 나라였기 때문에 국가적 통합이 비교적 늦었다. 신라는 사로 6촌이라는 6개의 촌락으로 구성되어 있다가 6촌이 연맹체를 형성하여 사로국이 되었다.

사로국 최초의 우두머리인 혁거세의 칭호는 '거서간'으로 부족장의 뜻을 가지고 있다고 여겨진다. 이어 혁거세의 뒤를 이은 남해는 '차차웅'이라 불렸는데, 이는 무당이라는 뜻으로 제사장을 의미한다. 이후 석씨의 탈해이사금 시대가 오는데 '이사금'은 연장자라는 의미를 지닌다. 이 시대 왕위는 유력한 연맹체 출신 중에서 선임되었다.

2) 신라의 발전

신라는 4세기 후반 내물왕부터 고대 국가로의 기틀을 마련하기 시작하였다. 신라는 백제와 고구려

왕 호	의 미
거서간 (박혁거세)	족장, 군장의 우두머리
차차웅 (남해)	무당, 제사장
이사금 (유리)	연장자, 박 · 석 · 김 3부족의 연맹장
마립간 (내물)	대수장이라는 정치적 의미
왕 (지증)	중국식 왕호 (한화 정책)

나정(경북 경주) 신라 시조 박혁거세의 탄생 설화가 깃들어 있는 우물이다.

※ **삼국의 건국** 기록에 따르면 삼국은 신라, 고구려, 백제 순으로 건국되었다고 한다. 그러나 국가 정비 과정을 보면 고구려가 가장 빠르게 중앙 집권 국가를 형성해 나갔다.

가 한강을 둘러싸고 치열한 쟁탈전을 벌이는 틈을 타 국가의 체제 정비에 힘을 기울였다. 곧 왕의 칭호를 이사금에서 마립간으로 바꾸고, 왕위도 김씨가 독점하였다. 이어 5세기 눌지왕은 왕위의 부자상속 제도를 확립하였다.

6세기에 이르면서 신라는 삼국을 통일할 수 있는 기반을 마련하였다. 500년에 즉위한 지증왕은 국호를 사로국에서 신라로, 왕호를 마립간에서 왕으로 국호와 왕호를 개정하였다. 이어 지증왕은 순장을 금지하고, 농사에서 우경을 통해 깊이갈이가 가능했으며, 지방 제도인 주 · 군 제도를 정하고 관리를 파견하여 다스렸다. 또 북위에 두 차례에 걸쳐 사신을 파견하여 발달한 중국의 선진 문물을 받아들였다.

지증왕의 뒤를 이은 법흥왕은 병부를 설치하고, 나라의 법령인 율령을 반포하여 중앙 집권 국가 체제를 완비하였다. 불교를 공인하고 금관가야를 복속시켰다. 이어 신라만의 독특한 신분 제도인 골품 제도를 정비하고 새롭게 성장하는 세력들을 포섭하고자 하였다. 이러한 정책은

포항 중성리 신라비 2009년 5월 발견된 현존 가장 오래된 신라비로 보고 있다. 자연석 화강암 전체 모두 203자가 확인됐다. 제작 시기는 지증왕 2년인 501년으로 추정되지만, 이보다 60년 빠른 441년으로 보는 연구자도 있다. 비의 내용은 재산 분쟁과 관련된 판결 내용을 담고 있다.

신라의 의미

10월에 군신이 아뢰기를 시조 창업한 이래로 나라의 이름이 일정하지 않아 혹은 '사라(斯羅)'라 하고 혹은 '사로(斯盧)'라 하고 혹은 '신라(新羅)'라 하였으니, 신들은 생각하건대 '신'은 덕업이 날로 새로워진다(德業日新)는 뜻이요, '라'는 사방을 망라한다는 뜻(網羅四方)인 즉, 그것으로 국호를 삼는 것이 좋을 듯하오며, … 우리 시조가 건국한 이래 지금 23세로되 단지 방언으로 칭하고 존호를 정하지 아니하였으므로 지금 군신은 한 뜻으로 '신라 국왕'이란 존호를 올립니다".

「삼국사기」 권4, 신라본기4, 지증마립간 4년).

무엇보다도 왕실의 권위를 높이는 데 목적이 있었으며 이로써 신라는 왕권이 확립되고 삼국을 통일할 수 있는 사상적 기반을 마련하였다. 특히 병부의 설치는 분산된 병권을 왕에게 집중하는 계기가 되어 왕권 강화에 가장 크게 기여하였다. 그는 이러한 일련의 정책을 실시한 후 말년인 536년에는 '건원'이라는 독자적인 연호를 사용하였다.

법흥왕의 뒤를 이은 진흥왕은 7살의 어린 나이에 왕위에 올라 어머니의 섭정을 받았다. 그러나 즉위 12년(551년)에 이르러 정치에 참여하면서 '개국'이라는 연호를 사용하면서 신라의 자주 의식을 나타내었다. 같은 해 진흥왕은 백제와 연합하여 한강지역을 수복한 뒤 고구려에 속하였던 죽령 이북의 군현을 점령하고, 이후 백제가 되찾은 한강 하류의 땅마저 빼앗아 한강 유역의 땅을 모두 차지하였다. 신라가 한강 유역을 차지한 것은 이후 삼국 경쟁의 주도권을 신라가 장악하는 계기가 되었다.

한편 562년(진흥왕 23년)에는 가야 연맹의 맹주인 대가야를 정복하여 낙동강 유역을 차지하였고, 동해안을 따라 함흥 평야까지 진출하였다. 이러한 진흥왕의 정복 활동에 관한 사실은 여러 개의 순수비를 통하여 알 수 있다.

──── 진흥왕 순수비 ────

진흥왕 순수비 가운데 가장 오래된 것은 북한산비(555년)이다. 창녕비는 561년에 신라가 가야 지역을 점령한 것을 기념하여 경상남도 창녕에 세웠다. 그리고 568년에는 고구려의 영토를 공격하여 차지한 뒤 그곳 함경도에 황초령비와 마운령비를 건립했다. 물론 함경도 땅은 고구려에게 다시 내줘야 했지만, 신라의 위세가 얼마나 대단했는지 잘 알 수 있는 유물이다. 이 4개의 비는 영토를 넓힌 것을 기념하기 위해 왕이 직접 순행하고 남긴 비이기 때문에 '척경비'(국경을 개척하여 남긴비)라고도 한다.

북한산 진흥왕 순수(巡狩)비 (국립중앙박물관) 555년(진흥왕 16년)에 세운 북한산 진흥왕 순수비는 보호를 위해 국립중앙박물관(서울 용산)으로 옮겨졌고 원래 있었던 자리에는 복원품을 세웠다(서울 종로). 이 비석은 단순한 영토 확장의 의미보다 북진(통일)을 위해 하늘에 서약하는 뜻을 담고 있다.

창녕 진흥왕 척경비 (경남 창녕)

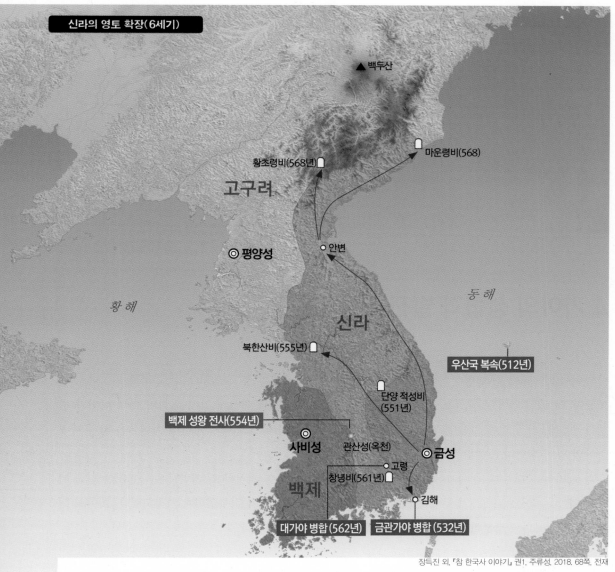

장득진 외, 『참 한국사 이야기』 권1, 주류성, 2018, 68쪽, 전재

　또 진흥왕은 유능한 청소년을 양성하는 단체인 화랑도를 국가적인 조직으로 개편하였고, 불교 교단을 정비하여 사상적 통합을 도모하기도 하였다.

　이후 왕위에 오른 진평왕이 죽자 남자 중에 적절한 왕위계승자가 없는 상황에서 여왕인 선덕여왕이 즉위하자 이를 지지하는 세력과 반대하는 세력이 대립·갈등하였다. 더욱이 선덕여왕 11년(642년) 백제의 의자왕은 대야성(경남 합천)을 함락하고 도독이었던 김품석 부부를 비롯한 많은 신라 군사를 죽이는 등 신라를 궁지로 몰았다. 이에 신라는 서부 국경 지역을 대부분 상실하였고, 백제 방어선도 압량(경상북도 경산) 지방으로 후퇴하게 되었다. 선덕여왕은 위기 상황을 타개하기 위해 김춘추를 고구려에 파견해 외교적 도움을 요청하였지만 오히려 연개소문에게 영토 할양을 강요당하였다.

단양 신라적성비(충북 단양) 이사부를 비롯한 신라 장군들이 왕명으로 고구려의 영토인 적성을 공격한 후 도운 사람들을 포상하고 적성 지역 백성들을 위로하려고 세웠다.

4 가야의 성립과 발전

1) 가야의 성립

가야(42년~562년) 연맹은 변한의 옛 땅인 낙동강을 경계로 하류 유역의 경상도 서쪽 지역에서 일어났다. '가락', '가야' 등으로도 불렸다. 설화에 따르면 하늘에서 여섯개 알이 내려와 여섯 아이가 탄생하였는데, 가장 먼저 알을 깨고 나온 수로가 가락국의 왕이 되었고 나머지 다섯 아이들은 각각 다섯 가야의 왕이 되었다고 한다.

다섯 가야는 대가야, 성산가야, 아라가야, 고령가야, 소가야를 지칭하고, 가락국은 금관가야였다. 이 여섯 가야는 소국으로 1세기 무렵 김해의 구야국을 중심으로 연맹체를 형성하기 시작하였다. 가야의 성장에는 무엇보다도 풍부한 철의 생산과 대외 활동이 큰 역할을 하였다.

김수로왕릉(경남 김해) 금관가야의 시조인 김수로왕의 무덤이다. 가야의 건국 이야기를 보면 가야 지역에 아홉 부족장이 있던 시절, 하늘에서 소리가 들리고 6개의 알이 담긴 금상자가 내려왔다고 한다. 6개의 알에서 아이들이 태어났는데, 가장 큰 알에서 태어난 아이가 왕위에 올라 나라 이름을 대가락국이라고 하였다고 한다. 그 아이가 바로 김수로왕이다.

2) 가야의 발전

가야는 삼국이 중앙 집권 국가로서 국가 조직의 정비에 힘을 기울이고 있을 무렵에 연맹 왕국 단계에 머물러 있었다. 그러나 2, 3세기에 이르러서는 김해의 가락국(금관가야)을 중심으로 전기 가야 연맹을 이루었다. 그 과정에서 금관가야의 예속 강요에 불만을 품은 포상팔국(낙동강 하류와 경상남도 남해안 일대에 있었던 8개 소국들)의 난이 있었으나, 사로국의 도움으로 난을 진압할 수 있었다.

금관가야는 낙동강 하류 지역의 해상 활동에 유리한 입지 조건과 철의 생산 및 교역 활동을 기반으로 성장하였다. 특히 김해 지방에는 질 좋은 철이 많이 나서 각종 철제 무기를 만들어 사용하였고, 덩이쇠를 만들어 화폐와 같은 교환 수단으로 이용하기도 하였다.

왜와 가야 세력은 백제의 지원 아래 사로국인 신라를 공격했으나, 400년 신라가 고구려에 구원을 요청하여 신라에 침략한 왜군과 가야를 격파하였다. 이에 금관가야는 큰 타격을 입어 맹주로서의 지위가 흔들리게 되었고 이로 인해 전기 가야 연맹체는 붕괴되었다.

그 후 낙동강 서쪽의 여러 가야는 고령의 대가야를 중심으로 다시 연맹체를 이루었다. 곧 5세기 중반을 넘어서자 내륙인

가야 건국 설화

구지봉 9간들이 이르되 우리들이 여기 있다 하였다. 또 말하기를 여기가 어디이냐. 대답하되 구지(龜旨)라 하였다. 또 말하되 하늘이 나에게 명하기를 이곳에 와서 나라를 새롭게 하여 임금이 되라 하였으므로 이곳에 일부러 내려왔으니 너희들은 마땅히 봉상(峯上)에서 흙을 파면서 노래하여 '거북아 거북아 머리를 내밀지 않으면 구어 먹으리라'하고 춤을 추면서 대왕을 맞이하여 … 이튿날 마을 사람들이 다시 모여 합을 여니, 여섯 알이 변하여 동자가 되었는데 용모가 매우 깨끗하므로 상에 앉히고 여럿이 절하고 극진히 위하였다. 나날이 자라 10여 일을 지나매 신장이 9척이나 되었으니 … 그달 보름날에 즉위하였다. 처음으로 나타났다고 하여 이름을 '수로'라 하고 혹은 '수릉'이라 하며 나라를 '대가락', 또는 '가야국'이라고도 일컬으니 곧 6가야의 하나요 나머지 5인은 각각 가서 5가야의 임금이 되었다.

『삼국유사』 권2 기이 가락국기

집모양 토기 (국립중앙박물관)
외관은 일반적인 집의 모양과 비슷한데, 사다리가 표현되어 있는 것으로 보아 사다리를 통해 출입하는 창고로 여겨진다.

가야 토기 (국립김해박물관)
단순하면서도 그 조형미가 뛰어나다.

차륜형 토기
나팔 모양의 굽다리 위에 대칭으로 만들어진 뿔잔이 올려 져 있고 그 양쪽에 수레바퀴가 달려있다.

철제 갑옷
가야의 뛰어난 제철기술을 보여준다.

장득진 외, 「참 한국사 이야기」 권1, 주류성, 2018, 75쪽, 전재

고령 지역을 중심으로 성장해 온 대가야가 금관가야를 대신하여 가야 연맹체의 새로운 맹주국으로 떠올랐다. 대가야는 철제 무기와 세련된 토기 등을 가지고 가야의 여러 나라를 아울렀는데 이를 후기 가야 연맹이라 한다.

고령의 대가야 역시 질 좋은 철을 많이 생산하였고, 비옥한 농토를 확보하고 있었다. 더구나 대가야는 전쟁의 피해를 입지 않았기 때문에 5세기 이후 금관가야를 대신하여 가야 연맹체의 중심 세력이 되었다.

고령의 대가야를 중심으로 한 가야 연맹은 5세기 후반에 크게 성장하여 그 세력 범위를 확장시켰으며, 전라북도 남원에서도 가야의 유적과 유물이 나오는 것으로 보아 그 세력 범위가 매우 넓었음을 알 수 있다. 6세기에 이르러 가야 연맹은 백제, 신라 두 나라의 압력을 받아 위축되었다. 곧 신라 법흥왕 때에는 금관가야(532년)가, 진흥왕 때에는 대가야(562년)가 멸망하였다. 그러나 가야의 문화는 신라 문화에 영향을 주었고 가야의 일부 세력이 일본에 진출하여 일본의 고대 문화 발전에 이바지하였다.

임나일본부설

왜가 4세기 중엽에 가야 지역을 군사적으로 정벌해 임나일본부라는 통치 기관을 설치하고 6세기 중엽까지 한반도 남부를 경영했다는 학설로 '남선경영론(南鮮經營論)'이라고도 한다. 이는 일제가 그들의 한국 침략과 지배를 역사적으로 정당화하기 위해 조작해 낸 식민사관 중에서, 한국사의 전개과정이 고대부터 외세의 간섭과 압제 속에서 이루어졌다는 타율성이론의 대표적인 산물 중 하나이다. 즉 임나일본부설은 왜 왕권이 한반도의 임나 가야 지역을 정벌해 현지에 직할 통치기관을 설치했으며 이를 기반으로 하여 4세기 중엽부터 6세기 중엽까지 200년 간 가야를 비롯해 백제·신라 등의 한반도 남부를 경영했다는 것이다. 그러나 오늘날에는 이러한 이론이 부정되고 있는 실정이다.

5 삼국·가야의 경제와 사회

1) 경제 구조와 경제 활동

삼국 시대 귀족은 그들의 세력이나 군공 등 왕으로부터 녹읍이나 식읍을 받고 이를 통해 자신들의 지위를 유지해 나갔다. 식읍은 왕족이나 귀족에게 일정한 지역에 대한 토지의 지배권을 인정하는 것이고, 녹읍은 관직 복무에 대한 대가로 일정 지역에 수취 권한을 준 것이다. 그런데 식읍과 녹읍 모두 조세를 수취할 뿐만 아니라 그 토지에 딸린 노동력을 징발할 수 있었다.

일반 농민들은 대부분 국가뿐만 아니라 귀족들에게 세금을 바쳐야 했고, 경우에 따라서는 성이나 저수지를 쌓는 일에 동원되었을 뿐만 아니라 귀족들의 토지 경작에 강제로 동원되기도 하였다. 특히 15세 이상의 남자의 경우는 직접 전쟁에 참가하거나 물자를 동원해야만 했는데 고구려에는 사람마다 부과하는 인두세와 각 호에 부과하는 호세가 있었다. 백제도 부세를 포와 곡으로 납부하였으며 매년 풍흉에 따라 세액에 차등이 있었다. 신라의 경우도 품주가 있어 재정을 관찰하였다. 또 지증왕 때에는 경주에 동시전이라는 관청을 두어 시장을 관장하였고 이후 교역이 더욱 활발해진 통일신라 때에는 서시와 남시를 두기도 하였다.

삼국은 농민들의 생활을 안정시키기 위해 여러 정책을 실시하였다. 고구려는 고국천왕 때 농민들이 몰락하여 유랑민이 되는 것을 방지하기 위하여 봄에 곡식이 없어 고통을 겪는 백성들에게 곡식을 빌려주고 가을에 이자를 붙여서 받는 '진대법'을 실시하였다.

영천 청제비 (경북 영천) 536년(법흥왕 23년)에 건립된 것으로 추정되는 「병진명」과 798년(원성왕 14년)에 수리한 것으로 보이는 「정원명」 2개의 비석이 있다. 병진명에는 비를 세운 연·월·일, 공사의 명칭, 공사의 규모, 동원된 인원 수, 청못의 면적과 이로 인해 혜택 받는 농지 면적, 공사를 담당한 인물의 이름 등이 기록되어 있다.

가야의 집모양 토기 경남 창원의 다호리에서 발견된 5~6세기 가야의 토기로 바닥이 높게 설치된 집모양 토기이다. 가로와 세로로 이어진 지붕과 출입문이 표현되어 있다. 삼국 시대 고구려의 창고인 부경을 유추해 볼 수 있다.

삼국은 쟁기나 호미 등 땅을 일구는 철제 농기구를 사용했으나 일반화 되지는 않았다. 무엇보다도 이 당시 중요한 변화는 볏집을 이용하는 것으로 이를 가축의 먹이로 하거나, 집의 지붕을 만들거나 퇴비로 만들어 사용할 수 있었고 신발 등의 생활 용품도 만들었다.

4세기 이후 삼국은 중국과도 무역 활동을 하였다. 고구려는 주로 북방 민족과 무역을 하였고, 백제는 남중국 및 왜(일본)와 무역을 실시하였다. 신라는 처음 고구려와 백제를 통하여 중국과 무역을 하였으나, 한강 유역을 확보한 이후에는 중국과 직접 교역을 하였다. 한강 유역은 신라가 중국과 교역할 수 있는 거점이었으므로 신라로서는 이 지역의 확보가 매우 중요했던 것이다.

장득진 외, 「참 한국사 이야기」 권1, 주류성, 2018. 81쪽. 전재

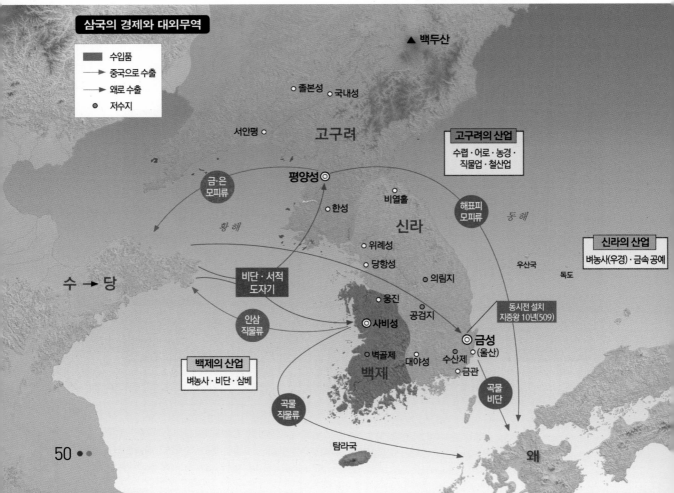

삼국의 경제와 대외무역

■ 수입품
→ 중국으로 수출
→ 왜로 수출
◉ 저수지

▲ 백두산

졸본성   국내성

서안평   **고구려**

고구려의 산업
수렵·어로·농경·직물업·철산업

금·은 모피류

평양성

비열홀

한성   **신라**

해표피 모피류   동 해

황 해

위례성

당항성   우산국   독도

신라의 산업
벽농사(우경)·금속 공예

비단·서적 도자기

의림지

웅진

공검지

인삼 직물류

사비성

동시전 설치 지증왕 10년(509)

수 → 당

벽골제   대야성   **금성** (울산)

수산제

백제의 산업
벽농사·비단·삼베

백제   금관

곡물 비단

곡물 직물류

탐라국   **왜**

고대 사회는 신분제 사회였기 때문에 신분이 높은 귀족들을 중심으로 경제활동도 이루어졌다. 그들은 조상으로부터 물려받은 많은 토지와 노비를 소유하고 있었으며, 국가로부터 많은 땅과 노비를 받기도 하였다. 이러한 재산을 바탕으로 귀족들은 큰 집과 창고, 마굿간 등을 갖추고 중국에서 수입된 비단과 보석, 금, 은으로 치장하는 등 화려하고 풍족한 생활을 하였다.

2) 귀족 회의

초기 삼국의 왕은 초월적인 권력자라기보다는 귀족 가운데 유력한 존재였다. 고구려와 백제는 5부 체제였고 신라는 사로국의 모체인 6촌이 6부 체제로 발전하여 삼국 모두 연맹체로서 출발하였다. 그러므로 나라의 중대사를 결정하는 데에는 귀족들로 구성된 회의체가 중요하여 때로는 귀족회의에서 왕을 폐위하고 새로운 왕을 선출하기도 하였다.

신라의 6부 체제 회의는 화백회의로 발전하였다. 국가의 중대사는 이 회의에서 결정되었으며 국왕은 이를 따라야만 했다. 화백회의는 만장일치로 운영되었으므로 당시 회의에 참석하는 귀족의 역할은 컸다. 이와 비슷한 것으로는 고구려의 제가회의, 백제의 정사암회의가 있는데, 모두 화백회의와 같은 부 대표들의 회의였다.

귀족회의는 왕권이 강화됨으로써 점차 그 기능이 약화되기는 했지만 삼국 말기까지 존속하였다.

3) 고구려·백제의 신분 제도와 신라의 골품 제도

신분제 사회에서는 개인의 능력이 아무리 뛰어나도 그가 어떤 친족에 속하였느냐에 따라 자신의 신분과 사회적인 활동이 정해졌다. 대략 신분 구성은 왕족을 비롯한 귀족과 평민, 천민 등으로 구분된다.

고구려의 경우 확실히 알 수는 없지만 왕실과 귀족으로 구성된 지배층 아래에 피지배층인 평민과

고구려 부엌 그림 (안악 고분 벽화) 삼각형 지붕으로 된 부엌에서 하녀 3명이 각자 음식을 준비하고 있는 그림이다. 왼쪽에 크게 그려진 여인은 허리를 약간 구부린 채 왼손에 국자를 들고 시루 속 음식을 휘젓는 모습을 하고 있다. 여인의 상반신 만큼이나 큰 검은색 시루 속에 흰색 음식이 가득 담겨 있다. 분량으로 보면 이 집에 꽤 많은 사람이 살고 있음을 짐작할 수 있다. 여인은 오른손에 동글고 큰 표주박 같은 것을 쥐고서 음식을 퍼 담으려 하고 있고, 표주박 아래에는 음식을 담을 더 큰 그릇이 놓여 있다.

고국천왕의 진대법

"고국천왕 16년(194) 겨울 10월에 왕이 질양(質陽)으로 사냥을 나갔다 길에 앉아서 울고 있는 자를 보고, "어찌하여 우는가?" 하고 물었다. 대답하기를 "신은 매우 가난하여 늘 품팔이를 하여 어머니를 부양하여 모셔 왔는데 올해는 곡식이 자라지 않아 품팔이할 곳이 없고, 한 되 한 말의 곡식도 얻을 수 없어 이 때문에 울고 있습니다"라고 하였다. 왕이 말하기를 "아! 내가 백성의 부모가 되어 백성을 이 지경에까지 이르도록 하였으니 나의 죄가 크다"라고 하고, 옷과 음식을 주어 위로하였다. 이에 내외의 담당 관청에 명하여 홀아비·과부·고아·홀로 사는 노인·늙어 병든 자·가난하여 스스로 살아갈 수 없는 사람들을 널리 찾아서 구휼하도록 하였다. 또한 담당 관청에 명하여 매년 봄 3월부터 가을 7월까지, 관의 곡식을 내어 백성 가구(家口)의 많고 적음에 따라 차등 있게 진대(賑貸)하도록 하고, 겨울 10월에 이르러 갚게 하는 것을 법식으로 삼았다. 내외가 모두 크게 기뻐하였다.

『삼국사기』권16, 고구려본기4,
고국천왕 16년

골품제의 신분 구성

성골 / 진골	왕족
6~4두품	귀족
3두품	평민

골품제도는 사회적 위치뿐만 아니라 집의 크기, 수레의 규모 등도 결정하였다.

노비의 3등급으로 구성되어 있었다. 평민은 대부분 농민들로 신분적으로는 자유민이었으나, 정치·사회적으로 많은 제약을 받았다. 국가에 많은 세금을 내고 노동력도 빼앗겼기 때문에 대부분 어려운 생활을 했고 군역에도 동원되었다.

천민은 대부분 노비들로 왕실이나 귀족, 또는 관청에 예속되어 있었으며, 주인이 마음대로 사고 팔 수 있었다. 노비의 발생은 전쟁 포로인 경우가 많았고, 범죄자 혹은 범죄자의 가족으로서 노비가 되는 경우도 있었다. 『삼국지』고구려전에 의하면 "감옥이 없으며 범죄가 있으면 제가들이 평의하여 곧 죽이며, 그 처자는 노비가 되게 한다."라고 하여 범죄자도 노비가 되는 경우가 있었다. 이 밖에 빚을 갚지 못한 자 혹은 다른 사람의 소와 말을 죽인 자도 노비가 되었다.

백제의 지배층으로는 왕과 왕족이 있었다. 이 외에도 귀족으로 연(燕), 진(眞), 해(解), 국(國), 목(木), 사(沙), 백(苩), 협(恊)의 8대 성씨가 있어 지배층의 상층부를 구성하고 있었다. 이들은 백제가 고대 국가로 성장하는 과정에서 각 지역의 토착 세력으로 중앙으로 올라와 귀족이 되었을 것이다.

백제의 피지배층인 일반 농민은 토지를 소유하고 농업 이외에도 공업과 상업 등의 생업에 종사하였다. 15세 이상은 세금을 내었으며, 병역과 부역의 의무도 가지고 있었다. 최하층인 노비는 전쟁에서 데리고 온 자와 범죄자 등이 있었다.

삼국 중 신분제의 특성을 가장 잘 나타내 주는 것은 신라의 골품 제도이다. 신라는 삼국 중 가장 늦게 국가 단계로 발전하였지만 독특한 신분 제도인 골품제를 통해 통치 기반을 마련하였다. 골품제는 6세기 초에 이미 법제화되어 멸망할 때까지 거의 변함없이 신라 사회를 규제하는 중요한 근본으로 작용하였다.

골품제에 의하면 왕족은 성골과 진골에 속하였고, 일반 귀족은 6두품 이하 각 두품에 속하게 하였다. 성골은 김씨 왕족 가운데서도 왕이 될 수 있는 자격을 가진 최고의 신분이었는데 진덕여왕을 끝으로 소멸되었다. 진골도 왕족이었으나 왕이

정사암(충남 부여) 정치를 이야기하고 재상을 뽑던 장소라 한다.

호암사에는 정사암이 있다. 국가에서 장차 재상을 의논할 때 뽑을 만한 사람 서너 명의 이름을 써서 상자에 넣고 봉하여 바위 위에 두었다가 얼마 후에 열어 보아 이름 위에 도장이 찍힌 자국이 있는 사람을 재상으로 삼았기 때문에 그렇게 불렀다.

『삼국유사』 권2, 기이2

신라의 관등과 옷색깔[복색]

등급	관등명	공복색	진골	6두품	5두품	4두품
1등급	이벌찬	자색(紫色)				
2등급	이 찬	자색(紫色)				
3등급	잡 찬	자색(紫色)				
4등급	파진찬	자색(紫色)				
5등급	대아찬	자색(紫色)				
6등급	아 찬	비 색(緋色)				
7등급	일길찬	비 색(緋色)				
8등급	사 찬	비 색(緋色)				
9등급	급벌찬	비 색(緋色)				
10등급	대나마	청 색(靑色)				
11등급	나 마	청 색(靑色)				
12등급	대 사	황 색(黃色)				
13등급	사 지	황 색(黃色)				
14등급	길 사	황 색(黃色)				
15등급	대 오	황 색(黃色)				
16등급	소 오	황 색(黃色)				
17등급	조 위	황 색(黃色)				
관등			골품			

될 자격은 없었다. 그러나 성골이 소멸되자 진골도 왕위에 오를 수 있었다. 태종 무열왕 이후 신라가 멸망할 때까지 모든 왕은 진골 출신이었다. 그리고 6두품은 일반 귀족으로 장관과 같은 최고직에 오르지 못했기 때문에 주로 학문이나 종교 분야에 진출하였다. 골품제 하에서는 비록 평민이라고 해도 수도 경주에 사는 왕경 사람들은 사회적 신분상 지방의 촌락민보다 높은 존재였다.

이렇듯 신라의 귀족들은 등급(골품)에 따라 사회적 활동이 엄격히 제한되었다. 골품은 사는 집의 크기와 장식물은 물론 복장의 색깔이나 수레의 크기까지 기준을 두었다.

4) 사회 생활

고구려는 지역의 위치가 압록강 중류의 산간 지역을 중심으로 발전하였으므로 호전적이고 강인한 사회 기풍을 가지고 있었다. 사회 기강 유지를 위해 법이 엄하여 반역을 꾀하거나 반란을 일으킨 자는 화형에 처하거나 목을 베었고 그 가족을 노비로 삼았다. 전쟁에서 적에게 항복한 자나 패한 자도 사형에 처했다.

또 고구려는 민간 훈련 기관으로 경당이 있어서 결혼하기 전에 자제들이 거기서 독서하고 사격술을 습득하였다. 형이 죽으면 동생이 형수를 아내로 맞이하는 풍습(형사취수제)이 있었으며, 남자가 혼인 후 일정기간 여자 집에서 살다 본가로 돌아가는 풍습인 데릴사위제가 있었다.

백제 사람들은 언어, 풍속, 의복 등이 고구려와 큰 차이가 없었다. 역시 상무적인 기풍이 있어 말타기와 활쏘기 등을 좋아하였다. 형법이 중시되어 모반·전쟁에서의 후퇴 및 살인자는 목을 베고, 도둑은 유형(귀양)에 처하며 훔친 물건의 2배를 징수하였다. 결혼한 부인이 간통하면 그 신분을 박탈하여 천류로 내려 남편집의 종으로 삼았다. 또 백제 사람들은 키가 크고 의복이 깔끔하여 세련된 모습이었다고 전한다.

골품의 폐해

설계두는 신라의 사대부 집 자손이다. 일찍이 친구 네 사람과 함께 모여 술 마시며 각기 그 뜻을 말하였다. 계두가 말하기를 "(우리) 신라에서는 사람을 쓰는 데 (먼저) 골품을 따지므로, 정말 그 족속이 아니면 비록 큰 재주와 뛰어난 공이 있더라도 한도를 넘지 못한다. 내가 원컨대 멀리 중국에 가서 불출의 지략을 발휘하고 비상한 공을 세워 제 스스로 영화의 길을 열고, 고관복에 검패(劍佩)를 갖추고, 천자 곁에 출입하였으면 족하겠다"고 하였다. 진평왕 43년(621)에 몰래 바닷배를 따라 당에 들어갔다. … 고구려군과 주필산 아래에서 싸우는 중, 깊숙이 들어가 빨리 치다가 죽으니 공이 일등이었다. 황제가 어떤 사람인가 물으니 좌우에서 아뢰되, 신라인 설계두라고 하였다. … 황제가 그의 평생의 소원을 듣고 어의를 벗어 덮어 주고 대장군의 관직을 제수하고 예로써 장사지냈다.

『삼국사기』 권47, 열전 7, 설계두

신라에는 진흥왕 때 국가 조직으로 정비된 '화랑도'라는 조직이 있었다. 화랑도는 진골 귀족인 화랑 1명과 승려 약간 명, 그리고 화랑을 따르는 일반 평민인 다수의 낭도로 구성되어 있다. 낭도의 수효는 많을 때는 1천 명이 되기도 하였다. 대표 화랑을 풍월주(風月主)라고도 하였으며, 화랑과 낭도로 이루어진 단체를 '향도(香徒)'라 불렀다. 화랑은 이 집단의 중심인물로서 용모가 단정하고 믿음직하며, 사교성이 풍부한 진골 귀족 가운데서 낭도의 추대를 받아 뽑혔다. 이들은 전통적인 사회 규범과 사냥, 전쟁 등에 관하여 교육을 받으면서 협동과 단결 정신을 기르고 심신을 연마하였다. 이들은 수련 기간이 끝난 뒤에는 국가의 정규 부대인 당과 정에 편입되어 정식 군인으로서 활동하였다. 또 이들은 의협심이 강한 조직으로 약한 자를 도왔고 사회 질서 확립에 이바지하였다.

쌍영총 벽화(중국 지안) 당시의 풍속을 말해 주는 남녀와 수레와 말의 그림이 많아 고구려 고분 중에서도 특히 귀중한 자료로 평가되고 있다.

원광은 유·불·선을 통합한 사상으로 세속오계를 통해 화랑들의 행동 규범을 제시하였다. 세속오계는 ① 임금 섬기기를 충으로 하고(事君以忠), ② 어버이 섬기기를 효로써 하고(事親以孝), ③ 친구 사귀기를 신으로써 하고(交友以信), ④ 전쟁에 임하여 물러서지 않고(臨戰無退), ⑤ 생명 있는 것을 죽이되 가려서 한다(殺生有擇)는 것이다. 이 5개의 법계 중 불교와 관련되는 것은 ⑤이고, ①, ②, ③은 유학적 덕목이자 보편적인 덕목이

화랑 동상(서울 육군사관학교 정문)

다. ④는 병사들이나 장군들에게 요구되던 전통적인 가치관이다. 세속오계로 무장한 화랑도는 고구려와 백제를 상대로 전쟁을 하면서 국가가 위기에 처하면 많은 도움을 주어 훗날 신라가 삼국을 통일하는 데 큰 역할을 하였다. 사다함이나 김유신, 관창 등 화랑이 전쟁에서 보여준 활약이 이를 말하여 준다.

4 통일신라와 발해

경주 남산 (경북 경주) 경주시 남쪽의 산으로 많은 절터와 불교유적이 있는 지붕 없는 박물관이라 한다.

1 신라의 삼국 통일과 고구려·백제의 부흥운동

1) 백제의 멸망

고구려가 수·당과 전쟁을 계속하고 있는 동안 백제는 신라를 자주 공격하였다. 의자왕이 즉위하면서 신라는 대야성이 함락되는 등 40여 개의 성을 빼앗겼다. 아울러 백제는 당으로 가는 교통로를 끊기 위해 고구려와 함께 당(항)성을 공격하였다. 위기에 처한 신라는 김춘추를 당으로 보내 나·당 동맹을 맺었다. 당시 당 태종은 "내가 고구려와 백제를 평정하면 평양

계백 장군 묘(충남 논산)

이남과 백제의 땅을 모두 신라에게 주어 길이 평안하게 하려 한다"고 하였다.

신라와 당은 백제를 정복한 후 고구려를 공격한다는 전략을 세웠다. 그리하여 신라는 대장군 김유신을 위시하여 품일과 흠춘 장군이 5만의 대군을 이끌고 탄현을 넘어 백제로 진군하였다. 소정방이 거느린 당군도 13만 대군을 이끌고 산둥 반도를 출발하여 백강(금강)으로 들어와 진군하고 있었다. 이에 다급해진 의자왕은 대책을 논의하여 귀양 간 흥수에게 물어 본 결과 백강 하구와 탄현을 지키라는 의견을 받았다. 그러나 이미 때는 늦어 나·당 연합군은 이미 그곳을 지났고 계백 장군은 5천 결사대로 저항하였다.

김유신이 이끈 5만의 신라군과 계백이 이끈 5천 결사대와의 싸움인 황산벌 싸움은 결국 신라의 승리

부소산성 낙화암(충남 부여) 성왕이 웅진(공주)에서 사비(부여)로 수도를 옮긴 후 백제가 멸망할 때까지 수도를 보호한 성이었다. 백제가 멸망할 때 삼천궁녀들이 치마를 뒤집어 쓰고 물에 몸을 던졌다는 낙화암과 왕들을 위한 정자가 있다. 삼천궁녀의 넋을 위로하기 위해 지어졌다는 고란사라는 절도 있다. 3천이란 숫자는 허구지만, 백제 멸망의 아픔을 담고 있는 유적이다.

로 끝났다. 나·당 연합군이 백제를 공격하자 의자왕은 사비성을 버리고 웅진성으로 피란하고, 왕자 태가 왕이 되어 항전하였으나 결국 성은 함락되고 의자왕은 포로가 되었다. 이로써 백제는 건국한 지 31대 678년 만에 멸망하였다(660년). 이어 의자왕은 태자와 왕자, 대신과 장병, 백성 12,000여 명과 함께 당나라로 압송되었다.

2) 고구려의 멸망

고구려는 계속된 전쟁으로 국력이 약해졌고, 연개소문의 독재 정치로 민심은 날로 이반되었다.

642년 연개소문은 100여 명의 귀족을 처단하고 영류왕을 시해한 후 정권을 장악하였다. 그는 영류왕의 조카를 새로운 왕으로 삼아 보장왕이라 하고, 자신은 인사권과 군사권을 총괄하는 막리지에 올랐다. 이윽고 자신의 칭호를 대막리지라 불렀다. 이러한 절대 권력자 연개소문이 죽자 연개소문의 동생과 아들들이 벌인 권력 쟁탈전은 고구려를 더욱 약하게 하였다.

신라와 당은 백제를 멸망시킨 후 고구려 공격을 감행하였다. 661년(보장왕 20년) 김유신이 이끄는 신라군과 소정방이 이끄는 당군은 남북으로 고구려를 협공하였다. 이때 신라군은 백제 부흥군과의 전투를 위해 병력을 남으로 돌렸고, 당나라 군대는 평양성을 공격하였다. 그러나 고구려는 무려 7개월 동안 평양성을 방어하였고, 결국 당나라 군대는 후퇴할 수밖에 없었다.

666년 연개소문이 죽자 장남인 남생이 막리지가 되었다. 남생은 아우인 남건과 남산에게 국정을 맡기고 지방을 순찰하는데, 아우들과 남생은 서로 이간질하며 의심하였다. 이에 남생은 평양으로 돌아오지 않고 당에 망명하였으며 결국 동생 남건이 막리지가 되었고, 또 연개소문의 동생이었던 연정토도 신라에 투항하였다.

나·당 연합군은 이 기회를 틈타 평양성을 공격하였다. 결국 668년 6월 김인문이 거느린 신라군과 이세적이 거느린 당군은 평양을 다시 공격하였고, 평양성은 1개월 만에 함락되어 보장왕이 항복하였다. 결국 고구려는 건국한 지 28대 705년 만에 멸망하였다.

3) 백제·고구려의 부흥운동

백제와 고구려가 신라와 당의 연합군에 의해 멸망하자 유민들은 부흥운동을 전개하였다. 먼저 백제의 흑치상지는 임존성(예산 대흥)을 거점으로 신라와 당군을 공격하였고, 주류성에는 부여풍 외에 다른 왕자들도 부흥군을 지휘하고 있었다. 부흥군 세력은 서로 호응하였는데, 이는 이미 패망한 백제 왕실의 왕통을 다시 계승하여 부흥군의 지주를 삼고 백제 유민을 모으려는 의도에서였다.

그래서 복신과 승려 도침은 왜에 있던 왕자 풍을 백제의 왕으로 모셨다. 백제 부흥군의 주력 부대는 나·당 연합군의 공격으로 662년 사비에서 주류성으로 본진을 옮겨 항쟁을 계속하였으나 내분으로 복신이 도침을 죽이고 풍왕이 복신을 살해하자 세력이 급속하게 약해졌다. 군사를 충원한 나 · 당 연합군은 백강에서 만나 주류성으로 진격하였다. 한편 백제 부흥군을 지원하러 왔던 왜군도 663년 백강구(금강 하류) 전투에서 패배하고 일본으로 돌아갔으며, 주류성의 백제 부흥군이 평정됨으로써 결국 백제 부흥운동은 4년 만에 막을 내렸다.

고구려 유민들도 평양성이 함락되어 멸망하자 곳곳에서 부흥운동을 전개하였다. 검모잠은 왕족 안승을 왕으로 받들고 한성(황해도 재령)에서 부흥운동을 전개하였다. 이때는 당의 한반도 점령의 야욕을 눈치 챈 신라도 고구려 부흥군을 도왔다. 그러나 내분으로 인해 안승과 검모잠의 갈등이 심해지자, 안승은 검모잠을 제거하고 신라에 투항하였다. 이에 신라는 안승에게 금마저(익산)에 정착하게 하고 고구려왕으로 책봉하여 고구려 유민들을 다스리게 하였다.

이러한 고구려 부흥군의 저항으로 당의 안동도호부가 평양에서 신성(무순)으로 옮겨갔으며 이후 신라가 한반도에서 당의 세력을 축출하는 데도 도움을 주었다. 이후 보장왕 역시 고구려 유민을 모아 고구려의 재기를 노렸으나 당의 회유와 이주 정책으로 성공하지 못하였고, 그 유민들의 대부분은 훗날 발해에 통합, 흡수되었다.

4) 신라의 당 세력 축출

백제와 고구려가 멸망한 후, 당은 대동강 이남의 땅을 신라에게 준다는 약속을 어기고 한반도 전체를 지배하려는 야심을 드러냈다. 그리하여 의자왕의 아들 부여융을 웅진도독으로 삼아 웅진도독부를 통해 백제 지역을 지배하면서 신라를 견제하였고, 평양에도 안동도호부를 두어 직접 통치하려 하였다. 심지어 신라의 문무왕을 계림도독부의 도독으로 삼아 통치하려고 하였다.

이에 신라는 당나라 군대를 몰아내기 위해 우선 고구려 부흥운동을 지원하여 안승을 금마저로 맞이하

임존성(충남 예산) 660년 백제의 멸망 뒤 주류성을 근거로 사비성 탈환 작전에 실패한 부흥군은 최후의 거점지로서 이 성에서 흑치상지를 중심으로 전열을 재정비하고 나 · 당 연합군을 괴롭히며, 백제의 부흥을 꾀하였다.

익산 토성(전북 익산) 안승이 보덕국을 세웠던 곳이라고 전해진다.

여 보덕국의 왕으로 삼고 당나라 군대가 주둔하고 있던 사비성을 함락시켜 백제의 옛 땅을 지배하였다. 그 후에도 당나라 군대는 계속하여 침범하였으나, 신라는 장기간의 끈질긴 항쟁으로 이들을 물리쳤다.

특히 신라군은 당의 이근행이 이끄는 20만 대군을 매소(초)성에서 크게 물리쳐 군마 3만 마리와 많은 무기를 빼앗았다. 이어 설인귀가 본국으로부터 이끌고 온 당의 수군을 금강 하류인 기벌포에서 격파하였다. 또한 당의 안동도호부를 요동 지방으로 밀어내는 등 대동강 이남의 땅에서 당나라 군대를 완전히 몰아냄으로써 삼국 통일을 이룩하였다(676년).

신라의 삼국 통일은 중국 세력인 당의 도움을 얻었다는 점과 광활한 고구려의 영토를 상실하고 대동강 이남 지역에 영토가 한정되었다는 점에 한계가 있으나, 우리 역사상 커다란 의미를 지니는 중요한 사건이었다. 특히 신라가 당의 야욕을 물리치고 통일을 완수하였다는 사실은 신라인의 자주적 성격을 보여 주는 것이다. 또 우리 민족이 이룬 최초의 통일로서 새로운 민족 문화를 이루는 중요한 계기가 되었다. 또한 통일신라는 삼국의 문화를 통합하고 당나라와 서역의 문화를 수용하여 민족 문화의 발전을 이루었다.

2 통일신라의 발전과 전개

1) 전제 왕권의 성립과 통치 제도의 정비

신라는 삼국 통일로 영토와 인구가 많이 늘어났고, 백제, 고구려 유민들과 힘을 합쳐 당나라 군대를 몰아내는 과정에서 하나의 민족이라는 의식도 생겨났다. 이를 '삼한일통(三韓一統)'이라 하는데, 고구려, 백제, 신라가 같은 민족임을 나타내 주는 의식이다. 신라는 백제·고구려 유민에 대한 광범한 정치적 배려(관직 부여, 9서당 참여, 5소경 설치)를 아끼지 않았다.

신문왕릉 (경북 경주) 신라 제31대 신문왕은 삼국 통일을 완수한 문무왕의 맏아들로 11년 간 왕으로 있으면서 왕권 강화와 제도 정비에 힘을 기울여 강력한 전제 왕권 중심의 통치 질서를 구축했다.

통일 과정의 가장 중심인물이었던 김춘추(태종 무열왕)는 진골 출신으로, 처남 김유신의 도움을 받아 왕위에 올랐다. 이후 왕위는 무열왕의 직계 후손들이 혜공왕 대까지 8대에 걸쳐 왕통을 이어갔다.

무열왕의 뒤를 이은 문무왕은 통일 전쟁을 승리로 이끌면서 왕의 권위를 크게 강화하였다. 이어 신문왕은 이를 바탕으로 다른 진골 세력들을 누르고 전제 왕권을 확립해 나갔다. 특히 그의 장인 김흠돌이 난을 일으켰으나 이를 제압하여 관련 인물들을 모두 죽이고 전제 왕권을 공고히 하였다. 이후 그는

신라의 시대 구분

구분	혁거세 ~ 지증왕	법흥왕 ~ 진덕여왕	무열왕 ~ 혜공왕	선덕왕 ~ 경순왕
삼국 사기	상대(B.C. 57년~A.D. 654년)		중대(654년~780년)	하대(780년~935년)
	성골		진골(무열계)	진골(내물계)
삼국 유사	상고(上古)	중고(中古)	하고(下古)	
	고유왕명	불교식 왕명	중국식 시호	
특징	고대 국가의 발전		왕권의 전제화	왕위 쟁탈, 호족 세력 성장

681년 10월 시위부를 개편하여 귀족들의 위협으로부터 왕권을 보호하는 한편, 중앙 군사 조직 중 국왕의 직속 부대격인 9서당을 정립해 나갔다. 또한 신문왕은 국학을 설치하여 유학 정치 이념에 충실한 관료를 양성하였다.

신라와 당나라와의 관계는 통일 과정에서 대립 관계를 형성하고 계속 이어졌으나, 효소왕 8년(699년) 신라의 입당조공이 이루어지면서 관계가 개선되기 시작하였다. 이어 성덕왕이 즉위하면서 재위 36년 동안 거의 매해 당나라에 사신을 파견하였고 이로서 양국 관계는 친선 관계로 바뀌었다. 신라는 당과의 문물 교류를 활성화하여 신진 문물을 받아들였다.

또 성덕왕은 711년 관료들이 지켜야 할 덕목을 담은 글인 백관잠(百官箴)을 지어 관료들에게 나누어 주었고, 일반 백성에게 정전을 지급하였다. 성덕왕의 뒤를 이은 경덕왕은 충담사에게 '안민가'를 짓게 하여 군신 관계의 조화를 꾀하려고 하였다.

이후 태종 무열왕의 직계였던 혜공왕이 8세에 즉위하자 왕태후가 섭정하였다. 결국 왕권은 약화되었고, 귀족들의 다툼은 거세지면서 혜공왕도 김지정의 반란으로 피살되었다. 이 과정에서 정국 수습에 나선 내물왕계인 김양상(선덕왕, 재위 780년~785년)이 김경신과 함께 병사를 일으켜 김지정을 죽이고 왕위에 올랐다. 이로써 중대의 무열왕계가 막을 내리고 하대가 시작되었다.

즉위한 선덕왕은 김경신을 상대등으로 삼았다. 김경신은 선덕왕이 후사 없이 죽자 강력한 경쟁자인 무열계 김주원을 물리치고 원성왕에 올랐다. 당시 대신들은 김경신보다 서열이 높은 김주원을 왕으로 추대하였으나 그가 즉위를 위해 왕궁으로 오는 중 홍수로 인해 알천을 건너오지 못하자, 대신들이 이를 하늘의 뜻이라 하고 김경신을 왕으로 추대하였던 것이다.

원성왕은 총관을 도독으로 바꾸었으며, 788년에는 독서삼품과를 설치하였다. 또 그는 즉위와 동시에 왕자를 태자로 책봉하여 다음의 왕위 계승권자로 확정하였다. 또 벽골제를 증축하여 농사를 장려하고 발해와의 국교도 개선하였다.

한편, 통일신라의 중앙 정치 조직은 특정한 시기에 한 번에 이루어진 것이 아니다. 법흥왕 이래 신문왕 6년(686년)의 예작부가 설치될 때까지 170년간을 거치면서 완비되었다. 신라는 우선 685년(신문왕

왕	주요 업적
무열왕(654년~661년)	전제 왕권 기반 마련, 갈문왕 폐지, 중국식 시호(태종), 집사부(시중) 설치
문무왕(661년~681년)	삼국 통일 완성, 식읍·녹읍, 외사정 최초 파견
신문왕(681년~692년)	전제 왕권 확립, 귀족 세력 숙청, 9주 5소경, 9서당 10정, 국학 설치, 관료전 지급 → 녹읍 폐지
성덕왕(702년~737년)	정전 지급, 대당 국교 재개(733년)
경덕왕(742년~765년)	왕권 강화 시도(중시→시중), 유학 교육 강화(국학→태학), 녹읍 부활(관료전 폐지), 석굴암, 불국사 건설
혜공왕(765년~780년)	대공의 난(768년) → 반왕파 대두(김양상) → 김지정 반란(780년)
애장왕(800년~809년)	한화 정책을 통해 국왕의 권력 집중 시도
헌덕왕(809년~826년)	무열계의 반발(웅주 도독 김헌창의 난 ; 국호 장안, 연호 경운, 김범문의 난)
흥덕왕(826년~836년)	장보고 완도에 청해진 설치, 집사부가 집사성 승격(중시에서 시중으로 격상)
진성여왕(887년~897년)	원종·애노의 난 등 전국적 농민 봉기

5년)의 9주 5소경제가 완비되어 지방 제도의 골격을 이루었다. 소경(小京)은 통일 이전에 이미 왕경이 동남쪽에 치우쳐 있는 것을 보완하고 지배의 거점으로 활용하기 위해 마련되었다. 통일 후의 소경도 그러한 기능을 유지하되, 신라에 흡수된 옛 고구려, 백제, 가야 등의 새로운 세력들을 분산 배치하여 회유한다는 기능과 목적이 있었다. 소경은 주의 도독과 같이 행정·병마·사법·징세권을 행사하였다.

군사 제도는 중앙군과 지방 군사조직으로 대별되었다. 중앙에는 왕실 수비의 시위부와 중앙 핵심부대인 9서당이 있었다면, 지방에는 10정이 있었고, 그 아래에 삼천당과 신삼천당이 있었다.

2) 신라 하대의 사회 변화

(1) 신라 사회의 동요

신라는 8세기 후반부터 귀족들의 권력 다툼에 휘말리게 되었다. 소수의 진골 귀족에게 권력이 집중되면서 왕과 귀족 사이에 그리고 귀족들 서로 간에 싸움이 자주 일어났다. 귀족들이 농장을 늘리고 자신의 군대를 키워 서로 다투었지만, 국가는 허약하여 이를 통제하지 못하였다.

경덕왕은 즉위하여 유학 교육을 강화하여 충효를 바탕으로 한 정치 이념을 다지고, 대폭적인 관제 개혁을 단행하였다. 군현의 명칭을 바꾸어 진골 세력에 대한 통제 질서를 확립하려 하였으나 실패하였고, 결국 귀족과 타협하여 녹읍을 다시 부활시켰다. 귀족들의 반발 속에 그의 아들인 혜공왕이 왕위에 오르자 신라 최고의 계급인 각간 대공이 반란을 일으켰다. 대공은 아우 대렴과 함께 30여 일이나 왕궁을 에워쌌으나 결국 진압되었다.

대공의 반란을 계기로 96명의 각간이 전국에서 들고 일어나 3개월에 걸쳐 서로 싸우는 대란이 발생하였다. 이후 신라에서는 진골 사이의 왕위 다툼이 심해져서 150여 년 동안에 20명의 왕이 바뀌는 큰 혼란이 일어나 왕권이 크게 약화되었다.

국가의 지방 통제력도 약화되어 지방에서도 반란이 이어졌다. 왕위 다툼에서 김경신(원성왕)에 밀려 강릉으로 내려간 김주원의 아들 김헌창이 9세기 전반 웅주(공주) 도독이 되어 반란을 일으켰다. 김헌창의 난은 실패하였지만 2년 뒤 김헌창의 아들인 김범문이 다시 난을 일으켰으며 이 역시 실패하였다.

왕위 쟁탈전과 모반 사건이 계속해서 일어나는 가운데 결국 신라 왕실은 국정 운영 능력을 잃어버려 호족이나 다름이 없는 처지로 전락했다. 귀족들은 중앙 통치 체제의 굴레에서 벗어나 백성들을 잠식하여 그들의 부를 불려나갔고, 국가와 농민들의 토지를 차지하여 대규모 토지 소유를 실현해갔다. 이에 농민들은 흉년이라는 재앙과 전염병이 겹치면서 떠돌기 시작하였다. 이러한 귀족 간의 격심한 왕위 다툼은 신라의 전통적인 신분 질서인 골품제를 뒤흔들어 사회의 혼란을 가져왔다. 신라 사회가 혼란에 빠지자, 6두품 세력과 지방의 호족 세력이 사회 변화를 앞장서서 이끌었다.

이에 농민들은 전국 곳곳에서 봉기하였다. 중앙 정부에서 재정 부족을 이유로 관리를 보내어 세금을 독촉하자 그 동안 억눌려 왔던 농민들의 분노가 폭발하였다. 떠돌아다니던 농민들은 '초적(草賊)'이 되어 적극적으로 중앙 정부와 귀족들에게 대항하기 시작하였다. 초적은 혜공왕 대에 일어나기 시작하여 하대로 접어들면서 전국적으로 퍼져나갔다. 그들은 빨간 바지, 빨간 옷이나 노란 옷 등을 갖춰 입고 군사 조직과 맞먹는 군사력을 발휘하기도 하였다. 그리하여 국가 기구, 귀족의 집, 사찰 등을 공격하여 약탈하였다. 이미 공권력을 잃은 국가는 포기 상태였고, 귀족과 사찰 등은 대규모의 사병을 양성하여 이에 대비해야만 했다.

(2) 호족의 대두

중앙에서 귀족들이 서로 다투는 동안 지방에서 독자적인 세력을 키워 온 계층이 있었다. 이들을 호족이라 한다. 이들은 자기의 세력 기반인 마을에 대한 애착심을 가지고 있었으며, 또 중앙 정부의 지배로부터 독립하려는 강한 의욕들을 지니고 있었다. 따라서 이들 지방 세력들은 넓은 토지와 많은 사병을 거느리고 독자적인 세력을 형성하여 스스로를 장군·성주로 칭하면서 지방의 조세와 부역을 징수하는 경우가 많았다.

호족은 몇 가지 부류로 나눌 수 있다. 첫째, 중앙 귀족이 왕위 쟁탈전 등으로 정치권에서 멀어진 후 낙향하여 호족으로 바뀐 경우로 이들은 지방관으로 지방에 파견되어 그 지역을 근거로 독립적 재지 세력으로 성장하였다. 명주에 낙향한 후 김주원의 세력 기반에 힘입은 김순식이 대표적이다.

둘째, 신라의 해상방어를 위해 만든 해군 기지인 군진(軍鎭)을 바탕으로 발전한 경우이다. 그 예로 예성강 유역의 패강진, 완도의 청해진, 남양만 일대의 당성진, 강화의 혈구진이 있는데, 이들 지역의

광주 무진고성지와 출토 유물

지휘관이나 토착 세력이 군사력을 바탕으로 유력한 호족으로 성장하였다. 패강진의 왕건이나 청해진의 장보고가 대표적이다.

셋째, 바닷가의 상업 활동으로 경제력을 확보한 해상 세력이 호족으로 성장한 경우로 이들은 군진 세력을 배경으로 삼지 않았다. 강주(진주)의 왕봉규와 압해도의 능창이 대표적이다.

넷째, 지방의 군대 지휘관으로 있다가 중앙에 반기를 들고 주변의 세력을 모아 호족으로 성장한 경우이다. 대표적인 인물로 견훤은 서남 해안을 지키던 군인이었다가 공을 세워 비장으로 승진한 후 무진주(광주) 등에서 호족으로 성장하였다.

다섯째, 지방 사회의 행정 실무를 담당하던 토착 재지세력인 촌주(村主)층에서 성장한 호족이다. 이들은 장군이나 성주로 칭하기도 하고 독자적인 체계를 갖추기도 하였다. 진보성 성주인 홍술이나 재암성 장군이라 칭한 선필 등이 대표적이다.

마지막으로 떠돌아다니던 유망민을 모아 초적이나 농민군을 형성하고 그 우두머리가 되어 몇몇의 지역을 장악하여 호족이 된 경우인데, 북원(원주)에서 양길의 부하로 활약한 궁예가 대표적인 인물이었다.

이러한 호족들이 성장하여 전국적으로 나타났으나, 신라는 이미 이를 통제할 능력을 상실하고 있었다. 이러한 가운데 호족들의 이합집산이 일어나 통합과 복속을 되풀이하면서 대호족으로 가닥이 잡혀 갔으니 대표적인 인물이 후삼국을 세운 궁예와 견훤, 왕건이었다.

3 통일신라의 사회와 경제

1) 통일신라의 사회

삼국 통일 이후 신라는 산업의 급속한 발전에 따라 경제생활에도 큰 변화가 일어났다. 사회가 안정되고 생산력이 확대되면서 인구가 증가하게 되었고 이에 상업이 발달하게 되었다. 신라의 수도인 경주에는 기존의 동시로는 교역의 규모를 감당할 수 없었기 때문에 서시ㆍ남시 등 시장을 더 만들었고 이러한 상행위를 감독하기 위한 관청도 만들어졌다.

통일신라의 수도인 경주(금성)는 정치와 문화의 중심지로서, 귀족들이 모여 사는 대도시로 번성하였다. 전성기 때 경주 귀족들은 금을 입힌 저택(금입택)에서 많은 노비와 사병을 거느리고 살았다. 곧 재상의 집에는 녹봉이 끊이지 않으며 노동(奴僮)이 3천 인이고, 갑병(甲兵)과 소ㆍ말ㆍ돼지도 이와 비슷했다. 그리고 경주에 거주하는 귀족들의 저택에서 흘러나오는 노랫소리가 밤낮으로 그치지 않았는데, 지금도 남아있는 안압지 유적들과 그 안에서 나온 놀잇배와 각종 놀이 도구들은 당시 신라 귀족들의 호사스러운 생활을 잘 보여준다. 이러한 호화스러운 생활을 경계하기 위하여 흥덕왕은 즉위 9년(834)에 사치를 금하는 교서를 내리기도 하였다.

통일신라 사회는 당나라와의 활발한 교류로 긍정적인 면들도 많았지만 전염병(역병)의 유입도 꾸준히 있었다. 주로 두창이나 홍역같은 발진성 전염병은 문화의 전파와 같이 중국을 통해 우리나라로 이어 일본으로 전파되어 많은 피해를 주었다. 한편 불교의 영향으로 매장 풍습을 대신해 시신을 태워 뼈를 묻거나 뿌리는 화장묘로 바뀌어 갔다.

2) 통일신라의 경제

(1) 수취 제도와 토지 제도 정비

삼국 통일 직후인 687년(신문왕 7년)에 신문왕은 문무 관료들에게 직전(職田)인 관료전을 지급하고 2년 후인 신문왕 9년에는 중앙과 지방의 관리들이 보유하던 녹읍을 폐지하였다. 이는 신라 귀족들의 경제적 기반을 약화시키기 위한 것이었다. 통일신라 이전 귀족들의 경제적 기반은 식읍과 녹읍이었다. 식읍과 녹읍은 조세뿐만 아니라 해당 지역에 사는 주민들로부터 공부와 노동력도 함께 수취할 수 있는 사적 지배의 성격이 강한 것이었다. 그러므로 통일 이후 토지의 직접 지배를 통한 왕권 강화와는 거리가 멀었다. 이에 신문왕은 녹읍을 폐지하고, 문무 관료에게 관료전(수조권 인정)과 녹봉을 지급하는 제도를 실시하였던 것이다. 이후 722년(성덕왕 21년) 처음으로 백성에게 정전을 지급하기도 하였다. 그런데 녹읍은 경덕왕 때 다시 귀족들의 반발로 부활하였다.

신라 귀족들이 사용하던 주사위

1975년 경주 안압지에서 발굴된 14개의 면을 가진 입체 도형으로 나무로 만든 술 먹을 때 놀던 주사위라 해서 목제주령구라고 한다. 통일신라 시대(7~9세기)의 유물인 이 주사위는 6개의 정사각형인 면과 8개의 육각형인 면을 가지고 있다. 주사위의 각 면에는 술자리 놀이와 관계된 모두 14개의 한자 어구들이 음각돼 있다. 이 주사위는 출토 후 복원 과정에서 불에 타 없어졌다.

신라민정(촌락)문서

1933년 일본 도다이 사(東大寺) 쇼소인(정창원)에 소장된 13매의 경질(經帙) 중 파손된 『화엄경론』의 책갑을 수리할 때 나온 문서이다. 신라 때 서원경(청주) 지방 4개 촌의 장적으로, 당시 촌락의 경제 상황과 국가의 세무 행정을 알 수 있는 자료이다. 신라민정문서 또는 신라촌락문서, 정창원문서, 신라잠적이라고도 부른다. 신라의 율령 정치는 물론 신라 사회의 구조를 구성하는 데 대단히 귀중한 자료이다. 주요 내용은 ① 당현사해점촌 ② 당현살하지촌 ③ 촌명 미상 ④ 서원경 촌명 미상 4촌에 대한 촌의 둘레·연호수·인구·전답·마전(麻田)·백자(栢子 : 잣)·추자(秋子 : 호두)·뽕나무 등의 나무 수와 소·말의 수효까지 기록되어 있다.

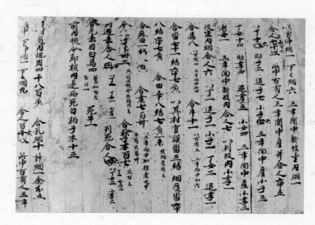

또 통일신라는 3년마다 민정문서(촌락문서)를 작성하여 매년 촌락의 토지 크기·인구수·소와 말의 수 등의 변동 사항을 파악하여 조세·공물·역의 자료로 삼았다.

(2) 시장의 개설과 수리 시설의 정비

통일신라 이전인 490년 경주에 시장을 개설하고, 509년(지증왕 10년)에는 동시를 설치하고, 동시전을 두어 시전 및 장시의 감독을 맡아보게 하였다.

통일 이후 인구가 증가하여 물화의 유통이 늘어나자 효소왕 4년(695년)에 다시 서시와 남시를 설치하고 아울러 서시전과 남시전을 두어 시장을 감독하게 하였다. 시전의 설치는 경주만이 아닌 9주 5소경을 설치하면서 각 소경과 지방의 주요 거점 도시에도 시전을 개설하였다.

골호(국립경주박물관) 사람의 시체를 화장한 뒤 뼈를 추려 담아 땅에 매장할 때 사용하던 용기이다.

(3) 귀족과 농민의 생활

통일신라에서 정치 발전과 문화 발전은 귀족의 경제 기반에 있었다. 그들은 국가로부터 받은 녹읍과 녹봉 외에도 막대한 사유지와 농장을 가지고 있었다. 이러한 사유지는 상속·매매·병합·개간·점탈에 의한 것이었으며 많은 농민이 그 안에 속하게 되었다.

집모양 골호(국립경주박물관) 1963년 태풍으로 씻겨나간 경북 월성군의 한 모래밭에서 우연히 발견된 완전한 형태의 기와집 모양 토기이다. 이 역시 시체를 화장한 후 뼈를 담아 매장한 용기이다.

또한 귀족은 통일 전보다 풍족하여, 국가에서 준 토지 외에 물려받은 토지 · 노비 · 목장 · 섬 등을 소유하였고 당과 아라비아에서 수입한 사치품을 사용하기도 하였다.

한편 농민들은 신라 촌락문서에서 보듯이 소유한 토지는 비교적 넓었으나 관모전답 · 촌주위답 · 연수유답 등 2~3종의 토지 경작과 소와 말 및 여러 종류의 나무(뽕 · 잣 · 호두)를 재배하여 무거운 조세와 부역을 면할 수 없었다.

게다가 농민은 시비법이 발달하지 못했기에 척박했던 토지와 적은 생산량, 조세 · 공물 · 부역의 부담이 과중되었다. 향 · 부곡민은 일반 농민보다 많은 공물을 부담하였고, 노비는 왕실, 관청, 귀족, 절 등에 소속되어 수공업, 잡무, 농업 등에 종사하였다.

3) 대외 관계와 무역 활동

통일 전의 주된 수출품은 토산 원료품이었으나, 통일 후에는 금 · 은 세공품, 인삼 등으로 바뀌었다. 특히 신라의 수출품 중에서 '신라칼'은 일본에서 큰 인기를 끌었다. 신라는 당에서 진귀한 고급 비단과 옷, 책, 공예품 등을 수입하였는데, 대개가 귀족들의 사치품으로 사용되었다. 당으로 가는 바닷길로는 통일 전부터 이용하였던 당(항)성(경기도 화성)에서 산둥 반도로 가는 길과, 울산만에서 출발하여 남해안을 지나 흑산도 부근에서 산둥 반도나 남중국으로 가는 길이 있었다.

울산항은 당시 국제 무역항으로서 크게 번성하여 아라비아 상인까지도 내왕하였다. 또한 신라인들이 자주 당을 왕래함에 따라 산둥 반도와 화이허 강 하류 일대에는 신라인 마을인 신라방과 신라촌이 생겼고, 신라소라는 감독관청과 신라원이라는 절까지 있었다.

당시 당나라 수도인 장안은 중앙아시아나 이슬람 상인들이 왕래가 빈번했던 국제적 도시였다. 따라서 당과의 교역은 신라가 서역의 문화를 받아들이는 계기가 되었다. 이처럼 신라는 당과의 교류를 통해 당의 선진 문화와 서역 문화까지 받아들였으며, 당으로부터 '군자의 나라'로 칭송을 받았다.

당시 아라비아 상인들이 가져온 물품은 유리 그릇, 후추와 같은 향신료, 양탄자 등이었다. 아라비아 상인들은 울산항을 통해 위와 같은 물품들과 진귀한 보석 등의 남방 물산을 들여와 신라 귀족들의 사치를 조장하였다.

그러나 무역 활동을 방해하는 해적도 많았다. 이에 당나라로 건너가 군인이 된 후 많은 경험을 쌓은 장보고는 신라로 돌아와 청해진을 설치했다. 이로써 청해진은 당나라와 일본 · 한반도를 연결하는 동아시아 무역의 중심지이자 국제 교통의 요지로 성장할 수 있었다. 장보고는 완도에 설치한 청해진을 기점으로 바다의 질서를 어지럽히던 해적들을 소탕하여 남해와 황해의 해상권을 장악하였다.

효녀 지은 이야기

"효녀 지은은 경주의 백성인 연권의 딸이었다. 천성이 지극히 효성스러워 어릴 적에 아버지를 여의고 혼자서 그 어머니를 봉양하면서, 나이 32세가 되도록 시집을 가지 않고 아침저녁으로 보살피며 곁을 떠나지 아니하였다. … 어머니가 "나 때문에 네가 종이 되었다니 죽느니만 같지 못하다"고 하면서 소리를 내어 크게 울고, 딸 또한 울어서 그 슬픈 정상이 길 가는 사람을 감동케 하였다. 이때 화랑 효종랑이 나다니다가 이 모습을 보고 돌아와 부모에게 청하여 집의 곡식 100석과 옷가지를 실어다 주었다. 또 (그를) 산 주인에게 몸값을 갚아 주고 양민이 되게 하였더니, 낭도 수천 명이 각기 곡식 한 섬씩을 내주었다. 정강왕이 듣고 또 벼 500석과 집 한 채를 하사하고 다시 부역을 면제하니, 곡식이 많아서 도둑에게 빼앗길 염려가 있으므로 관계 관청에 명하여 군사를 보내어 번차례로 지키게 하고, 그 마을을 표방하여 효양방이라 하였다."

『삼국사기』권48, 열전8, 효녀 지은

청해진 대사 장보고(?~841년)

청해진 (전남, 완도)

장보고 동상 (중국 산동 법화원)

신라 후기의 지방 세력가이자 대상인이다. 본명은 궁복 또는 궁파로, '활보', 즉 '활 잘 쏘는 사람'이라는 뜻을 지녔다. 9세기 초에 세력을 떨쳤던 장보고는 대표적인 해상 세력 출신이다. 골품제로 신라에서는 출세가 어려웠기에 장보고는 어린 시절 당에 건너가 군인으로 출세했다. 이후 그는 산둥 반도 적산촌에 법화원이라는 절을 세웠고, 이곳을 신라인들의 친목과 단결을 꾀하는 정신적 위안처로 만들었다고 한다.

828년 장보고는 해적들이 신라인들을 잡아다 다른 나라에 노예로 파는 만행을 보고 격분하여 신라로 돌아와 국왕에게 보고한 후 1만의 병사를 얻어 지금의 완도에 청해진을 설치하고 청해진 대사가 됐다. 청해진은 당에서 신라의 흑산도와 남해안을 거쳐 일본의 북큐슈에 이르는 국제 무역 항로의 중간에 위치한 곳이었다. 장보고는 이곳을 기지로 하여 해적을 소탕하고 서해의 무역로를 보호하면서 서해 일대의 해상권을 장악함으로써 당-신라-일본을 연결하는 국제 무역을 주도했다. 장보고는 무역을 통해 서남 해안 일대의 커다란 해상 세력으로 성장했다.

한편 장보고에 관한 이야기는 일본 헤이안 시대의 승려인 엔닌(圓仁, 794년 ~864년)이 쓴 『입당구법순례행기』에도 나온다. 그는 중국 유학 중에 장보고가 세운 적산 법화원에서 신세를 지냈던 일을 일본에 귀국한 다음 장보고에 감사 편지를 전한 얘기를 여행기에 적고 있다.

4 통일신라의 교육과 도당 유학생

1) 교육과 독서삼품과의 시행

신라는 당의 영향을 받아 신문왕 2년(682년)에 국립 교육 기관인 국학을 설치하여 능력 있는 관료를 양성하고자 하였다. 국학에서는 유학 경전을 위주로 교과목을 달리하여 진행하였다.

원성왕은 관료제를 강화하기 위한 정치 개혁으로 788년(원성왕 4년) 독서출신과(독서삼품과)를 실시하였다. 이 제도는 유학 경전과 사서(史書) 등에 대한 이해 정도를 기준으로 상품·중품·하품으로 나누고, 성적에 따라 관리를 선발하였다. 독서출신과는 이미 설치된 국학과 연계되어 유학적 교양과 능력을 갖춘 지식인을 관리로 뽑았다. 그러나 신라 사회에 뿌리 깊이 남아 있는 골품제의 인사 관행과는 거리가 멀었기 때문에 실질적으로 사용되었는지에 대해서는 알 수 없다.

유학의 발달과 더불어 한문학에 뛰어난 학자들도 배출되었다. 강수, 설총, 김대문, 김운경, 최치원 등이 대표적인 인물로 이들의 대부분은 6두품이었다. 이 중 강수는 외교문서 작성에 뛰어났고, 설총은 신문왕에게 『화왕계』를 지어 올렸으며, 이두를 정리하였다.

진골 출신의 학자로 당대 최고의 문장가였던 김대문은 신라의 중요 사건을 기록한 『계림잡전』, 화랑들의 전기인 『화랑세기』, 승려의 전기인 『고승전』 등을 저술하였다. 이 외에도 문학 작품으로 향가가 유행하였는데, 향가는 『삼국유사』와 『균여전』에 25수가 전해지고 있다. 진성여왕 때 각간 위홍에 의해 편찬된 향가집인 『삼대목』은 현재 전하지 않는다.

2) 도당유학생(숙위학생)

통일 후 당나라와의 관계가 개선되자 종교나 학문을 배우기 위해서 많은 신라 유학생들이 당에 파견되었다. 이를 도당유학생 또는 숙위학생이라고 한다. 이들은 당나라에 머물면서 선진 학문과 문물을 익히고 당과 신라 사이에서 정치, 문화의 가교 역할을 하였다. 신라 하대에 이르면 숙위학생은 순수한 유학생의 성격이 강하게 나타났고, 그 숫자도 크게 늘어났다.

하대로 갈수록 왕족이나 진골 귀족의 자제와 같은 정치적 비중이 큰 인물이 숙위학생으로 가는 일이 줄어들고 능력은 있으나 정치적으로 소외되었던 6두품 출신들이 당으로 건너갔다. 이들은 이를 통해 신라 사회의 골품제 모순을 극복하고자 하였던 것이다.

이들 가운데 능력이 출중한 자들은 당나라에서 외국인을 상대로 시험

최치원(859년~?) 그는 유학·불교·도교에 이르기까지 깊은 이해를 지녔던 학자이자 뛰어난 문장가이다.

피향정 (전북 정읍) 피향정이란 이름은 정자의 양 옆 연못에 핀 연꽃의 향기가 주위에 가득하다 하여 붙여진 이름이다. 이 건물은 호남지방에서 가장 대표적인 정자 중의 하나로 신라 정강왕 1년(887년)에 최치원이 태산군수로 있을 때 들러서 풍월을 읊었던 곳으로 유명하다. 현재의 모습은 조선 시대에 와서 다시 지은 것이다.

을 보았던 빈공과에 붙어 당나라 관료가 되기도 하였고, 학문에만 정진한 자들도 있었다. 이러한 6두품 출신 도당유학생으로 가장 대표적인 인물은 최치원으로 유학·불교·도교에 이르기까지 깊은 이해를 지녔던 학자이자 문장가였다. 그는 신라 6두품 집안 출신으로 12세의 나이에 당나라로 떠났다가 18세의 나이에 빈공과 장원으로 합격하였다. 최치원은 당시 황소가 난을 일으켜 수도를 점령하고 있자 '토황소격문'을 지어 이름을 날렸다.

그는 28세의 나이에 귀국하여 관리가 되었고 진성여왕에게 시무 10여 조를 올려 개혁안을 제시하기도 했다. 그러나 중앙 귀족들이 그의 개혁안을 받아들이려 하지 않자 결국 은둔 생활을 결심하고 여러 곳을 돌아다니다 세상을 떠났다. 그의 유학 사상은 고려의 최승로로 이어졌고 이후 한국유학사 최초의 도통으로 남았다. 아울러 그는 유·불·선의 통합을 주장하기도 하였다.

5 발해의 건국과 발전

1) 발해의 건국

668년 고구려가 멸망한 후 고구려 유민들은 여러 갈래로 분산되었다. 일부 귀족들은 당으로 끌려가기도 하였고, 신라에 귀화한 사람들도 있었지만 대부분의 유민들은 옛 고구려의 영토에서 말갈과 어울려 살았다. 당은 고구려를 멸망시킨 후 고구려인 약 28,000호를 중국 땅으로 강제 이주시켰는데 이는 고구려의 세력을 약화시키기 위한 것이었다.

이때 대조영도 아버지 걸걸중상과 함께 군사적 요충지인 당의 영주 지역에 옮겨져 생활하고 있었다. 그러던 중 698년 거란 출신의 이진충이 당에 저항하여 봉기하자 영주 일대가 혼란에 빠졌다. 이에 고구려 출신 대조영 부자는 유민을 규합하고 말갈 출신의 걸사비우와 함께 당에 반기를 들었다.

발해에 관한 인식

발해가 고구려를 계승하여 일어난 국가라고 한다면 신라가 삼국을 통일했다는 의미가 무색해지기 때문에 통일신라 시대라는 개념보다는 발해와 신라가 공존하는 시대라는 개념을 도입하여 남북국 시대라고 불러야 한다. 이는 유득공의 『발해고』 서문에 처음 나온다. 발해에 대한 연구는 조선 전기에는 한국사에서 제외하였다가 후기에 와서 발해의 역사를 재발견하는 커다란 전환이 있었다. 일제 강점기에 발해사에 대한 관심이 다시 고조되었으나 구체적 연구로 이어지지 못하였고, 실증적 연구는 북방 영토에 대한 관심이 제고된 1960년대에 시작되어 1980년대부터 급속히 증가하였다.

당은 처음 회유책을 썼으나 실패하자 이해고로 하여금 이들을 공격하게 하여 천문령 전투에서 걸사비우를 전사시켰다. 거란군을 진압한 당군은 이들에 대한 공격을 벌였으나 대조영 집단은 걸사비우 집단의 잔여 무리를 흡수하여, 추격해 오는 당군을 대파한 이후 목단강 상류 지역에 정착하여 동모산에 도읍을 정하고 발해를 세웠다(698년). 대조영은 처음 진국왕이라 하고, 건국 직후 당의 공격에 대비하여 돌궐과 친교를 맺었다.

발해의 건국으로 우리 역사는 통일신라와 발해가 양립하는 남북국의 형세를 이루게 되었다. 이를 '남북국 시대'라고 부르기도 한다. 발해가 건국하자 8세기 초에 당은 정책을 바꾸어 발해를 인정하고 회유하고자 하였다. 곧 발해의 자립을 인정하고 713년 '발해군왕'의 칭호를 정식으로 주었다.

발해의 주민은 주로 고구려인과 말갈인이었다. 지배층의 핵심은 고구려인이었다. 고구려가 멸망한 뒤 옛 고구려 백성들은 당나라에 저항하였다. 그러나 지배층이 분열하여 끝내 고구려 부흥운동은 실패하였다. 그렇지만 옛 고구려 백성들은

동모산(중국 지린) 중국 지린성 돈화시에 있었던 발해 시대 초기의 수도. 698년 대조영이 발해를 건국한 뒤 제3대 문왕 때 상경용천부로 도읍을 옮기기까지 56년 간 발해의 수도였다. 동모산은 백두산에서 북쪽으로 300여리 되는 지점에 위치하며, 사방이 험준한 산맥으로 둘러싸여 있는 천혜의 요새였다.

나라가 망한 뒤에도 계속 고구려의 생활 풍습을 지키며 살았다. 대조영이 이끄는 고구려 사람들이 발해를 세울 수 있었던 것은 바로 이들이 있었기 때문이었다.

중국 기록에도 대조영을 '고려의 별종'이라 하였고, 제2대 무왕이 일본에 보낸 낸 외교 문서에 "우리나라는 고구려의 옛 땅을 회복하였고 부여의 풍속을 지킨다"고 하였으며, 제3대 문왕 대에도 일본에 보낸 국서에 스스로를 '고(구)려의 국왕'이라 칭하는 등 고구려 계승 의식을 분명히 하였다.

2) 발해의 융성

대조영이 죽은 후 그의 맏아들인 대무예가 즉위하였다. 대무예는 무왕으로 연호를 인안이라 하고, 영토 확장에 주력하여 북만주 일대를 장악하였다. 당은 726년 발해의 배후에 있던 흑수말갈을 포섭하여 그 지역에 당나라의 지방관을 파견하여 주를 설치하였다. 이에 무왕은 이에 강하게 반발하여 동생인 대문예를 사령관으로 하여 흑수말갈에 대한 원정을 단행하였다.

그러나 대문예가 흑수말갈을 공격하지 않고 당에 망명하자 무왕은 그의 소환을 요구하였다. 당이 이에 응하지 않자 무왕은 장문휴로 하여금 산둥 지역의 덩저우(등주)를 공격하게 하였다. 장문휴가 거느린 수군은 덩저우를 공격, 성주를 죽이고 이 지역을 장악하였다. 이에 당은 망명한 대문예로 하여금 이를 막게 하는 한편, 신라에게도 발해의 남쪽을 공격하게 하였다. 그러나 당과 신라는 발해의 반격과 추위로 다수의 희생자를 내고 퇴각하였다.

737년 무왕이 죽자 그의 아들이 대흠무가 왕위에 올라 문왕이 되었다. 제 3대 문왕은 56년간 재위하였다. 그는 장기간에 걸친 재위 기간 중에 발해의 제도와 문물은 크게 정비되었다. 당과 친선 관계를 맺고 당의 발달한 문물 제도를 받아들이는 데 힘을 기울였다. 이 무렵에는 발해와 신라 사이에도 교류가 이루어졌다.

발해는 넓은 영토를 효과적으로 다스리기 위하여 상경, 중경, 동경, 서경, 남경의 5경을 두었다. 문왕은 재위 기간 중 수도를 여러 차례 옮겼다. 그는 종래의 동모산에서 벗어나 남쪽의 넓은 지역인 중경현덕부를 건설하여 도읍을 옮겼다. 이어 얼마 후 다시 상경 용천부로 수도를 옮긴 후 또 다시 두만강 하류지역인 동경 용원부로 옮겼다. 이곳에서 문왕은 일본에 여러 차례에 걸쳐 사신을 파견하는 등 외교는 물론 무역을 통한 경제적 발전을 도모하였다. 이후 발해 성왕은 동경에서 상경으로 재천도하였다.

한편 문왕은 당과 우호 정책을 펼쳐 당으로부터 '발해군왕'에서 '발해국왕'이라는 직함을 받게 되었다. 또 그는 당과의 관계 개선을 통해 당의 선진화된 문물을 수용하여 나라를 발전시킬 수 있었고, 일본과의 사신 왕래에서는 발해가 고구려의 계승국가임을 알리는 국서를 보냈다. 이에 일본도 발해를 고구려를 계승한 나라로 인식하여 '고려국'이라고 하였다. 또 문왕대에는 자신보다 먼저 죽은 둘째 딸 정혜 공주와 넷째 딸 정효 공주의 묘를 만들고 그 묘지명에 '황상(皇上)'이란 자주적인 표현을 사용하여 중국과 대등한 지위에 있음을 나타냈다.

상경 용천부 터(중국 헤이룽장성) 발해의 도성은 모두 평지에 있으며 외성을 네모나게 쌓고 그 안에 궁성과 관청 건물 등을 쌓았다. 상경은 광활한 평지에 정연한 도시계획에 따라 건설된 계획 도시였다. 상경 용천부의 외성은 거의 17km에 달하는데 이는 당시 동아시아에서 당의 장안성 다음으로 큰 도시였다. 상경은 당의 수도인 장안을 본따서 건설했는데, 외성을 쌓고 남북으로 넓은 주작대로를 내고 그 안에 궁궐과 사원을 세웠다고 한다. 궁궐 중에는 고구려 문화를 이어받은 온돌 장치도 발견됐다.

문왕이 죽은 후 여러 왕들이 있었으나 단명하였다. 이어 제10대 선왕 대에 이르러 발해가 가장 융성했던 시기를 맞이한다. 발해는 당에 유학생을 보내어 당의 제도와 문화를 받아들였다. 재위 15년간 영토를 넓혀 흑룡강 하류 지역까지 개척하고 흑수말갈을 압박하였으며, 말갈의 여러 부족을 복속시키고, 서쪽으로는 요동 지방에까지 진출하여 고구려의 옛 땅을 대부분 되찾았다. 선왕 대의 중흥의 노력에 힘입어 당나라 사람들이 발해를 '해동성국'이라 하였다.

3) 발해의 정치 기구

발해는 독자적인 연호를 쓸 정도로 왕권이 강화되면서 정치 제도를 정비하였다. 발해는 대외적인 안정을 회복한 이후 대내적인 체제 정비에 주력하였다. 무왕을 이은 문왕의 장기간에 걸친 재위 기간 중에

발해는 당의 지방 정권인가?

중국에서 1970년대부터 제기된 것으로(동북공정) 발해가 당나라 지방국가였다는 것이다. 그러나 이 주장은 발해인들이 빈공과에 응시하였다는 사실로 미루어 허구이다. 왜냐하면 빈공과란 신라인이나 발해인과 같은 외국인을 위해서 특별히 설치한 것이기 때문이다. 발해는 대외적으로 당나라로부터 책봉을 받았고 당나라에 조공하였으므로 기본적으로는 당나라 중심의 국제 질서에 편입되어 있었던 왕국이었다.

발해의 정치 구조

*( )은 당의 관제

발해의 제도와 문물은 크게 정비되었다. 먼저 770년대 무렵에는 지방 제도로서 부−주−현제와 5경제가 성립되어 있었다.

발해는 중앙에 정당성, 선조성, 중대성 3성을 두었다. 정당성 아래에는 좌사정, 우사정 각 1인씩이 있었고, 그 밑에 좌윤, 우윤 각 1인씩을 두어 업무를 관장하였다. 좌사정에는 충, 인, 의 3부가 있고 우사정에는 지, 예, 신 3부가 있었다. 정당성은 행정의 실제적인 총괄기구이고, 정당성 소속의 충 · 인 · 의 · 지 · 예 · 신 6부는 구체적으로 정무를 분담하는 관서였다. 이러한 제도는 당의 3성 6부제를 본받은 것이다. 이 밖에 감찰기구인 중정대와 문적원 · 주자감 등의 관서도 설치되었다.

지방 조직은 토착 사회의 조직을 근간으로 하여 편제되었다. 발해는 토착 사회의 지배자인 촌장의 지배권을 인정하여 수령으로 임명, 편제하고 이를 바탕으로 5경 15부 62주라는 지방 통치 조직을 정비하였다. 이 중 5경은 상경을 중심으로 하여 5도의 교통망으로 연결되었다. 15부는 가장 중요한 골격을 이루었고, 이 아래 주 62개를 나누어 설치하였다. 주 아래에는 여러 개의 현이 설치되어 있었고, 현 아래에는 촌락들이 있었다. 촌락의 장은 '수령'이라고 하였다.

수령은 행정 조직의 말단에 속하여 세금의 징수와 노동력의 징발 등의 실무를 관장하였고, 때로는 대외 사절단의 일원으로 활약하기도 하였다. 말단에 있는 촌락이 토착 세력가에 의해서 다스려졌다는 것은 고구려 계통의 지배층이 말갈의 전통적인 사회 조직을 그대로 유지하면서 두 민족 사이의 조화를 꾀한 것이었다.

4) 발해의 대외 관계

발해는 고구려를 멸망시킨 당과 신라에 대해 적대적일 수밖에 없었다. 그래서 초기 발해는 북쪽으로 돌궐과 통하고 바다 건너 일본과 친선 관계를 맺었다. 한편 당과는 처음에는 군사적인 대립 관계를 유지하고 있었으나 점차 갈등을 없애고 당의 문화를 수용하였다.

무왕대에 이르러 처음으로 일본에 사신을 파견하였다. 일본 국왕은 발해 사신들을 융숭히 대접하고, 그들을 일러 '고려 사절'이라 하였다. 고려란 고구려를 말하는데 일본은 발해가 고구려의 후예 나라임을 인정한 것이다. 이후 두 나라는 여러 차례 많은 사신을 파견하는 등 활발한 교류가 이루어졌다.

소고드 은화 연해주에서 발견된 중앙아시아의 소고드 은화이다. 이를 통해 발해와 중앙아시아의 교류가 있었다는 사실을 알 수 있다.

발해는 신라와 전반적으로 대립 관계를 형성하였다. 이는 지배층의 반신라 의식과 신라 지배층의 보수적 자세 그리고 당의 이간과 분열 정책에 기인한 것이었다. 그래서 등제 서열 사건도 발해와 신라가 반목하는 계기가 되었다. 등제 서열 사건은 당이 외국인들을 위해 설치한 빈공과 시험에서 나타났다. 875년 발해의 오소도가 수석의 영광을 차지하자, 최치원은 이 사건이야말로 '일국의 수치로 영원히 남을 것이다'라고 치욕스럽게 여겼다. 또한 906년에는 신라의 최언위가 오소도의 아들인 오광찬보다 상위에 합격하자, 당에 있던 오소도가 자기 아들의 순위를 최언위보다 올려 달라고 요구하였다가 거절당했던 적이 있었다.

그러나 발해와 통일신라는 친선 관계도 유지하여 원성왕과 헌덕왕 때에는 사신을 교환하였다. 또 이들은 문물 교류와 무역을 위해 신라도를 개설하고, 역 등을 설치하기도 하였다.

5) 발해의 멸망과 부흥운동

10세기에 접어들면서 발해를 둘러싼 정세가 급속히 바뀌었다. 이미 기울어진 당나라는 결국 환관 정치의 폐해로 멸망하고(907년), 중국 대륙은 5대 10국이라는 대분열 시대를 맞이하였다. 이에 거란이 흥기하여 발해의 안위에 중대한 위협 요소로 되었다. 곧 거란이 동으로 몽골 지역을 평정한 뒤 발해에 대한 공격을 감행하였던 것이다.

거란은 야율아보기가 916년 황제로 즉위하였고, 이어 발해를 공격하였다. 결국 927년 야율아보기는 부여성을 뚫고 발해군 3만을 격파하고 수도인 상경 용천부를 포위하였고, 발해의 마지막 왕인 대인선이 항복하였다. 이로써 발해는 건국 이후 15대 220여 년 동안 존속하다 멸망하였다.

발해 멸망 후 그 유민들에 대해서는 확실하지는 않지만 왕세자였던 대광현이 수만의 무리를 거느리고 고려에 귀부하였다.

발해의 옛 땅에 남아 있던 유민들은 틈만 있으면 발해를 부흥하고자 노력하였다. 그리하여 거란의 동단국이 927년 서쪽으로 도읍을 옮기자 그곳에 후발해를 세우기도 하였으나 곧 붕괴되었다. 또 서경 압록부가 있던 압록강 중류 지역에서 발해 유민들이 정안국을 세워 935년부터 970년까지 지속하였으나 요의 공격으로 멸망하였다.

6) 발해의 사회와 경제

발해는 9세기에 이르러 사회가 안정되면서 경제도 발달하였다. 국가의 수취 체제는 조세 · 공물 · 역의 징수였다. 귀족의 경우는 대토지를 소유하고, 무역을 통해 당으로부터 비단 · 서적 등을 수입하는 등의 경제 생활을 하였다.

농업은 일부 지역의 벼농사도 하였으나 밭농사(콩, 조, 보리, 수수)가 중심이었다. 발해는 곡식 이외에도 목축과 수렵이 발달하여 가축인 말, 소, 돼지와 사냥을 통해 잡은 짐승을 먹었고 바다와 접해 있는 지역은 해산물인 다시마를 비롯하여 게, 생선 등을 먹었다.

수공업으로는 금속 가공업(철 생산 풍부, 구리 제련술 발달)과 직물업 · 도자기업이 발달하였다. 당, 일본, 서역의 중앙아시아와도 연계를 가지고 활발한 교역을 하였으며 모피, 말 등이 주요 수출품이었다.

발해에는 5개의 중요한 대외 교통로가 있었다. 발해의 수도인 상경 용천부에서 함경도 동해 연안을 따라 신라로 들어가던 신라도, 바다를 통해 일본으로 가는 일본도, 부여부를 지나 거란으로 가는 거란도, 그리고 당나라로 가던 영주도와 조공도가 있었다. 조공도의 경우는 랴오둥 반도와 산둥 반도를 잇는 바닷길이고, 영주도는 육로로 가는 길이다. 이 외 '담비의 길'이라 하여 남부 시베리아 및 중앙아시아와 연결되는 모피 교역로도 있었다.

발해는 당과 가장 많은 교류를 하여 선진 문물을 받아들여 귀족 문화를 발전시켰으며 신라길을 통해 이를 신라에 전해 주기도 하였다. 일본과의 교류는 발해 사신이 일본에 파견되는 등 활발한 교류가 있었다. 이는 양국 간에 주고받은 목간과 외교 문서에서 확인된다.

발해의 전체 인구 구성은 정확하게 알 수 없다. 그렇지만 왕족을 제외한 관료들의 구성에서는 고구려 왕족이었던 고씨가 제일 많은 수를 차지하고 있다. 발해왕이 일본에 보낸 국서에서도 "일본에 사신을 파견하는 것은 고(구)려가 하던 관행을 이어받은 것"이라고 하였다. 다른 관리도 대부분 고구려계 성씨를 가지고 있었다. 이에 따라 발해의 국가적 성격과 대외 정책은 대부분 고구려를 이어받은 것이다.

발해 여성의 지위는 동시대의 다른 나라에 비해 높았다. 주변의 민족과는 달리 발해에서는 남자가 첩이나 몸종을 두는 일이 없었고, 부인을 그리는 애틋한 문학작품이나 여성의 활약을 나타낸 기록이 남아있다.

5 삼국·가야 및 통일신라의 문화

불국사 (경북 경주) 세계 문화 유산으로 다보탑과 삼층석탑 등의 유적이 있다.

1 삼국의 문화

1) 삼국 문화와 국사의 편찬

(1) 삼국 문화의 특징

삼국은 초기에는 중국 대륙 문물의 영향을 받았으나 차츰 고대 국가로의 성장과 함께 독창적인 문화를 갖게 되었다. 삼국은 각국의 사정에 따라 나름의 특수한 문화를 창조하면서 형성·발전시켰다. 고구려는 강건하고 호전적인 기풍에서 웅장한 건축술이 발달되어 웅건한 반면, 백제는 온유한 민족성으로 아름다운 곡선미의 문화를 가졌다. 신라는 보수적인 민족성에서 아담하고 섬세한 예술의 특징을 보인다.

우리 민족은 주로 철기 시대부터 한자를 사용한 것으로 보이며, 삼국의 지배층들이 한자를 널리 사용하게 되면서 사상이 들어오고 정치 제도도 수용하여 지배 체제를 강화하였다. 고구려는 4세기 후반인 372년 이후 중국으로부터 불교를 수용하여 대륙의 문물을 적극 받아들였다. 이에 불교적인 조형 미술의 발달을 비롯하여 학술의 연구, 사상적 변화, 사회 교화 등 문화면에서도 변혁을 일으켰다.

(2) 삼국의 국사 편찬

삼국은 글자를 사용함에 따라 여러 가지 국가적인 편찬 사업이 행해졌는데, 그 대표적인 것이 국사의 편찬이었다. 삼국이 각기 국사를 편찬한 것은 고대 국가를 건설한 후 왕권의 존엄성과 국가의 위신을 내외에 과시하려는 의도였다.

고구려에는 초기에 지은 『유기』 100권이 있었다고 하는데 편찬자를 알 수 없다. 이것은 후일 영양왕 11년에 태학박사 이문진에 의하여 『신집』 5권으로 다시 편찬되었다. 백제에서는 근초고왕 때 박사 고흥이 『서기』를 편찬하였다고 하며, 이밖에도 『백제기』·『백제본기』·『백제신찬』 등의 책이름이 전하고 있다. 신라에서는 545년(진흥왕 6년)에 거칠부로 하여금 『국사』를 편찬케 하였다.

현재 삼국의 역사책들은 현재 모두 전하지 않는다. 다만 그 내용은 고려 때 김부식이 지은 『삼국사기』 속에 어느 정도 서술되어졌을 것으로 짐작된다.

2) 고구려의 문화

(1) 고분과 벽화

고구려는 국가 형성 과정이나 자연 환경 등으로 인해 강인하고 남성적인 기질을 지니고 있었다. 고구려는 평양 천도 전의 만주 지안과 평안도, 황해도 등 넓은 지역을 관할하고 있었으나 남은 유적과 유물은 적은 편이다. 고구려 문화 중 가장 주목되는 것은 고분이다. 고구려 무덤은 중국 지안과 북한 지역 등 13,000개에 달하지만 그 중 벽화가 그려져 있는 무덤은 지안에 23기, 북한에 65기 정도이다.

고구려의 고분 초기에는 돌무덤이 유행하였으며, 장군 총이 대표적이다. 후기에는 돌로 널방을 만들고 그 위에 흙으로 봉토를 덮은 토총이 발달하였다. 이러한 무덤에는 벽화가 있어 고구려의 예술 세계를 나타내준다. 벽화는 무덤 내부를 아름답게 장식하거나 특정한 의미를 나타내 는 장식, 무덤 주인의 생전에 기억할 만한 모습과 생활상, 편안히 영혼 세계로 가기 위해 악령들을 물리치는 수호신 과 용맹한 수문장, 도깨비, 천상계의 신들의 모습, 별자리 등이 그려져 있다.

각저총 씨름도 (중국 지안) 나무 아래에서 두 사람이 힘을 겨루고 있으며, 그 옆에 지팡이를 짚은 노인이 심판을 보고 있는 듯 하다.

고분 명칭은 그 속에 그려져 있는 그림의 주제에 의하여 사신총 · 각저총 · 무용총 · 수렵총 등으로 불려진다. 초기 벽화로는 4세기에 만들어졌다고 여겨지는 안악3호분의 그 림이 있다. 여기에는 주인공의 생활상을 보여주는 묘주와 그 부인의 초상화가 그려져 있다. 이 밖에 덕흥리 고분 벽 화 역시 행렬과 수렵 등 다양한 풍속을 그리고 있다.

한편 5세기 전반에는 대표적인 벽화고분으로 각저총 과 무용총이 있다. 각저총은 이름 그대로 씨름도가 유명 하며 달, 별자리, 구름, 장식무늬 등이 그려져 있다. 무 용총은 각저총 옆에 있는데 이름처럼 춤을 추는 인물들 이 묘사되어 있고 무용수들이 입은 점박이 문양 옷을 볼 수 있다. 또 사냥하는 그림을 그린 수렵도는 고구려 무사 의 힘 있는 모습을 보는 듯한 느낌을 준다.

후기 벽화고분에는 내세관을 알려주는 사신도가 주류 를 이루는데 통거우의 사신총과 오회분4호묘와 북한 남 포시의 강서대묘가 대표적이다. 특히 강서대묘에는 동쪽 의 청룡, 서쪽의 백호, 북쪽의 현무, 남쪽의 주작이 그려 져 있는데, 선의 묘사나 색채의 조화가 이름답다. 오회 분4호묘에는 사신도와 아울러 해와 달을 받쳐 든 복희와 여와, 농사의 신, 불의 신, 철의 신 등 다양한 신을 묘사 하고 있다.

연가7년명 금동 여래입상 (국립중앙박물관) 연가 7년 인 기미년(539년)에 고려국 낙량동사(樂良東寺)의 주지 경과 그 제자인 승려 연을 비롯한 사제 40인이 현겁(賢 劫)의 천불(千佛)을 만들어 세상에 유포하기로 하였는 바, 제29번째의 인현의불(因現義佛)은 비구가 공양한 것 이라는 내용이 적혀 있다.

고구려 고분의 명칭

명칭은 그 속에 그려져 있는 그림의 주제에 의하여 사신총·각저총·무용총·수렵총 등으로 불려진다. 초기 벽화로 4세기에 만들어졌다고 여겨지는 안악 3호분은 주인공의 생활상을 보여주는 것으로 무덤 주인과 그 부인의 초상화가 그려져 있다. 덕흥리 고분 역시 사람들의 행렬과 수렵 등 다양한 풍속을 그리고 있다. 고구려의 고분은 굴식 돌방무덤으로 돌로 널방을 짜고 그 위에 흙을 덮어 봉분을 만들었다. 무덤 내부인 널방의 벽과 천장에는 벽화를 그리기도 했다.

고구려 고분 벽화는 당시 고구려 사람들의 생활, 문화, 종교 등을 파악할 수 있는 귀중한 자료이다. 중국과 북한의 고구려 유적들은 2005년 7월 중국 장쑤(江蘇)성 쑤저우(蘇州)에서 열린 제28차 유네스코 세계유산위원회(WHC) 회의에서 세계문화 유산 목록에 등재됐다. 공식 명칭은 '고구려의 수도와 왕릉, 귀족의 무덤' 이라고 한다.

안악3호분 묘주(무덤 주인)초상화
무덤의 주인공이 평상 위에 앉아있고, 관리들로부터 보고를 받고 있다.

 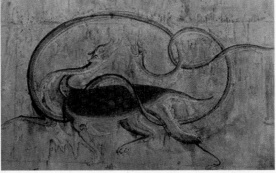

강서대묘의 사신도(북한 남포) 강서대묘에 그려져있는 사신도의 일부로 왼쪽은 무덤의 동쪽에 있는 청룡도이고 오른쪽은 북쪽에 있는 현무도이다.

장군총(중국 지안) 중국 지린성 지안시에 있는 고구려의 무덤이다. 무덤의 주인에 대해 고구려 광개토대왕이라는 설과 아들인 장수왕의 무덤이라는 설이 있으나 유물이 남아있지 않아서 정확한 주인공을 알 수 없다.

(2) 산성 · 토기 · 공예 · 불상

고구려는 중국과 국경을 맞이하고 있었기 때문에 교통과 방어의 요지에 산성을 쌓았는데, 아래 부분은 큰 돌을 위로 올라갈수록 작은 돌을 쌓았다. 또 자연의 절벽이나 바위 등을 그대로 활용했다.

고구려 토기는 정선된 태토에 황갈색 연질 계통과 흑회색의 경질 계통이 있다. 실용성이 강하고 손잡이가 4개인 4귀항아리가 대표적이다. 금속 그릇의 대표적인 것으로는 경주 호우총에서 출토된 청동으로 만든 호우명 그릇이다. 이 그릇에는 '을묘년국강상광개토지호태왕호우십(乙卯年國岡上廣開土地好太王壺杅十)'이라는 글씨가 양각으로 새겨져 있어 제작 연도를 알 수 있다.

고구려의 불상은 작은 형태의 금동불상과 흑으로 만든 불상이 대부분이었다. 대표적인 불상으로는 경남 의령에서 출토된 연가7년명 금동 여래입상 등을 들 수 있다. 539년 고구려에서 조성된 이 불상은 고구려에서 만들어진 것이 분명하지만 경상남도 지역에서 발견된 것으로 보아 당시 고구려와 신라의 관계를 알게 해준다.

대개 고구려 주거 모습은 벽화를 통해 알 수 있다. 여러 개의 방이 있는데 부엌에서는 커다란 솥을 올려놓고 요리를 하는 모습이, 부엌 옆에는 고기 창고가, 그리고 마굿간과 수레 창고도 보인다. 이밖에도 부경과 서옥이 있었다.

고구려에는 방안의 한 쪽 벽이나 일부 바닥에 쪽구들을 설치하였다. 오늘날의 벽난로와 같은 것으로 바닥 전체에 구들이 깔린 것은 아니었다. 또 지금처럼 방바닥에 앉는 좌식 생활보다는 의자에 걸터앉아 일을 보는 입식 생활을 하였다.

고구려의 음악은 거문고를 만든 왕산악이 대표적이다.

고구려 부엌(안악고분)

현재의 **부경 (중국 지안)** 본집 옆에 설치해 위층에는 잡곡 등을 저장하고 아래층은 외양간으로 사용한 고구려의 창고 시설이다.

3) 백제의 문화

(1) 고분과 공예

백제 한성 시대의 문화로는 가락동 일대의 고구려 양식인 돌무지무덤이 있고, 풍납토성과 몽촌토성에서 당시의 토기들이 출토되어 그 면목을 알 수 있다. 웅진(공주) 천도 후에는 금동 불상 등이 발견되기도 했지만, 무엇보다도 무령왕릉의 발굴이 획기적인 사건이었다. 무령왕릉은 만든 시기의 정확한 연대를 알려 주었을 뿐만 아니라 많은 유적이 출토되었다. 또한 이를 통해 이 시기의 백제 문화는 중국 남조 양나라와 영향을 많이 받았다는 사실을 알려 주었다.

사비(부여)로 천도한 이후 많은 불교문화와 유물을 남겼다. 부여 능산리에서 발견된 백제 금동 대향로는 백제의 가장 뛰어난 공예품이다. 백제 시대의 공예와 미술문화, 종교와 사상, 제조 기술까지도 알 수 있게 해주었다.

호우명 그릇 (국립중앙박물관) 경주 호우총에서 발굴되었다. 고구려의 그릇이 신라의 왕릉에까지 묻힌 사실은 당시 신라와 고구려의 대외 교류나 정치적 관계가 밀접했음을 알 수 있게 해준다.

금속기로는 근초고왕이 일본에 전해준 칠지도가 있다. 또 나주 출토의 금동관과 금동 신발, 무령왕릉 출토의 금제 관식이 있다. 특히 백제는 청동 재질에 금을 입힌 금동관이 아름답다. 내관과 외관이 있는 전형적인 백제 금동관 형식으로 금관에 섬세한 문양을 투조(透彫)하였다. 용과 물고기 비늘 모양 등이 새겨져 있고 구름 문양 등이 배치되어 있다. 내관 뒷부분에 있는 긴 대롱에는 화초나 꽃봉오리 모양 장식 등을 앞뒤로 세웠다. 이 밖에 공주 무령왕릉에서 출토된 금제 관식과 귀걸이 등을 통해 당시 공예 기술을 알 수 있다.

(2) 기와 · 벽돌 · 불상

기와와 벽돌에는 아름다운 연꽃문양 등을 조각하였으며 벽돌의 앞면과 옆면에는 여러 가지 문양을 조각하였다. 그 중에서도 부여에서 출토된 인물산수문전과 봉황산수문전은 화려하고 섬세하다. 이 벽돌은 백제인들의 산수에 관한 도교적 모습을 보여준다.

백제의 불상으로는 서산과 태안 등지에 남아 있는 바위에 새긴 삼존 불상을 통해 당시의 불교관을 엿볼 수 있다.

(3) 탑과 건축

현재 남아있는 백제의 석탑으로서 익산 미륵사지 석탑과 부여 정림사지 5층 석탑이 있을 뿐이다. 미륵사지 석탑은 가장 오래되고 큰 석탑으로 목조탑의 양식을 잘 나타내고 있어 당시 목조 건물의 형식과 기법 등을 연구하는 데 도움을 준다. 더욱이 석탑은 각 부분이 작은 석재로 구성되었으며, 쌓은 수법도 목조 건물을 모방한 것으로, 석탑이 세워지기 이전에 목탑을 먼저 세웠다는 사실을 증명해 준다.

정림사지 5층 석탑은 좁고 얕은 1단의 기단과 배흘

백제 금동 대향로(국립부여박물관) 1993년 국립 부여 박물관에서 부여 능산리 절터를 발굴하던 도중에 발견됐다. 이 백제 향로는 높이 64cm, 무게 11.8kg로 받침과 뚜껑이 덮인 몸통으로 구성되어 있다. 받침은 한 마리의 용이 역동적이고 생동감 있게 표현되어 있다. 뚜껑 부분 꽃잎들은 산봉우리를 상징하며, 호랑이 · 사슴 · 코끼리 · 원숭이 등 동물과 신선이 조각되어 있다. 꼭대기에 봉황이 바로 날아갈 듯한 모습을 취하고 있으며, 그 바로 밑에는 악사 5명이 피리 · 비파 · 통소 · 거문고 · 북 등을 연주하고 있다. 가슴과 악사상 앞뒤에는 5개의 구멍이 뚫려 있어 몸체에서 향 연기를 자연스럽게 피어오를 수 있게 했다. 이 향로는 중국 한나라에서 유행한 향로의 영향을 받은 듯하지만, 중국과 달리 산들이 독립적 · 입체적이며 사실적으로 표현됐다.

림 기법의 기둥, 얇고 넓은 지붕돌의 형태 등은 목조 건물의 형식을 이어 받고 있다.

건축에서는 역대 국왕들이 굉장한 규모의 궁실과 누각을 지었고 무왕대에 부여의 왕흥사는 30여 년이나 걸려서 지었다고 한다.

4) 신라와 가야의 문화

(1) 신라의 무덤과 석탑 · 공예품

불교 전래 이전 고분에서 출토되는 유물은 주로 토기와 금제 장신구 등 각종 생활 용품이었다. 그러나 이후 불교가 성행하면서 황룡사를 비롯한 수많은 사찰과 탑이 건립되고, 불상 · 불탑 등 불교와 관련된 유물이 만들어졌다.

4세기 후반부터 6세기까지 고분은 돌무지 덧널무덤이 주를 이루었다. 이는 매장 주체인 부장자의 덧널 주위에 냇돌을 쌓아 적석부를 만들고 그 위에 다시 봉토를 쌓은 것이다. 황남대총과 금관총, 천마총 등이 이에 속한다.

미륵사지 석탑(전북 익산) 현존하는 석탑 중에서 건립 연대가 가장 오래된 탑이다. 백제 말기의 무왕 때인 600~640년 건립되었다는 견해가 가장 유력하다. 1915년, 붕괴가 우려된다고 콘크리트를 발라 놓아서 1998년 해체 보수작업을 시작하였고 2018년 6월에 완료되었다. 2009년 석탑 1층에서 사리장엄구가 발견되어 보물로 지정되었다.

정림사지 5층 석탑(충남 부여) 건립은 7세기로 추정되고, 높이 8.3m, 사비 시대의 석탑으로 안정된 균형감과 비례의 미를 지니고 있다. 1층 탑신 네 모서리 기둥에 신라와의 연합군으로 백제를 멸망시킨 당나라 장수 소정방이 '백제를 정벌한 기념탑'이라는 뜻의 글씨를 새겨 놓아서 한때는 '평제탑'이라고 잘못 불려지기도 했다.

인물산수문전 (산수무늬 벽돌) (국립부여박물관) 이 벽돌을 통해 백제인의 도교 사상을 엿볼 수 있다.

봉황산수문전(국립부여박물관)

특히, 천마총에는 천마도가 출토되어 단편적이나마 그 당시 회화를 알 수 있게 되었다. 천마도는 자작나무 껍질로 만든 말다래에 그린 것으로, 기를 내뿜으며 하늘을 달리는 말을 그렸다. 신라 무덤은 돌무지 덧널무덤이 대부분이어서 벽화를 많이 남기지 못하였다.

한편 석탑으로는 634년 분황사의 창건과 함께 건립되었다고 하는 분황사 모전 석탑이 현재 남아있다. 현전하는 석탑 중 가장 오래된 것이다. 돌을 벽돌 모양으로 다듬어 쌓은 것으로서 현재 3층까지의 탑신부가 남아있다. 네 모퉁이에는 사자상 한 마리씩을 배치했고 탑신 4면의 감실 입구에는 8구의 인왕상을 배치하였는데 뛰어난 불교 조각이다.

또 순금으로 만든 금관을 비롯하여 금허리띠 · 금귀고리 · 금가락지 · 금팔찌 등 화려한 공예품이 있다. 특히, 식리총에서 출토된 신발은 매우 뛰어나다.

신라 금관은 금관총 · 서봉총 · 금령총 · 천마총 · 황남대총 등에서 출토되었다. 금관은 정교한 공예품이기도 하지만 전제적인 왕권의 상징물이기도 하다.

5~6세기 무덤에서 구슬과 화려한 보석을 끼운 황금 제품이 출토된다. 장식 보검이나 금팔찌 등의 황금 공예품들은 서아시아 또는 중앙아시아와 관련이 있다.

음악은 옥보고가 거문고의 대가로 유명하고, 백결 선생은 청빈한 음악가로 방아곡조를 작곡한 것으로 유명하다. 우륵은 6세기 무렵 대가야의 악사로서 신라에 귀화하여 가야금을 가지고 12곡을 만들었으며, 신라 진흥왕 때 국원 지방(충주)에 가서 가야금과 노래, 춤을 가르쳤다는 내용이 전한다.

(2) 가야의 문화

가야는 중국 본토와 일본 각지로 통하는 교통망에서 주요한 위치를 차지하고 있었다. 김해 대성동

천마총 (경북 경주) 장신구류 8,766점 등 총 1만 1500여 점의 유물이 출토됐다. 특히 금관과 천마가 그려 있는 장니(말다래)가 출토되어 관심이 집중됐다. 천마총이라는 이름이 지어진 이유도 천마도가 발견되었기 때문이다.

천마도 천마총에서 출토된 신라 시대의 말 그림이다. 자작나무 껍질로 만든 말다래에 그려져 있다. 말다래는 말을 탄 사람의 옷에 흙이 튀지 않도록 하기 위해 말의 안장 양쪽에 늘어뜨려 놓은 것으로 '장니'라고도 한다.

분황사 모전석탑(경북 경주) 높이 9.3m로 돌을 벽돌 모양으로 다듬어 쌓은 모전석탑이다. 634년(선덕여왕 3년) 분황사의 창건과 동시에 건립되었다고 전해진다. 현재 3층까지의 탑신부가 남아있는데 네 모퉁이에는 사자상을 한 마리씩 배치했고 탑신 4면의 감실 입구에는 8개의 인왕상을 배치하였다.

가야 금관(경북 고령 출토) 제작 기법으로 보면 신라 금관과는 차이가 있고, 비교적 장식의 형태가 간략한다. 대가야 시기의 것으로 여겨지며, 6세기 전반 무렵 제작된 것으로 보인다.

덩이쇠 덩이쇠는 교역시 화폐의 기능을 갖는다. 가야의 고분에서 대형 덩이쇠가 발굴된 것은 무덤의 주인이 가진 부와 권력을 나타낸다고 할 수 있다.

고분군과 양동리 고분군 등 덧널무덤 단계의 대형묘에서는 다량의 낙랑계 및 왜계 유물이 출토된다.

금관가야는 한반도 각지 및 일본 열도에 철을 수출하면서 세력을 성장시켜 나갔다. 덩이쇠를 철소재로 생산하여 유통시켰으며, 4세기 후반 이후로는 본격적인 덩이쇠를 생산하였다. 5~6세기에는 제철 기술이 가야 각지로 분산되었다.

가야의 철기에는 농기구, 무기, 갑주, 마구 등이 있다. 철제 농기구로는 끌, 쇠망치, 쇠손칼, 따비, 낫, 쇠도끼 등이 나타났고, 4세기 이후로는 쇠스랑, 쇠삽날, 가래, 살포 등의 농기구가 새로이 만들어졌다. 철제 무기로 쇠단검, 쇠투겁창, 쇠꺽창, 쇠장검, 고리자루 큰칼, 슴베 있는 쇠화살촉 등이 있다. 가야의 무기 중 철제 갑주는 매우 뛰어났고 이후 말투구와 말갑옷도 성행하였다.

가야 토기는 지역에 따라 세분화된다. 4세기 초에 성립된 금관가야 양식 토기는 화로모양 그릇 받침과 고배가 특징이다. 그러나 6세기 후반에 이르면, 고령·합천·의령 등지에서는 가야 양식 토기가 신라 양식 토기로 교체된다.

한편, 석탑은 1세기의 김해 가락국(가야국) 건국 초기에 허왕후가 배를 타고 올 때 항해의 안전을 기원하여 싣고 왔다는 파사석탑이 있으나 확실하지는 않다.

2 삼국의 사상

1) 불교의 전래와 수용

고구려에 불교가 처음 수용된 것은 372년(소수림왕 2년) 중국 전진의 승려 순도가 불상과 불경을 가지고 옴으로써 비롯되었다. 백제는 침류왕 원년(384년)에 동진으로부터 호승 마라난타가 불교를 전하였다. 고구려와 백제는 각기 국가적인 사절을 매개로 왕실에 의하여 불교를 받아들였다. 고구려는 왕족과 귀족들의 적극적 지원을 받으면서 여러 곳에 사찰을 세웠고, 거대한 탑과 금으로 만든 불상 등을 만들었다.

한편, 신라는 눌지왕 때에 고구려를 거쳐 온 아도(묵호자)가 일선군(구미시 선산)에 들어옴으로써 불교가 전래되었으며 521년(법흥왕 8년) 양나라의 사신인 승려 원표에 의하여 비로소 왕실에 알려졌다. 이에 법흥왕은 불교를 일으키기 위해 사찰을 짓고자 하였으나 귀족들의 반대로 무산되었다. 귀족들은 왕권을 강화하는데 도움을 주는 불교를 받아들일 수 없었다. 그러나 527년(법흥왕 14년) 이차돈의 순교를 계기로 귀족들의 반발을 무마하고 불교를 장려하면서 왕권을 강화하였다.

불교의 수용으로 각처에 사찰이 창건되고 탑파 등 많은 건조물이 세워졌으며 회화 · 조각 · 공예미술 등이 크게 발달하였다. 불교가 수용되어 사상과 더불어 음악, 미술, 건축, 공예, 의학 등 선진 문물이 함께 들어와 새로운 문화 창조에 중요한 역할을 하였다.

삼국 불교 수용의 가장 큰 역할을 한 것은 왕실이었다. 특히, 신라의 경우는 그것이 더욱 뚜렷하였다. 이처럼 왕실에 의하여 불교가 수용되고 발전하게 된 이유는 무엇보다도 불교가 전제화한 왕권 중심의 고대국가에 있어서 정신적인 지주로서 적합하였기 때문이다. 그러므로 삼국 시대의 불교는 무엇보다도 왕실불교이자 국가불교였다.

신라의 진평왕은 자신과 왕비의 이름을 각기 석가모니 부모의 이름인 '백정'과 '마야부인'으로 불렀다. 이러한 불교식 왕호는 법흥왕으로부터 진덕여왕까지 이어졌다. 처음 신라의 귀족들은 불교를 반대하였으나 불교의 윤회 사상이 골품

이차돈 순교비 (국립경주박물관) 이차돈은 불교 수용을 주장한 인물이다. 이차돈은 '부처가 만약 신령스럽다면 내가 죽을 때 특별한 일이 있으리라'고 했다. 이차돈을 처형하자 "목 가운데에서 흰 피가 나왔다. 이때 하늘에서 꽃비가 내리고 땅이 뒤흔들렸다."고 전해진다. 이러한 기이한 현상이 벌어지자 이후 신라 귀족들도 공식적으로 불교를 받아들였다.

제라는 엄격한 신분제에서 자신들의 특권을 옹호해 주는 이론적 뒷받침이 된다는 사실을 알고 이를 적극 수용하였다.

또 삼국 시대의 불교는 때로는 개인의 복을 비는 신앙이 있지만 이보다는 국가의 발전을 비는 호국 신앙이 강하게 나타나 있었다. 그러므로 호국 경전으로 유명한 『인왕경』이 매우 귀중하게 여겨졌다. 『인왕경』에 의하여 '백좌강회'라는 국가의 태평을 비는 의식이 행하여졌으며 팔관회역시 호국적인 의미를 가진 것이었다. 불교가 수용되면서 불교의 인과응보·윤회전생 사상과 고유의 사상이 융화되었다.

신라의 황룡사나 백제의 왕흥사 등은 모두 호국 도량의 대표적인 사원이었다. 황룡사 9층 목탑은 신라 사람들의 신념, 즉 주위 9개국을 정복하여 조공 받을 것을 상징했다는 것이다. 또 미륵불이 내려와 화랑이되었다는 신념도 호국 신앙의 표시이며 나아가 호국과 호법을 위하여전쟁에 용감하기를 권하는 승려들의 설법은 국가를 위해 전쟁에 나가는국민의 용기를 북돋아 주었다.

2) 유학의 전래와 수용

삼국은 모두 가부장적인 가족 제도나 전제 왕권이 성장함에 따라 사회적으로 충이나 효의 도덕이 요구되었다. 이에 유학이 장려되어서 고구려에서는 소수림왕 2년(372년)에 태학을 세우고 여기서 유학을 교육하였다. 이어 각 처에 경당을 세우고 자제들을 모아다가 밤낮으로 독서를 하고 활을 쏘았다. 경당은 지방에 세운 교육 기관으로 중앙에 상류층의 자제를 교육하는 관학인 태학이 설립된 이후 어느 시기에 제정된 것으로 보인다.

백제에서는 이미 오경박사 등의 박사 제도가 있었고, 이들은 일본에유학을 전해 주었다.

신라에서는 유학이 다른 나라보다 뒤늦게 성하였으나 충·효·신 등의 유학 도덕이 널리 국민에게 권장되고 있었다. 특히 화랑의 세속오계중 사군이충, 사친이효, 교우이신 등의 가르침은 이러한 도덕적인 면을잘 표현하고 있다. 한편, 경주 석장리에서 발견된 임신서기석에는 신라의 젊은이가 『시경』·『상서』·『예기』·『춘추전』을 익히고 국가에 대한 충성을 실천하겠다는 맹세의 내용을 기록하고 있어 신라에도 유학이 발달했음을 알 수 있다.

임신서기석(국립경주박물관)
두 사람이 나라에 대한 충성을 맹세하는 내용과 공부를 해야 한다는 내용을 담은 작은 돌로 만든 비석이다. 552년 또는 612년 만들어진 것으로 추정한다. "6월 16일 두 사람이 맹세하여 쓴다. 지금부터 3년 뒤에 충성스런 도를 유지하고 과실이 없기를 하늘에 맹서하며, 이를 어기면 하늘로부터 대죄를 받을 것을 크게 서약하고, 만약 나라가 불안하여 크게 세상이 어려워지면 충성을 바칠 것을 맹서한다. … 시경, 상서, 예기, 전(춘추)을 3년 안에 습득하겠다고 하였다."

3) 고유 종교와 도교

삼국의 토착 신앙으로는 천신 신앙과 조상 숭배 신앙, 지신 신앙 등이 있었다. 불교가 수용되면서 초기에는 다소의 갈등이 있었으나 점차 융화되었다.

고구려에서는 『도덕경』의 유포와 아울러 신선 사상이 유행하였는데 고분 벽화에 잘 나타나 있다. 백제에서는 신선도에서 행하는 수법인 방술이 유행하고 있었으며, 다양한 학술이 발전한 가운데 음양오행은 물론 의약·복서·점성술 등이 있었다.

도교 사상과 관련된 유물로는 무령왕릉에서 발견된 매지권, 그리고 백제 금동 대향로, 인물 산수문전(산수무늬 벽돌) 등이 있다.

무령왕릉 지석(국립공주박물관) 지석이란, 무덤의 주인에 대해 기록해 놓은 비석을 말한다. 벽돌 무덤인 무령왕릉의 입구에서 발견된 이 지석(誌石)으로 말미암아 무덤의 주인공이 '무령왕'임을 알 수 있게 됐다. 뿐만 아니라 백제 웅진 시기를 연구하는 데 큰 도움이 된 유물이다. 이전 발굴된 고분에서는 무덤의 주인을 알 수 있는 유물이 나오질 않아 유물이 있어도 정확한 역사적인 사실을 밝혀낼 수가 없었던 경우가 많다.

3 삼국 문화의 일본 전파

1) 도래인과 일본 문화

고대 동북아시아에 있어서 중국의 선진 문화는 주변 문화에 영향을 끼쳤다. 우선 한반도로 들어온 중국의 대륙 문화는 삼국에서 고유문화와 습합된 이후 일본에 전파되었다. 문화의 전파를 담당한 자는 당시 한반도의 정세와 관련이 있는데, 백제 사람들이 많이 바다를 건너갔다.

이를 일본인들은 '도래인'이라 부른다. 이렇게 전파된 문화는 일본 고대 문화의 형성에 많은 영향을 주었다. 예컨대 이들은 새로운 야금술과 직제술, 각종 농기구와 도기 등이 전해졌다.

2) 삼국 문화의 일본 전파

삼국 중에서는 일본과 가까웠던 백제가 문화 전파에 크게 기여하였다. 4세기에 일본의 태자에게 한자를 가르쳤고, 뒤이어 일본에 건너간 왕인 박사는 『천자문』과 『논어』를 전하였다. 특히, 6세기 성왕 때의 노리사치계는 일본에 불교를 전했다.

백제 위덕왕의 아들인 아좌태자는 쇼토쿠 태자의 스승이 되었는데, 그가 그렸다고 전하는 쇼토쿠 태자의 초상화가 호류사에 남아 있었으나 불에 타 없어졌다. 5경 박사, 화가나 기술자들이 일본으로

건너가 일본 문화의 발전에 기여하였다. 일본의 고류사 미륵보살 반가사유상과 호류사 백제관음상이
이를 증명한다. 게다가 채약사와 의박사 등을 파견하여 일본 의학 발전에 기여하였다.

7세기 초에 고구려의 담징은 종이와 먹의 제조 방법을 일본에 전하였다.

610년 담징은 호류사의 금당 벽화를 그렸다고 전해지며, 다카마스 고분 벽화의 여인들 복장은 고구려
수산리의 복식과 매우 흡사하다.

한편, 신라는 일본과 문화 교류는 적었지만, 배 만드는 기술과 제방 쌓는 기술을 전해 주었다. 신라
의 칼은 일본에서 큰 인기를 끌었다.

이처럼 삼국의 문화는 6세기경의 야마토 조정의 성립과 7세기경에 나라 지방에서 발전한 아스카 문
화의 형성에 많은 영향을 미쳤다. 또 가야 토기는 일본 토기에 영향을 미쳤다. 가야 토기와 스에키 토기
는 그 모양이 매우 유사하다. 가야 금동관과 일본의 은동관 역시 모양이 유사하다.

왕인 박사 유적지 왕인 동상(전남 영암) 왕인이 출생했다는 곳에 만든 유적지이다. 왕인은 백제 구수왕 때 일본 왕의 초빙을 받아 『논어』 10권과
『천자문』 1권을 가지고 일본에 건너가 일본 태자의 사부가 됐다. 일본 사람들에게 학문을 가르쳤을 뿐아니라 데리고 간 기술자를 통해 여러 가지
기술도 전했다고 한다. 일본 기록인 『고사기』와 『일본서기』에도 왕인을 문화 발전에 기여한 성인으로 추앙하고 있다.

삼국 문화의 일본 전파

백두산

국내성

고구려

평양성

황해

한성

동해

불교 · 회화 · 종이 · 붓

웅진
사비

신라

금성

백제

가야

김해

조선술 · 축제술

쓰루가

유학 · 불교 · 회화 · 천문 · 역법

오카야마

나라

토기 제작 기술

하카타

탐라

다카마스 고분벽화 여인도 (일본 나라)　　　　　　　　　**고구려 수산리 고분 벽화 여인도 (남포직할시)**

다카마스 고분 벽화가 고구려 것이라는 것을 보여주는 부분은 여러 가지인데, 우선 치마의 상의가 밑에서부터 흘러 내려오고 있는 점이다. 당시 중국 당나라 여성의 치마는 옷의 위쪽에서부터 입고 있었지만, 한국의 귀부인은 다카마쓰 고분의 벽화에서처럼 치마의 위쪽에다 웃옷을 내미는 스타일이었다. 즉 저고리, 치마, 그리고 치마를 입은 스타일 모두 고구려 시대의 복장이다. 또한 머리를 보면 앞쪽에서 추켜올려서 뒤쪽에서 묶었는데 이것도 고구려 풍속과 같다.

장득진 외, 『참 한국사 이야기』 권1, 주류성, 2018, 117쪽, 전재

호류지 금당 벽화(일본 나라) 고구려의 담징이 일본의 호류지에 그렸다고 전해 지고 있는 벽화이다.

스에키 토기 5세기 일본의 고분에서 출토되는 회색의 경질 토기로 가야 토기의 영향을 받았다.

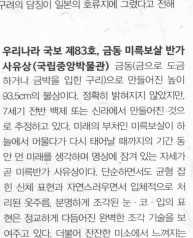

우리나라 국보 제83호, 금동 미륵보살 반가 사유상(국립중앙박물관) 금동(금으로 도금 하거나 금박을 입힌 구리)으로 만들어진 높이 93.5cm의 불상이다. 정확히 밝혀지지 않았지만, 7세기 전반 백제 또는 신라에서 만들어진 것으로 추정하고 있다. 미래의 부처인 미륵보살이 하늘에서 머물다가 다시 태어날 때까지의 기간 동안 먼 미래를 생각하며 명상에 잠겨 있는 자세가 곧 미륵반가 사유상이다. 단순하면서도 균형 잡힌 신체 표현과 자연스러우면서 입체적으로 처리된 옷주름, 분명하게 조각된 눈·코·입의 표현은 정교하게 다듬어진 완벽한 조각 기술을 보여주고 있다. 더불어 잔잔한 미소에서 느껴지는 반가상의 자비로움이 있다.

일본 국보 1호 고류지 목조 미륵보살 반가상(일본 교토) 일본 목조 미륵보살 반가상은 불상 자체의 높이가 약 125cm로, 일본의 옛 수도인 교토의 고류지(광륭 사)에 있다. 관을 쓰고 있기 때문에 보관미륵이라고 호칭하기도 하고, 처음 만들어 졌을 때는 금박을 입혔던 것으로 보인다. 목조 작품인데, 한반도의 경상북도 봉화 에서만 자라는 춘양목이라는 적송을 깎아 만든 것으로 신라나 백제에서 만들어 일본 조정에 선물해 주었던 것으로 보는 견해가 유력하다. 우리의 고대 문화가 일본에 전파되었음을 입증하는 유물이라고 할 수 있다.

4 통일신라의 문화와 사상

1) 통일신라의 문화

(1) 외래문화의 수용

삼국을 통일한 신라는 당시 동아시아 문화의 중심지였던 당과 활발히 교류하면서 선진 문물을 수용하였다. 당의 수도인 장안에 몰려든 외교 사절이나 상인 등을 통해 서역의 문화나 유적이 자연스럽게 흘러들어 왔다. 통일신라 넝쿨 무늬(당초문), 보상화 무늬, 포도 무늬 등은 이 지역의 유적을 알려 주는 것이다. 뿐만 아니라 일본과도 교류하여 정창원 소장품 중에는 숟가락이나 가위 등 신라에서 만든 공예품들이 많이 남아있다.

괘릉 무인상은 곱슬곱슬하고 짧은 수염, 크고 동그란 눈, 특히 머리에는 요즈음도 서아시아 인들이 쓰고 다니는 터번을 두르고 있다. 이 무인상은 당시 신라에 살았던 서역인을 모델로 하였을 것이다. 또한 용강동 출토 문관상은 머리에 복두를 쓰고 손에는 홀을 들었다. 얼굴에는 덥수룩한 수염과 심목고비 등은 서아시아인의 특징이다.

경주 계림로 보검(경북 경주)　　괘릉 무인상(경북 경주)　　경주 용강동 돌방무덤 출토 문관상　　인형 토용

(2) 왕경과 안압지

통일신라의 정치 · 사회적 안정은 문화의 융성을 가져왔다. 백제 · 고구려 문화의 발전적 흡수, 발전된 당나라 문화의 수용, 귀족들의 경제적 기반 확대 등으로 문화 번영을 구가할 수 있었다. 지방 행정 조직의 개편으로 중앙의 귀족 문화가 지방으로 확산될 수 있었고, 이는 5소경을 중심으로 발전하였다. 영토 확장으로 왕경 내에서는 종전의 월성 이외에 이에 적합한 궁궐이나 별궁을 짓기 시작하였다. 경주 분지 내에 있는 왕경은 격자형 가로망으로 질서 정연하게 구획되었다.

왕경 유적 중 안압지와 동궐인 임해전지가 대표적이다. 안압지는 삼국 통일을 전후로 조성하기 시작하여 674년(문무왕 14년)에 완성하였다. 통일신라 시대에는 월지라 불렸다. 여기에서는 많은 생활 용구들과 금동 불상을 비롯한 금동 제품과 목조 건물의 부재 및 장신구 · 주사위 · 목선 · 목간 등이 출토되었다. 임해전지는 왕궁의 별궁터로 군신들의 연회 또는 회의장소 및 귀빈 접대장소로 이용되었다.

(3) 사찰과 범종

신라 불교는 통일 과정에서 호국 불교의 성격을 띠면서 신라인들의 사상적 기반이 되었다. 이러한 연유로 통일 이후 사찰 건립이 성행하였다. 경주의 사천왕사, 망덕사, 감은사 등 많은 사찰이 건립되었는데, 이 중 사천왕사는 불법의 힘으로 나라를 지키려는 문무왕의 염원이 담긴 호국불교 사찰이었다.

이렇듯 불교가 국가적으로 장려되고 여러 종파로 분화되면서 건축에 새로운 변화가 생겼다. 이 시기의 대표적인 사찰은 토함산 자락의 불국사와 석굴암으로 잘 알려진 석불사이다. 불국사는 처음 535년(법흥왕 22년) 만들어졌으며 751년(경덕왕 10년)부터 다시 짓기 시작하여 혜공왕대에 완공되었다. 현재 목조 건축들은 당시 것이 아니고, 임진왜란 후 대웅전 · 극락전 · 자하문 등이 중건된 것이다. 또 청운교 · 백운교 · 연화교 · 칠보교 등의 석조물과 대웅전 일곽 내의 불국사 삼층석탑 · 다보탑 그리고 비로전 앞의 부도 등은 당시의 것이다.

경주 안압지 (경북 경주)

경주 사천왕사지 (경북 경주)

석굴암은 한국의 대표적인 석굴 사찰이
다. 신라인들의 신앙과 염원, 뛰어난 건축
미, 성숙한 조각기법 등을 보여주는 역사
유적으로 김대성이 발원하여 경덕왕 10년
(751년)에 조성을 시작하였다. 하지만 그
가 죽은 혜공왕 10년(774년)에도 조성사
업이 끝나지 않아 나라에서 완성시켰다.

석굴암은 불국사 위편인 토함산 중턱에
화강암을 이용하여 인위적으로 만든 석굴
이다. 내부 공간에는 본존불인 석가여래
불상을 중심으로 그 주위 벽면에 보살상

석굴암(경북 경주) 복원 모형

및 제자상과 역사상, 천왕상 등 총 40구의 불상을 조각했으나 지금은 38구만이 남아있다. 석굴암 석
굴은 신라 불교예술의 전성기에 이룩된 최고 걸작으로 건축, 수리, 기하학, 종교, 예술 등이 유기적으
로 결합되어 있다.

통일신라의 대표적인 범종은 상원사 동종과 성덕대왕 신종이다. 오대산 상원사 범종은 국내에 현존
하고 있는 범종 가운데 가장 오래된 종으로 우리나라 범종의 뚜렷한 특징을 나타내고 있다. 범종의 꼭
대기에는 용뉴와 용통이 있는데 제작수법이나 양식이 성덕대왕 신종과 더불어 가장 대표적이고 화려
하다. 소리의 울림을 도와주는 음통은 우리나라 동종에서만 찾아볼 수 있는 독특한 구조이다.

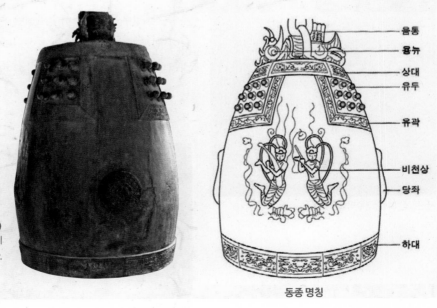

상원사 동종(강원 평창)
현존하는 종들 중에
가장 오래되었다.

음통
용뉴
상대
유두

유곽

비천상
당좌

하대

동종 명칭

성덕대왕 신종은 현존하는 가장 큰 종으로 18.9톤에 이른다. 경덕왕이 아버지인 성덕왕의 공덕을 널리 알리기 위해 종을 만들려 했으나 뜻을 이루지 못하고, 그 뒤를 이어 혜공왕이 771년에 완성하여 성덕대왕 신종이라고 불렀다. 이 종은 처음에 봉덕사에 달았다고 해서 '봉덕사종'이라고도 하며, 아기를 시주하여 넣었다는 전설로 아기의 울음소리를 본 따 '에밀레종'이라고도 부른다. 화려한 문양과 조각수법은 시대를 대표할 만하며 1,000여 자의 명문은 문장뿐 아니라 새긴 수법도 뛰어나다.

(4) 불상과 조각

통일신라 불상은 토착적인 불교 조각의 전통 위에 병합된 고구려와 백제의 요소도 같이 수용되었다. 이어 통일을 전후하여 빈번해진 당과의 사신 교류나 승려들의 중국 유학 또는 서역과 인도까지 이어지는 구법승들의 여행으로 새로운 불교 경전이 전래되었다.

군위에 있는 석굴 속에 모셔진 삼존석불은 암벽 위로 약 6m되는 곳에 굴을 파고 다른 지역에서 가져온 화강석으로 석조불 좌상 3구를 조각하였다. 사천왕사지서 나온 녹색 연유를 입힌 사천왕상은 여러 개의 파편으로만 남아 있는데 각기 활과 화살 그리고 창을 들고 두 다리를 내려뜨려 악귀를 밟고 있는 형상이다. 갑옷이나 다리 근육의 사실적인 표현이나 고통스러워 보이는 악귀의 얼굴 표정이 이채롭다.

성덕대왕 신종(국립경주박물관) 할아버지 성덕왕을 기리기 위해 혜공왕대 완성했다는 성덕대왕 신종은 에밀레종이라고도 불린다.

사천왕상 복원(경주박물관)

군위 삼존석불(경북 군위)

신라 문화의 보고, 경주 남산

경주 남산을 부처님의 땅으로 여긴 신라인들이 천년을 두고 다듬었으니, 남산 자체가 그대로 신라의 절이며 신앙인 셈이다. 남산의 40여 개의 계곡 중에서 유적이 없는 계곡이 거의 없다. 그러므로 남산에 문화재가 있는 것이 아니라 남산 그 자체가 문화재라는 표현이 옳을 것이다. 남산은 일찍이 선사시대 유적에서부터 신라 건국설화에 나타나는 나정, 왕릉을 비롯한 고분유적, 절터, 탑, 불상 등 여러 가지 불교 유적들이 밀집되어 있다. '남산에 오르지 않고서는 경주를 보았다고 말할 수 없을 것이다.'라고 할 만큼 남산은 문화의 보고이다.

용장사곡 석조여래좌상 (경북 경주)

남산 석불좌상 (경북 경주)

칠불암 마애불상군 (경북 경주)

불국사 다보탑(경북 경주) 1925년경에 일본인들이 탑을 해체, 보수하였는데 기록이 남아있지 않다. 또한 탑 속에 두었을 사리와 사리장치, 그 밖의 유물들이 이 과정에서 모두 사라져버려 그 행방을 알 수 없게 되었다. 기단의 돌계단 위에 놓여있던 4마리의 돌사자 가운데 3마리가 일제에 의해 약탈되어, 현재는 1마리의 돌사자만 남아있다.

(5) 석탑과 전탑

통일 후 석탑의 시원은 신문왕 때 호국사찰로 지은 감은사에 세운 감은사지 삼층 석탑이다. 이후 석탑은 석가탑이라고도 부르는 불국사 삼층 석탑에 계승되었다. 불국사 3층 석탑은 기단이나 탑신에 아무런 조각이 없어 간결해 보이며 각 부의 비례가 균형이 잡혀 안정된 느낌을 주는 신라 석탑의 표본이다. 석가탑은 한국형 석탑의 원형이 되어 그 후 대부분의 석탑은 이 탑을 모방하게 되었다. 1966년 탑신 중앙부 사리공에서 나온 무구정광대다라니경은 8세기 초엽 목판으로 인쇄된 다라니경문으로 세계에서 가장 오래된 목판 인쇄물임이 밝혀졌다.

또한 신라 하대 대표적인 석탑으로는 진전사지 삼층 석탑을 들 수 있다. 전체적인 균형이 잡혀있으면서 옥개석(지붕돌)의 치켜 올림이 경쾌하며 기단에 새겨진 아름다운 조각과 몸돌의 팔부신중, 천인상 등은 가치를 더해주고 있다.

8세기 중엽 이후 전형적 양식 외에 특수양식의 발생을 보게 된 것이며 가장 좋은 예가 불국사 다보탑과 화엄사 사사자 3층 석탑이다. 다보탑은 불국사 대웅전 앞 서쪽의 석가탑 맞은편에 자리 잡고 있다. 층수를 헤아리기가

감은사지 삼층 석탑(경북 경주)

불국사 삼층석탑(삼층 석탑)
(경북 경주)

진전사지 삼층 석탑(강원 양양)

신세동 칠층 전탑(경북 안동)

어렵지만 '십(十)'자 모양 평면 기단에는 사방에 돌계단을 마련하고, 8각형의 탑신과 그 주위로는 네모난 난간을 돌린 일반형이 아닌 특이한 형태를 한 석탑이다. 화엄사 사사자 3층 석탑은 다른 탑과 구별되는 매우 독특한 구조를 가지고 있고 위치도 절의 중심이 아닌 외곽에 세워져 있다. 탑의 앞에는 한 인물이 화사석을 이고 있는 공양석 등이 있다.

석탑과 아울러 벽돌로 만든 전탑도 유행하였다. 대표적으로 안동 신세동 7층 전탑이 있다. 한국의 전탑은 순수하게 벽돌만을 사용한 중국의 전탑에 비하여 일부에 화강암 석재를 사용한 점이 다르다. 탑신부에 감실을 개설함에 있어 그 주변과 감실 자체에 화강암을 사용하고 있다.

(6) 승탑(부도)과 석등

승탑은 고승의 묘탑을 의미한다. 대표적인 승탑으로는 염거화상탑이 있는데 평면이 기단부부터 전체가 8각이어서 전형

염거화상 승탑(국립중앙박물관)　　연곡사 동승탑(전남 구례)

낭혜화상 백월보광탑비(충남 보령)　　쌍계사 진감선사 대공탑비(경남 하동)

부석사 무량수전 석등(경북 영주)　　실상사(전북 남원)

적인 8각 원당형이다. 이 탑은 해체 과정에서 금동으로 만든 탑지가 발견되어 이 승탑이 844년(문성왕 6년) 도의 선사의 제자이며 가지산문의 제2선사인 염거화상으로 밝혀졌다.

승탑비는 대부분 9세기 이후 신라 하대와 고려 시대 초기의 것들이 많다. 신라 시대에 건조된 대표적인 승탑비는 보령 성주사지 낭혜화상 백월보광탑비와 하동 쌍계사 진감선사 대공탑비 등이다. 이 두 승탑비의 건조 연대는 똑같이 9세기말에 가깝다.

석등이란 일반적으로 등불을 장치하기 위해 돌로 만든 등기구이다. 석등의 기본 형태는 8각이었으나 통일신라 시대에 이르면서 이러한 평면이 굳혀져서 하나의 전형을 이루게 되었는데 그 예로 부석사 무량수전 앞에 있는 석등을 들 수 있다.

한편, 통일신라 시대에 호남 지방에서 유행했던 것으로 추측되는 특수한 형식으로 고복형(鼓腹形) 석등이라 불리는 형태가 있다. 이 고복형 석등은 각 부재가 8각을 위주로 한 점에서는 일반적인 전형 양식의 석등과 다를 바가 없으나 간주석이 8각이 아니고 원형의 평면이며 중앙에 굵은 마디를 두어 마치 장고 모양이다. 이러한 예로는 화엄사 각황전 앞 석등, 실상사 석등 등이 있다.

(7) 고분과 첨성대

통일신라의 고분은 경주를 중심으로 분포하는데 왕릉의 주인공이 알려져 있는 것은 무열왕릉·신문왕릉·흥덕왕릉·선덕왕릉 등이다. 왕릉의 내부 구조는 확실하지 않으나 당시 유행하던 석실분으로 추정된다. 무덤에는 둘레석에 12지신이나 무덤 주위에 사자·상석 및 문무인석을 배치하였다. 이러한 묘제는 조선 시대의 왕릉에 이르기까지 계속되어 온 한국식 왕릉 형식의 시작이라는 점에 중요한 의미가 있다.

한편, 경주에는 김유신 장군 묘가 있다. 여러 호석과 난간석, 십이지신상이 호화롭게 치장되어 있어 다른 왕릉과 비교해도 손색이 없다.

통일신라 시대에는 천문학이 발달하여 첨성대를 세워 천체를 관측하기도 하였다. 높이 9.17m로, 기록에 의하면 "사람이 가운데로 해서 올라가게 되어있다"라고 하였는데, 바깥쪽에 사다리를 놓고 창을 통해 안으로 들어간 후 사다리를 이용해 꼭대기까지 올라가 하늘을 관찰했던 것으로 보인다.

첨성대(경북 경주)

천문학은 하늘의 움직임에 따라 농사시기를 결정할 수 있다는 점에서 농업과 깊은 관계가 있으며, 관측 결과에 따라 국가의 길흉을 점치던 점성술이 고대 국가에서 중요시되었던 점으로 미루어 보면 정치와도 관련이 깊음을 알 수 있다.

(8) 기와 · 벽돌과 토기

통일신라 시대의 기와는 신라 전통을 바탕으로 고구려, 백제 및 당나라의 영향을 받아 다양한 양식으로 만들어졌다. 삼국 통일 후 궁궐이나 사찰 등의 건립을 위한 토목 공사가 활발히 진행되었고 이에 따라 많은 기와와 벽돌이 사용되었다. 특히, 기와를 치장하기 위해 암막새, 수막새, 서까래, 치미 등의 화려한 장식들이 추가되었다. 그리하여 기와에는 짐승 얼굴 무늬가 만들어졌으며 기존의 연꽃무늬 이외에 보상화 무늬, 넝쿨 무늬(당초문), 봉황 · 사자 · 기린 등의 무늬, 불교의 가릉빈가 무늬와 비천상 무늬 등도 제작되었다.

벽돌의 경우도 종전에는 무늬가 없는 것이 대부분이었는데, 보상화 무늬가 있는 벽돌이 유행하였고, 연꽃 무늬나 사냥하는 모습 등을 담은 벽돌도 제작되었다. 이와 아울러 불탑이나 불상, 사천왕상 등이 조각된 벽돌도 제작되었고, 이들은 탑의 재료로도 사용되었다.

토기는 신라 고유의 문화와 외래의 당나라 문물이 합쳐지면서 고유한 부분과 새로운 부분이 교차하고 있었다. 특징은 다리에 아주 작은 구멍을 가진 뚜껑 없는 굽다리 접시가 등장하고, 인화문(印花文, 도장문) 토기가 성행하였으며, 유약을 사용한 토기도 나타난다.

(9) 회화와 서예

통일신라의 회화는 『대방광불화엄경변상도』를 통해 짐작할 수 있다.

서예는 고신라 시대의 문화를 바탕으로 고구려와 백제의 문화를 흡수하고 나아가 당나라의 문화를 가미하여 국제적 미술양식을 이룩했다. 당나라에 유행했던 서풍이 유입되어 기존의 서예에 자극을 주었다. 삼국 통일기에는 양국 사이의 교섭이 빈번해짐에 따라 구양순 등의 글씨가 유입되었다.

2) 통일신라의 사상

(1) 불교

통일신라는 불교를 중심으로 문화가 크게 꽃피었다. 고구려와 백제 불교를 흡수, 통합하고 중국과의 교류를 더하여 신라 불교계는 다양하고 폭넓은 불교 사상을 정립할 수 있는 기반을 닦았다. 통일신라 승려는 처음 진골 출신이 대부분이었으나 후에 6, 5두품 출신의 승려가 나오기 시작하였다. 원광, 자장, 의상 등은 진골 출신으로 수 · 당나라에 구법(求法) 유학을 다녀와서 왕권과 밀접한 관계를 가졌다.

원효(범어사)

이에 반해 원효는 6두품 출신으로 불교를 대중화하는 데 힘을 기울였다. 그는 불교 대중화를 위해 모든 인간은 곧 한마음을 가지고 있으며 누구나 부처님의 가르침에 의해 성불할 수 있다는 점에서 만인이 평등하다는 '일심 사상'을 강조하였다.

이어 불교를 하나의 진리로 종합 정리하여 자기 분열이 없는 입장에서 불교의 사상 체계를 정립하였는데, 이러한 조화 사상을 화쟁(和諍) 사상이라고 한다. 화쟁 사상은 일반 민중을 중심으로 모든 인간은 평등하다는 기본 원칙에서 출발한다. 곧 선인뿐만 아니라 악인도 성불할 수 있다는 주장은 당시 고통 받던 민중에게 크게 환영을 받았다.

원효는 '나무아미타불'의 염불만 해도 극락왕생을 할 수 있다고 가르쳤던 것이다. 이 신앙은 불교 대중화를 위한 최고의 수단이었다. 그는 또한 부처와 중생에 대해 "무릇 중생의 마음은 원융하여 걸림이 없는 것이니, 태연하기가 허공과 같고 잠잠하기가 오히려 바다와 같으므로 평등하여 차별상이 없다."라고 하는 무애 사상을 가지고 있었다.

의상(영주 부석사 조사당)

원효와 함께 불교 대중화를 이룬 인물은 의상이었다. 진골 출신이었던 그는 자신의 신분에 안주하지 않고 불교 활동에서 신분차를 인정하지 않았다. 의상은 중국 화엄종의 제2조인 지엄에게 화엄학을 배웠고, 신분과 관계없이 10대 제자를 중심으로 교단을 통해 불교 대중화를 이루었다. 그는 『화엄일승법계도』를 통해 화엄 일승의 연기법을 밝히는 동시에 이론의 실천을 강조하였다.

무엇보다 의상은 관음 신앙과 미타 신앙을 화엄 교단의 중심 신앙으로 전개하여 신라 중대 사회의 안정에 기여하였다. 또 의상은 부석사를 중심으로 아미타 신앙을, 양양 낙산사를 중심으로 관음 신앙을 전파하였는데 이는 모두 대중을 위한 포교의 일환이었다. 이후 의상의 화엄학은 진정·표훈·지통 등으로 이어졌다.

원효(617년~686년)

648년(진덕여왕 2) 황룡사에서 승려가 된 후 독자적으로 수도에 정진하여 정토 신앙을 전파하여 불교 대중화에 힘을 썼다. 34세 때 의상과 함께 당나라로 가다 고구려군에게 잡혀 귀환하였다. 10년 뒤 다시 의상과 함께 당나라로 들어가려 하였으나 돌아왔다. 태종무열왕의 둘째딸인 요석 공주와의 사이에서 설총을 낳았다. 그는 당에서 들여온 『금강삼매경』을 강론하여 명성을 떨쳤으며, 참선과 저술로 일생을 보냈다. 그는 200여 권의 저술을 통해서 교파간의 갈등과 차이와 '공과 유의 대립'을 극복하는 화합을 강조하였다.

불교의 종파는 부처의 설법이 '모든 것은 빈 것과 같이 허망하다'라는 것을 바탕으로 발달한 화엄종이 있었다. 이에 비해 '모든 것은 인식에 달려있다' 라는 유식 사상을 토대로 발달한 종파가 법상종이었다. 법상종은 당나라 승려 현장의 제자였던 신라의 구법승 원측에 의해 연구되었다.

통일신라 불교계에는 미타 신앙·관음 신앙·미륵 신앙·지장 신앙 등도 크게 번창하였으며, 불교의 평등·자비 사상은 기층민의 지위를 향상시켜 주었다. 이로서 불교 신앙은 불국토 내의 정신적 일체감 조성에 기여하였다.

(2) 사상계의 변화

신라 말에는 사회가 변화하면서 사상도 바뀌어 불교의 새로운 종파인 선종이 크게 발전하였다. 종전에 유행하였던 교종은 경전과 교리를 중시하여 왕실과 귀족들의 후원을 받으며 발전한 데 비하여, 선종은 교리보다는 각 개인의 마음속에 있는 불성을 깨닫는 것이 중요하다고 하며 정신 수양을 통한 해탈을 강조하였다. 곧 인간은 타고난 본성 그 자체가 불성임을 알면 불교의 도리를 깨우친다는 것이었다.

선종은 처음 7세기 선덕여왕 때 법랑이란 승려가 전했으나 실패하였고, 9세기 초인 헌덕왕 때 도의가 전라남도 장흥의 보림사에 가지산파를 개창하면서 널리 퍼지기 시작하였다. 이어 홍척(남원)의 실상사 등 9산으로 확대되었다. 선종의 유행으로 고승의 묘탑인 승탑의 건립도 활발해졌다.

선종이 신라 하대에 유행한 것은 지방 호족들에게 환영을 받았기 때문이다. 그리하여 선종 9산은 대부분 호족들과 밀접한 관계를 가지고 있었다.

선종의 개인주의 경향인 '나도 깨달음에 이르면 곧 부처이다'라는 말은 중앙 집권 체제에 반항하여 일어난 '나도 한 세력을 이루면 왕'이라는 호족들에게 사상적 근거를 제공하였기 때문이다.

한편, 이 시기에는 삼국 시대에 도입된 풍수 사상이 활발해져 도선에 의하여 풍수지리설이 널리 보급되었고, 일부 유학자들도 선종과 풍수지리설에 관심을 보였다. 풍수지리설은 산세나 지세 등을 판단하여 이것을 인간의 길흉화복에 연결시키는 이론으로 풍수의 자연 현상과 그 변화가 인간 생활과 밀접한 관계가 있다는 것이다. 삼국 시대에 도입된 풍수 사상은 신라 말기부터 활발해져 고려 시대에 널리 보급되었다.

신라 말에는 선종, 유학, 풍수지리설이 서로 결합되어 새로운 사회를 건설하는 데 영향을 주었다. 이러한 사상계의 변화는 중앙의 6두품 세력과 지방의 호족 세력에 의하여 주도되었다.

의상(625년-702년)

화엄종의 개조(開祖)이자 화엄십찰의 건립자로 644년 황복사에서 승려가 된 후 661년 당나라로 건너가 지엄의 문하에서 화엄종을 배우고 귀국, 해동 화엄학의 창시자가 되었다. 문무왕 16년 왕의 명령으로 부석사를 세우는 등 전국에 10개 화엄종 사찰을 건립하였다. 해인사, 범어사, 화엄사 등이 이에 속한다.

5 발해의 문화

발해의 중앙 문화는 고구려의 문화를 근간으로 하고 당나라의 문화를 수용, 가미하는 형태를 띠었다. 여기에다 말갈의 토착 문화가 지방 사회를 중심으로 강하게 남아있었다. 그 중에서도 발해는 당나라와 가장 활발하게 교섭하였다. 중국과의 빈번한 교류는 정치적 목적이나, 교역과 같은 경제적 목적도 있었지만 커다란 비중을 차지하고 있었던 것이 선진 문화의 수용이었다. 여기에는 당나라 현지에 머물렀던 유학생·왕족 등이 주로 역할을 하였을 것이다. 발해의 최고 교육기관으로는 주자감이 있어 유학와 한문학을 가르쳤고, 많은 유학생들이 당에 유학하여 과거인 빈공과에 합격하기도 하였다.

발해의 문학으로는 당시 유행하던 4·6 변려체로 지어진 정효공주 묘비문에서 알 수 있는데, 이를 통해 발해의 한문학의 수준을 가늠할 수 있다. 또 일본으로 간 발해 사신인 양태사가 남긴 '밤에 다듬이질 소리를 듣고' 라는 시가 전해지고 있다.

발해는 불교가 지배층을 중심으로 유행하였다. 고구려에서 계승된 것으로 곳곳에서 불상과 불교식 벽돌이 나오고 있다. 동경성 부근에서는 부처 둘이 앉아있는 모습을 한 고구려 계통의 이불병좌상이 집중적으로 출토되었으며 상경성 2호 절터에는 현무암으로 만든 높이 6m의 하대석, 간주, 화사석, 옥개석, 상륜이 제대로 갖추어져 있는 거대한 석등이 있다.

또한 지린성에 있는 5층의 벽돌탑으로 높이는 13m 정도의 영광탑이 있다. 이 탑은 중국 동북 지역에서 현존하는 탑 가운데 연대가 가장 오래 되었고, 동북 지역에서 보기 드문 누각식 탑이라는 점이 특징이다.

이불병좌상 (일본 동경국립박물관)
중국 지린성 훈춘현에서 출토된 발해의 불상으로 높이가 29cm이며, 현재 남아있는 발해 이불병좌상 중에서 그 형태가 가장 완전하다. 날카로운 광배와 양감 있는 연꽃의 표현 등 여러 면에서 고구려 불상 조각의 전통을 가장 잘 계승한 유물이다. 제작 시기는 발해의 건국 초기, 즉 700년 전후로 여겨지고 있다.

양태사의 밤에 다듬이질 소리를 듣고

서리 찬 하늘 달은 빛나고, 은하수 밝은 밤 / 나그네 고향 갈 생각에 감회가 새롭구나
깊은 수심에 젖어, 기나긴 밤 앉아 있기 지루한데 / 홀연히 여인의 다듬이질 소리 들려온다
끊어졌다 이어지며, 바람따라 들려오네 / 밤 깊고 별 지도록 그치지 않는구나
고국 떠난 뒤, 들어보지 못했는데 / 오늘 타향에서 듣는 소리, 고향 소리와 같구나

「경국집」

또 당나라의 건축 기법과 유사한 면을 보여, 당 시기에 발해와 중국의 관계가 밀접하였음을 알려준다.

발해의 토기는 모양이나 제작 기법에 따라 고구려계와 말갈계로 나뉘어지는데, 고구려 계통의 토기는 물레를 사용하고 높은 온도에서 굽는 단단한 것이었다. 물론 귀족들은 유약을 바른 도자기나 삼채 도기 등을 사용하기도 하였다.

또 고구려 양식의 수막새 기와도 비슷하다. 숫기와로는 막새기와(瓦當)가 대표적인데 수막새의 문양으로는 연꽃잎 무늬가 주종을 이룬다는 점에서 고구려 계승성을 강하게 나타내고 있다. 그렇지만 세부적인 면에서는 고구려 막새기와에서 보이지 않는 문양들도 나타나고 있다. 뿐만 아니라 발해 집터에서 온돌을 사용한 흔적이 보인다. 온돌은 고구려의 영향을 받은 것이다.

발해의 그림으로는 정효공주 무덤의 그림이 있어 이를 통해 당시의 생활을 엿볼 수 있다. 발해는 불상과 자기의 제작 기술이 뛰어나 당에 수출하기도 하였다고 한다.

발해의 수도가 당나라 수도인 장안성을 본 딴 구조라는 것은 발해와 당나라 문화와의 관계를 알려주는 또 하나의 증거이다. 이처럼 발해는 이중적인 사회구성을 가지고 있었으므로 매우 국제적이고 융합적인 문화를 지니고 있었다.

중국의 역사 왜곡 : 동북 공정이란 무엇인가?

중국이 자국의 국경 안에서 일어난 모든 역사를 중국 역사로 편입하려는 연구로 동북변강역사여현상계열연구공정(東北邊疆歷史與現狀系列研究工程)를 줄인 말로, '동북 변경 지역의 역사와 현상에 관한 체계적인 연구 과제'를 뜻한다. 이 연구를 통해 중국은 고구려의 역사를 중국역사로 편입하려고 시도하고 있다. 즉, 중국은 한족을 중심으로 56개의 소수민족으로 성립된 국가이며 현재 중국의 국경 안에서 이루어진 모든 역사는 중국의 역사이므로 고구려와 발해의 역사 역시 중국의 역사로 이들을 고대 중국의 지방 민족 정권으로 주장하고 있다. 동북공정의 장기적인 목적은 남북통일 후 국경 및 영토 문제에 대비한 대책으로 여겨진다.

고구려와 발해의 기와

고구려 기와

쪽구들(연해주 체르냐치노) 구들(온돌)은 고구려의 전통난방시설로 발해 문화가 고구려 문화를 계승한 증거이기도 하다.

발해 기와

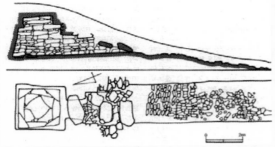

정혜 공주 묘(중국 지린) 문왕 둘째 딸 정혜 공주의 무덤이다. 대형의 굴식돌방무덤으로 널방과 널길로 구성되었으며, 기존에는 모줄임 천장으로 봤으나 최근에는 모줄임이 아니라는 견해도 있다.

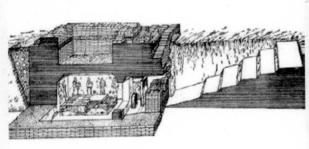

발해(정효 공주 묘)

정효 공주 묘(중국 지린) 문왕의 넷째 딸인 정효 공주의 무덤이다. 757년에 태어나 792년에 묻혔다. 무덤은 크게 무덤 바깥길·안길·널방으로 이루어져 있는데, 벽돌과 돌로 쌓은 지하무덤이다.

발해 석등(중국 헤이룽 장성)

영광탑(중국 지린성)

6 고려의 건국과 통치 체제의 정립

만월대 (북한 개성) 고려시대 궁궐터로 정전과 회경전이 있었다.

1 고려의 건국과 발전

1) 고려의 후삼국 통일

왕건은 해상 무역으로 성장한 호족으로 궁예를 도와 후고구려를 세웠으며, 후백제의 금성(전라도 나주)을 점령하는 등 큰 공을 세워 높은 지위에 올랐다. 궁예는 스스로를 '미륵불'이라 칭하며 전제 왕권을 추구하였는데, 이 과정에서 주변 사람들에 대한 의심과 실정을 거듭하며 점차 민심을 잃어갔다. 이에 홍유, 신숭겸 등 신하들이 궁예를 내쫓고 왕건을 왕으로 추대하였다.

왕건은 송악으로 도읍을 옮기고 나라 이름을 '고려'로 고쳐(918년), 고구려 부흥과 계승의지를 표방하였다. 왕건은 후삼국을 통일하기 위해 화친 정책으로 신라를 회유하는 한편 후백제에 대해서는 적대적인 태도를 취하였다. 930년 왕건은 후백제와의 고창(안동) 전투에서 승리하면서 후삼국 통일의 주도권을 잡았다.

당시 후백제에서는 왕위 계승을 둘러 싼 내분이 일어났다. 신검은 935년 자신의 아버지인 견훤을 금산사에 유폐하였으나, 견훤이 곧 탈출해 고려에 투항하였다. 이어 같은 해 신라의 경순왕도 스스로 고려에 항복하고 나라를 넘겨주었다. 마침내 왕건은 936년 후백제를 멸망시켰다. 아울러 고려는 발해 유민도 동족의식을 가지고 적극적으로 수용하였다. 926년 발해가 멸망한 후 발해의 왕자 대광현을 비롯한 옛 관리, 장군, 학자, 승려 등 상당수의 유민을 받아들여 후삼국 통일에 활용하였다.

2) 태조 왕건의 호족 연합 정책

고려의 후삼국 통일은 지방 호족 세력과의 결합을 통해 가능하였다. 왕건은 정치적, 군사적 힘을 가진 지방 호족들을 포섭하기 위해 유력한 호족 가문과 혼인 관계를 맺고, 왕후 6명, 부인인 비 23명을 맞아들여 연대를 강화하였다(결혼 정책). 결혼 정책 외에도 호족 회유 정책으로 지방의 유력 호족에게 왕씨 성을 하사하여 그들과의 연합을 돈독하게 하였다(사성 정책). 또 역분전(役分田)을 지급하여 후삼국 통일에 공로가 있는 신하들을 치하하였다.

또 태조는 지방 호족의 견제와 지방 통치 보완을 위해 사심관 제도와 기인 제도를 시행하였다. 사심관 제도는

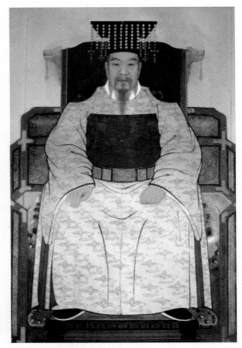

왕건 초상(상상도)

해당 지역 출신인 고위 관료를 그 지역의 사심관으로 삼아 출신 지방 호족을 관리하게 한 제도로, 신라 경순왕이 항복하자 경순왕을 경주의 사심관으로 삼아 향직 등에 관한 사무를 관장하게 한 데서 시작되었다. 기인 제도는 신라 상수리 제도를 본받은 것으로 호족의 자제를 송악으로 불러 인질로 잡아 둠으로써 지방 세력을 견제·회유하는 제도였다. 기인은 중앙 관아의 이속(吏屬)으로 일하면서 자기 고향의 과거 응시자에 대한 신원을 조사하거나 사심관 선발에 자문하기도 하였다.

한편, 태조는 신라 말의 과도한 수취로 궁핍해진 백성들의 생활을 안정시키기 위해 '취민유도(取民有度)'의 이념을 내세워 조세 세율을 1/10로 낮추어 백성들의 지지를 넓혀 나갔다. 또 백성들에게 곡식을 빌려주었다가 추수기에 상환하도록 하는 흑창을 설치하였다. 그리고, 『정계』와 『계백료서』를 지어 관리가 지켜야할 규범을 제시하고, '훈요 10조'를 남겨 후대 왕들이 지켜야할 정책의 방향을 제시하였다.

장득진 외, 『참 한국사 이야기』, 권2, 주류성, 2018, 16쪽, 전재

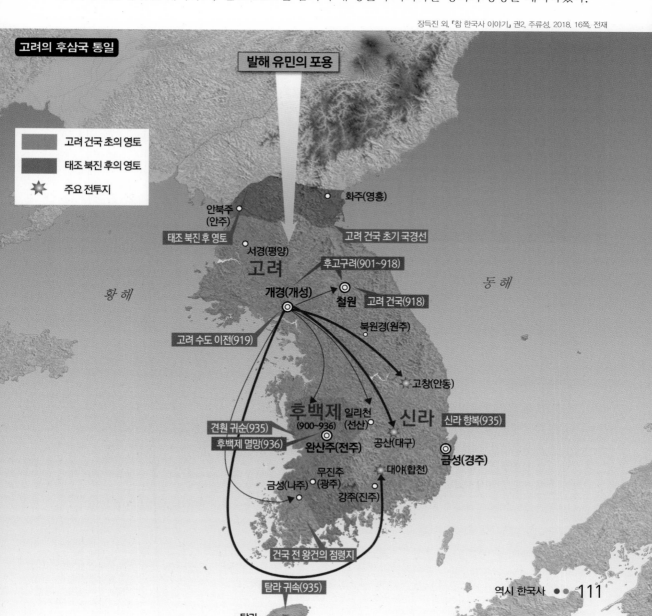

고려는 고구려 계승 의식을 내세우며, 고구려의 옛 땅을 되찾으려는 북진 정책을 추진하였다. 고구려의 수도였던 평양을 '서경'이라 하고 북진 정책의 전진 기지로 적극 개발하였다. 그 결과 청천강에서 영흥만에 이르는 국경선을 확보할 수 있었다.

외왕내제(外王內帝)

외왕내제란 밖으로는 '왕'을 안으로는 '황제'를 칭하는 제도이다. 고려 퇴기 광종은 개경을 황도(皇都)로 높여 부르고, 칭호도 짐, 임금의 명령은 조서, 임금의 호칭은 폐하 등 황제국의 면모를 갖추었다. 또 독자적인 연호를 사용하였다. 그러나 북방의 강대국 요나라 및 송나라와의 외교마찰을 줄이기 위해, 외부적으로는 요, 송, 금 등에 국왕을 칭하기도 하였다. 이렇게 성립된 외왕내제 체제는 오랫동안 유지되었다.

완사천(전남 나주) 왕건이 왕위에 오르기 전 나주에 출전하여 견훤의 군대와 싸울 때 이곳으로와 처녀에게 물 한 그릇을 달라고 하였다. 이에 처녀는 바가지에 버들 잎을 띄워 왕건이 급하게 물을 마시지 못하게 하였다. 이를 계기로 왕건은 그녀를 아내로 맞이하였는데, 나주의 호족 오다련의 딸이었다. 그녀는 장화왕후가 되어 혜종을 낳았다.

태조의 훈요 10조(요약)

1. 우리 국가의 왕업은 부처님의 도움이다. 그러하니 불교를 장려하라.
2. 모든 절은 도선이 도참설에 따라 개창한 것이다. 함부로 짓지 말라.
3. 왕위는 적장자가 계승함이 원칙이나 경우에 따라 신망이 있는 자손에게 물려주라.
4. 거란은 짐승의 나라이므로 본받지 말라.
5. 서경은 수맥의 근본이니 1년에 100일은 머물도록 하라.
6. 연등회와 팔관회를 중시하여 함부로 증감하지 말라.
7. 왕이 된 자는 공평하게 일을 처리하여 민심을 얻도록 하라.
8. 차령산맥 이남은 지세가 나쁘고 인심도 그러하니 등용하지 말라.
9. 제후와 관료들의 녹봉은 공평하게 하라.
10. 옛일을 거울삼아 오늘을 경계하라.

「고려사」 권2, 태조 26년

3) 광종의 왕권 강화 정책

　태조의 뒤를 이어 혜종이 왕위에 오르자 호족과 왕실 사이에 충돌이 발생했다. 태조와 혼인을 맺은 일부 호족들이 혜종의 왕위 계승에 반발한 것이다. 두 딸을 태조의 15, 16비로 들였던 광주(廣州)의 호족 왕규는 혜종을 죽인 뒤 자신의 외손자인 광주원군을 왕으로 옹립하고자 반란을 일으켰다. 왕규의 난은 태조의 아들인 왕요, 왕소와 결탁한 서경의 왕식렴이 개입하면서 실패하고 말았다. 이후 왕위에 불안을 느낀 혜종이 병환으로 죽자 혜종의 이복동생 왕요가 정종으로 즉위하였다. 정종은 호족 세력의 도전을 억제하기 위해 노력하였다. 정종은 서경 세력과 손을 잡고 풍수지리설을 이용하여 서경 천도를 도모하였다. 그러나 아직 호족 세력이 건재한 가운데 독립적인 왕권의 확립은 어려운 과제였다.

　고려 초 왕권이 불안정한 상황에서 정종의 뒤를 이어 그의 동생인 왕소가 광종으로 즉위하였다. 광종은 즉위 초 호족 세력을 무마하면서 왕권 강화를 모색하였다. 우선 독자적인 연호인 광덕(光德)을 사용하여 자주성을 드러내고 대외적으로는 후주에 사신을 보내 중국과의 외교도 활발히 하였다.

　956년(광종 7년) 노비안검법을 실시하여 고려 건국 과정에서 불법으로 노비가 된 사람을 조사하여 다시 양인의 신분을 회복시켜 줌으로써 공신이나 호족의 경제적, 군사적 기반을 약화시키는 한편 양인

황제의 나라 고려　불상의 명문에는 "태평(太平, 송나라 연호인 태평 흥국을 말함) 2년 정축년(경종 2년, 977년) 7월 29일에 옛 석불이 있던 것을 중수하여 지금의 '황제(경종)가 만세토록 사시기를 바랍니다." 라고 쓰여 있다.

하남 교산동 마애 약사여래 좌상(경기 하남) 옆에 태평 2년이라는 연도와 '황제'라는 글자가 새겨져 있다.

을 늘려 국가의 수입 기반을 확대하였다.

또 958년(광종 9년) 후주에서 귀화한 쌍기의 건의를 받아들여 과거 제도를 시행하였다. 혈연과 가문을 중심으로 한 관리 임용 제도를 개선하고, 유학을 익힌 신진 인사를 등용하여 신구 세력의 교체를 통해 새로운 관료 체제를 만들어 왕권을 강화하고자 하였다. 아울러 백관의 공복을 제정하여 왕과 신하의 위계질서를 확립하였다(960년).

이어 국왕의 권위를 과시하기 위해 다시 연호를 준풍(峻豊)으로 제정하고, 개성을 황도(皇都)로, 서경을 서도(西都)라고 부르게 하였다. 이밖에도 국가의 재정을 안정시키고자 주·현 단위로 조세와 공물, 부역을 부과하는 주현공부법(州縣貢賦法)을 실시하였으며, 거란을 견제하기 위해 후주의 뒤를 이은 송과 통교하며 경제적·문화적 교류를 활발히 하였다.

또한 백성들을 위한 구호 및 의료기관으로 제위보를 두어 농민생활의 안정을 꾀하고, 불교를 장려하여 혜거를 국사로, 탄문을 왕사로 삼는 한편, 균여를 등용하여 교단 통합을 추진하는 등 이를 통해 왕권의 강화를 모색하였다. 그 과정에서 불만을 갖는 공신과 호족 세력들이 무자비하게 숙청당하였다. 심지어 아버지인 왕건과 연결된 호족까지도 왕권을 거스르면 모조리 제거하였는데, 광종 사후 옛 신하로 살아남은 자가 40여 명에 불과했다고 한다. 이로써 왕조 성립 초기의 공신과 호족 세력이 크게 약화되고 왕권이 강화될 수 있었다.

4) 성종 대 정치 체제의 정비

광종의 강력한 개혁 정치는 광종 사후 경종이 즉위하자 큰 반동을 가져왔다. 개국공신 계열의 인물들이 다시 등장하고, 광종대 개혁 정치를 추진하였던 관료들은 큰 타격을 입었다. 공신들 역시 정국을 안정시키고자 했으며 국가 질서 체계 안에서 정치를 하고자 하였다.

경종의 뒤를 이어 왕위에 오른 성종은 고려의 국가 체제를 정비한 것으로 잘 알려져 있다. 성종은 즉위 후 중앙의 5품 이상 관리들에게 국가의 폐단을 없애고 국정을 쇄신하기 한 정책을 올리도록 하였다. 최승로는 태조에서 경종까지 5대 왕의 치적을 평가하여 교훈으로 삼아야 한다고 하고, '시무 28조'를 올려 유교를 진흥하고 재정 낭비가 많은 불교 행사를 억제하도록 요구하였다.

성종은 6두품 출신의 최승로를 중용하여 유교를 통치 이념으로 확립하고, 새로운 중앙 행정 조직을 마련하였다. 중서문하성과 중추원 등의 통치기구가 정비되었다. 아울러 지방에 12목을 설치하여 호족 세력을 누르고 중앙의 통치력이 지방까지 파급될 수 있도록 하였으며, 호장·부호장 등의 향리의 직제도 마련하였다.

중앙에서는 교육기관인 국자감을 정비하고, 지방에 경학박사를 파견하여 유학 교육의 진흥에 노력하였다. 아울러 과거 제도를 정비하고 과거 출신자들을 우대하여 유학자들이 적극적으로 정치에 참여할 수 있도록 유도하였다. 한편, 태조 대에 만들어진 흑창을 확대해 의창을 설치하여 백성들을 구제하였다.

이처럼 성종대에는 지방 제도 및 중앙 관제를 정비하였으며 유교를 받아들여 새로운 사회를 이끌기 위한 정치 이념으로 사용하였다. 뿐만 아니라 거란족의 침입 때 서희의 외교 담판으로 거란을 물리쳤고 강동 6주를 얻어 영토를 확장하였다.

2 중앙 정치 체제의 정비

1) 고려 정치기구

고려 건국 이후 성종 이전까지는 태봉의 옛 제도를 답습하여 광평성(廣評省)을 중심으로 한 정치 체제를 유지하였다. 왕명을 받들어 시행하는 내봉성 및 군사기구로 순군부와 병부도 존재하였다. 국초의 정치기구가 고려의 정치 체제로 바뀐 것은 성종 때였다. 성종은 당(唐)의 3성 6부 체제를 수용하여 2성 6부로 개편하고, 송(宋)·태봉·신라의 관제를 도입하여 고려의 실정에 맞게 재편하였다.

중서문하성은 고려 최고의 관서로 당의 중서성과 문하성을 단일기구화 한 것이다. 중서문하성은 상층조직인 재부(宰府)와 하층조직인 낭사(郎舍)로 구성되었다. 재부는 종2품 이상의 재신으로 국가의 모든 정책을 총괄하는 역할을 담당하였으며, 낭사는 3품 이하의 간관(諫官)으로 정책을 건의하고 잘못을 비판하는 직무를 담당하였다.

상서성은 중서문하성에서 결정된 사항을 집행하는 행정 실무 관서로 상서성 이하에 이부·병부·호부·형부·예부·공부의 6부가 있었다. 이부는 문관의 인사와 공훈에 관한 사무 등을, 병부는 무신의 인사와 군사 관련 사무 및 우역(郵驛) 등의 일을 주관하였다. 호부는 호구·공물과 부세 등 재정관련 사무를 담당하였으며, 형부는 법률·소송에 관한 사무를 관장했으며, 예부는 의례·사신 왕래·과거 등의 사무를 보았으며, 공부는 공장(工匠)·건축의 일을 관장하던 기관이었다.

최승로의 시무 28조(일부, 요약)

1조- 서북 변경의 수비 강화

5조- 중국에 대한 사신의 감축

7조- 주요 지역에 대한 외관 파견

10조- 승려들의 객관(客館)·역사(驛舍)에의 유숙 금지

11조- 고려 고유의 풍속 준수

12조- 섬 주민들에 대한 공역(貢役)의 균등화

13조- 연등회·팔관회와 우인(偶人: 사람의 형체처럼 만든 것)의 조성에 따른 백성들의 고충 해결

14조- 군주의 신하 예우

15조- 궁중의 노비와 말(馬)의 수 감소

16조- 사찰(절)의 지나친 설립 비판

18조- 금·은·동·철을 사용한 불상 제작과 사경의 금지

19조- 삼한공신과 세가의 자손들에 대한 관직 제수

20조- 불교를 수신(修身)의 덕목으로 유교를 치국(治國)의 이념으로 삼을 것

21조- 번잡한 제사를 감하고 군왕의 유교적 몸가짐 강조

22조- 양인과 천인의 법 확립을 통한 엄격한 사회 신분 제도 유지

중추원은 송의 영향을 받은 기구로, 중서문하성에 버금가는 기구였다. 중추원도 이중으로 조직되었는데, 상층은 추밀(樞密), 하층은 승선(承宣)이라고 불렸다. 추밀(추신)은 중서문하성의 재신과 함께 재추(宰樞)라 불리며 재상으로써 국정을 총괄하였으며, 특히 군사와 관련된 일을 담당하였다. 승선은 왕명의 출납을 담당하였다.

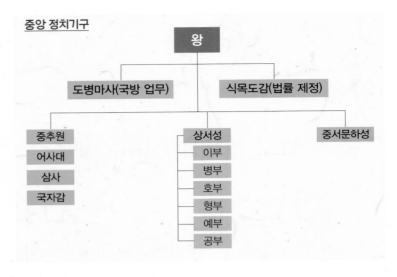

중앙 정치기구

삼사(三司)도 송의 영향을 받은 기구인데, 송에서는 국가 전반의 재정을 장악했던 것과 달리 고려에서는 국가 수입과 세무 및 녹봉을 관리하고 회계 출납을 담당하는 정도였다.

어사대는 언론과 풍속 규찰을 담당하는 관서로 중서문하성의 낭사와 함께 대간(臺諫)으로 불렸다. 대간은 언관으로서 정치의 옳고 그름을 논하고, 관료의 비행이나 탐학을 논죄하며, 군주에 대한 간쟁을 담당하였다. 대간은 비록 직위는 낮았지만, 왕이나 고위 관리의 활동을 지원하거나 제약하여 정치 운영에 견제와 균형을 이루었다.

중앙 정치 조직에서 고려의 독자성을 보여주는 관제는 도병마사와 식목도감이다. 여기에서는 중서문하성의 재신과 중추원의 추밀이 모여 만장일치제를 통해 사안이 결정되었다. 도병마사는 군사 기밀과 국방상 중요한 일을 의논하던 합의 기관으로 국가에 중대한 일이 있을 때마다 임시로 설치해 사안을 논의하였다. 그러나 무신정변 이후 기능이 중지되었다가 충렬왕 때 도평의사사(도당)로 이름을 고쳐 국가의 모든 사안을 합의·시행하는 최고 정무기관으로 상설화 되었다. 한편, 식목도감은 국가의 법제와 격식을 관장하는 기관으로, 해당 관청에서 다루는 격식이나 제도를 전반적으로 총괄하였다.

이밖에도 문한기구로 한림원, 사관(史館) 등의 기구 및 여러 도감(都監)·서(署)·국(局) 등의 하위관서들이 있어 국정 운영 업무를 분담하였다.

2) 지방 행정 조직

고려의 지방 행정 조직은 성종 2년(983년)에 12목을 설치하고 지방관을 파견하면서 중앙집권화의 기초를 다졌다. 이후 현종 9년(1018년)에는 전국을 왕경(王京)인 개경부와 경기 및 5도, 양계(兩界)로 나누고 그 안에 3경과 4도호부, 8목을 비롯하여 56주군, 28진, 20현을 설치함으로써 지방 정비가 일단락되었다.

경기는 개경의 주변 지역으로 개경부가 직접 통치하였다. 지방의 5도는 서해도·교주도·양광도· 전라도·경상도로 이루어졌고, 북방의 특수 구역으로 북계(서계)와 동계가 있었다. 도에는 주·부· 군·현이 설치되었고, 특수 행정 구역으로 향·부곡·소를 두었다. 향과 부곡의 주민들을 농업에 종사 하였으며, 소의 주민은 광업이나 수공업에 종사하였는데, 이들은 일반 군현보다 더 많은 조세를 부담하 였다. 또 5도에는 지방관으로 안찰사가 파견되었다. 안찰사는 중앙에 거주하며 일정 기간 도내의 주현 을 순시하고 외관을 감찰하는 관리였다. 양계에는 병마사를 파견하였으며, 그 아래 방어주와 진(鎭) 등 을 두고 관리를 파견하였다.

고려 시대에는 모든 군현에 지방관을 파견하지 못하였다. 지방관이 파견된 군현을 주현, 파견되지 않은 군현을 속현이라고 하였으며, 주현보다 속현의 수가 더 많았다. 속현과 특수 행정 구역인 향·부 곡·소 등은 주현을 통하여 중앙 정부의 통제를 받고 있었지만, 조세나 공물의 징수와 노역 징발 등 실 제적인 행정 사무는 향리가 담당하였다. 향리는 호장, 부호장 등으로 불리며 고려의 지방 행정 실무 담 당자였으나 신분상으로는 고려 초 호족 세력과 연결되는 존재였다.

한편, 고려는 수도인 개경과 함께 서경(평양), 동경(경주)의 3경을 중시하였다. 그러나 문종때 남경길 지설이 유행하면서 후기로 가면서 동경을 대신하여 남경(서울)이 포함되어 3경으로 중요하게 여겨졌다.

3) 군사 조직

건국 초에는 불안전한 왕권, 집권적 정치 체제의 미확립 등으로 병권이 중앙에 집중되지 못하였다. 중앙의 신하들은 거의 반독립적인 병권을 장악하고 있었으며 지방의 호족도 지방의 군권을 장악하고 있었다. 점차 중앙 집권적 통치 체제가 확립됨에 따라 군사 조직도 정비되었다.

고려의 군사 제도는 중앙군인 2군 6위와 지방의 주현군, 주진군으로 구별할 수 있다. 중앙군인 2군 6위는 왕실과 수도를 지키는 군사이다. 2군은 응양군·용호군으로 국왕의 친위대였고, 6위는 좌우위, 신호위, 흥위위, 금오위, 천우위, 감문위로 전투 및 수도 개경의 치안과 경비를 담당하였다. 2군과 6위 의 지휘관은 상장군과 대장군이었고, 이들 장군의 합좌기구로 중방(重房)이 있었다. 중앙군은 직업군인 으로서 복무의 대가로 군인전을 지급 받았으며, 그 역을 자손에게 세습하였다.

지방군에는 주현군과 주진군이 있었다. 주현군은 5도 및 경기에 배치된 부대로 군적이 없는 일반 농 민인 백정으로 16세 이상의 장정들로 구성되었다. 양계에는 북방 민족의 침입을 대비하기 위해 주진군 이 배치되었다. 주진군의 핵심 부대는 양계에 상주하며 전투 임무를 담당하였으며, 나머지는 농민들로 구성된 예비 부대였다. 주진군에는 토착 농민 외에도 남방에서 국경 방어를 위해 투입한 이주민이나 귀 화한 여진인도 있었다.

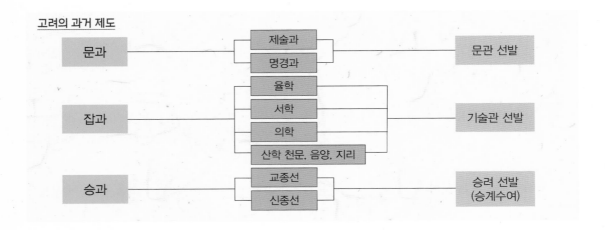

고려의 과거 제도

문과	제술과	문관 선발
	명경과	
잡과	율학	기술관 선발
	서학	
	의학	
	산학 천문, 음양, 지리	
승과	교종선	승려 선발 (승계수여)
	신종선	

4) 관리 등용 제도

(1) 과거제

　고려의 과거 시험은 문과와 잡과, 승과로 나뉘어 있었고, 문과는 다시 제술과와 명경과로 나누어져 있었다. 제술과는 시·부·송·책·논·경학 등 문학적 재능과 정책 등을 시험하고, 명경과는 주역·상서 등 유교 경전에 대한 이해 능력을 시험하였다. 두 시험 모두 문관을 선발하기 위한 것이었지만 명경과보다는 제술과가 더 우대되었다. 잡과는 기술관을 등용하기 위한 시험으로 법률, 회계, 지리 등 실용 기술학을 시험하여 뽑았다. 승과는 승려를 대상으로 교종선·선종선으로 나누어 시험 보았으며 합격한 자에게는 승계(僧階)를 주었다. 교종과 선종계의 최고 품계인 승통·대선사의 지위에 오르면 국사 혹은 왕사가 될 수 있었다.

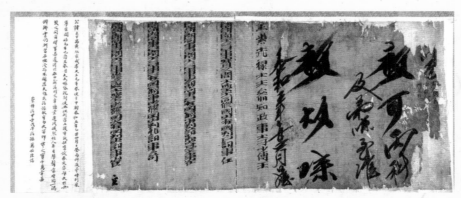

과거 합격증인 홍패 (안동 한국국학진흥원) 고려 희종 원년(1205년) 진사시에 급제한 장양수에게 내린 교지이다. 장양수는 울진부원군 문성공 장말익의 8세손으로 추밀원부사, 전리판서 등을 역임했으며 고려 개국공신 장정필의 12세손이다. 앞부분이 없어져 완전한 내용을 파악할 수 없으나, 고시에 관여했던 사람의 관직과 성이 기록되어 있다. 문서의 형식은 중국 송나라 제도에서 받아들인 듯하며, 지금까지 전해지는 것 가운데 가장 오래된 것이다.

씨 정권에 반기를 드는 사람들을 처리하기도 하였다. 즉 국가의 상비군이면서 동시에 무신 정권을 유지하는 무력 장치로 기능하였다.

최씨 정권은 최충헌에서 최우, 최항, 최의로 이어졌으나, 최우 때 몽골의 침입으로 인한 강화도 천도와 무신 세력간의 반목으로 최의가 문신 유경과 무신 김준 등에게 살해되면서 4대 60여 년간의 최씨 무신 정권은 막을 내리게 되었다. 최의를 죽인 김준은 일시적으로 정권을 장악했으나, 김준 역시 임연·임유무 부자에게 살해되었고, 임연 부자에게 정권이 넘어갔으나, 원종의 개경 환도령(1270년) 이후 임유무도 살해되면서 무신정권도 종말을 맞이하였다.

4) 무신 집권기 반란과 농민·천민의 봉기

무신들이 변란을 일으켜 의종을 폐위시키고 정권을 수립하자 무신 정권에 반대하여 동북면병마사 김보당(1173년)과 서경유수 조위총(1174년)이 난을 일으켰다. 1173년 문벌 귀족 출신의 문신인 김보당은 이의방·정중부의 제거 및 의종 복위를 명분으로 군대를 일으켰다. 그는 거제도로 유배된 의종을 경주까지 피난시켰지만, 결국 이의민에게 발각 당해 패배하였고 의종 역시 죽임을 당했다. "무릇 문신으로 공모하지 않은 자가 없다."는 김보당의 진술로 많은 문신이 연루되어 죽임을 당하였으며 이로써 문신들의 정치적 지위는 더욱 약화되었다.

이듬해 서경유수 조위총도 양계와 철령 이북의 여러 성들과 함께 모의하여 이의방과 정중부 제거를 명분으로 군사를 일으켰다. 조위총의 반란 과정에서 이의방이 정중부의 아들에게 죽임을 당했으며 무신 정권 역시 정중부에게 넘어갔다. 정중부 일파는 명종의 조칙을 조위총에게 내렸지만, 전투가 불리해진 조위총은 금에 지원군을 요청하고 서경 등 40여 성이 금에 귀속하겠다고 하였지만 금이 이를 거부하였다. 조위총의 난은 서북 지역 주민들의 호응을 받았지만, 1176년 서경이 함락되고 조위총이 잡혀 처형되면서 마무리되었다.

무신 정권 초기 무신들 간의 대립과 지배 체제의 붕괴로 백성에 대한 통제력이 급속히 약화되었다. 무신들이 권세가들의 민전을 빼앗아 대토지를 겸병하고 과다하게 수탈하면서 농민들의 생활은 점차 궁핍해져 유민이 되거나 도적이 되었다. 이처럼 점차 지방 사회 질서가 무너지고, 수탈과 억압이 심해지며 전국 각지에서 농민·천민의 봉기가 발생하였다. 봉기는 소극적 저항에서 벗어나 점차 대규모로 바뀌었다. 천민 출신이었던 이의민 등이 국가 권력자가 되는 것을 보며 지위 상승을 기대하며 농민과 천민들의 항쟁은 계속되었다.

일반 군현에 비해 차별을 받은 속현과 향·부곡·소 등의 특수 행정 구역에서 봉기가 많이 발생하였다. 1176년 공주 명학소에서 망이·망소이가 산행병마사를 자칭하며 봉기하여 충청도 일대를 장악하였다. 1년 반 동안이나 지속되었던 이 봉기는 차별받는 소(所)의 백성들을 중심으로 일어났다는 점에서 신분 상승 운동의 성격을 가졌다.

1182년에는 전주에서 공노비 등의 중심으로 한 전주 관노의 난이 일어났다. 관노 이외에 전주의 주현군 소속인 정용군·보승군과 농민 등 여러 세력이 지방관과 향리들의 수탈과 가혹한 부역에 항거하여 봉기에 참여하였다. 경상도에서는 운문과 초전에서 김사미와 효심이 유민을 모아 봉기를 일으켰다 (1193년). 지방관의 탐학에 대한 시정을 요구한 김사미와 효심은 연합하여 큰 세력을 형성하였고 관군의 공격을 막아내고 경상도 전역으로 세력을 확대한다.

　　1198년 개경에서는 만적의 난이 일어났다. 최충헌의 등장 이후 하층민의 봉기는 점차 줄어들고 있었는데, 최충헌의 사노비인 만적이 개경의 노비들을 불러 모아 신분 해방을 외치며 반란을 계획한 것이다. 만적은 개경의 노비들을 모아놓고 "왕후장상(왕·제후·장군·재상)의 씨가 따로 있느냐"라고 하며 선동하였다. 만적은 일단 난을 일으키면 왕궁 및 다른 노비들이 합세할 것이라고 예상하고 그렇게 되면 천민 출신 집권자들처럼 자신들이 정권을 잡을 수 있으리라 기대하였다. 그러나 실제 거사하기로 한 날 참여한 노비의 수가 많지 않아 어쩔 수 없이 거사일은 연기하였는데, 그 사이 참여했던 노비 한 명이 주인에게 이를 누설하여 모든 계획이 드러나며 결국 실패하고 말았다.

　　무신 집권기 농민과 천민이 봉기하면서 중앙 정부의 지방에 대한 통제력이 크게 약화되었다. 또 지방민에 대한 수탈에 저항한 농민·천민의 반란으로 사회는 극심한 혼란에 빠졌다. 더욱이 하극상의 풍조가 만연해지면서 고려의 신분제는 큰 위기를 맞았다. 이러한 분위기 속에서 이후 30여 년간 유사한 형태의 신분 해방 운동이 각지에서 전개되었다.

　　한편, 삼국의 부흥 운동을 표방하는 봉기도 존재하였다. 1202년 동경(경주)에서 이비·패좌 등이 운문, 울진, 초전 등의 반란군과 합세하여 신라 부흥을 명분으로 고려 정부에 대항하였으나 실패하였다. 1217년 최광수는 거란군을 공격하라는 왕명을 거역하고 반란을 일으켜 서경을 탈

명학소 민중 봉기 기념탑(대전)

운문사(경북 청도) 김사미의 난의 중심지로 알려져 있다.

취하였다. 그러나 고향 사람 정준유 등에게 살해당하였다. 1237년에는 담양에서도 이연년 형제가 난을 일으켜 백제 부흥을 내세웠다. 이언년 등은 무뢰배들을 모아 여러 주 · 현을 공격하여 함락시켰으나, 나주를 공격하다가 전라도 지휘사 김경손에게 패배하여 실패로 끝나게 되었다.

8 고려의 대외항쟁과 후기의 정치

고려 항몽 충혼탑 (전남 진도) 삼별초의 항쟁을 기념하는 탑으로 용장성 아래에 있다.

1 고려의 대외항쟁

1) 북진 정책

후삼국을 통일한 태조 왕건은 고구려의 계승을 내세우며 나라 이름도 '고려'라고 하였다. 태조는 옛 고구려의 옛 영토를 회복하고자 북진 정책을 추진하였고, 고구려의 수도였던 평양을 '서경'이라 부르고 북진 정책의 전진기지로 활용하였다. 태조의 북진 정책으로 태조 말에는 청천강에서 영흥만까지 영토를 넓힐 수 있었다.

북진 정책을 추진한 고려는 건국 후 13세기까지 송과 북방 민족인 거란(요), 여진(금)이 세력 관계를 유지하였다. 고려는 때때로 요와 금의 연호를 사용하기도 하고, 스스로 황제국을 칭하며 독자적인 연호를 사용하기도 했지만, 고려는 기본적으로 친송 정책을 취하였다.

2) 5대 및 송과의 교류

고려 건국 당시 중국은 5대 10국의 혼란기였다. 고려는 건국 초기부터 5대의 여러 나라와 교류하였다. 960년 후주에게 선양을 받아 건국한 송은 당 멸망 이후 분열과 혼란을 극복하며 무신 세력을 멀리하고 문신을 중심으로 한 통치 체제를 확립하였다. 송은 건국 이후 북방의 거란(요)와 대치하고 있었는데, 약해진 국방력을 보완하고 거란을 견제하기 위해 고려와 외교 관계를 수립하였다. 이에 962년(광종 13년)에 고려와 송이 정식으로 국교를 체결하였다.

고려는 송과 우호적인 관계를 유지하면서 송을 통해 문화적·경제적 실리를 추구하는 한편, 군사적으로는 중립을 지키며 전쟁을 피하였다. 또한 송과 거란(요)·여진(금) 등과의 외교 관계를 활용하면서 적절한 이익을 추구하였다.

3) 거란(요)의 침입과 격퇴

고려는 북방 유목민들과의 대립과 항쟁이 자주 발생하였다. 고려의 건국 즈음하여 중국에서는 송이 건국되었고, 북방에서는 거란족이 세력을 강화하였다. 거란은 10세기 초 내몽골 시라무렌 유역에서 일어난 민족으로 9세기 후반 당의 정치적 혼란을 틈타 세력이 강성해졌다. 907년 야율아보기가 거란의 여러 부족을 통합하여 거란국(契丹國)을 세웠다. 탕구트와 위구르 등 주변 부족들을 제압하여 넓은 영토를 차지하였는데 926년 발해를 멸망시키고 만주 전역을 장악하였다. 이후 연운 16주(북경 등 장성 남쪽)를 차지하고 난 뒤 나라 이름을 요(遼)로 바꾸었다. 거란은 자신들의 배후에서 송과 친선 관계를 유지하고 있는 고려를 송과의 전쟁에서 위험요소로 생각하여 고려를 회유하고자 하였지만, 고려는 발해를 멸망시켰고, 문화적으로도 야만족이라 생각하여 거란을 적대시하는 상황이었다.

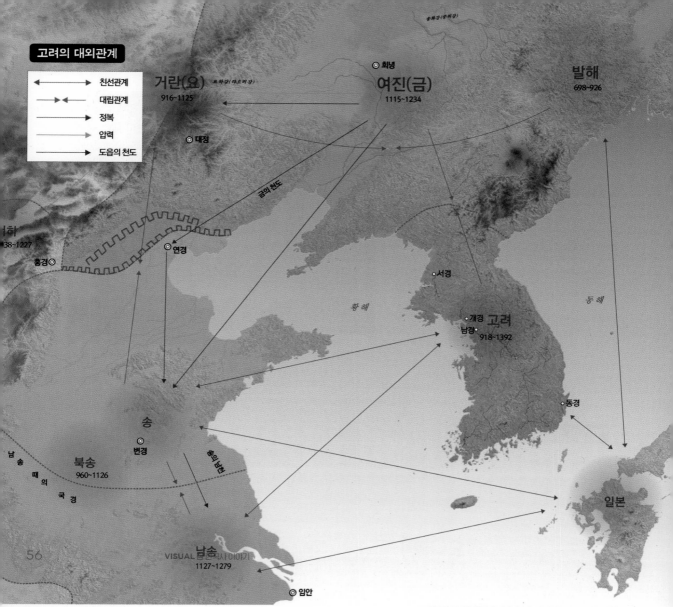

고려의 대외관계

←→	친선관계
→▶◀←	대립관계
→▶	정복
→▶	압력
→▶	도읍의 천도

거란(요)
916~1125

○ 회령

여진(금)
1115~1234

발해
698~926

○ 대정

금의 천도

○ 연경

○ 서경

황 해

○ 개경 고려
남경 918~1392

동 해

홍경 ○

송

북송
960~1126

○ 변경

송의 남천

○ 동경

남 송 때 의 국 경

남송
1127~1279

일본

○ 임안

VISUAL 한국사 이야기

장득진 외, 『참 한국사 이야기』 권2, 주류성, 2018, 56쪽, 전재

　고려가 거란과 접촉한 것은 942년이었다. 거란은 고려에 사신을 파견하여 낙타 50필을 보내며 친선을 요청했지만, 태조는 거란 사신을 유배 보내고 '도(道)가 없는 나라'라 하면서 낙타를 만부교에 묶어 굶어 죽게 하였다(만부교 사건). 또한 훈요 10조에서도 거란과 통교하지 말 것을 당부하였다. 거란은 고려의 강경한 태도를 굴복시키고 송과의 관계를 단절시키기 위해 3차례에 걸쳐 고려를 침입하였다.

　993년(성종 12년) 요의 장수 소손녕이 80만 대군을 이끌고 고려를 침입하였다. 소손녕은 옛 고구려의 땅을 내놓고 송과의 교류를 끊을 것을 고려에 요구하였다. 고려 조정에서는 서경 이북 땅을 거란에 내어 주고 화평을 맺자는 의견이 우세하였으나 서희가 거란의 장수 소손녕과 담판을 주도하였다. 서희는 고려가 송과 교류를 끊고 거란과 교류할 것을 약속하는 조건으로, 고려가 고구려의 후계자임을 인정받고 오히려 압록강 동쪽 280리 지역을 돌려받았다(강동 6주). 이로써 고려의 영토는 압록강까지 확대되었다.

서희 담판 이후 고려는 거란에 대해 예를 행했지만, 송과의 관계를 끊지는 않았다. 이에 거란은 고려와 송의 관계를 구실로 다시 고려를 침략하고자 하였다. 그런데 당시 고려에서는 목종의 어머니인 헌애왕후(천추태후)가 김치양과 내통하여 낳은 아이를 목종의 후사로 만들려고 하자, 목종의 도움 요청을 받은 서북면 도순찰사 강조(康兆)가 오히려 개경으로 돌아와 목종을 폐위시키고 대량군을 현종으로 즉위시켰다(강조의 정변). 현종이 친송 정책을 추진하면서 거란과의 관계를 개선하려 하

서희 동상(경기 이천) 뛰어난 외교관으로 거란이 세운 요나라의 침략을 전쟁 없이 물리쳤다.

장득진 외, 『참 한국사 이야기』 권2, 주류성, 2018, 59쪽, 전재

거란의 침입과 강동 6주

여진

요(거란)
916~1125

양규 홍화진, 귀주 승리
(1010~1011)

강감찬 귀주 대첩(1019)

거란의 1차 침입(993)

천리장성 축조(1033~1044)

홍화진
용주
안의진
귀주

강동 6주

철주
통주
곽주

안북부
안융진

도련포

서희 외교 담판(993)
숙주

거란의 3차 침입(1018~1019)

서경

고려

신은한(신계)

황 해

동 해

개경

나성 축조(1029 완성)

거란의 2차 침입(1010~1011)

지 않자 거란은 강조의 정변을 이유로 다시 고려에 침입하였다. 이것이 거란의 2차 침입이다. 거란의 2차 침입에서 거란의 왕은 직접 30만 대군을 이끌고 침략해 개경을 함락시켰다. 현종은 나주로 피난하였고, 후에 요에 친조(親朝)할 것을 약속하여 거란군이 물러갔다. 이때 돌아가는 거란군을 양규가 귀주에서 크게 격파하기도 하였다.

그 뒤 현종이 입조하지 않자 현종 9년(1018년) 소배압이 10만 대군을 이끌고 3번째로 침입해왔다. 거란군은 개경 근처에까지 내려왔으나 고려의 방비를 뚫지 못하고 철수하였다. 철수하는 과정에서 강감찬이 귀주에서 적군을 전멸시키는 압도적인 승리를 거두었다(귀주대첩). 세 차례에 걸친 전투의 결과 송과 거란과 고려 사이의 세력의 균형이 이루어졌다.

고려는 거란의 침입을 막아낸 뒤 국경 방어에 노력하였다. 현종은 강감찬의 건의를 받아 개성 궁성(내성) 외에 외성벽인 나성을 축조하였고, 압록강 어귀부터 도련포까지 새로운 성채를 쌓았다. 덕종 때에 이를 연결하여 천리장성을 완성하였다.

흥국사 석탑기(북한 개성) 흥국사 석탑은 강감찬이 거란과 국교를 맺은 2년 후인 현종 12년(1021년) 건립한 탑으로 석탑의 기단에 명문이 있는데, 강감찬의 나라를 사랑하는 마음이 깃들어 있다. 거란과 교류를 했음에도 송나라 연호를 사용하고 있다. 그 내용은 "보살계제자(菩薩戒弟子)인 평장사 강감찬은 삼가 받들어 우리나라가 영원히 태평하며 먼 곳과 가까운 곳이 항상 평안토록 하기 위하여 공손히 이 탑을 조성하여 영원토록 공양하고자 한다. 이때는 천희 5년(1021년, 현종 12년) 5월 일이다"라고 적혀 있다.

4) 9성 개척과 여진(금)과의 관계

고려의 동북 지역에 부족 단위로 흩어져 살던 여진은 발해의 지배 아래 있다가 발해가 멸망하자 고려를 상국(上國)으로 받들며 살았다. 고려와 여진은 대체로 평온한 관계를 맺고 있었다. 여진은 고려를 '부모의 나라'로 섬기며 말과 화살 등을 바쳤고, 고려는 식량과 철제 농기구, 포목 등 생활필수품을 주어 여진을 회유하였다. 여진인 가운데에는 고려에 이주한 투화하거나 귀화한 향화인들이 적지 않았다.

12세기 초 거란이 점차 쇠퇴하자 완옌부의 추장 오야소는 부족 단위로 움직였던 여진족을 통합하기 시작했다. 완옌부를 중심으로 강성해진 여진은 고려의 천리장성 부근까지 내려왔다. 이에 숙종은 여진의 진압을 명령하였지만 보병 중심의 고려가 기병 중심의 여진족을 상대하기에는 역부족이었고 결국 고려는 여진족에게 패배하고 말았다. 여진족에 대해 항상 우월감을 가지고 있던 고려는 패배의 수치심을 씻고, 점차 강성해져가는 여진을 저지하기 위해 윤관의 건의로 별무반을 편성하였다.

별무반은 보병인 신보군과 기병인 신기군, 승려들로 편성된 항마군으로 구성되었다. 예종 때에는 윤관을 대장으로 삼아 17만의 별무반을 보내 여진을 소탕하게 하였다. 윤관은 여진족에게서 빼앗은 땅에 9개의 성(동북 9성)을 쌓았다(1107년). 9성을 되찾기 위해 여진족은 계속해서 침입해 왔고, 고려는 9성이 개성과 거리가 멀어 방비가 어려웠기 때문에 1년 만에 9성 지역을 다시 여진족에게 돌려주고 화친을 맺었다.

이후 여진에서는 아골타가 등장하여 부족을 통합한 후 더 세력을 키워 나라를 세워 '금'이라고 하였다(1115년). 금은 거란족이 세운 요를 멸망시키고 송을 공격하여 수도를 함락시켰다. 금은 예종 12년(1117년) 고려에 사신을 보내 형제 관계 수립과 화친을 제의했지만 고려는 이에 응

척경입비도 윤관이 1107년 동북 지역의 여진족을 정벌한 뒤 9성을 개척하고 선춘령에 '고려의 영토'라고 새겨진 경계비를 세우는 장면을 담은 기록화이다. (『북관유적도첩』 고려대학교 박물관)

하지 않았다. 요를 멸망시킨 후 금은 고려에 다시 사신을 보내 군신 관계를 요구하였다(1125년). 고려에서는 당시 권력자였던 이자겸과 척준경 등이 자신들의 권력을 유지하기 위해 금의 사대 요구를 수용하였다. 고려가 금의 신하 나라가 되자 두 나라에 평화가 유지되었다. 하지만 태조 대부터 계속된 고려의 북진 정책은 중단되고 말았다.

5) 몽골(원)의 침입과 항쟁

(1) 몽골의 침입과 항쟁

13세기 초 칭기즈칸은 몽골의 여러 부족을 통일하고 강대한 세력으로 성장하였다. 당시 중국은 남송과 금이 각각 남부와 북부를 지배하고 있었는데, 몽골은 금의 지배에서 벗어나 1206년 제국을 건설하였다. 몽골은 서쪽의 서하를 정복한 후 금을 공격하였다. 금의 지배 아래 있던 거란은 몽골의 공격에 쫓겨 동쪽으로 이동하다 압록강을 건너 고려의 영역 내로 들어와 자리 잡았으나 몽골군과 고려와 연합군에 패하였다(강동의 역, 1219년). 이를 계기로 고려는 몽골과 외교 관계를 수립하였으나, 몽골의 지나친 공물의 요구와 무례한 행동으로 두 나라의 사이는 벌어지기 시작하였다.

1225년 몽골 사신 저고여가 고려에 왔다가 돌아가던 중 고려 땅에서 살해당하는 사건이 발생하였다.

처인성 승첩기념비와 처인성(경기 용인)

1231년 몽골은 저고여 피살 사건을 구실로 살리타이를 대장으로 삼아 고려를 침입하였다(몽골의 1차 침입). 귀주성에서 서북면병마사 박서가 몽골군의 공격을 격퇴하는 등 몇몇 전투에서 승리를 거두기도 했지만, 살리타이가 개경을 포위하자 최씨 정권의 최우는 몽골과 강화하였다. 이에 몽골은 공납과 인질, 고려를 감시하기 위한 다루가치[達魯花赤]의 설치를 요구하며 철수하였다.

몽골군이 철수한 뒤 최우는 다루가치의 오만무례한 행동과 과중한 공물의 요구를 피하고자, 몽골군이 수전(水戰)에 익숙하지 못한 것을 이용하여 수도를 강화도로 옮기고, 각지의 주민들을 산성과 섬에 들어가도록 하여 몽골에 단호한 항전 태세를 갖추었다. 고려의 항전 의지에 몽골은 1232년 다시 고려를 침략하였다(몽골의 2차 침입). 몽골의 2차 침입에서는 지방의 지휘관들과 백성은 물론 산적, 노비들까지도 몽골군에 맞서 싸웠다. 특히 처인성(현 용인 지역)에서 김윤후가 이끄는 부대에 의해 적장 살리타이가 사살되자 몽골군은 이내 퇴각하였다. 하지만 몽골의 2차 침입으로 대구 부인사에 보관 중이던 『초조대장경』이 소실되었다.

고려에 패퇴한 직후 몽골은 주위의 동진국과 금을 정벌한 뒤 1235년 다시 고려를 침략하였다(몽골의 3차 침입). 몽골의 3차 침입은 무려 5년이라는 장기간에 걸쳐 계속되었다. 몽골은 긴 전쟁의 기간 동안 경상도·전라도까지도 침략하여 전 국토를 유린하였다. 고려는 개주·온수(온양)·죽주(안성)·대흥(예산) 등지에서 몽골군에게 승리를 거두는 성과를 얻기도 하였으나 경주의 황룡사 구층 목탑이 소실되는 등 많은 문화 유산이 파괴되었다. 몽골과의 전쟁이 길어지자 거란과의 전쟁 때처럼 부처의 힘을 빌려 몽골군을 격퇴하고자하는 염원에서 『팔만대장경』의 조판을 시작하여 16년간의 대역사 끝에 1251년 완성되었다.

1254년 7월에 몽골은 또 사신을 보내 최항을 비롯한 고려 정부의 개경 환도를 요구하면서 침입하여 전 국토를 유린하였다. 『고려사』에 의하면, 이 한 해 동안 몽골군에게 포로가 된 사람이 206,800여 명이었고, 사망자는 이루 헤아릴 수 없었으며, 몽골군이 지나간 주·현은 모두 잿더미가 되었다고 한다.

몽골군이 계속해서 개경 환도를 요구하였지만 고려는 이를 계속 지연시키고 있었다. 급기야 1258년 유경·김준 등이 강화를 반대하는 최의를 살해하였다. 최의의 죽음 이후 고려는 몽골과의 화의교섭이 급속히 진전되었다. 같은 해 5월 고종이 강화도에서 나와 승천부에서 몽골 사신을 맞이하였고 다음해 3월 태자(후에 원종)가 몽골에 파견되었다. 이로써 두 나라 사이에 화의가 성립되었고 30여 년 동안 계속된 전쟁은 완전히 끝나게 되었다.

몽골과의 화의가 성립되었지만 최의를 죽이고 무신 집정자가 된 김준 역시 개경 환도를 지연시켰다. 이에 1268년 몽골은 사신을 보내 출륙환도를 재촉하였다. 이러한 상황에 불만을 품은 임연이 김준을 제거하고 권력을 장악해 강력한 무신 정권을 재건하려 하였지만, 몽골의 간섭으로 실행하지 못했고 임연의 뒤를 이은 임유무도 몽골에 대항하려 하였으나 1270년 죽임을 당하였다. 임유무의 피살로 100년에 걸친 무신 정권은 완전히 종식되었고, 원종은 개경 환도를 명령하였다.

(2) 삼별초의 항쟁

고려가 개경 환도를 약속하고 강화하자 몽골은 고려의 주권과 고유 풍속을 인정하는 선에서 전쟁을 마무리 지었다. 그런데 무신 정권의 무력 기반이었던 삼별초는 개경 환도를 몽골에 대한 항복과 종속으로 받아들이고 배중손을 중심으로 항전을 계속하였다. 배중손은 삼별초를 이끌고 진도로 내려가 용장성을 쌓고 궁궐과 관청을 지었다. 그들은 승화후 왕온을 고려 국왕으로 옹립하고, 왜국에 국서를 보내 유일한 고려 정권임을 밝히기도 하였다. 삼별

용장성(전남 진도)

초는 진도에서 3년 동안 저항하였으나, 1271년 고려·몽골 연합군의 공격에 패배하여 왕온과 배중손 등 핵심 세력이 죽고 성은 함락되었다.

진도에서 패한 삼별초는 김통정을 중심으로 제주도로 근거지를 옮기고 세력을 재정비하였다. 항파두리성에 외성과 내성을 쌓고 궁궐, 관아 및 기타 방어 시설을 갖추는 등 장기전에 대비하였다. 약 2년 동안 제주도를 근거지로 남해안 일대를 공격하며 여몽연합군에 피해를 주었으나 1273년(원종 14년) 김방경과 홍다구 등이 이끄는 여몽연합군에 의해 제주도의 삼별초 잔존 세력도 패하였고, 김통정은 70여 명의 병사를 이끌고 한라산 중턱 붉은 오름으로 피신했다가 끝내 자결하였다.

2 원의 간섭과 공민왕의 개혁 정치

1) 원 간섭기의 고려

(1) 원의 내정 간섭

1270년 원종이 몽골의 도움으로 복위하고 무신 정권과 삼별초가 몰락하자 몽골의 간섭은 더욱 노골화되었다. 먼저 고려의 왕은 세자 시절 원에 입조하여 황제의 궁정에서 숙위하고 원 황제의 사위인 부마가 되도록 하였다. 고려가 부마국이 되자 원은 고려의 많은 제도를 제후국의 격에 맞게 낮추었다. 관제를 개혁하여 도병마사는 도평의사사로 바뀌었으며, 중서문하성과 상서성 2성은 첨의부로 통합되었고, 중추원은 밀직사가 되었다. 뿐만 아니라 6부 가운데 공부는 폐지되었고, 형부는 전법사로, 병부는 군부사로, 호부는 판도사로 명칭이 바뀌었으며 이부와 예부는 전리사로 통합 운영되었다.

원 간섭 전후의 관계

이 전		이 후	
중서문하성 / 상서성		첨의부	
6부	이부	4사	전리사
	예부		
	호부		판도사
	병부		군부사
	형부		전법사
	공부		폐지
중추원		밀직사	
어사대		감찰사	
국자감		국학(성균관으로 변경)	

왕실 칭호 또한 격하되어 국왕은 '조(祖)'나 '종(宗)'의 묘호 대신 충렬왕(忠烈王), 충선왕(忠宣王) 등과 같이 왕호에 '충(忠)'과 '왕(王)'을 사용해야만 했다. 이어 '짐(朕)'을 '고(孤)'로, '폐하'를 '전하'로, '태자'를 '세자'로 각각 낮추어서 사용해야만 했다.

고려는 국왕이 직접 정치를 주관하였지만 원의 정치적 간섭으로 정치의 중심이 되지는 못했다. 원은 처음에 다루가치를 두어 내정을 간섭하다가 이후에는 일본 원정을 위해 설치한 정동행성을 통해 고려의 내정을 간섭하였다.

한편, 원은 고려와의 전쟁이 끝나자 일본 지배로 눈을 돌렸다. 일본에 항복을 권유하였지만 일본이 이를 거부하자 대규모의 원정군을 파견하였다. 여몽연합군이 일본 원정에 나서자 갑자기 태풍이 불어 연합군이 큰 피해를 입게 되었고, 이후 2차 일본 원정에서도 또다시 실패로 끝나고 말았다. 그러나 원 세조는 금주(경남 김해)에 진변만호부를 설치하고 3차 정벌을 준비하였지만 세조의 죽음으로 중단되었다. 일본 정벌을 위해 설치되었던 정동행성은 일본 원정이 중단된 뒤에서 없어지지 않고 고려의 내정을 간섭하는 기구로 변질되어 계속 존속하였다.

원은 또 만호부를 설치하여 고려의 군사 조직에 영향력을 행사하였다. 뿐만 아니라 고려 영토의 일부를 원의 직할지로 편입시켰다. 원은 원종 11년에 서경에 동녕부를 두고 북계와 서해도의 60여 성을 관할하게 하였으며, 화주에 쌍성총관부를 두어 화주 이북의 15주를 그 관할 아래 두었다. 또 삼별초가 진압된 후 제주도에 탐라총관부를 설치하여 직접 원의 지배 아래 두었다. 동녕부와 탐라총관부는 충렬왕 때 반환하였지만 쌍성총관부는 공민왕이 무력으로 수복하기 전까지 약 100년간 원의 지배를 받았다. 원은 이외에도 심양과 요양으로 도망 온 고려인들의 지배를 위해 심양로를 설치하고 고려의 왕족을 심양왕(심왕)으로 삼아 고려를 견제하였다.

(2) 권문세족의 성장

고려의 정치는 원의 간섭 아래 비정상적으로 운영되었다. 고려 국왕은 원에서 성장하며 교육을 받다가 귀국해 왕이 되었으므로 국내의 정치적 기반이 없었다. 때문에 즉위 후에는 원에서 함께 생활했던 측근을 관리로 임명하여 정치를 하였다. 고려 정치는 왕의 측근 세력과 원의 세력을 배경으로 한 인물들에 의해 주도되었다. 이들은 고려의 전통적인 문벌과 함께 고려 후기의 새로운 지배 세력을 형성하였는데 이들을 '권문세족'이라고 한다.

권문세족은 원과의 관계를 배경으로 급속하게 성장한 세력으로, 몽골어 통역을 통해 출세한 조인규와 같은 역관, 원에 보낼 공물인 매를 사육해 바치는 응방을 통해 진출한 세력, 원의 환관으로 세력을 얻어 고려에서 가문을 일으키거나 원나라 공주를 따라 온 겁령구 출신 등이 대표적이었다.

권문세족은 정치는 물론 경제, 사회 등 모든 면에서 지배적인 권력을 차지하였다. 그들은 원 세력을 배경으로 고위 관직을 독점하여 도평의사사를 장악하였다. 또한 무신 집권기부터 발달한 농장은 원 간섭기에 들어와 더욱 확대되었으며, 부원배 및 권문세족들의 무차별적인 토지 탈점을 통해 산과 하천을 경계로 하는 대농장을 경영하였다. 또 권문세족들은 가난한 백성을 노비로 만드는 등 여러 가지 폐단을 일으켰다. 이러한 권문세족의 수탈에 왕권은 약화되고 국가 재정은 날로 궁핍해졌으며, 백성들의 생활도 더욱 어려워졌다.

(3) 원의 내정 간섭 영향

약 30년 동안 지속된 전쟁의 피해를 복구할 틈도 없이 원 나라의 탈점으로 고려의 국가 경제는 큰 타격을 입었다. 원나라는 금·은·자기·인삼 등 많은 공물을 빼앗아 갔고, 응방을 설치하여 사냥용 매를 잡고 길러 조공품으로 바치도록 하였다. 두 차례에 걸친 일본 원정도 고려의 백성들에게 막대한 피해를 안겨주었다.

특히, 원의 공녀 요구는 고려에 심각한 사회 문제를 가져왔다. 1275년(충렬왕 1년) 10인을 보낸 것을 시작으로 공민왕 초기까지 80여 년 동안 수많은 고려 여자를 원나라로 보냈다. 원나라로 처녀를 바치러 갔던 사신의 왕래 횟수가『고려사』에 50회 이상 기록되어 있다.

원나라에 간 공녀들 가운데는 신분에 따라 노비로 전락해 매매되기도 하였지만 대개는 원나라 황실의 궁녀가 되거나 고관들의 시중을 맡아보았다. 원나라 순제의 제2황후 자리에까지 오른 기자오의 딸(기철의 누이 동생)처럼 몽골의 황제·황후의 궁인으로서 활약을 한 경우도 있었다. 공녀는 주로 13세에서 16세까지의 처녀를 대상으로 선발하였는데 고려에서는 공녀로 차출되지 않기 위해 10살 무렵에 혼인을 시키는 조혼의 풍습이 생기게 되었다.

원과 강화를 맺은 이후 고려에서는 변발, 몽골식 복장, 몽골어 등 '몽골풍'이 궁중과 지배층 사이에 유행하여 널리 퍼졌다. 몽골식 풍습은 후에 공민왕의 반원 정치로 금지 되었지만, 몽골의 언어와 풍속의 일부는 민간에 남아 계속 전해졌다. 장사치나 벼슬아치처럼 사람을 가리키는 '-치'라는 말과 임금의 음식상을 가리키는 '수라'라는 말은 몽골어에서 비롯되었고, 오늘날에 애용되는 만두, 설렁탕, 소주와 같은 음식문화, 두루마기와

기황후(대만, 고궁박물관) 기철의 누이 동생으로 북원 소종의 어머니 이다.

권문세족의 출신 성분

권문세족의 출신 성분은 ① 전기 이래의 문벌 귀족 가문인 경주 김씨, 정안 임씨, 경원 이씨, 안산 김씨, 철원 최씨, 해주 최씨, 공암 허씨, 청주 이씨, 파평 윤씨. ② 무신 정권 시대에 무신으로 득세한 가문인 언양 김씨, 평강 채씨 ③ 무신정변 이후 능문 능리의 신관인층으로 성장한 가문인 당성 홍씨, 황려 민씨, 횡천 조씨 ④ 원나라와의 관계 속에서 신흥 세력으로 성장한 가문인 평양 조씨 등이 있었다.

고려와 몽골(원)의 문화 교류 자취

소줏고리 증류의 원리를 이용하여 소주를 만들 때 쓰는 그릇이다.

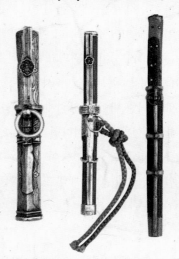

은장도 몽골풍이 우리나라에 남긴 옷고름에 차는 작은 칼인 장도이다. 이외에도 연지와 곤지, 소줏고리, 태평소, 족두리 등이 있었다.

태평소(좌), 족두리(우)

저고리 같은 의복에 몽골의 영향이 있었으리라 생각되고 있다. 또한 전란 중에 포로 또는 유이민으로 몽골에 들어갔거나, 공녀와 같이 몽골의 강요로 끌려간 사람들에 의해 몽골에서도 고려의 의복, 그릇, 음식 등의 풍습이 전해져 유행되었는데, 이를 '고려양'이라 하였다.

2) 원 간섭기의 개혁 노력

고려가 원에 항복한 후 당시 왕이었던 원종은 왕권 강화를 위해 원에 혼인을 요청하였고, 원종의 태자였던 왕거(충렬왕)는 연경에 들어가 세조의 딸인 제국대장공주와 혼인하였다. 1274년 원종이 죽자 고려로 돌아와 왕위를 이었다.

충렬왕(재위 1274~1308년)은 원에 빼앗긴 동녕부와 탐라총관부의 영토를 회복하였으나, 2차례에 걸친 원의 일본 정벌 실패와 매 사냥을 위해 설치되었던 응방 등의 횡포로 정사 운영에 어려움을 겪기도 하였다.

이후 충렬왕의 양위로 왕위에 오른 충선왕(재위 1298년, 복위 1308~1313년)은 오랫동안 누적된 여러 폐단들을 시정하려는 개혁을 시도하였다. 충선왕은 기존의 세력을 제거하고 유교 이념에 따른 관료 정치를 회복하기 위해 사림원을 설치하였다. 토지 제도의 문란을 시정하고 국가 수입을 늘려 민생을 안정시키고자 전농사를 두었으며, 의염창을 만들어 소금의 국가 전매제를 실시하였다. 그런데 충선왕의 개혁 의지는 원과 권문세족에 의해 좌절당하였고, 원에 불려가게 되었다. 이후 다시 복위되었지만 고려로 돌아오지 않은 채 둘째 아들이었던 강릉대군 왕도에게 양위하고 원에 남았다.

충선왕의 뒤를 이은 충숙왕(재위 1313~1330년, 복위 1332~1339년)은 찰리변위도감을 설치하고 권세가가 점령한 토지와 노비를 원래의 주인에게 돌려주게 하였다. 이러한 충숙왕의 개혁 정치는 심양왕 왕고의 왕위 찬탈 음모와 조적 일당의 거짓 고발 등으로 더 이상 진행되지는 않았다. 심지어 충숙왕은 충혜왕(재위 1330~1332년, 복위 1339~1344년)이 폐위되고 복위된 뒤에도 정사를 돌보지 않았다.

사실 충혜왕의 실정을 수습하며 개혁을 추진하였던 사람은 충목왕(재위 1344~1348년)이었다. 1344년 충혜왕이 죽자 충목왕은 8세의 어린 나이로 왕위에 올랐으나, 이제현의 건의에 따라 폐정을 개혁하고 백성들을 위무·구휼하는 한편, 선왕 때 아첨하던 신하들을 귀향을 보냈다. 충목왕은 1347년 정치도감을 설치하여 각 도의 토지를 측량하고 권세가들이 빼앗은 토지와 노비를 바로잡으려 하였으나 기황후의 친척인 기삼만의 옥사로 원의 간섭을 받아 제대로 실행할 수 없었다.

3) 공민왕의 개혁 정치

14세기 중반 원이 점차 쇠퇴하기 시작하자 고려에서 개혁의 기운이 크게 일어났다. 공민왕은 원·명 교체기를 틈타 밖으로는 원의 간섭에서 벗어나 고려를 자주적인 국가로 만들고, 안으로는 권문세족을 누르고 왕권을 강화하기 위해 적극적인 반원 자주 개혁 정치를 추진하였다.

우선 공민왕은 호복과 변발을 풀고 고려인들의 몽골풍도 금지하였다. 1356년에는 친원 세력의 불법과 전횡을 옹호하던 정동행성 이문소를 철폐하였다. 또 정동행성에 의지하고 있던 기철을 비롯한 친원 세력을 숙청하고, 고려의 관제를 복구하였다.

한편, 쌍성총관부를 공격하여 원에 빼앗겼던 철령 이북의 영토를 회복하였다. 아울러 인사권을 장악해 친원 세력을 등용했던 정방을 혁파하여 인사권을 전리사와 군부사로 돌려주었다.

공민왕은 왕권을 강화하고 백성의 생활을 안정시키는 개혁 정책을 꾸준히 추진했다. 전민변정도감을 설치하여(1366년) 승려 신돈으로 하여금 권문세족이 부당하게 탈점한 토지와 농장의 노비들을 원래 주인에게 돌려주고, 불법으로 노비가 된 자는 양인으로 해방시켰다. 이러한 개혁 조처는 권문세족의 경제적 기반을 약화시키고 국가의 재정을 확대시키려는 노력의 일환이었다. 공민왕의 개혁 조치는 백성의 환영을 받았지만 권문세족의 반발로 신돈이 제거되고 개혁 추진의 핵심인 공민왕까지 시해되면서 중단되었다. 권문세족의 정치 권력 독점과 대토지 소유로 정치 기강이 문란해지고 백성의 생활은 극도로 어려워졌다. 그러나 당시 원과 밀접한 관계를 맺고 있었던 권세가들이 있는 한 사실상 개혁은 거의 불가능한 상황이었다.

고려시대 지배층의 변천

구분	문벌 귀족	권문세족	신진 사대부
출신	호족(개국공신, 6두품)	친원파	향리, 하급 관리
형성 과정	음서, 혼인 관계	친원파의 세력 배경, 음서	유교적 지식, 실무 능력
권력 기반	중서문하성, 중추원(가문)	도평의사사(관직)	관리(실무적)
경제적 기반	과전, 공음전	농장	중소지주
성격	보수적	수구적	개혁적
사상	유교, 불교	불교	성리학
지배시기	고려 전기	고려 후기	고려 후기

4) 신진 사대부의 성장

원과의 교류가 활발해지면서 고려 지식인들은 새로 도입된 성리학을 수용하였다. 이들은 과거를 통해 중앙 정계로 진출하여 새로운 정치 세력을 형성하였는데 이들을 신진 사대부라고 한다. 신진 사대부는 지방 향리의 자제나 하급 관료 출신들로 이루어졌으며 경제적으로는 중소지주에 속하였다. 이들은 학문적 소양이 높고, 행정 실무에 밝은 학자적 관료로, 고려 말 개혁 정치에 동참하면서 고려의 당면한 현실에 눈을 뜨고 사회의 각종 폐단에 대한 개혁을 주장하였다.

이들은 주자 성리학을 학문적 연원으로 유교 경전 등의 공부와 도덕적 실천을 중요시 여겼다. 이들은 불교 사원의 부정부패를 지적하면서 불교를 배척하였다.

신진 사대부들은 공민왕 대 이색, 정몽주, 정도전, 권근 등의 신진 사대부가 중용되어 개혁 정치에 적극적으로 참여하였다. 그러나 당시 권문세족이 관리 임명의 인사권을 장악하고 있었기에 신진 사대부

이색(1328년~1396년)   정몽주(1337년~1392년)

들의 관직 진출은 용이하지 않았다. 공민왕과 신진 사대부의 적극적인 개혁 의지에도 불구하고 권문세족을 대항하기에는 역부족이었다. 그러나 고려 말 새로 등장한 신흥 무인 세력과 신진 사대부들이 정치적으로 결합함으로써 마침내 조선 왕조 개창에 주도적 역할을 하였다.

5) 신흥 무인 세력의 성장

고려 말 권문세족과 신진 사대부의 내부 갈등이 격화되고 있을 무렵, 밖으로는 홍건적과 왜구의 침입이 잇달았다. 홍건적은 원나라 말기에 허베이 성(河北省)에서 등장한 한족 반란군으로 머리에 붉은 수건을 둘러서 홍건적이라 했다. 이들은 본래 몰락한 농민층으로 이루어진 도적 집단이었으나 점차 그 세력을 확대하여 원나라에 대항하는 정치 세력으로 성장하였다. 이들 중 일부가 원나라에 대항하다 도망쳐 고려에 들어와서 약탈을 자행하기도 하였다.

홍건적이 고려로 처음 쳐들어온 것은 1359년이었다. 홍건적은 의주를 함락시키고 개경을 향해 남하했지만 이방실, 안우 등의 공격을 받고 도망갔다. 그뒤 1361년 10만 명에 이르는 홍건적이 다시 침입하여 개경을 점령하자 공민왕은 복주(안동)로 피난하기도 하였다. 다행히 이듬해 정세운의 지휘를 받은 최영과 이성계가 20만 명의 고려군으로 홍건적을 쳐 압록강 이북으로 몰아냈다.

비슷한 시기 남쪽에서는 쓰시마 섬을 중심으로 형성된 해적인 왜구가 창궐하여 고려의 남부 지방을 노략하였다. 왜구는 자주 고려 해안에 침입하여 식량뿐 아니라 사람까지도 붙잡아 갔다. 경상도 해안에 출몰하기 시작한 왜구는 점차 활동 범위를 넓혀 개경 부근에까지 출몰하였다. 고려 정부는 최영이 홍산(충남 홍성)에서 왜구를 크게 무찔렀고(1376년), 진포 앞바다(금강 하구)에서는 최무선이 제조한 화약과 대포가 왜구 격퇴에 큰 활약을 하였다. 또한 이성계가 황산(전북 남원)에서 왜구를 섬멸하였다.

신흥 무인 세력은 홍건적과 왜구를 격퇴하는 과정에서 백성들의 신임을 얻어 국민적 영웅으로 추앙받았다. 이들은 기존의 권문세력을 대신하는 새로운 정치 세력으로 성장하였다.

황산대첩비(전북 남원)

진포 대첩 기념탑(전북 군산) 최무선이 진포에서 왜구를 무찌른 것을 기념하기 위해 세웠다.

6) 고려의 멸망

14세기 말 대륙 정세는 크게 변하였다. 한족 반란군의 한 사람인 주원장이 남경에서 명을 세우고 원을 몰아냈다. 고려에서는 친명 정책을 추구하던 공민왕이 시해되었지만 우왕이 즉위하면서 친원·친명 양면 외교를 실시하였다.

우왕 때의 양면 외교는 명의 철령위 설치 문제로 변화하였다. 당시 명이 무리한 공물을 요구함에 따라 고려와의 관계에 긴장감이 감돌았다. 그런데 1388년 명이 공민왕 때 수복했던 철령 이북 땅에 철령위를 설치하여 요동도사의 관할 아래 두겠다고 통고하였다. 이에 고려는 크게 반발하였고 요동 정벌로 이어졌다.

요동 정벌에 대해 이성계는 4불가론을 내세우며 반대하였지만, 우왕과 문하시중 최영의 강력한 주장으로 요동 정벌은 단행되었다. 우왕이 최영을 팔도도통사로 임명하고, 조민수를 좌군도통사, 이성계를 우군도통사로 삼았다. 이성계와 조민수가 이끄는 좌·우군이 평양을 출발해 압록강의 위화도에 주둔하던 중 큰 비를 만나 압록강을 건너기 어렵게 되었다. 이성계는 이러한 상황을 보고하면서 요동 정벌의 포기를 우왕에게 요청하였다. 우왕과 최영이 계속해서 요동 정벌을 독촉하자, 이성계는 조민수와 상의

최영 장군 묘(경기 고양)

한 뒤 위화도에서 군을 돌려 개경으로 향하였다(1388년, 위화도 회군).

　개경으로 돌아온 이성계 등은 최영의 군대와 싸운 끝에 최영을 유배 보내고, 폐가입진(廢假立眞)을 명분으로 우왕, 창왕 등을 폐위한 뒤 공양왕을 옹립하였다. 정치적 실권을 장악한 이성계는 전제 개혁을 단행하여 과전법을 시행하였다. 이후 이성계와 신진 사대부의 급진 개혁파(혁명파) 세력은 새로운 지배 세력이 되었고, 마침내 고려 왕조를 무너뜨리고 조선을 건국하기에 이르렀다(1392년).

9 고려의 경제와 사회·문화

청자칠보투각향로 (국립중앙박물관)
자연스럽고 귀족적 멋이 나는 11세기 후반부터
12세기 초의 순수 청자이다.

청자상감운학문매병 (간송미술관)
자기 표면에 무늬를 새기고 백토나 흑토로 메운 후 다시 구워 만드
는 상감기법을 통해 만든 청자이다. 12세기 중엽 제작되었다.

1 경제 정책

1) 수취 제도

고려는 건국 후 신라 말의 문란한 수취 체제를 정비하고, 이를 기준으로 하여 조세·공물·역역(力役) 등을 부과하였다. 조세는 토지에 대한 세금으로 논과 밭을 비옥도에 따라 3등급으로 구분하여 토지 소유자에게 부과하였다. 수조율은 민전 경우 1/10, 공전은 1/4, 사전은 1/2이었다. 조세는 미곡으로 납부했으며 포화(布貨)로 납부하는 경우도 있었다. 전국에서 거둔 조세는 군현의 농민을 동원하여 각 조창까지 옮기고, 조운을 통해 개경으로 운반되어 국가의 제반 비용이나 관리의 녹봉으로 사용되었다.

공물은 공납이라고도 하며, 각 지역의 토산물이나 수공업품을 납부하는 것으로 다양한 종류의 현물로 납부되었다. 공물은 매년 납부하도록 정해진 물품인 상공과 국가 수요에 따라 비정기적으로 납부하는 별공, 왕실을 위한 진상 등으로 구별되었다. 중앙 관청에서 필요한 공물의 종류와 액수를 주현에 나누어 부과하면 주현에서는 속현과 향, 부곡, 소에 각각 나누어 부과하고 각 고을의 향리들은 집집마다 다니며 공물을 거두어 조운선을 통해 중앙으로 납부하였다.

역역은 백성들의 노동력을 징발하는 것으로 군역과 요역으로 나뉜다. 역의 대상자를 정남(丁男)이라고 하는데 16세부터 60세까지의 남성이 여기에 해당한다. 그러나 이들 중 관리나 군인, 향리 등은 역의 부과 대상에서 제외되었다.

이러한 수취를 담당하는 실무 관청으로 호부와 삼사가 있었다. 대개 재정은 관리의 녹봉·일반 비용·국방비·왕실 경비 등에 지출되었고, 조세 수취와 집행은 각 관청에서 담당하였다.

2) 전시과 제도

고려 태조는 후삼국 통일의 공로자에게 역분전이라는 토지를 지급하였다. 이 토지는 개국 공신에게 논공행상 차원에서 지급한 토지로 인품과 공로에 따라 지급되었다.

그러다가 경종 원년(976년) 관리들이 국가에 봉사하는 대가로 토지를 지급하는 전시과 제도가 처음으로 제정되었다. 이를 시정전시과라고 한다. 여기에서는 전직 관리와 현직 관리에게 각 관품과 인품에 따라 토지를 차등 지급하였다.

전시과는 관리들에게 그 지위에 따라 곡물을 수취할 수 있는 전지와 땔감을 얻을 수 있는 시지를 지급하였다. 지급된 토지는 세금을 거둘 수 있는 수조권만 주었진 것으로 관리는 경작 농민에게 수확량의 1/10을 받을 수 있었다. 전시과 토지는 관직 복무와 직역에 대한 대가로 지급되었으므로 토지를 받은 자가 죽거나 관직에서 물러나면 국가에 반납하는 것이 원칙이었다.

이후 목종 대에 전시과 제도를 고쳤는데, 이를 개정전시과라 한다(998년). 전직과 현직의 관리 등급을 18등급으로 나누어 토지를 지급하였는데, 인품이란 조건을 제거하여 오직 관직의 높고 낮음을 기준으로 토지를 지급하였다. 문신을 우대하여 무관에게는 같은 품계의 문관에 비해 적은 전시를 지급하였다. 전직 관리는 현직 관리에 비해 몇 과를 낮추어 지급하였다.

전시과는 문종 대에 가서 다시 고쳤는데, 이를 경정전시과라 한다(1076년). 이때에는 전시과 지급 대상에서 전직 관리를 제외하고 오직 현직 관리에게만 토지를 지급하였다. 무신의 대한 대우도 이전보다 향상되었고, 기존에 보이지 않던 향직에 대한 규정도 신설되었다.

또한 관리에게 직역의 보수로 주던 과전과는 별도로 5품 이상의 관리에게는 공음전을 지급하였다. 공음전은 과전과 달리 자손에게 세습이 가능한 토지였기에 음서제와 함께 귀족의 지위를 유지해 나갈 수 있는 근간이며 문벌 귀족들의 경제적 기반이 되었다. 6품 이하의 하급 관료의 자제 중 아직 관직에 오르지 못한 사람에게는 한인전을 지급하여 관인 신분을 세습하도록 하였다.

군인에게는 군역의 대가로 군인전이 지급되었고, 향리에게는 향리전(외역전)이 지급되었다. 이들 토지는 각 직역이 자손 및 친족에게 세습됨에 따라 함께 세습되었다. 이외 구분전은 군인 또는 양반이 늙거나 사망해 직역을 이을 남자 자손이 없을 경우 해당자의 부인이나 딸에게 지급되는 토지였다. 사원전은 사원이 가지고 있던 사유지로 사원 소유지와 국가 지정 수조지가 있었다. 왕실의 경비를 충당하기 위하여 내장전을 두었으며, 중앙과 지방의 각 관청에는 공해전을 지급하여 소용 경비를 충당하게 하였다.

한편 귀족이나 일반 농민의 상속, 매매, 개간을 통하여 이루어진 토지를 민전이라 하였다. 이 토지는 소유권이 보장되었다. 아울러 민전은 매매·상속·기증·임대가 가능하였다. 민전 소유자는 국가에 일정한 세금을 내야 했다.

점차 문벌 귀족들의 토지 독점과 세습의 경향이 커지면서 전시과 제도가 원칙대로 운영될 수 없었다. 관인 신분에서 물러나면 반납해야 할 토지를 그대로 차지하고 있는 경우가 많았으므로 국가 수조지가 줄어들어 국가 재정도 악화되었다. 귀족들의 토지 독점은 무신 정변을 거치며 더욱 심해졌고 무신들의 농장 경영이 늘어나면서 전시과 체제는 무너져갔다.

3) 산업과 교역

(1) 귀족과 농민들의 경제 생활

귀족은 상속받은 토지와 노비, 전시과로 받은 과전과 녹봉 등을 통하여 경제적 이득을 얻었다. 관리가 된 귀족은 과전에서 생산량의 10분의 1을 거두었으며 녹봉으로 1년에 두 번씩 곡식이나 비단을 받았다. 또한 자기 소유지에서 징수한 소작료와 외거노비의 신공, 권력과 고리대를 이용한 농장의 확대 등을 통해 부를 축적하였다.

농민은 조상에게 물려받은 토지인 민전을 경작하거나, 국·공유지나 다른 사람의 소유지를 빌려 경작하였다. 농민은 농사 이외에 품팔이를 하거나 부녀자가 삼베, 모시, 비단 등을 시장에 팔아 생계를 유지하였다. 대부분의 농민은 소득 증대를 위해 황무지를 개간하고 새로운 농업 기술을 배웠다. 황무지를 개간하면 국가에서 일정 기간 소작료나 조세를 감면해 주었으므로 농민은 연해안의 저습지와 간석지 개간을 통해 농지를 확대하였다. 특히 강화도 피난 시기 이후 강화도의 간척 사업이 다수 추진되었다. 수리 시설의 발달로 김제의 벽골제와 밀양의 수산제가 개축되었으며 소규모의 저수지도 확충되었다.

면화 시배지(경남 산청)

호미와 보습 같은 농기구와 종자도 개량되었으며 소를 이용한 깊이갈이가 일반화되고 시비법이 발달하면서 휴경지는 점차 줄어들었다. 밭농사는 2년 3작 윤작법이 점차 보급되었고 논농사에서도 고려 말 남부 지방의 일부 지역에서 모내기법이 보급되었다.

고려 후기에는 이암이 원나라의 농서인 『농상집요』를 소개하였고, 1363년(공민왕 12년)에 문익점이 원에서 목화씨를 들여와 재배에 성공하였다. 목화 재배는 삼베 위주의 의류 생활에서 면포를 사용하였으며 겨울나기가 보다 쉬워졌다.

(2) 수공업

고려 전기에는 관청과 소를 중심으로 수공업이 발전하였다. 중앙과 지방에 있던 관청에서는 공장안에 이름을 올린 수공업자를 동원하여 물품을 생산하게 하였다. 기술자는 주로 국가에서 필요로 하는 무기류, 가구류, 금은 세공품, 견직물, 마구류 등을 만들었다. 특수행정 구역이었던 소에서도 금, 은, 철, 구리, 실, 각종 옷감, 종이, 먹, 차, 생강 등을 생산하여 공물로 납부하였다.

고려 후기에는 민간 수공업과 사원 수공업이 발달하였다. 민간 수공업은 농촌의 가내 수공업이 중심이었다. 국가는 삼베를 짜고, 뽕나무를 심어 비단을 생산하도록 장려하였다. 한편 사원에서는 기술이 좋은 승려와 노비가 있어 베, 모시, 기와, 술, 소금 등 품질 좋은 제품을 생산하여 민간에 팔았다. 불교는 유교와 달리 상업을 천시하지 않았으므로 사원 수공업은 고려 후기 경제에서 중요한 비중을 차지하였다.

(3) 상업

고려의 상업은 도시를 중심으로 발달하였다. 경시서를 두어 상행위를 감독했으며, 개경에 시전을 설치하여 관청과 귀족이 주로 이용하도록 하였다. 3경 등 대도시에는 관청의 수공업장에서 생산한 물품을 판매하는 서적점, 주점, 다점 등 관영 상점을 두었다. 지방에서도 조운로를 따라 미곡, 생선, 소금, 도자기 등이 교역되었으며, 새로운 육상로가 개척되면서 파주의 혜음원 같은 여관인 원(院)이 발달하여 이곳이 상업활동의 중심지가 되었다. 또 관아 근처에 쌀, 베 등 일용품을 서로 바꿀 수 있는 시장이 열렸다. 시간이 지날수록 도시와 지방의 상업 활동이 점차 확대되었다. 개경과 가까운 예성강 하구의 벽란도는 국제 무역항으로 번성하였다. 고려는 주로 송, 거란, 여진, 일본과 교역하였으며 아라비아 상인과도 왕래하였다. 아라비아 상인들을 통해 대외적으로 고려가 '코레아'라는 이름이 알려지게 되었다. 또 남양의 여러 나라와는 중국을 통한 중계 무역으로 희귀한 남양산 물품들이 고려에 수입되었다.

이러한 상업 활동을 위해 화폐가 발행되어 유통되었다. 996년(성종 15년) 최초의 금속 화폐인 건원중보가 주조되었고, 숙종 대에 이르러서는 은화인 은병(활구)이라는 고액의 화폐를 유통시켰다. 은병의 가치는 쌀 10석에서 수 십 석에 이르렀기 때문에 주로 무역 결제와 같은 고액 거래에 많이 사용되었다. 또한 숙종은 대각국사 의천의 건의에 따라 해동통보를 주조하여 유통시켰다. 숙종은 이를 위해 주전도감을 설치하였다. 이외에도 해동통보와 비슷한 시기에 발행된 것으로 보이는 삼한통보와 삼한중보, 그리고 동국통보도 주조되었다. 그러나 자급자족의 농업 사회였기 때문에 부진하였고, 민간에서의 거래는 곡식과 삼베가 주된 교환 수단으로 사용되었다.

한편, 고려는 서해안의 해로를 통하여 송으로부터 왕실과 귀족의 수요품을 수입하는 대신에 종이, 인삼 등 수공업품과 토산품을 수출하였다. 대식국이라 불리는 서역 상인들도 고려에 들어와서 수은, 향료, 산호 등을 팔았다.

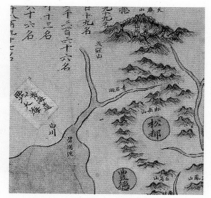

벽란도(예성강 하구)

화폐 종류

명칭	제작시기	재료
건원중보	성종	철
은병(활구)	숙종	은
해동통보	숙종	동
삼한통보	숙종	동
동국통보	숙종	동
쇄은	충렬왕	은
소은병	충혜왕	은
저화	공양왕	종이

건원중보

해동통보

은병(활구)

혜음원지 (경기 파주) 남경(서울)과 개성을 통행하는 사람들의 편의를 위해 건립된 국립 숙박 시설이다. 여기에는 원·행궁·사지로 구성되어 있었다. 많은 유물이 출토되어 당시의 생활 양식을 알 수 있었다.

신안 해저 인양 유물

1975년 전라남도 신안 앞바다에서 조업 중이던 어부의 그물에 유물이 걸려 올라오면서 해저에 대한 조사가 시작되었다. 조사 결과 침몰선은 14세기 전반 원나라 시대의 중국 무역선으로 추정되었다. 그리하여 모두 아홉 차례에 걸친 탐사와 발굴 결과 22,000여 점의 유물이 인양되었는데, 대개 송·원대 유물들로 청자와 백자, 흑유자기 등의 도자기가 주를 이루었다.

또한, 청동기를 비롯한 금속 제품과 각종 주화와 주형틀, 그리고 동전들도 함께 발견되었다.

침몰선에서 인양된 방대한 양의 물품들은 무역을 목적으로 한 상품이었다. 목제 상자 속에서 발견된 도자기들은 10개 또는 20개씩 물품을 끈으로 묶어서 포장되어 있었다. 완전한 상태로 인양된 상자의 하나에는 남방의 특산품인 후추[胡椒] 열매가 가득 담겨져 있었다. 또한 상자의 바깥에는 소유주를 쉽게 구분할 수 있도록 부호와 번호 등을 먹으로 기입해 놓았다.

원에서 일본으로 가는 것으로 추정되는데, 출항지는 오늘날 저장성의 닝보를 출발한 것으로 보인다. 배의 침몰 시기는 원나라 화폐인 지원통보의 발견과 함께 1323년이라고 적힌 글씨가 발견된 것으로 보아 1310~1330년대로 추정하고 있다. 현재 목포에 있는 국립해양유물전시관에 침몰선을 포함한 유적들이 전시되어 있다.

출토된 청자 접시

출토된 동전

2 사회 제도와 사회 생활

1) 신분 제도

고려의 신분 구성은 대체로 귀족과 중류층, 그리고 양민과 천민으로 구성되었다. 고려 지배층은 귀족 세력이었다. 왕족을 비롯한 5품 이상의 고위 관료가 중심인 귀족 세력은 음서나 공음전의 혜택을 받는 특권층이었다. 귀족 세력을 유지하기 위해 중앙 관리들은 관직을 바탕으로 토지 소유를 확대하는 등 재산을 증식하고 유력한 가문과 서로 중첩된 혼인 관계를 맺었다. 고려의 지배층은 초기 호족에서 문벌 귀족, 무신, 권문세족, 신진 사대부로 변화하였다.

고려의 중류층은 지배 기구의 말단 행정직으로 중앙 관청의 말단 서리인 잡류, 궁

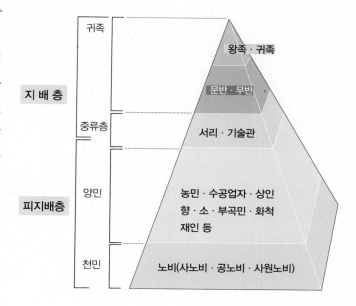

중 실무 관리인 남반, 지방 행정의 실무를 담당한 향리, 직업 군인으로 하급 장교인 군반, 지방의 역을 관리하는 역리 등이 있었다.

중류층의 핵심은 향리였다. 향리는 수령을 보좌하는 말단 실무자로 과거 그 지역을 다스리던 호족의 후예로 지역의 지도자 역할 수행하였으며 중앙 정부를 도와 조세·공물·노동력 징발과 같은 공무를 집행하였다. 성종 때는 지방 토착 세력을 약화시키기 위해 향직을 개편하였다. 지방 호족은 이때 향리로서 중앙 통제 아래 존속되었으며, 지방에서 향직을 세습적으로 물려받았고 향역에 대한 대가로 외역전이라는 토지를 지급 받았다.

일반 군현에 거주하며 농업이나 상공업 등에 종사하는 사람들을 양민이라 하였다. 양민에 대부분은 농민으로 이들을 백정(白丁)이라고 하였다. 양민들은 조세·공물·역을 부담하였다.

또 특수 행정 구역인 향·부곡·소가 있었다. 향민과 부곡민은 농업에, 소민은 수공업이나 광업품을 만드는 일에 종사하였다. 이들은 신분적으로 양인이었지만, 일반 농민들에 비해 차별 대우를 받았으며, 일반 양민들보다 더 많은 세금 부담해야만 하였다. 이들은 거주지의 제한도 받았다. 이 밖에도 역과 진의 주민은 각각 육로 교통과 수로 교통에 종사하였다.

천민의 대다수는 노비였다. 노비는 소유주에 따라 국가에 소속된 공노비와 개인에게 소속된 사노비

로 나뉜다. 공노비는 입역 노비와 외거 노비로 나뉘는데, 입역 노비는 궁중과 중앙 관청, 지방 관아에서 잡역에 종사하면서 급료를 받고 생활하는 노비이다. 외거 노비는 지방에 거주하면서 농업에 종사하는 노비였다. 외거 노비는 규정된 액수를 노비 신공으로 관청에 납부하였다.

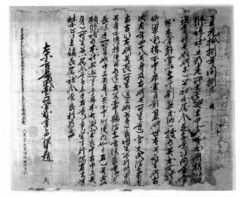

순천 송광사 고려 고문서(전남 순천) 수선사에 소속되어 있는 노비들에 대해 기록하고 있는 문서이다.

사노비는 주인집에 살면서 각종 잡역을 맡은 솔거 노비와 따로 거주하며 주인집 땅을 경작하는 외거 노비로 나뉜다. 솔거 노비는 행동의 제약을 받았지만 외거 노비는 수확의 반을 주인에게 세금으로 내면 독자적으로 생계를 유지할 수 있었다. 외거 노비는 비록 신분적으로는 주인에게 예속되어 있었으나, 경제적으로는 양민 백정과 비슷하게 독립된 경제 생활을 영위할 수 있었다.

원래 노비는 주인의 소유물로 간주되어 매매·상속·증여의 대상이 되었다. '일천즉천(一賤則賤)'의 원칙에 의해 부모 중 한 명이라도 천인이면 그 자녀는 천인이 되었다. 노비는 주인에게 살해되는 경우를 제외하고는 어떠한 법적 보호도 받지 못했으며, 외거 노비라 할지라도 신분은 대대로 세습되었다.

2) 백성들의 생활

농민은 일상 의례와 공동 노동 등을 통하여 공동체 의식을 다졌다. 향도는 초기 불교 신앙공동체 조직으로 향나무를 땅속에 묻으면 미륵불이 언젠가 나타나 백성들을 구제해 준다고 믿으며 매향 활동을 하였다. 향도는 대규모 인력이 동원되는 불상이나 석탑을 만들거나 절을 지을 때에도 주도적인 역할을 하였다. 이들은 점차 마을 노역, 혼례와 상장례, 민속 신앙과 관련된 마을 제사 등 공동체 생활을 주도하는 농민 조직으로 발전해 갔다.

노비의 신분 향상

평량은 본래 평장사 김영관의 집 종으로 견주(현 양주)에 살면서 농사에 주력하여 부유하게 되자 권력을 가진 고관에게 뇌물을 주어 천인의 신분을 면하고 양민으로 되었으며 산원 동정 벼슬까지 얻었었다. 그의 처가 바로 왕원지의 집 여종이었는데, 원지는 가세가 기울어 가족을 데리고 여종에게 가서 의탁하고 있었다.
평량은 후한 대우로써 원지를 위로하면서 서울로 돌아가라고 권유한 다음 몰래 자기의 처남인 인무, 인비 등과 함께 도중에 기다리고 있다가 원지 부부와 아이들을 살해하였다. 평량은 속으로 기뻐하기를 상전이 없어졌으니 영원히 양민으로 될 수 있다 하여 자기 아들 예규에게 대정 벼슬을 얻어 팔관보 판관 박유진의 딸에게 장가를 보내고 또 처남 인무는 명경 학유 박우석의 딸에 장가를 보냈다. 내막을 아는 사람들은 누구나 다 통분히 여기더니 이때에 이르러 어사대에서 그들을 체포하여 문초한 다음 평량은 귀양을 보내고 유진과 우석의 벼슬을 파면시켰다. 인무, 인비, 예규 등은 모두 도망쳐 숨어 버렸다.
「고려사」 권20, 명종 18년

고려 시대에는 농민 생활의 안정을 위해 다양한 복지 시책이 전개되었다. 광종 때는 돈과 곡식 등을 빌려주고 그 이자로 빈민을 구제했던 제위보가 설치되었고, 성종 때는 흉년이나 비상시에 가난한 백성들에게 곡식을 대여해 주었던 의창이 만들어졌다. 또 국립 의료기관인 동·서 대비원을 두었고, 이와 유사한 의료 기구로 혜민국도 설치하였다. 또 각종 재해가 발생했을 때 질병 치료를 위한 구제도감과 재난 구호를 위한 구급도감 등을 임시로 설치해 운영하기도 하였다. 또, 개경과 서경 등에 상평창을 두어 물가의 안정을 꾀하여 백성이 안심하고 생업에 종사할 수 있도록 하였다.

사천 흥사리 매향비(경남 사천) 매향은 내세에 복을 빌기 위해 향나무를 강이나 바다에 묻는 것으로 1387년 세웠다.

3) 결혼과 여성의 지위

가족 제도는 대가족 제도를 유지하고 있었으며 여성도 남성과 동등한 지위를 가졌다. 여성의 재혼도 자유로웠으며 재산 상속이나 부모 제사에 대한 책임 등에서도 차별을 받지 않았다. 남자들은 혼인한 뒤 남귀여가혼(男歸女家婚)이라 하여 길게는 10년 이상 처가 생활을 하였다. 따라서 자녀들은 외가에서 어린 시절을 보냈으며 혼인한 여성들도 친정 부모와 함께 살 수 있었다. 혼인 형태는 일부일처제가 일반적인 현상이었다.

고려 시대 여성은 사회 진출에 제약을 받았지만 가족 내 여성의 지위는 비교적 높았다. 유산의 자녀 균분 상속이 이루어졌으며 호적에도 출생 순서에 따라 자녀들을 기재하였다. 부모나 조상의 제사 비용을 자녀들이 돌아가며 부담하였다. 아들이 없을 때에는 양자를 들이지 않고 딸이 제사를 모시기도 하였고, 상복 제도에서도 친가와 외가의 차이가 크지 않았다. 또 음서 대상도 아들과 손자를 비롯하여 사위와 외손자까지 혜택의 대상이 되었다. 재혼한 여성의 전남편 자식이라도 음서의 대상이 될 수 있었다.

3 사상과 학문

1) 불교의 발전

(1) 고려 전기의 불교 사상

불교는 고려 건국 초기부터 국가의 지원을 받으며 융성하였다. 태조는 숭불정책을 내세우며 개경에 사원을 건립하였으며 연등회와 팔관회 등 불교 행사를 중시하였다. 태조는 선종을 우위에 두면서 교종을 함께 장려하였으나, 혜종, 정종, 광종을 거치면서 왕권 강화와 잘 부합되는 교종이 점차 장려되었다. 광종은 체제 정비 일환으로 여러 교파로 갈라져 있던 불교 통합을 시도하였다.

천태종과 조계종

천태종	조계종
의천	지눌
문벌 귀족 사회	무신 집권기
교관겸수	정혜쌍수 · 돈오점수
교종 입장에서 선종 통합	선종 입장에서 교종 통합
국청사	송광사

광종의 지원을 받은 균여는 화엄종을 중심으로 불교 통합에 나섰다. 이러한 불교 의지는 이후 의천에게 영향을 주었다.

한편, 광종 때는 승과 제도를 실시하여 합격한 자에게는 승계를 주고 승려의 지위를 보장하였다. 국사 · 왕사의 제도의 시행으로 불교의 권위는 상징적이지만 왕권 위의 존재로 인식되었으며 불교는 국교의 권위를 가졌다. 또 사원에 토지를 지급하고, 승려들에게 면역의 혜택을 주었다.

고려 중기에는 귀족들의 후원을 받은 교종이 크게 발전하였다. 교종은 경전의 이해를 통해 깨달음을 중시하였다. 따라서 교종은 학문을 수행할 수 있는 귀족 계급이 주도했으며 보수적인 경향을 띠는 경우가 많았다. 문종의 왕자로 승려가 된 대각국사 의천은 국왕 중심의 집권 체제를 옹호하려는 입장에서 교단 통합 운동을 펼쳤다. 그는 송나라에 유학하여 여러 고승들과 교류하였다. 귀국 후 흥왕사를 근거지로 삼아 교종을 통합하려 하였으며, 선종을 통합하고자 국청사를 세우고 (해동)천태종을 창시하였다. 의천은 교 · 선 일치를 내세웠고, 교종과 선종의 통합을 위해 이론의 연마와 실천(선)을 아울러 강조하는 교관겸수를 제창하였다. 그러나 의천이 죽은 후에 교단은 다시 분열되고 귀족 중심의 불교가 지속되었다.

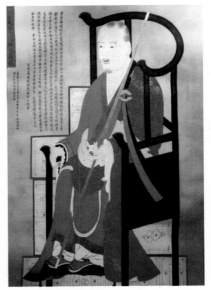

대각국사 의천(1055년~1101년)

(2) 고려 후기 불교

무신 집권기에는 기존 문벌 귀족과 깊은 관계를 맺고 있었던 교종을 대신하여 선종이 부흥하고 신앙 결사 운동이 일어나는 등 불교계에도 커다란 변화가 있었다. 종래 교종은 왕실과 귀족들의 비호를 받으며 강대한 세력으로 성장하였는데, 무신 정권은 이를 견제하기 위해 조계종으로 대표되는 선종 세력에 대해 관심을 보였다.

선종은 우리나라에는 9세기 초에 이르러서 크게 유행하였다. 선종은 '불립문자'(不立文字) 즉 경전에 의하지 않고 자기 내에 존재하는 불성을 깨치는 것에 주력하였으며, 참선을 수행 방법으로 중시하였다. 선종은 신라 말 중앙 정부의 간섭을 배제하면서 지방에서 독자적인 세력을 구축하려는 지방 호족의 후원을 받았으며, 왕건이 후삼국을 통합하는 과정에서 더욱 강화되었다. 그러나 고려 중기 국가에서 교종을 장려함에 따라 위축되었다가 무신 집권기에 다시 융성하였다.

무신 집권기를 거치면서 최씨 무신 정권 등의 적극 지원 아래 불교의 세속화를 비판하고 불교계의 개혁을 주창하는 결사 운동이 일어났다. 지눌은 불교계의 타락상을 비판하면서 승려 본연의 자세로 돌아가 독경과 선 수행, 노동의 실천을 주장하며 수선사 결사를 제창하였다. 송광사 중심의 수선사 결사 운동은 개혁적인 승려와 지방민의 적극적인 호응을 얻어 활발하게 전개되었다. 지눌의 조계종은 고려 후기 불교계의 중심적인 종파가 되었다. 지눌은 '내가 곧 부처'라는 깨달음과 함께 꾸준한 수행으로 깨달음을 확인해가는 '돈오점수'를 주장하였다. 또 선과 교학을 함께 닦아야 한다는 '정혜쌍수'를 주장하여 선종을 중심으로 교종을 포용하는 선·교 일치를 내세웠다.

이후 혜심은 유불 일치설을 주장하며 심성의 도야를 강조하여 장차 성리학을 수용할 수 있는 사상적 토대를 마련하기도 하였다. 지눌 사후에도 결사 운동은 지속적으로 발전하였다. 또 고종 대 천태종의 중흥을 주도한 요세는 강진 만덕사(백련사)에서 백련 결사를 제창하였다. 백련 결사는 자신의 행동을 진정으로 참회하는 법화 신앙을 중심으로 지방 백성의 적극적인 호응을 얻었고, 수선사와 함께 고려후

송광사(전남 순천)

보조국사 지눌(1158년~1210년)

백련사(전남 강진) 839년(문성왕 1년) 무염이 창건했다. 만덕산 백련사라고 불렀으나 조선 시대에 들어서는 만덕사로 불렀다가 근래 백련사라고 부르게 됐다. 고려 시대에 요세에 의해 사찰의 교세는 확장됐다.

기 불교계를 이끌었다.

한편, 이와 같은 결사 운동에도 고려 말 불교계의 개혁 의지는 퇴색되어 갔고, 귀족과 연결되어 다시 폐단을 드러냈다. 사원은 귀족들과 연결되어 막대한 토지를 소유하고 상업에까지 관여하며 그 부패도 매우 심하였다. 당시 성리학을 배경으로 중앙에 진출한 신진 사대부는 귀족들과 연결된 불교계의 모순과 사회 · 경제적 폐단을 비난하였다.

2) 도교와 풍수지리설

고려 시대는 왕실이나 나라의 복을 빌고 재난의 소멸을 기원하는 의례 중심의 도교가 정부 주도하에 유행하였다. 불로장생과 현세의 구복을 추구하는 도교 행사가 거행되었고, 궁중에서는 국가와 왕권의 안녕을 기원하는 초제가 성행하였다. 예종 때 도교 사원이 처음 건립되어 도사들이 제사를 담당하였다. 그러나 도교는 불교처럼 교단이 성립되지 못한 채 민간 신앙에 영향을 주었다.

지눌의 정혜결사문(定慧結社文)

지금의 불교계를 보면, 아침 저녁으로 행하는 일들이 비록 부처의 법에 의지하였다고 하나, 자신을 내세우고 이익을 구하는 데 열중하며, 세속의 일에 골몰한다. 도덕을 닦지 않고 옷과 밥만 허비하니, 비록 출가하였다고 하나 무슨 덕이 있겠는가? …… 하루는 같이 공부하는 사람 10여 인과 약속하였다. 마땅히 명예와 이익을 버리고 산림에 은둔하여 같은 모임을 맺자. 항상 선을 익히고 지혜를 고르는 데 힘쓰고, 예불하고 경전을 읽으며 힘들여 일하는 것에 이르기까지 각자 맡은 바 임무에 따라 경영한다. 인연에 따라 성품을 수양하고 평생을 호방하게 고귀한 이들의 드높은 행동을 좇아 따른다면 어찌 통쾌하지 않겠는가?

「권수정혜결사문」

풍수지리설은 신라 말 도선에 의해 지방 호족과 민간에 널리 유포되었다. 풍수지리설은 음양오행과 땅의 기운이 국가나 인간의 길흉화복에 영향을 준다는 사상이다. 이러한 풍수지리설은 미래의 길흉화복을 예측하는 도참 사상이 더해지면서 크게 유행하였다. 이에 따라 능묘, 궁궐, 주택의 건설에 영향을 미쳤다. 풍수지리설은 정종 때 서경 천도나, 문종 때 양주에 남경을 설치한 일 등에 영향을 미쳤으며, 인종 대의 묘청의 서경 천도 운동도 풍수도참설에 영향을 받은 사건이었다.

3) 고려의 학문

(1) 유학의 발달과 유학 교육 기관의 설치

고려 시대 유교는 치국(治國)의 도로서, 불교는 수신(修身)의 도로서 서로 보완하면서 발전하였다. 고려 초기의 유학 사상은 자주적이고 주체적인 특성을 가지고 있었다. 태조 대에는 최언위, 최지몽 등 6두품 출신의 유학자를 등용하여 유교주의에 입각한 국가 경영을 꾀하였다. 광종은 과거제를 실시하여 유교적 소양을 지닌 신진 관료를 등용하였다.

성종 때 최승로는 유교 사상을 치국의 근본으로 삼을 것, 지방관을 파견할 것 등의 '시무 28조'를 올렸는데, 성종은 이를 수용하여 유교적 정치 이념을 정립하였다. 아울러 성종은 중앙과 지방에 유학 교육 기관을 정비하여 중앙에 국자감을 설치하고, 각 지방에 향교를 설립하여 지방 관리와 서민 자제의 교육을 담당하도록 하였다.

고려 중기에는 문벌 귀족 사회의 발달과 함께 유교 사상도 점차 보수화하였다. 문종 때 '해동공자'라 불린 최충은 관직에서 물러난 후 9재 학당(문헌공도)을 세워 유학 교육에 힘썼다. 최충의 문헌공도를 시작으로 사학 12도가 융성하였다. 사학 12도는 주로 전직 고관 출신으로 과거를 주관했던 지공거 출신에 의해 설립되었다. 사학의 교육성과가 국자감보다 높게 되자 귀족의 자제들이 국자감보다는 사학

도선(827년~898년) 선종 출신의 승려로 우리나라 전역을 답사한 경험을 토대로 각종 비기를 남겼다. 그의 사상은 고려에도 이어져 고려 초기에는 개경과 서경이 명당이라는 설이 유포되어 서경 천도와 북진 정책 추진의 이론적 근거가 됐다.

청자 사람모양 주전자(국립중앙박물관) 두 손으로 하늘의 복숭아(천도)를 들고 머리에 쓴 관으로 보아 도교와 관련된 사람을 나타낸 주전자이다.

에 몰렸고 학벌을 형성하기도 하였다.

사학의 발달로 국자감 교육이 침체되자 예종 때 관학 진흥을 위한 전문 강좌로 국학 7재를 두었다. 7 재는 여택재·양정재 등의 6개의 유학재와 강예재로 1개의 무학재를 두었다. 한편, 장학 재단인 양현 고를 설치해 국자감의 재정 기반을 마련하였다. 7재의 설치와 양현고의 설립으로 고려의 교육 체제는 관학 중심으로 다시 전환되었다. 예종의 뒤를 이은 인종은 국자감을 국자학, 태학, 사문학의 유학 교육 과 잡학인 율학, 산학, 서학의 기술 교육 기관으로 정비하였다(경사 6학). 각각의 교육 과정은 학생들의 자격에 차별을 두었는데, 국자학에는 문무관 3품 이상의 관료 자제가, 태학은 5품 이상의 관료 자제가, 사문학에는 7품 이상 관리의 자제가 각각 입학하였고, 잡학에는 8품 이하 관리나 서민의 자제가 입학

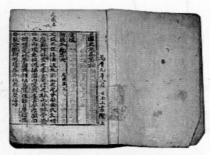

삼국사기 고려시대인 1145년 김부식 등이 기전체로 편찬한 현존하는 가장 오래된 역사서이다.

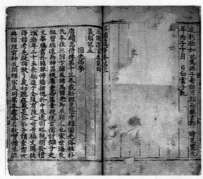

삼국유사 『삼국유사』는 1281년(충렬왕 7년) 경에 승려 일연이 저술한 것으로 『삼국사기』에서 빠진 부분을 보완하려는 의도에서 편찬됐다. 원 간섭 하에 민족의 자주 의식이 강하게 대두되던 시기에 우리 고유 문화와 전통을 중시하여, 종래 역사 서술에서 소홀히 다룬 불교사를 중심으로 고대의 민간 설화나 전래 기록을 수록했다.

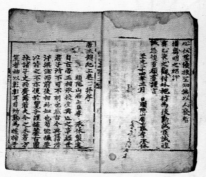

제왕운기 원 간섭기 이승휴가 지은 책으로 단군의 건국이야기를 수록하고 있다.

동안사(강원 삼척) 동안사는 이승휴를 모시는 곳으로 천은사 아래에 있다. 이 부근에서 제왕 운기를 저술했다고 한다.

국자감

학부		학과	입학 자격	수업 연한
국자감 (경사 6학)	유학부	국자학	3품 이상 관료의 자제	3~9년
		태학	5품 이상 관료의 자제	
		사문학	7품 이상 관료의 자제	
	잡학부(기술학부)	율학 · 서학 · 산학	8품 이하 관료 및 평민 자제	3~6년

할 수 있었다.

인종 때의 김부식은 고려 중기의 보수적이고 현실적인 성격의 유학을 대표한다. 이 시기 유학은 유교 경전에 대한 전문적 이해가 깊어져 유교 문화는 한층 성숙해졌다. 그러나 유학은 무신 정변으로 점차 위축되었다.

원 간섭기 일시적으로 교육 활동이 부흥하였다. 충렬왕은 국자감을 국학으로 바꾸고, 공자의 사당인 문묘를 새로 건립하여 유교 교육의 진흥에 나섰다. 안향의 건의로 국학생의 학비를 보조하기 위한 섬학전이 설치되었다. 충선왕 때는 국학이 성균관으로 개칭되었고, 이후 공민왕에 의해 성균관은 다시 개편되어 유교 교육을 담당하였다.

성리학은 충렬왕 때 안향에 의해서 전래되었다. 남송의 주희가 집대성한 성리학은 종래 자구 해석을 중시하던 훈고학풍에서 벗어나 경학의 탐구를 통해 우주의 원리와 인간의 심성 문제를 철학적으로 탐구하는 신유학이었다. 이제현 등의 고려 학자들은 충선왕이 원의 연경에 세웠던 만권당에서 원의 학자들과 교류하면서 성리학에 대한 이해를 심화하였다. 더욱이 성균관을 개편한 공민왕은 이색을 중용하고, 정몽주, 박상충, 이숭인 등을 교관에 임명하여 강의와 토론을 맡게 하여 성리학을 크게 진작시켰다. 이런 적극적인 양성책에 의해 정도전, 권근, 길재 등과 같은 훌륭한 성리학자들이 배출되었다.

안향(1243년~1306년) 고려의 유학자로 주자성리학을 처음 전한 사람이다. 이 초상화는 고려 시대에 그린 것을 조선 중기에 다시 모사한 것이다. 소수서원에 있다.

(2) 역사서 편찬

고려 시대에는 유학이 발달하고 유교적인 역사 서술 체계가 확립되어 많은 역사서가 편찬되었다. 건국 초기부터 왕조실록을 편찬하였으나 거란의 침입으로 불타 버렸다. 거란과의 전쟁이 끝난 뒤 태조부터 목종에 이르는 『7대 실록』을 현종 때 편찬하기 시작하여 덕종 때 완성하였다. 그러나 고려 왕조의 실록은 오늘날 전하지 않는다.

인종 때에는 김부식 등이 왕명을 받고 『삼국사기』를 편찬하였다. 이 책은 현존하는 우리나라 최고(最

古)의 역사서로 고려 초에 쓰여 진『구삼국사』를 기본으로 유교적 합리주의 사관에 기초하여 정리되었다.『삼국사기』는 왕실의 전기인 본기, 신하의 전기인 열전, 연표 등으로 이루어진 기전체로 서술되었다.『삼국사기』는 고려 이자겸의 난과 묘청의 서경 천도 운동 직후 왕권과 유교 정치를 재확립하기 위해 유교적 도덕주의와 국가주의의 시각으로 편찬되었다. 유교적 합리주의 서술방법을 취한『삼국사기』는『삼국유사』처럼 신비롭고 이상한 내용의 신화나 전설 등을 기록하지 않았다.

고려 후기에는 무신 정변 이후의 사회적 혼란과 몽골 침략의 위기를 겪으며 민족적 자주 의식을 바탕으로 전통 문화를 올바르게 이해하려는 경향이 대두하였다. 이러한 경향을 반영한 역사서로는『해동고승전』,『동명왕편』,『삼국유사』,『제왕운기』등을 꼽을 수 있다.

각훈이 쓴『해동고승전』은 우리나라의 승려 30여 명에 관한 전기가 수록되어 있는데, 현재 일부만 남아 있다. 이규보의『동명왕편』은 고구려 건국의 영웅인 동명왕의 업적을 칭송한 일종의 영웅 서사시로서, 고구려의 계승 의식을 반영하고 고구려의 전통을 노래하였다. 충렬왕 때에 일연이 쓴『삼국유사』는 불교사를 중심으로 고대의 민간 설화나 전래 기록을 수록하는 등 우리의 고유문화와 전통을 중시하였으며, 단군을 우리 민족의 시조로 여겨 단군의 건국 이야기를 수록하였다. 같은 시기에 이승휴가 쓴『제왕운기』도 우리나라의 역사를 단군에서부터 서술하면서 우리 역사를 중국사와 대등하게 파악하는 자주성을 나타내었다.

고려 말에는 신진 사대부가 성장하고 성리학이 수용됨에 따라 정통 의식과 대의명분을 강조하는 성리학적 유교 사관이 대두하였다. 이를 대표하는 이제현은『사략』을 비롯한 여러 권의 사서를 저술하였는데, 지금은『사략』에 실렸던 사론만 전한다.

4 문화

1) 과학 기술의 발달

(1) 천문학과 의학, 화약

고려 시대에는 고대 사회의 전통적 과학 기술을 계승하고 중국·이슬람의 과학 기술을 수용 발전시켰다. 국자감에서는 율학, 서학, 산학 등의 잡학을 교육하였고, 기술관을 등용하기 위한 잡과가 실시되어 과학 기술이 발전을 이룩할 수 있었다.

천문학이 크게 발전하여 천문과 역법을 맡은 관청인 사천대(서운관)가 설치되었고, 첨성대에서 관측 업무가 수행되었다. 역법의 경우 고려 초기에는 신라 때부터 쓰기 시작하였던 당의 선명력을 그대로 사용하였다. 그런데 후기의 충선왕 때에는 원의 수시력을 채용하였다. 이후 명의 대통력도 받아들여 사용하였다.

　태의감의 의학 교육 및 의과 시행은 고려 의술이 발전할 수 있는 바탕이 되었다. 민간에는 동·서 대비원, 혜민국 등의 의료 시설이 설치되어 귀족뿐만 아니라 양민들도 의료 혜택을 누릴 수 있었다. 고려 중기에는 우리나라의 처방을 뜻하는 '향약방'이라는 고려의 독자적 약학 처방이 이루어졌다. 이렇듯 향약에 대한 관심이 높아지자 『향약구급방』이라는 의학서가 간행

고려 첨성대(개성) 개성 만월대 고려 왕궁 터에 있다.

되어 국산 약재 180여 종이 소개되기도 하였다.

　과학 기술의 발달은 국방력 강화도 기여하였다. 최무선의 노력으로 화약 제조법을 터득하였다. 이에 화통도감을 설치하고 최무선을 중심으로 화약과 화포를 제작하였다. 최무선이 제작한 화약무기를 이용해 진포(금강 하구) 싸움에서 왜구를 크게 무찔렀다.

(2) 인쇄술과 종이의 발전

　기술 분야의 발전에서는 인쇄술을 빼놓을 수 없다. 신라 때부터 발달한 목판인쇄술은 고려 시대에 이르러 더욱 높은 수준의 발전을 이루었는데, 고려대장경판의 제작은 고려 목판인쇄술의 최고 경지를 보여주고 있다.

　거란의 침입을 받았던 고려는 부처의 힘을 빌려 이를 물리치고자 불교 경전을 집대성하여 대장경을 간행하였다(『초조대장경』). 그러나 몽골 침입 때 불타 버렸다. 현재 인쇄본 일부가 남아 있다. 이후 의천은 고려와 송, 요의 대장경에 대한 주석서를 모아 『교장』을 편찬하였다. 이를 위하여 목록인 『신편제종교장총록』을 만들고, 교장도감을 설치하여 10여 년 동안 4700여 권의 전적을 간행하였다. 또 몽골의 침입을 받게 되자 이를 물리치기 위해 대장도감을 설치하여 16년에 걸쳐 『재조대장경』(팔만대장경)을 간행하였다. 현재 합천 해인사에 보존되어 있는 『재조대장경』 목판은 8만 장이 넘는 방대한 내용을 담았으면서도 잘못된 글자나 빠진 글자가 거의 없었다.

　한편 고려 후기에는 금속활자 인쇄술이 발명되었다. 1234년 금속활자로 인쇄된 『상정고금예문』이 제작되었다. 이는 서양에서 금속활자 인쇄가 200여 년 앞서 시작되었지만, 현재는 전해지지 않고 있다. 현존하는 금속 활자본으로 가장 오래된 것은 청주 흥덕사에서 간행한 『직지심체요절』(1377년)이다. 현재 프랑스 국립도서관에 소장되어 있으며, 2001년 유네스코 세계기록유산으로 등재되었다.

　인쇄술의 발달과 함께 제지술도 발달하였다. 전국적으로 닥나무 재배를 장려하고, 종이를 만드는 전

『해인사 대장경판 및 제(諸) 경판』 (2007년)

현재 세계에서 가장 오래된 불교 대장경판으로 산스크리트어에서 한역된 불교대장경의 원본 역할을 하고 있다. 해인사는 11세기 초기부터 한국의 출판 인쇄와 불교 문화를 이끌었던 곳으로, 오랜 시간에 걸쳐 완성된 경판들을 보관하고 있다. 고려대장경판은 초기 목판 제작술의 귀중한 자료이며 고려 시대의 정치, 문화, 사상을 엿볼 수 있는 역사기록물이기도 하다. 경판 표면에는 옻칠이 되어 현재도 인쇄가 가능할 정도로 훌륭하게 보존되어 왔다. 이 『해인사 대장경판 및 제경판』은 2007년에 유네스코 세계기록유산으로 등재되었다.

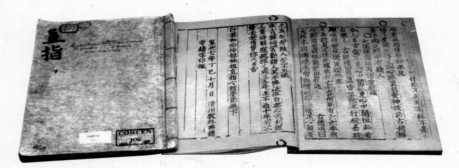

『백운화상초록 직지심체요절』(프랑스 국립도서관) 줄여서 『직지심체요절』 또는 『직지』라 부른다.

『직지심체요절』 (2001년)

고려 시대 과학 기술에서 가장 뛰어난 것 중 하나는 인쇄술이었다. 신라 때부터 발달한 목판 인쇄술은 고려시대에 이르러 더욱 발달하였다. 그러나 목판 인쇄술은 한 가지 책을 많이 찍는 데는 알맞지만, 다양한 책을 소량으로 인쇄하는 데는 활판 인쇄술보다 효과가 떨어졌다. 따라서 고려에서는 일찍부터 활판 인쇄술의 개발에 힘을 기울였으며 후기에는 금속 활자 인쇄술을 발명하였다. 금속 활자를 이용한 인쇄술은 목판에 글자를 새기는 방식에 비해 훨씬 편리하고 신속하게 책을 생산할 수 있었다.

직지심체요절은 공민왕 때의 승려인 백운화상이 1372년에 저술한 것으로 청주 흥덕사에서 1377년 7월 간행됐다. 내용은 여러 불교 책 가운데 선(禪)의 핵심을 깨닫는데 필요한 것을 간추려 모은 것이다. 독일의 구텐베르크보다 70여 년이나 앞선 것으로, 1972년 '세계 도서의 해'에 출품되어 세계에서 가장 오래된 금속 활자본으로 공인되었다. 또한 이러한 가치를 인정받아 2001년 9월에 유네스코 기록 유산으로 등록되었다. 이 책은 원래 상·하 2권으로 되어 있었으나, 현재 하권만 유일하게 프랑스 국립도서관에 소장되어 있다.

흥덕사지(충북 청주) 근래에 복원한 건물이다.

선원사 터(인천 강화) 1245년 무신집권기 최의의 원찰로 창건되어 『팔만대장경』의 판각을 주도했다고 하나 정확한 근거는 없다. 대장경판이 이곳을 떠나 현재 소장되어 있는 해인사로 옮겨진 이유에 대하여는 의견이 분분하다.

담 관청을 설치하였다. 고려의 제지 기술은 더욱 발전하였으며, 질기고 희면서 앞뒤가 반질반질하여 글을 쓰거나 인쇄하기에 적당한 고려지가 생산되었다. 당시 고려에서 만든 종이는 중국에 수출되어 호평을 받았다.

2) 귀족 문화의 발달

(1) 목조 건축

고려 시대의 건축은 궁궐과 사원이 중심이었으나 현재는 남아있는 것이 없고, 개성 만월대 터를 통해 당시 궁궐 건축을 짐작할 수 있다. 경사진 면에 축대를 높이 쌓고 건물을 계단식으로 배치하였다.

고려 시대 건물의 특징은 공포의 양식 변화를 통해 살펴볼 수 있다. 전기에는 주심포 양식이 유행하였는데, 후기에는 다포 양식으로 변화하였다. 공포는 처마를 안정되게 받치면서 지붕의 무게를 기둥이나 벽으로 분산시킬 수 있도록 지붕 위에서 대들보 아래까지 짧은 여러 부재를 중첩하여 짜 맞추어 놓은 것이다. 주심포 양식은 지붕의 무게를 기둥에 전달하면서 공포가 기둥 위에만 짜여 있는 건축 양식으로 안동 봉정사 극락전, 영주 부석사 무량수전과 조사당, 예산 수덕사 대웅전 등이 이에 속한다. 다포 양식은 공포가 기둥 위뿐만 아니라 기둥 사이에도 짜여 있는 건물로 웅장한 지붕이나 건물을 화려하게 꾸밀 때에 사용되었다. 황해도 사리원의 성불사 응진전이 여기에 속한다. 고려 후기 다포 양식건물은 조선 시대 건축에 큰 영향을 주었다.

주심포 양식
지붕 무게를 기둥에 전달하면서 건물을 꾸미는 장치인 공포가 기둥 위에만 짜여 있는 건축 양식이다.

다포 양식
공포가 기둥 위뿐만 아니라 기둥 사이에도 있는 건물로, 주로 건물을 화려하게 꾸밀 때 이용되었다.

부석사 무량수전 (경북 영주) 고려 시대에 만들어진 건축물이다.

부석사 (경북 영주) 신라의 의상이 창건한 절로 무량수전과 조사당 벽화가 전하고 있다.

봉정사 극락전 (경북 안동) 고려 시대에 만들어진 건축물이다.

수덕사 대웅전 (충남 예산) 고려 시대에 만들어진 건축물이다.

(2) 석탑과 승탑, 석등

탑은 원래 부처의 사리를 안치한 건조물로 나무, 벽돌, 돌 등 여러 재질로 세워졌으나, 우리나라에는 돌로 만든 탑이 대부분이다. 고려 시대 석탑은 신라 양식을 계승하면서도 고려만의 독자적인 조형 감각을 더하여 다양하게 제작되었다.

석탑은 다각 다층탑이 많이 제작되었다. 개성 현화사 칠층 석탑과 오대산의 월정사 팔각 구층탑이 고려 전기 석탑으로 대표적이다. 고려 후기에는 원의 영향을 받은 경천사지 십층 석탑이 만들어졌고, 이는 조선의 원각사지 십층 석탑에도 영향을 주었다.

다양한 형태의 승탑과 탑비도 제작되었다. 승탑은 부도라고도 하는데 고승의 사리나 유골을 안치하는 묘탑이다. 신라의 팔각원당형을 계승한 여주 고달사지 승탑과 사각형의 특이한 형태로 조형미가 뛰어난 원주 법천사 지광국사 현묘탑과 탑비 등이 대표적이다. 고려 후기에는 전체의 형태가 간략화 된 종 모양의 석종형 승탑이 만들어졌는데, 여주 신륵사 보제존자 승탑이 대표적이다.

한편, 석등으로는 고려 초기에 가장 우수한 것으로 꼽히는 여주 고달사지의 쌍사자 석등과 형태가 장엄하고 수법이 웅장한 논산 관촉사 석등 등이 있다.

현화사 칠층 석탑(개성) 개성에 있는 고려 시대의 석탑으로 현화사는 고려 때 역대 왕실의 법회가 열린 사찰이었다.

월정사 팔각 구층 석탑(강원 평창) 다각 다층탑으로 고려 시대에 4각 평면 방식을 벗어난 특이한 양식이다.

부석사 소조 아미타여래 좌상(경북 영주) 부석사 무량수전에 있는 소조불상으로 우리나라 소조 불상 가운데 가장 크고 오래되었다. 소조 불상이란 나무로 골격을 만들고 진흙을 붙여가면서 만든다. 얼굴은 풍만한 편이며, 두꺼운 입술과 날카로운 코 등에서 근엄한 인상을 풍기고 있다.

경천사지 십층 석탑(국립중앙박물관) 원의 영향을 받아 만들어진 탑으로 일제 강점기 일본으로 무단 반출되었다가 다시 돌아왔다.

관촉사 석조 미륵보살 입상(충남 논산) 고려 광종 때 만들어진 대형 석불이다.

(3) 불상

고려 시대 불상은 시기와 지역에 따라 독특한 모습을 보여준다. 초기에는 통일신라의 철불과 같은 대형 철불이 많이 조성되었는데, 하남 하사창동 철조 석가여래좌상(춘궁리 철불)이 대표적이다. 그리고 사람이 많이 다니는 길목에 커다란 입상을 세웠는데, 논산 관촉사 석조 미륵보살 입상과 안동 이천동 마애여래 입상, 파주 용미리 마애 이불 입상 등이 대표적이다. 이러한 석불들은 전체의 균형감은 떨어지지만 중앙 문화에 대응하는 지방 문화를 상징한다는 데 의미가 있다. 또 신라 양식을 계승하여 뛰어난 세련미를 지닌 영주 부석사 소조 아미타여래 좌상은 고려 불상의 걸작으로 꼽는다.

(4) 자기와 공예

고려의 자기는 신라의 전통과 송나라의 영향을 받으며 한층 성숙된 작품이 만들어졌다. 여기에 선종 불교와 함께 들어와 유행한 차 문화의 영향으로 자기의 수요가 늘었다.

11세기에는 순청자가 유행하였다. 접시, 완, 병, 주전자, 연적, 향로 등 종류가 다양해지고 기형과 문양 등이 발전해 갔다. 강진과 부안 등은 대표적인 청자 생산지였다. 이들 청자는 공물 또는 상품으로서 조운로를 따라 개경으로 공급되었다.

분청사기 (국립중앙박물관)

12세기 초는 청자가 세련되어지는 시기로, 처음에 청자는 양각 또는 음각, 투각 등으로 무늬를 새겼으나, 뒤에는 고려만의 독창적인 기법인 상감법을 개발하여 고려청자는 더욱 세련되고 아름다워졌다. 상감청자는 강화도로 천도한 13세기 중엽까지 주류를 이루었으나, 원 간섭기 이후에는 퇴조해 갔다. 고려 말에 왜구의 잦은 침략과 약탈로 청자의 대표적 생산지인 강진과 부안 등 해안 지역 도요지가 쇠퇴하게 되었고 그 대신 분청사기가 등장해 14~15세기의 대표적인 도자기가 된다.

고려의 금속 공예는 금속 공예품에는 범종과 불구류 · 동경 · 장신구 등이 있다. 청동기 표면을 파내고 실처럼 만든 은을 채워 넣어 무늬를 장식하는 은입사 기술이 발달하였는데 명종 때 만들어진 밀양의 표충사 향로가 지금까지 전해지고 있다. 한편, 옻칠한 바탕에 자개를 붙여 무늬를 나타내는 나전 칠기 공예도 크게 발달하여 불경을 넣는 경함, 화장품갑, 문방구 등이 오늘날도 전하고 있다.

내소사 동종 (전북 부안)

이밖에 범종은 매우 우수한 것이 많은데, 현종 때 만든 천안의 천흥사 동종이 대표적으로 신라 범종의 전통을 이어받았다. 고려 범종의 전통을 잘 살린 부안의 내소사 종도 걸작이다.

(5) 그림, 서예

고려 시대 미술에서 가장 주목할 만한 것은 불화의 제작이다. 불화의 화려함과 정교함은 불교 미술의 정수였다. 불화는 예불과 법회에 사용하거나 병란 극복, 재해 방지, 수명장수 기원, 탄생 기원 등 여러 가지 용도로 제작되었다. 그림의 소재는 고려 후기에 들어 왕실과 귀족의 구복적 요구에 따라 극락왕생을 기원하는 아미타불도와 지장보살도 및 관음보살도가 많이 그려졌다. 혜허가 그린 양류관음도가 매우 뛰어난 작품으로 평가받고 있다.

**파주 용미리 마애 이불 입상
(경기 파주)** 천연 암벽을 몸체
로 삼아 위에 목·머리·갓 등
을 따로 만들어 얹어놓은 2구의
큰 불상이다.

**안동 이천동 마애 여래 입상(경북
안동)** 자연 암벽에 몸을 선으로 그
리고 머리 부분은 조각하여 따로 올
려 놓았다.

고달사지 승탑(경기 여주) 고달사 터에 남아 있는 고려 초기의 화강석 승탑이다.

고달사지 원종대사 혜진탑(경기 여주) 탑비가 975년(광종 26년)에 건립된 것으로 보아 이 무렵 만든 것으로 추정된다.

고달사지 쌍사자 석등(국립중앙박물관) 고달사 터에 쓰러져 있었던 것을 1959년 경복궁으로 옮겨 왔으며, 현재는 국립중앙박물관에 있다

법천사지 지광국사 현묘탑(서울 종로) 고려 시대의 승려 지광국사 해린의 승탑이다. 현재는 전면 해체·보존처리를 위해 대전국립문화재연구소로 옮겼다.

청동 은입사 포류수금문 정병(국립중앙박물관) 정병은 가장 깨끗한 물을 넣는 병으로 부처님에게 바친다.

청동 은입사 향완(통도사) 가장 오래된 고려시대의 대표적 향완이다. 향완이란 향을 담는 그릇이다.

나전칠기 국당초문염주합

나전 칠기함

상감기법

상감기법은 먼저 태토 표면에 그리고 싶은 문양을 음각으로 파고, 거기에 흰색 진흙 또는 붉은 색 진흙을 붓으로 발라서 메우는 작업을 한다. 그 후 마른 다음에 그릇 면에 넘쳐 묻은 진흙을 깎아 내거나 닦아내면, 음각한 곳을 메운 것만 분명하게 남는다. 거기에 청자유약을 입혀 구워내는 기법이다. 즉, 자기에 문양을 새겨 넣고 그 부분에 백토나 자토를 메우고 초벌구이를 한 다음에 유약을 발라 재벌구이를 하는 방식이다.

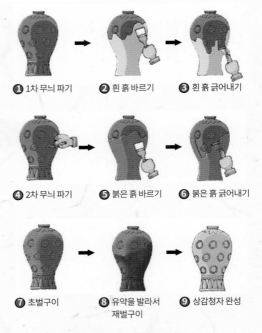

❶ 1차 무늬 파기   ❷ 흰 흙 바르기   ❸ 흰 흙 긁어내기

❹ 2차 무늬 파기   ❺ 붉은 흙 바르기   ❻ 붉은 흙 긁어내기

❼ 초벌구이   ❽ 유약을 발라서 재벌구이   ❾ 상감청자 완성

양이정 (국립중앙박물관)과 청자기와 고려 시대 정자의 하나로 『고려사』에 "민가 500여 채를 헐어내어 태평정을 짓고 태자에게 명하여 현판을 쓰게 하였다. 그 정자 옆에는 유명한 화초와 진기한 과수를 심었으며 기이하고 화려한 물건들을 좌우에 진열하고 정자 남쪽에 못을 파서 그곳에 관란정을 세웠으며 그 북쪽에는 양이정을 신축하여 청기와를 얹었다"라고 했다. 고려 시대 청자를 기와로 사용할 정도로 사치했음을 보여준다. 이 기록에 의거 국립중앙박물관 연못에 양이정을 복원했다.

혜허의 양류관음도
(일본 센소사 소장)　　　　수월관음도　　　　천산대렵도(국립중앙박물관)　　　　부석사 조사당 벽화

　또 불교 경전을 필사하거나 인쇄할 때, 맨 앞장에 그 경전의 내용을 알기 쉽게 그림으로 설명한 사경화도 유행했다. 이밖에 사찰과 무덤의 벽화가 일부 남아 있는데, 부석사 조사당 벽화의 사천왕상과 보살상이 대표적이다.

　문인화로는 공민왕이 그렸다는 천산대렵도가 있는데 당시 원나라의 북화가 영향을 끼쳤음을 알 수 있다.

　서예는 고려 전기에 구양순체가 유행하였고, 고려 후기에는 송설체로 불리는 조맹부체가 유행하였다. 구양순체는 당나라 구양순의 굳세고 힘찬 글씨체를, 송설체는 원나라 조맹부의 유려한 글씨체를 말한다. 그리하여 서예가로는 문종 때의 유신, 인종 때의 탄연, 고종 때의 최우가 유명하여 신라의 김생과 함께 신품 4현이라 일컬었다.

10 조선의 건국과
통치 체제의 정비

전주 경기전 (전북 전주) 이성계의 어진(초상)을 봉안한 건물이다.

1 조선의 건국과 발전

1) 동아시아 국제정세와 조선의 건국

14세기 후반 중국에서는 원이 점차 쇠퇴하고 한족인 주원장이 명을 건국하였다(1368년). 바다 건너 일본에서는 남북조의 혼란기가 지속되면서 왜구가 한반도와 중국 해안에서 노략질을 일삼았다. 고려에서는 권문세족이 권력을 독점하면서 사회적 모순이 심화되었다. 또한 홍건적과 왜구가 고려를 침입하여 국토가 황폐해졌다. 이러한 고려의 사회 혼란을 극복하는 과정에서 공을 세운 이성계와 최영 등의 신흥 무인 세력이 성장하였다. 이들 신흥 무인 세력은 권문세족의 횡포를 비판하던 신진 사대부와 협력하여 고려 사회의 모순을 개혁하려 하였다.

그러던 차에 명은 원이 직접 지배하던 철령위 이북의 땅을 직속령으로 삼겠다고 통보해 왔다. 이에 반발한 실권자 최영은 요동 정벌을 단행하였다. 이때 4불가론을 내세워 요동 정벌에 반대하던 이성계는 1388년 압록강의 위화도에서 군대를 되돌려 최영을 제거하고 정치 권력을 장악하였다(위화도 회군).

위화도 회군 이후 신진 사대부는 개혁의 방향을 둘러싸고 고려 왕조의 틀을 유지하면서 개혁을 하자는 온건파 사대부와 고려 왕조를 무너트리고 새로운 왕조를 건설하려는 혁명파 사대부로 나뉘어졌다. 이성계는 정도전, 조준 등의 혁명파 사대부와 손을 잡고 과전법을 실시하여 전제 개혁을 단행하였다. 그 결과 신진 사대부의 경제적 기반을 확립하는 동시에 권문세족의 농장 확대에 타격을 가하였으며, 국가의 재정이 확충되었다. 이후 이성계와 혁명파 사대부는 역성혁명에 반대하던 온건파 사대부인 정몽주 등을 제거하고 조선 왕조를 건국하였다(1392년).

태조 이성계는 고조선을 계승한다는 의미로 국호를 조선으로 정하고, 도읍을 한양으로 옮겼다. 한양은 지리적으로 한반도의 중심에 위치하였으며, 육로와 수로의 교통이 편리하고, 주변에 높은 산들이 둘러싸인 전략상의 요충지였다. 한양에 궁궐, 종묘와 사직, 각종 관청을 짓고 도성을 축성하였다. 특히 정도전은 유교적 덕목[인(동), 의(서), 예(남), 지(북), 신(중앙)]을 반영하여 궁궐과 4대문의 이름을 지었다.

2) 유교 정치의 실현

(1) 태종의 왕권강화

조선 왕조는 건국 초기에 유교를 국가 통치의 근본 원리로 삼아 왕권을 안정시키고 백성들의 생활 안정에 힘썼다. 그러나 왕위계승을 두고 대립하다가 1398년(태조 7년)과 1400년(정종 2년)에 두 차례에 걸친 '왕자의 난'이 일어났다.

왕자의 난을 극복하고 왕위에 오른 태종은 개국공신 세력을 몰아내고 국왕 중심의 통치 체제를 정비하고자 하였다. 도평의사사를 폐지하고 의정부를 설치하였으며, 중추원을 승정원으로 개편하여 왕명

한양 도성(서울) 조선의 수도 한양의 주위를 둘러싸고 있는 도성으로 사적 제 10호이다. 태조 4년(1395년) 도성축조도감을 설치하고 한양을 방어하기 위해 석성과 토성으로 성곽을 쌓았다. 여기에는 흥인지문(동)·돈의문(서)·숭례문(남)·숙정문(북)을 두었다. 이 가운데 동대문에만 성문을 이중으로 보호하기 위한 옹성을 쌓았다. 또한 혜화문(동북)·광희문(동남)·창의문(서북)·소덕문(서남)의 4소문을 두었다. 이후 세종 4년(1422년)에 흙으로 쌓은 부분을 돌로 다시 쌓았고, 숙종 30년(1704년)에는 정사각형의 돌을 다듬어 벽면이 수직이 되게 쌓았다. 이처럼 한양 성곽은 여러 번에 걸친 수리를 하였다.

숭례문(서울 중구) 한양 도성의 4대문 중 남쪽의 대문으로, 예를 숭상한다는 의미가 담겨져 있어 유교적 덕목이 반영되어 있다. 현재의 건물은 불에 타 복원한 것이다.

출납을 담당하게 하였다. 그리고 6조에서 올라오는 모든 일을 의정부를 거치지 않고 6조에서 곧바로 국왕에게 올려 재가를 받아 시행하는 6조직계제를 시행하였다. 지방 통치 체제도 정비하여 전국을 오늘날과 비슷한 8도 체제로 확립하였다.

또한 태종은 언론 기관인 사간원을 독립시켜 대신들을 견제하였으며, 사병을 혁파하고 군사권을 왕에게 집중시켰다. 또 신문고를 설치하여 억울한 민원을 해결하고자 하였고, 세금과 군역을 확보하기 위해 양전 사업과 호구 파악에 노력을 기울였다. 아울러 16세 이상의 성인 남자에 신분증명서인 호패를 착용하는 호패법도 실시하였다.

(2) 세종의 유교 정치 실현

세종은 태종이 마련한 강력한 왕권과 경제력을 바탕으로 유교 정치 이념을 실현하였다. 집현전을 설치하여 젊은 인재를 육성하고, 유교 정치와 민족 문화를 발전시켰다. 그리고 문장이 뛰어난 집현전 관리에게 휴가를 주어 독서에 전념하게 한 사가독서제를 실시하였다. 또 유교 이념을 정착하기 위해『삼강행실도』를 간행하였다. 정치 체제를 6조가 의정부에 보고하여 왕으로부터 재가를 받는 의정부 서사제로 바꾸고, 황희와 같은 훌륭한 재상을 등용하여 정치를 이끌었다. 그러면서도 인사와 군사에 관한 일은 왕이 직접 주관함으로서 왕권과 신권의 조화를 이루었다. 장영실 등에게 측우기 등 천문 과학 기구를 만들도록 명하였으며, 4군 6진을 개척하여 압록강에서 두만강에 이르는 국경선을 확보하였다.

세종은 한글을 창제하여 민족 문화가 발달할 수 있는 토대를 마련하였다. 아울러 박연으로 하여금 아악을 정리한『악학궤범』을 편찬하였다. 그리고 정초로 하여금『농사직설』을 편찬하게 하여 새로운 농사 기술을 보급하여 농업을 장려하고, 전분 6등법과 연분 9등법(공법) 등을 시행하며 전세 제도를 개편하고 백성들의 생활을 안정시키는 데 노력하였다.

(3) 세조의 왕위 찬탈과 통치

세종 이후 뒤를 이어 즉위한 문종이 일찍 죽고 어린 단종이 즉위하자 왕권이 약화되고 정치적 실권은 김종서, 황보인 등에게 넘어갔다. 이에 세종의 둘째 아들인 수양대군이 계유정란(1453년)을 일으켜 김종서, 황보인을 제거한 후, 정권을 장악하였고, 1455년(단종 3년) 양위의 형식으로 왕위에 올랐다. 이가 바로 세조다.

성삼문, 박팽년 등 사육신이 단종을 복위시키려는 계획을 세우자 이를 빌미로 단종을 노산군으로 강등하여 영월에 유배 보내고 이후 관원을 보내 죽였다. 또 세조는 집현전을 폐지하고 경연을 중지시켰으며, 왕명 출납 기관인 승정원의 기능을 강화하여 측근들을 중심으로 정국을 운영하였다. 6조 직계제도 부활하고 지방 군사를 지휘하는 절도사를 중앙에서 임명하였다. 이처럼 강력한 통치력을 바탕으로 세조는 국가의 기본 틀을 다질 수 있었다. 백성의 신분과 직역을 파악하기 위해 다시 호패법을 시행했으며, 현직 관리에게만 토지를 주는 직전법을 시행하였다. 전국적인 지역 중심의 방어 체제인 진관 체제를 실시하여 스스로 외적을 방어하게 하였다. 단군 조선에서 고려까지의 역사를 서술한『동국통감』과 선대 국왕의 치적 중 모범이 될 만한 것을 모은『국조보감』을 편찬하였다. 이어 조선의 기본 법전인『경국대전』의 편찬을 시작하였다.

(4) 성종의『경국대전』반포와 문물 제도의 정비

세조에 이어 왕위를 물려받은 예종이 일찍 죽자 그의 조카인 성종이 13세의 나이에 즉위하였다. 성종은 지방에서 학문에 매진하던 김종직 등 사림파를 등용하여 훈구 세력을 견제하였다. 그리고 성균관에는 재정적 지원을 아끼지 않았으며 지방의 향교에도 토지와 서적을 나누어 주어 관학 교육을 진흥시켰다. 또한 세종 때 실시했던 집현전의 사가독서제를 부활하고, 독서당을 설치하였으며, 세조가 폐지한 집현전을 재개편하여 홍문관을 확충하였다. 이를 통해 유능한 관료들이 업무로부터 벗어나 학문 연구에만 전념하게 하였다. 경연도 자주 열어 관료들과 토론하였다.

성종은 직전법 대신 경작자로부터 직접 조세를 거두어 관리들에게 현물로 녹봉을 지급하는 관수관급제를 시행하였다. 풍속의 교화를 위해 왕비로 하여금 친잠의 모범을 보이도록 하였다. 그리고 세조대에 성행하던 불교 행사를 금하고, 도첩제를 폐지하여 승려가 되는 것을 원천적으로 막았다.

성종은 우리나라의 인문 지리서인『동국여지승람』을 간행하고, 서거정에 명하여 우리나라 역대 문학 작품 중 우수한 것을 모은『동문선』을 편찬하였다. 국가에서 시행하는 오례의 예법과 절차에 관한 기록을 위해『국조오례의』도 완성하였다. 그러나 무엇보다도 성종대의 가장 대표적인 것은 조선의 기본 법전인『경국대전』의 반포였다(1485년).『경국대전』의 완성과 공포로 조선의 유교적인 통치 조직 정비는 마무리되었다.

─── **6전 체제를 갖춘『경국대전』** ───

『경국대전』은 조선 건국 후 시행되었던 당시의 법률을 모두 아우르는 법전이었다. 법전의 구성에 있어서는 조선 정부의 체제였던 6조 체제를 따라 이전·호전·예전·병전·형전·공전의 6전으로 이루어졌다. 세조 때부터 그 편찬이 시작되어 성종 때 이르러 완성된 후『경국대전』은 조선의 최고 법전으로 자리매김 하였다. 시간이 지나면서 점차 새로운 법률들이 만들어지면서 영조 때『속대전』, 정조 때『대전통편』, 고종 때『대전회통』등으로 새로이 쓰이게 되었지만『경국대전』의 조항은 사라지지 않고 명맥이 그대로 이어졌다.

관리들에게 주는 토지 제도를 고친 세조

조선이 처음 건국됐을 때는 과전법에 따라 경기도의 땅을 현재 관직에 있는 신하들과 함께 이미 물러난 신하들에게까지 나누어주어 그 땅에서 나오는 세금을 급여 대신 받아가도록 했었다. 그리고 관직에서 물러난 관리가 사망하면 어린 자녀가 있는 등의 몇몇 경우를 빼고는 그 땅을 다시 나라에 반납하게 했다. 그런데 이를 어기고 대대로 물려가는 일이 점차 늘어났다. 결국 세조 때 와서는 경기도의 땅 중에 현직에 있는 관리들에게 줄 땅조차 남지 않게 됐다. 세조는 이러한 문제를 해결하고자 현직에 있는 관리들만 땅을 받도록 했는데 이를 직전법이라 한다.

집현전(경복궁 수정전)

집현전은 학자를 키워내고 학문을 연구하던 기관이었다. 세종은 실력있는 신하들을 집현전에 모아서 함께 유교를 연구하고, 나라의 각종 법과 제도들을 정비했다. 또 집현전 신하들은 경연과 서연을 담당하여 임금과 세자와 함께 공부하였고, 각종 책들을 펴내었다. 즉 집현전은 세종이 자신의 뜻을 잘 펼쳐나갈 수 있도록 곁에서 직접 돕는 역할을 한 기관이다. 원래 있던 집현전 건물은 임진왜란 때 불에 타고 말았다. 이후 고종 때 경복궁을 다시 지으면서 집현전이 있던 자리에 수정전이란 건물이 세워졌다.

2 통치 체제의 정비

1) 중앙 정치 조직

중앙 통치 조직의 핵심은 국정을 총괄하는 의정부와 그 아래에 왕의 명령을 집행하는 6조이다. 6조에서 이조는 문관 인사와 관리 평가를, 호조는 재정과 호구를, 예조는 외교와 교육을, 병조는 무관 인사와 군사 업무를, 형조는 법률과 노비를, 공조는 토목과 건설에 관한 일을 관장하였다. 또 왕명을 출납하는 비서기관으로 승정원을 두었다.

언론기관으로 홍문관·사헌부·사간원의 3사가 있었다. 홍문관은 국왕의 교서를 작성하고 국왕의 정책 자문 및 경연을 담당하였고, 사헌부는 감찰 기관으로 관리의 잘잘못을 규찰하고 풍속을 교정하는 일을 담당하였다. 그리고 사간원은 왕이 잘못했을 때 비판하는 일을 담당하였다. 사헌부와 사간원은 합하여 대간이라고 하였으며, 이들은 하급 관리의 신분과 경력을 조사하여 그 임명 여부를 승인하는 서경의 업무도 맡았다. 3사의 관원은 청요직으로 인식되어 학문과 덕망이 있는 과거 합격자가 임명되었고, 후에 고위 관직에 오를 수 있었다.

옥당 현판(고궁박물관) 옥당은 홍문관의 별칭이다. 홍문관은 궁중의 책들이나 역사적 자료들을 관리했는데, 성종 때 그 기능이 강화됐다. 이후 홍문관은 임금의 자문에 응하며, 각종 서류를 처리하는 기능을 하게 됐고, 홍문관의 관리들은 경연관을 겸했다. 사헌부, 사간원과 함께 3사라 불리우며 임금을 보좌하는 핵심기구로서 그 역할을 했다.

조선의 내외 관직

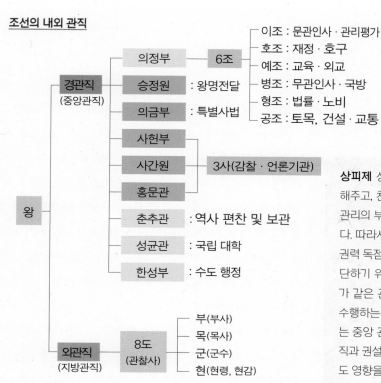

왕	경관직 (중앙관직)	의정부 — 6조 — 이조 : 문관인사·관리평가
		호조 : 재정·호구
		예조 : 교육·외교
		병조 : 무관인사·국방
		형조 : 법률·노비
		공조 : 토목, 건설·교통
		승정원 : 왕명전달
		의금부 : 특별사법
		사헌부 ┐
		사간원 ├ 3사(감찰·언론기관)
		홍문관 ┘
		춘추관 : 역사 편찬 및 보관
		성균관 : 국립 대학
		한성부 : 수도 행정
	외관직 (지방관직)	8도 (관찰사) — 부(부사)
		목(목사)
		군(군수)
		현(현령, 현감)

상피제 상피란 국왕의 권력행사를 원활히 해주고, 친인척 관계로 인한 권력의 집중과 관리의 부정 및 부조리를 막기 위한 제도였다. 따라서 이 제도의 시행은 유력한 가문의 권력 독점 현상을 막고, 관리의 세력화를 차단하기 위해 일정한 범위의 친인척 관계자가 같은 관청에 근무하거나 동일한 업무를 수행하는 것을 제어했다. 대개 상피의 범위는 중앙 관직과 지방 관직은 물론이고 청요직과 권설직인 송관, 언관, 시관 등의 임명에도 영향을 주었다.

품계		봉작	
		문반계	무반계
정	1품	대광보국숭록대부	
		보국숭록대부	
종		숭록대부	
		숭정대부	
정	2품	정헌대부	
		자헌대부	
종		가정대부	
		가선대부	
정	3품	통정대부	절충장군
		통훈대부	어모장군
종		중직대부	건공장군
		중훈대부	보공장군
정	4품	봉정대부	진위장군
		봉렬대부	소위장군
종		조산대부	정략장군
		조봉대부	선략장군
정	5품	통덕랑	과의교위
		통선랑	충의교위
종		봉직랑	현신교위
		봉훈랑	창신교위
정	6품	승의랑	돈용교위
		승훈랑	진용교위
종		선교랑	여절교위
		선무랑	병절교위
정	7품	무공랑	적순부위
종		계공랑	분순부위
정	8품	통사랑	승의부위
종		승사랑	수의부의
정	9품	종사랑	효력부위
종		장사랑	전력부위

이밖에도 한양의 행정과 치안을 담당하는 한성부, 역사서를 편찬하고 보관하던 춘추관, 최고의 교육 기관인 성균관, 외교문서의 작성을 담당하던 승문원, 노비문서의 관리와 소송을 맡아보던 장례원 등이 있었다.

조선 시대의 품계는 1품에서 9품까지 정·종의 18관품으로 구성돼 있다. 왕을 중심으로 동쪽에 배열한 문관을 동반이라 했고, 서쪽에 배열한 무관을 서반이라 했다. 동·서 양반은 정1품에서 종6품까지는 각 관품별로 각각 상하 두 개의 품계가 있었으며, 정7품 이하는 하나의 품계로 구성되었다. 동반과 서반 모두 30계를 두었다.

정3품 이상의 당상관은 국가의 중요 정책 결정에 참여하였으며, 주요 관서의 장이나 지방의 관찰사로 나갈 수 있었다. 한편, 종6품 선무랑·병절교위 이상의 관원인 참상관은 목민관인 수령으로 나갈 수 있었다. 조선은 관직 수는 한정되고 자리를 원하는 자들은 많았으므로 이를 극복하기 위해 행수법(行守法)을 실시하였다. 행수법은 직품과 관계가 서로 일치하지 않는 경우이다. 곧, 직급이 높고 담당하는 일이 낮은 경우에는 '행'을 직급이 낮고 담당하는 일이 높은 경우에는 '수'를 썼다.

2) 지방 행정 제도

조선은 전국을 경기·충청·경상·전라·황해·강원·평안·함경의 8도로 나누고 고을의 크기에 따라 부·목·군·현 등을 두었다. 도에는 관찰사(감사)가 임명되어 그 아래 조직인 부·목·군·현의 책임자인 부윤(부사), 목사, 군수, 현령(현감) 등의 수령을 지휘·감독하게 하였다. 지방관은 농상성(농업과 잠업을 성하게 함)·호구증(호구를 늘림)·학교흥(학교를 일으킴)·군정수(군정에 관한 행정을 잘 다스림)·부역균(역의 부과를 균등하게 함)·사송간(소송을 공평하게 함)·간활식(교활하고 간사한 버릇을 그치게 함) 등의 수령7사를 수행하여야 했다.

지방관은 행정권, 사법권, 군사권 등 광범위한 권한을 국가로부터 위임받고 있었다. 조선 시대에는 고려 시대와는 달리 전국의 모든 군과 현까지 중앙에서 지방 수령을 파견했다. 임기는 관찰사는 1년, 수령은 5년(뒤에 3년)으로 제한되었으며, 관찰사 이하 수령은 자기 출신지에는 부임하지 못하도록 제한을 둔 상피제가 적용되었다.

지방의 각 행정 단위에는 중앙의 6조와 비슷한 이·호·예·병·형·공의 6방이 있어 지방의 사무를 담당하였다. 6방의 향리는 토착 세력으로 왕권을 대행하는 수령을 보좌하고 행정 실무를 담당하였다.

한편, 향촌 사회의 운영을 위해 군·현 아래에 면·리·통을 두어 5가를 1통으로 편제하는 오가작통제를 실시하였고, 향민에서 책임자(통수·이정·면장)를 선임하여 인구 파악과 부역 징발을 맡도록 하였다. 또 각 군현 밑에 유향소(향청)를 설치하여 수령의 업무를 돕고 향리를 감독하였다. 유향소에는 향임, 감관, 향정의 임원을 두었으며, 향임인 좌수 또는 별감은 전체 회의인 향회에서 선출되었다. 유향소는 향사례와 향음주례를 담당함은 물론이고 향촌 내 부모에 대한 불효와 친족 간의 불화 등 향촌 질서를 파괴하는 자들을 통제하여 향촌 교화에 힘썼다.

서울에는 경재소를 두고 지방에 설치된 유향소를 통제하고, 출신 지역과 정부와의 중간에서 여러 가지 일을 주선하거나 공물

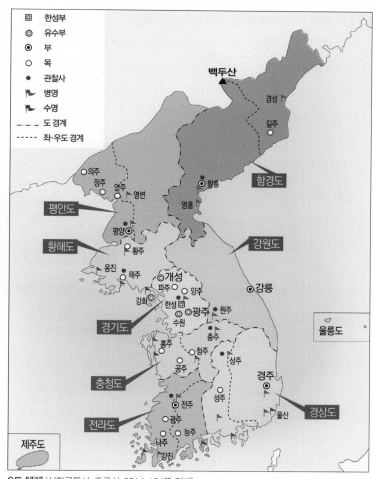

8도 체제 (신한국통사, 주류성, 2014, 194쪽 전재)

범례:
- 한성부
- 유수부
- 부
- 목
- 관찰사
- 병영
- 수영
- ─ ─ ─ 도 경계
- ·········· 좌·우도 경계

상주 향청(경북 상주)

상납을 책임지기도 하였다. 그러나 여러 폐단이 지적되어 선조 때 폐지되었다.

　조선 시대 지방 행정 제도의 특징은 모든 군현에 지방관을 파견하여 고려 시대 이래 존재하였던 속군과 속현이 소멸되었으며 관찰사의 권한이 강화된 반면 향리의 권한을 축소하여 아전으로 전락시켰다. 또 향·소·부곡을 폐지하여 일반 군현으로 승격시킴으로써 면·리·통 제도가 정착되었으며 백성에 대한 국가 지배력을 강화하였다.

3) 군사 제도와 통신 제도

　조선 전기의 군역은 태종대에 사병을 혁파하고, 16세 이상 60세 이하의 모든 양인 남자는 군역의 의무를 지는 양인개병 제도를 실시하였다. 그러나 현직 관료와 학생, 향리 등은 군역을 면제받았다.

　중앙군은 태조 때 의흥삼군부를 설치하였다가 세조 때 오위도총부로 개편되었다. 따

고창 모양성(전북 고창) 흔히 고창읍성이라 한다.

라서 중앙의 군대인 5위는 궁궐 수비와 수도 방어의 임무를 담당하였으며, 군인을 양인 정병과 직업 군인인 갑사로 구성되었다. 지방군은 남방에 영진군이 있고, 북방에는 익군이 있었으나 후에는 익군으로 일원화되었다. 이외에 예비군 형태의 특수군으로 전직 관리, 서리, 향리, 교생, 노비 등으로 구성된 잡색군이 있었다.

　조선 초기의 육군은 세조 이후 진관 체제로 편성되어 행정과 군사의 업무를 일원화할 수 있었다. 진관 체제는 각 행정구역이 자체적으로 군사 기능을 담당하므로 수령의 강력한 통제 아래 지리에 익숙한 이점 등을 이용하여 지역적 특성에 맞는 작전을 구사할 수 있었다. 그러나 소규모의 향촌 방위 개념이어서 대규모의 침입에는 불리하였다.

　수군도 육군과 같은 체제로 편성되었다. 지방의 영과 진에는 주력 부대인 영진군과 노동을 담당하는 수성군, 그리고 해군인 선군이 있었다. 이와 아울러 해안의 요새지에 읍성을 쌓아 방비하였는데, 낙안읍성, 해미읍성, 모양성(고창읍성) 등이 현재 남아 있다.

　한편 중앙에 근무하는 번상 시위군이나 지방의 영진군에 근무하는 군인을 합하여 정병(정군)으로 삼았다. 이들은 평상시에는 농업에 종사하다가 징발되면 한양이나 지방의 요새에 근무하였다. 그러나 양인이라 해서 모두 군역에 종사한 것은 아니었다. 곧 군역을 부담하는 정병을 재정적으로 지원하는 봉족(보인)이 존재하였다. 대개 정군 1명에 보인 2명이 비용을 보탰는데, 이러한 군역 제도를 보법이라 한다. 또한 군사적인 위급 사태를 알리기 위한 봉수와 역참도 설치되었다.

4) 교육 제도와 관리 선발 제도

조선 교육의 특징은 유교 국가 이념을 실현하기 위해 양반 자제 중심의 교육으로, 유학 교육을 중시하고 기술학(잡학)을 천시하였다.

교육 기관으로는 국가에서 운영하는 한양의 성균관과 4부 학당, 지방의 향교가 있었고, 개인적으로 운영되는 사학인 서재, 서당, 서원 등이 있었다. 성균관은 조선 시대 최고의 교육 기관으로 초시 합격자인 생원·진사와 15

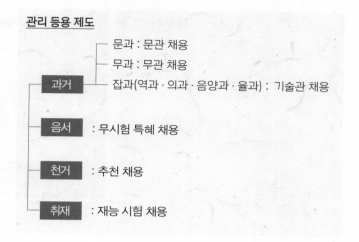

관리 등용 제도

- 과거
  - 문과 : 문관 채용
  - 무과 : 무관 채용
  - 잡과(역과·의과·음양과·율과) : 기술관 채용
- 음서 : 무시험 특혜 채용
- 천거 : 추천 채용
- 취재 : 재능 시험 채용

세 이상의 양반 자제가 입학하였다. 성균관에는 2품 이상의 대신 가운데 학덕이 높은 자를 성균관 제조 또는 겸대사성에 임명하여 교육을 전담하도록 하였다. 성균관의 정원은 개국 초에는 150명이었으나, 세종 때 200명으로 증원되었다.

4부 학당은 중앙에 설치된 관립 교육기관으로 4학이라고도 하며, 중등 정도의 교육을 실시하였다.

향교는 성균관의 하급 관학으로 공자 등 유학자들에 제사를 지내는 대성전과 공부를 하는 강학 공간인 명륜당, 기숙사인 동재·서재가 있었다. 향교는 지방 군현에 1개소씩 설치되었고, 학생의 정원은 군현의 크기에 따라 부·대도호부·목에는 각 90명, 도호부에는 70명, 군에는 50명, 현에는 30명으로 규정하였다. 아울러 향교에는 5~7결의 학전을 지급하여 운영비용에 충당하도록 하고, 향교의 흥함과 쇠함을 수령의 인사고과에 반영하였다. 수령은 매월 교육 현황을 관찰사에 알렸다.

한편, 의학(전의감), 역학(사역원), 율학(형조), 산학(호조), 천문음양학(관상감), 서화(도화서), 도학(소격서) 등의 기술 교육은 중앙의 경우 해당 관청에서, 지방의 경우 지방 관청에서 실시하였다.

성균관 명륜당(서울 종로) '명륜(明倫)'이란 인간 사회의 윤리를 밝힌다는 의미로 『맹자』 등문공편에 나오는 말이다. 명륜당은 강의가 이루어지던 강학당으로 태조 7년(1398년)에 성균관 대성전 북쪽에 건립됐다.

성균관 대성전(서울 종로) 문묘는 유교의 창시자인 공자의 위패를 모신 사당이다. 문묘의 대성전은 다른 사당처럼 단독으로 건축되는 것이 아니라 성균관과 향교에 명륜당·재 등 다른 건물과 함께 지어졌다.

북새 선은도(국립중앙박물관) 함경도 길주에서 실시된 과거 시험 장면을 그린 것이다. 북방의 낙후된 지역이었던 함경도에서는 17세기에 와서 처음으로 과거 시험이 열렸다. 나라에서는 과거 시험을 열어 함경도 주민들에게도 관리가 될 수 있는 기회를 열어준 것이다.

나주 향교(전남 나주) 향교는 지방 고을에 세워진 학교이다. 조선은 태조 때부터 각 지방에 향교를 세워 나갔다. 조선 시대에는 각 지방 수령들의 중요한 업무 중에 하나가 향교를 잘 운영하는 것일 만큼 교육을 중요하게 생각했다.

홍패 과거에 합격한 것을 증명하는 증서를 홍패라고 한다. 조선 후기 때 양반 신분을 불법적으로 얻고자 했던 사람들이 홍패를 위조하기도 했다.

조선 시대 관리는 주로 과거와 음서, 천거를 통하여 선발되었다. 과거에는 문관을 뽑는 문과와 무관을 뽑는 무과, 기술관을 뽑는 잡과가 있었다. 문과는 3년마다 실시하는 정기 시험인 식년시와 부정기 시험인 증광시, 알성시 등과 같은 별시가 있었다. 과거는 양인 이상이면 누구나 응시할 수 있었으나 문과의 경우 탐관오리의 자제, 재가한 여자의 아들과 손자, 서얼은 응시 자격을 제한하였다. 또 일반 양인은 교육 기회의 제한과 도서 구입의 경제적 어려움 등으로 과거에 응시하기는 쉽지 않았다.

문관 채용을 위한 시험은 생진과(소과, 사마시)와 문과(대과)의 두 단계로 나뉘어져 있었다. 생진과는 사서와 오경을 시험하는 생원과와 시·부·표·책 등 문장으로 시험을 보는 진사과가 있었다. 생진과는 지방에서 치르는 초시와 서울에서 치르는 복시가 있었다. 생진시에 합격한 자를 '생원'과 '진사'라 불렀으며, 이들에게는 과거합격증서인 백패가 수여되었다.

생원과 진사에게는 한양의 최고 학부인 성균관 입학 자격이 주어졌고 대과에 응시할 자격이 주어졌다. 대과에서도 초시를 거쳐 복시에서 33명의 합격자를 결정하였으며 이어 임금 앞에서 전시를 시행하여 여기에서 갑과 3인, 을과 7인, 병과 23인의 등위를 결정하였다. 대과 합격자에게는 과거합격 증서인 홍패가 수여되었다.

무관 채용 시험인 무과는 문과와 마찬가지로 초시·복시·전시의 3단계가 있었고, 28명의 합격자를 선발하였다. 무과는 궁술·기창·격구 등의 무예와 경서, 병서 등의 학술 시험을 보았다.

기술관을 뽑는 잡과도 3년마다 치러졌는데, 역과·의과·음양과·율과 등이 있었다. 합격자들은 사역원이나 전의감, 관상감, 형조 등에 기술관으로 배속되어 해당 업무를 담당하였고, 정원은 필요 인원만 선발하였으므로 일정하지 않았다. 당시 기술학은 잡학이라 하여 천시했기 때문에 주로 중인 자제가 이를 세습적으로 배워 응시하는 경우가 많았다. 같은 잡학이지만 산학(算學)·악학(樂學)·화학(畫學)·도학(道學) 등은 잡과가 실시되지 않고 취재 시험만 있었다.

한편, 조선의 음서는 고려와는 달리 원칙적으로 공신 및 2품 이상 관의 자손과 실직 3품 이상의 관료자제로 한정되었기 때문에 이에 속하지 않는 양반들은 과거를 통해서 그들의 신분을 유지하려 하였다. 그러나 음서로 벼슬길에 나간 사람들도 다시 과거에 합격하지 않고서는 당상관에 오를 수 없었다.

또 천거라 하여 과거를 거치지 않고 고관의 추천을 받아 임금 앞에서 간단한 시험을 치른 후 관직에 오르는 경우도 있었다. 하지만 천거는 추천한 관리에게도 연대 책임을 물었기 때문에 추천에 신중을 기하였고, 대개 기존의 관리를 대상으로 하는 경우가 많아, 벼슬하지 않은 사람이 천거되는 경우는 드물었다.

3 사림의 집권과 붕당 정치

1) 사림 세력의 대두

조선 건국에 공을 세운 신진 사대부들은 점차 중앙 관직을 차지하면서 정치적 실권을 장악해 나갔다. 이들은 공신에 책봉되어 막대한 토지와 노비를 하사 받는 등 정치적·경제적인 특권을 누렸다. 이들 세력은 훈구라고 불린다. 그러나 15세기 말부터 훈구 세력의 모순이 점차 드러나고, 향촌의 사족이 중앙 정계에 진출하면서 훈구의 부정과 비리를 비판하는 세력이 등장하였다. 이들을 사림이라 하였다. 사림은 본래 조선 건국에 참여하지 않았던 고려말의 온건 사대부를 계승한 자들로 지방에 머무르며 학문과 교육에 힘썼다. 사림은 대체로 정몽주와 길재의 학풍을 계승하였다. 이들은 도덕과 의리에 바탕을 둔 왕도 정치를 강조하였고, 향촌 자치를 주장하면서 사족 중심의 향촌 질서를 강화해 나갔다.

사림이 중앙에 등용되기 시작한 것은 성종 때로 훈구 세력을 견제하기 위해 김종직 등 지방의 사림들을 대거 등용되었다. 이들은 주로 이조전랑과 삼사의 언관직에 임명되어 언론과 학술을 담당하였으며, 훈구 세력의 잘못을 비판하였다.

사림이 중앙 정계로 권력을 확대해가면서 성리학의 이념에 입각하여 여러 가지 사회 개혁을 추진하였으나 훈구 세력의 반발이 많았다. 사림 세력과 훈구 세력의 갈등은 나중에 '사화'라고 불리는 정치적 사건으로 발전하였다.

추원재 (경남 밀양) 김종직이 태어난 집이다. 김종직은 성리학자인 김숙자의 아들로 정몽주와 길재의 학문을 따르며 공부한 사람이었다. 김숙자는 길재의 학문을 아들 김종직에게 이어주었으며, 김종직은 사림의 거두가 되어 많은 제자들을 길러냈다. 김숙자ㆍ김종직 부자 집터인 추원재의 집이름인 당호가 '전심당'인데, 여기에서 마음을 전한다는 전심(傳心)이란 조선 시대 성리학의 전수자라는 뜻으로 김종직을 가리킨다고 한다.

2) 사화의 발생과 사림의 집권

성종의 뒤를 이어 연산군이 즉위하자 훈구 세력과 사림 세력 사이의 대립이 표면화되어 사화가 발생하였다. 유자광 등의 훈구 세력은 김일손이 스승인 김종직의 조의제문을 사초에 실은 것을 문제 삼아 사림을 축출하였다(무오사화). 그 후 연산군의 생모 폐비 윤씨 사건을 빌미로 훈구 세력과 사림들이 제거되었다(갑자사화).

연산군의 뒤를 이어 반정으로 임금에 오른 중종은 자신을 왕위에 앉힌 훈구 세력을 견제하기 위해 조광조 등 젊은 사림들을 등용하였다. 조광조는 도학정치(왕도 정치)를 실현하기 위해 군주와 지배층의 도덕적 책임을 강조하였다. 또 그는 천거제의 일종인 현량과를 실시하여 사림을 3사의 언관직에 등용하였다. 아울러 도교 기관인 소격서를 폐지하고, 소학을 널리 보급하여 사림의 향촌 지배력을 확대하려 하였으며, 농민의 부담을 가중시키던 공납제의 개혁을 요구하였다. 나아가 그는 중종반정 공신들의 위훈삭제를 주장하였다. 이러한 조광조의 급진적인 개혁은 훈구 세력의 반발을 초래하였으며, 결국 훈구 세력은 사화를 일으켜 조광조 일파를 몰아냈다(기묘사화).

중종의 맏아들 인종이 즉위한 지 8개월 만에 죽고, 이어 이복동생인 12세의 어린 명종이 왕위에 오르자, 외척인 윤원형(소윤)이 정치 세력을 장악하였다. 윤원형은 인종의 외척세력인 윤임(대윤)이 중종의 8남인 봉성군에게 왕위를 옮기도록 획책한다고 무고하여 이들 일파를 숙청하였다(을사사화). 을사사화는 표면적으로는 윤씨 외척 간의 싸움이었으나 다수의 사림이 윤임과 친했으므로 그 이면에는 사림파에 대한 훈구파의 공격이 숨겨져 있었다.

정암 조광조 유허비 (전남 화순) 조광조가 유배온 것을 기리는 비석이다. 조광조는 사림 세력의 대표라 기록될 만큼 사림 세력들에게 존경받던 인물이었다. 그는 중종반정 후 조정에 들어와 정치를 하기 시작하면서 연산군 때 있었던 그릇된 정치를 극복하고자 여러 개혁 정치를 펼쳤다. 그러나 조광조는 급하게 개혁을 추진하면서 자신의 반대편에 섰던 훈구 세력들을 적으로 몰아 세웠다. 그는 훈구 세력들을 조정에서 쫓아내야 한다고 생각했다. 그리하여 위훈삭제를 추진하여 훈구 세력들의 세력을 꺾어 놓고자 했다. 그러나 이러한 조광조의 행동에 자극 받은 훈구 세력들이 힘을 하나로 모아 조광조를 모함했고, 중종은 결국 훈구 세력들의 손을 들어주어 조광조를 유배 보냈고, 사약을 내려 죽게 만들었다.

왕도 정치 원래 맹자의 정치 사상으로 도덕적 교화를 통해 순리에 따라 정치를 하는 것을 뜻한다. 조선 시대 사람들은 맹자의 주장을 받아들여 인과 덕을 바탕으로 하는 정치를 주장했다.

사림은 4차례의 사화를 통해 큰 피해를 입고 세력이 약해졌으나, 사화 뒤에 선비들이 지방으로 내려가 서원과 향약을 기반으로 꾸준히 세력을 확대하여 선조 때 다시 중앙 정치의 주도권을 장악하였다.

3) 붕당의 출현과 붕당 정치

명종이 후사 없이 죽자 덕흥군의 아들인 선조가 즉위하였다. 선조는 덕망이 높은 사림을 많이 등용하고 문치주의로 정치를 이끌어 갔다. 그러나 사림 세력은 외척 정치의 청산을 둘러싸고 서로 대립하였다. 이러한 대립은 인사권을 지닌 이조전랑의 임명 문제를 둘러싸고 더욱 심해져 사림 세력 내부에서 분열이 일어나 결국 동인과 서인의 붕당이 생겨났다.

동인은 외척 정치의 청산을 강력하게 주장하였다. 이들은 서경덕, 조식, 이황의 학문을 계승하였으며, 주로 개경과 영남 지방의 사림이었다. 한편, 서인은 외척 정치의 청산에 소극적이었다. 이들은 이이와 성혼의 학문을 계승하였으며, 주로 경기, 충청, 전라 지방의 사림이었다.

동서 붕당 이후 선조대에 정여립 모반 사건(1589년)이 일어나 서인 정철의 주도로 많은 동인이 처형되었다. 그 후 서인이었던 정철이 세자 책봉 문제로 탄압을 받자, 동인들 사이에 서인의 처벌 문제를 둘러싸고 강경파와 온건파가 대립하였다. 그 결과 동인은 주로 온건파인 이황 계통의 학자들이 남인으로, 강경파인 조식 계통의 학자들은 북인으로 분열하였다.

이로써 서인, 남인, 북인들이 서로의 존재를 인정하면서 비판과 견제를 하는 붕당 정치가 시작되었다. 붕당은 처음에는 정치적 이해 관계에서 시작되어 서로 대립하는 부정적인 면이 있었으나 상호 견제와 경쟁, 타협을 통해 일부 정치 세력의 독주를 막는 긍정적인 역할도 하였다.

이후 광해군대에는 임진왜란의 극복 과정에서 이에 적극적으로 대처한 북인 세력이 집권하여 정국을 주도하였다. 하지만 인조대에 이르러 반정의 주동이 된 서인이 집권하여 남인과 연합하여 정국을 운영하였으며, 상호 비판적인 공존 체제를 유지하고 재야 지식인인 산림(山林)이 여론을 주도하였다. 산림은 재야에서 행실이 바르고 학문이 높아 사림 사회에서 존경을 받는 사람들이었다. 이들은 정계에 나가지 않거나 정계에서 은퇴한 경우가 많았으나 사람들은 이들의 의견을 존중했다.

현종대에는 예송 논쟁으로 서인과 남인 대립이 격화되었으며, 숙종대에는 서인이 노론과 소론으로 분열되었으나 경신환국 이후 노론의 일당 전제화가 시작되었다.

처음 붕당은 학문과 이념의 차이로 발생하여 대립하였으나 후기에는 세자 책봉과 왕위 계승의 정통성 문제로 연결되어 붕당 정치의 원리가 깨졌다. 곧 붕당 정치가 변질되어 정치 기강의 문란을 초래하여 그 해결책으로 탕평론이 대두되었다.

무오사화 - 조의제문(弔義帝文)

정축년 10월에 김종직이 밀성(밀양)에서 경산으로 가는 길에 답계역에서 잠을 잤다. 꿈에 신인이 나타나 자신이 초나라 회왕의 손자 심(의제)인데 서초 패왕(항우)에게 살해당하여 강에 던져졌다 말했다. 역사를 돌이켜보건대 강에 던져졌다는 말은 없었는데 그럼 항우가 사람을 시켜 몰래 심을 죽이고 강에 던진 것인가? 하고 그는 의심을 품게 됐다. 이제 김종직은 심의 죽음을 기리는 글을 적었는데 이것이 조의제문이었다. 여기서 항우는 세조(수양대군)이고, 심은 단종을 빗대어 표현한 것으로 세조의 왕위찬탈을 비난한 글이었다.

기묘사화 - 주초위왕(走肖爲王)

조광조는 중종반정 때 부당하게 공신이 된 사람이 많게 되자, 그 공신 가운데 일부 공신의 자격을 박탈해야 한다고 주장했다(위훈삭제). 그리하여 117명의 공신 중 76명이 자격을 박탈당했다. 조광조는 이 일로 훈구 세력의 미움을 받게 됐다. 그러던 중 훈구 세력이 나뭇잎에 주초위왕 글자를 쓴 뒤, 이것을 벌레가 갉아 먹게 하고, 그 잎을 궁궐뜰에 흘려 중종에게 보여주게 했다. 주(走)와 초(肖) 두 글자를 합치면 조(趙)가 되기 때문에, 주초위왕은 곧 조씨가 왕이 된다는 뜻으로 해석되면서 조광조가 반역을 일으킬 것을 미리 알려준 것이란 소문이 돌았다. 결국 기묘사화는 이렇게 시작됐다.

서원

서원은 1543년 중종 임금 때에 주세붕이라는 사람이 백운동서원을 열면서 시작됐다. 이후 1550년에는 퇴계 이황의 건의를 받아들인 명종이 백운동서원에 소수서원이란 이름을 내려주면서, 국가적으로 서원을 정식 교육기관으로 인정해 주었다. 이렇게 임금이 정식으로 인정해준 서원에 대해서는 서원을 운영할 수 있도록 서원의 이름을 쓴 현판을 내려주고, 책과 땅, 노비를 내려주었다. 이러한 형태의 서원을 사액서원이라 했다.

이렇게 나라에서 서원을 지원해 주면서 조선 후기 흥선 대원군이 서원을 정리하기 전까지 많은 숫자의 서원이 세워질 수 있었다. 대개 조선의 5대서원으로는 영주의 소수서원, 경주의 옥산서원, 안동의 도산서원과 병산서원, 대구의 도동서원을 말한다.

소수서원 강당(경북 영주) 우리나라 최초의 서원으로 본래 처음에는 백운동서원으로 불렸다가 후에 임금이 소수서원이란 편액을 내려주었다. 이후 고종 임금 때 흥선 대원군에 의해 서원이 정리될 때도 없어 지지 않고 남아 있었던 서원이다.

소쇄원(전남 담양) 조광조의 제자인 양산보(1503년~1557년)가 기묘사화로 스승인 조광조가 유배당한 후 사약을 받고 죽자 벼슬길의 무상함을 깨닫고 고향에 은둔하게 됐다. 그는 고향에서 소쇄원을 짓고 자연에 귀의하여 은거 생활을 했다.

11 조선의 대외관계와 임진왜란·병자호란

진주성 촉성루(경남 진주) 임진왜란 때 김시민 장군이 왜적을 물리친 진주성의 누각이다.

1 조선 초기의 대외 관계

1) 명과의 관계

조선의 명과의 관계는 친명 정책으로 일관하였다. 조선은 형식적으로 명의 책봉을 받고, 조공이라는 사대적인 외교 형태를 취했으나 명은 조선의 내정에 간섭하지 않았다. 조선은 명에 정기적 사절과 부정기적인 사절을 파견하여 그 관계를 유지해 나갔다. 우선 정기적 사절로 하정사(정월 초)와 황제 생일에 보내는 성절사, 황후나 태자 생일에 보내는 천추사와 매년 겨울에 보내는 동지사가 있었다. 이러한 정기적 사절 외에도 부정기 사절로 명과 외교적인 현안을 논의하기 위해 파견한 사은사, 주청사, 진하사, 진위사 등을 보냈다. 이에 답례로 명에서도 조선에 사신을 파견하였으며, 한양에는 명의 사신을 접대하는 장소로 태평관이 있었다.

조선에서 명에 파견하는 사절 규모는 정사와 부사, 서장관을 비롯하여 대통관, 호공관 등 정관의 숫자는 30명으로 제한되어 있었으나 그 밖의 따르는 사람은 제한이 없었다. 전체 인원은 대략 250명 내외였다. 이들은 조공품을 가지고 가서 답례품을 받아오는 조공 무역의 형태를 띠었다. 이는 국가 간의 공식적인 관무역과 공무역의 성격을 가진 것이었다. 조공품 이외에도 사신들이 물건을 가지고 가 중국의 물품과 바꾸는 사무역도 이루어졌다. 조선은 인삼, 금, 은, 종이, 인삼, 화문석, 나전칠기 등을 수출하였고, 명으로부터는 비단, 자기, 약재, 서적, 악기, 문방구 등을 수입하였다.

이처럼 조선의 명에 대한 사대 외교는 왕권의 안정과 국제적 지위를 확보하려는 자주적인 실리 외교였고, 선진 문물을 수용하려는 문화 외교였다.

2) 여진과의 관계

조선과 여진족과의 관계는 명과의 관계와 달리 회유와 토벌을 병행하는 교린 정책을 취하였다. 조선은 국경 지역을 안정시키기 위하여 여진족에게 관직을 주거나 토지, 주택을 주어 귀화를 장려하였다. 또한 한양에 북평관을 설치하여 사절의 왕래를 허용하였으며, 함경도의 경성과 경원에 무역소를 설치하여 교역을 허락하였다. 여진족은 주로 말, 모피 등을 가지고 와서 농기구, 식량, 직물인 저포·마포·면포 등으로 바꿔갔다.

그런데 여진족이 조선의 국경을 자주 침범하여 약탈하자 군대를 동원하여 토벌하기도 하였다. 세종 때에는 압록강 지역에 최윤덕을 파견하여 여진족을 몰아내고 여연·자성·무창·우예 등의 4군을 설치하고, 두만강 지역에 김종서를 파견하여 종성·온성·회령·경원·경흥·부령 등 6진을 개척하였다. 그리고 이 지역을 개발하기 위해 경상·전라·충청도의 삼남 지방 주민을 이주시켜 정착하게 하는 사민 정책을 실시하였다. 또한, 토착민을 토관으로 임명하여 토착민을 통제하고, 민심을 수습하기도 하였다.

3) 일본 및 동남아시아와의 관계

　조선과 일본과의 관계는 여진과 마찬가지로 교린 정책을 취하였다. 그런데 일본과의 관계는 조선이 건국하면서도 쉽게 해결되지 못하였다. 그 원인에는 고려 말부터 출몰하던 왜구의 침입이 조선 초기에서도 계속 이어졌기 때문이었다. 이에 조선은 왜구 문제를 해결하기 위해 수군을 정비하고 해안 지방의 방어를 충실하게 하였다. 그리고 조선에 투항해 온 왜구에게 식량, 토지, 집 등을 하사하는 회유책을 실시하였다. 또 일본의 막부 정권에 사절을 파견하여 왜구의 금지를 요청하였다. 그 결과 왜구의 침입이 감소하기는 했으나 사라지지 않자 세종 때 이종무로 하여금 왜구의 소굴인 대마도를 정벌하였다.

　조선은 대마도 정벌 이후 왜구에 대한 자신감을 바탕으로 대일 외교를 왜인에 대한 통제로 전환하였다. 조선에서는 왜인들이 입항할 수 있는 포소를 부산포, 내이포(제포), 염포 등 3포로 제한하고 그곳에 왜관을 설치하였다. 또한 서계·도서·문인 등의 서류를 통해 왜인 통제 제도를 실시하였다. 그 중 문인은 오늘날의 비자(visa)와 같은 입국 증명서로 일본에서 조선에 도항하는 모든 왜인은 대마도주가 발행하는 문인을 가지고 와야만 무역을 할 수 있었다. 또 일본과 계해약조(1443년)를 체결하고 대마도주가 1년에 파견할 수 있는 세견선의 수를 50척으로 제한하였다.

　당시 조선에서는 정치, 외교적인 목적으로 사절을 파견하였으며, 일본은 경제적 교역을 목적으로 사절을 파견하였다. 조선의 수출품으로는 마포·면포·저포 등의 면직물과 미곡, 대장경, 범종, 서적, 약재 등이었고, 수입품은 구리, 유황, 동철과 후추, 단목 등의 약재와 염료이었다.

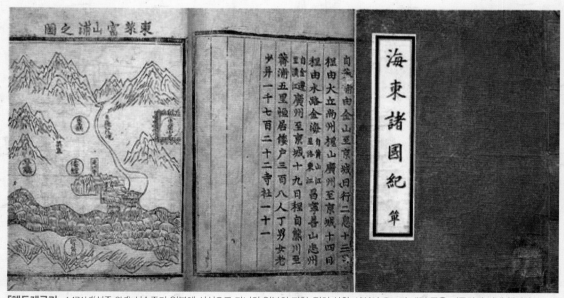

『해동제국기』 1471년(성종 2년) 신숙주가 일본에 사신으로 다녀와 일본의 지형, 정치 상황, 사신이 오고간 내력 등을 기록하여 펴낸 책이다.

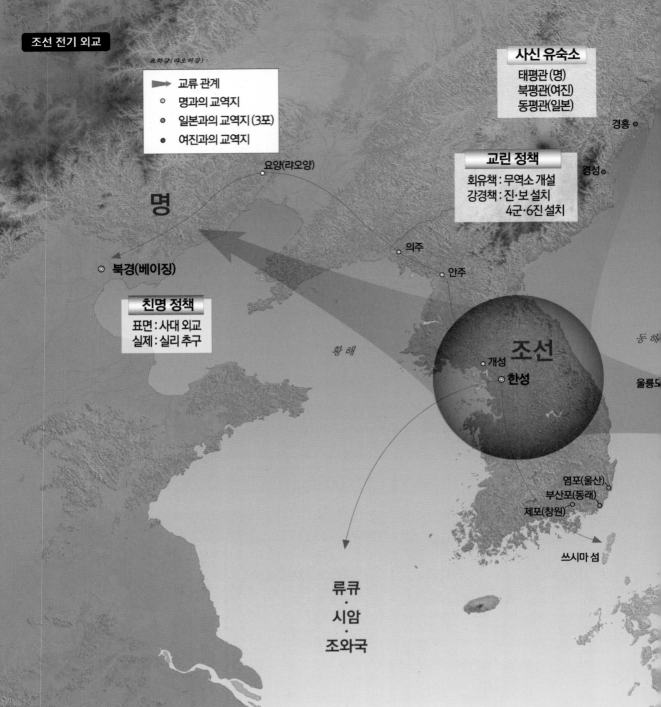

요하강 (랴오허강)

교류 관계
○ 명과의 교역지
○ 일본과의 교역지 (3포)
● 여진과의 교역지

사신 유숙소
태평관 (명)
북평관 (여진)
동평관 (일본)

경흥 ○

요양 (랴오양)

명

경성 ○

교린 정책
회유책 : 무역소 개설
강경책 : 진·보 설치
4군·6진 설치

의주 ○

안주 ○

◎ 북경 (베이징)

친명 정책
표면 : 사대 외교
실제 : 실리 추구

황 해

동 해

조선
○ 개성
◎ 한성

울릉도

염포 (울산) ○
부산포 (동래) ○
제포 (창원) ○

쓰시마 섬

류큐
·
시암
·
조와국

　　한편 조선은 계해약조 이후 왜인에 대한 통제를 강화하였다. 그러자 조선의 엄격한 통제와 접대에 불만을 품은 대마도인이 1510년(중종 5년)에 삼포왜란을 일으켰다. 이 사건을 계기로 조선에서는 대마도와의 통교를 일시 중단하였으나, 2년 후인 1512년에 임신약조를 맺어 다시 통교를 허락하였다. 이 약조로 대마도주의 세견선과 세사미두는 각각 25척, 100석으로 반감되었으며, 폐쇄되었던 삼포 중에서 제포만 다시 개항되었다.

독도

교린 정책
회유책 : 3포 개항
강경책 : 대마도 정벌

일본

◦ 교토

계해약조

① 세견선은 50척으로 한다.
② 삼포에 머무르는 자의 체류 기간은 20일로 하고, 상경한 자의 배를 지키는 간수인은 50일로 하며, 이들에게 식량도 배급한다.
③ 세사미두(歲賜米豆)는 200석으로 한다.
④ 특별한 사정이 있을 때 특송선(特送船)을 파송할 수 있다. (이하 생략)

임신약조

① 왜인의 3포 거주를 허락하지 않고 3포 중 제포만 개항한다.
② 대마도주의 세견선을 종전의 50척에서 25척으로 반감한다.
③ 종전의 세사미두(歲賜米豆) 200석을 반감해 100석으로 한다.
④ 특송선제를 폐지한다. (생략)
⑧ 서울로 오는 왜인은 국왕 사신 외에는 도검(刀劍) 소지를 금한다.

장득진 외, 『참 한국사 이야기』 권3, 주류성, 2018, 72~73쪽, 전재

조선은 일본 이외에도 류큐(오늘날 오키나와)와 시암(오늘날 태국), 자와(오늘날 인도네시아) 등 동남아시아의 여러 나라와도 교류하였다. 이들은 조공과 진상의 형식으로 그들 지방에서 생산되는 토산물을 가져왔고 대신 의류나 문방구 등을 가져갔다. 특히 류큐는 불경, 유교 경전, 범종, 부채 등을 가져갔다.

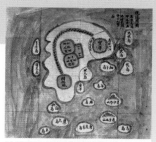

류큐국도(국립중앙박물관) 휴대용 지도첩에 수록된 류큐 왕국의 지도이다

2 왜란의 극복

1) 왜란 전의 국내외 정세

16세기에 이르러 동아시아 국제 정세는 크게 변화하였다. 중국의 명에서는 안으로 환관과 권신이 대립하여 황권이 약화되고 지방에서 반란이 속출하였으며, 밖으로는 이틈을 타 북방 민족이 성장하고, 해안가에서는 왜구의 출몰이 급증하였다.

조선은 200여 년 간의 평화가 지속되면서 군역제가 해이해지고 국방력이 크게 약화되었고, 네 차례에 걸친 사화와 붕당 간의 경쟁으로 정세가 어지러운 상태였다.

반면, 일본에서는 혼란했던 전국 시대가 도요토미 히데요시에 의해 수습되었다. 하지만 그 과정에서 중앙 정부에 불만을 가진 세력이 등장하자, 도요토미는 불평 세력과 다이묘의 관심을 밖으로 돌리기 위해 조선을 침략하고자 하였다. 일본은 조선에 파견한 사절 등을 통해 조선의 방어 태세와 지리정보를 수집하고, 포르투갈 상인에게서 조총의 제조법을 습득하는 등 조선을 침략할 준비를 본격화하였다.

2) 왜란의 전개와 극복

일본은 조선에게 명을 정벌하고자 하니 길을 빌려 달라는 정명가도(征明假道)를 구실로 20여 만명의 군대를 이끌고 조선을 침략하였다(임진왜란, 1592년). 일본군은 부산진 앞바다에 도착한 후 부산성과 동래성을 함락시키고, 세 갈래로 나누어 한성으로 북상하였다. 북상하는 일본군을 맞아 신립이 충주 탄금대에서 배수의 진을 치고 싸웠지만 막아내지 못하였다. 이에 선조는 명나라에 구원병을 요청하는 한편, 자신도 평양을 거쳐 의주로 피란을 떠났다. 왕이 한양을 떠나자 백성들은 분개하였고 특히, 노비들은 노비문서를 관장하던 경복궁 내의 장례원과 형조를 불태웠다.

임진왜란 초기 육지에서의 전투에서 관군은 참패하였다. 그러나 해상에서는 전라좌수사 이순신이 이끄는 조선 수군이 옥포에서 첫 승리를 거둔 이후 사천, 당포, 한산도, 부산 등에서 연속으로 일본군에게 승리를 거두었다. 특히 한산도 앞바다에서는 학이 날개를 펼친 모습으로 왜

동래부 순절도(육군박물관) 부산진이 함락된 후 일본군이 동래성으로 쳐들어오자 이에 맞서 싸웠던 동래부사 송상현과 동래성 군민들의 모습을 그린 그림이다. 이 그림은 숙종 때 처음 그려졌다 영조 때 변박에 의해 다시 그려졌는데, 끝까지 일본에 맞서 싸운 송상현과 군민들의 모습과 북문으로 탈출하는 일부 조선군 장군과 군사들의 모습이 잘 대비되어 그려져 있다.

군을 포위하는 학익진 전법으로 적선 100여 척을 격파하는 전과를 올렸는데, 이 싸움을 한산도 대첩이라 한다. 이러한 조선 수군의 승리로 남해의 제해권을 완전히 장악하여 일본군의 통로와 보급로를 차단시켰으며, 전라도의 곡창지대를 안전하게 지킬 수 있었다.

한편 전국 각지에서 전직 관리, 유학자, 승려, 농민 등을 중심으로 한 의병이 일어났다. 이들은 익숙한 지형과 지세를 이용하여 매복, 기습 등을 감행하여 왜군에게 큰 타격을 주었다.

수군과 의병들이 활약하는 가운데 조선의 관군도 재정비되었다. 이와 더불어 조선 정부의 요청에 따라 명나라에서는 송응창 · 이여송 등 43,000여 명의 군대를 파견하였다. 이렇게 구성된 조 · 명 연합군은 평양성을 공격하여 탈환하였다. 이 여세를 몰아 이여송은 한양으로 퇴각하는 왜군을 공격하다가 벽제관에서 패배하였다. 벽제관 전투 이후 일본군은 권율이 행주산성에서 진을 치고 있다는 소식을 듣고 공격했다. 행주산성에 진을 치고 있던 권율과 승려 처영 등은 격전 끝에 그들을 물리치고 대승을 거두었다. 이를 행주 대첩이라 한다. 이 전투는 김시민의 진주성 대첩, 이순신의 한산도 대첩과 함께 임진왜란 3대 대첩으로 꼽힌다.

조 · 명 연합군의 반격 작전으로 경상도 해안까지 후퇴한 일본군은 남해안을 중심으로 왜성을 쌓고 주둔하면서 명에 휴전을 제의하였다. 이 기간 동안 조선은 훈련도감을 설치하고 군대의 편제와 훈련 방법을 바꿨으며, 지방에서는 속오법을 실시하였다. 또 화포를 개량하고 조총도 제작하였다.

3년 간에 걸친 휴전 협상이 결렬되자 왜군이 다시 침략하였다(정유재란, 1597년). 14만여 명의 왜군은 먼저 동래 · 울산 · 김해 · 진주 · 사천 등지를 침략하였다. 그리고는 곡창지대인 전라도 남원으로 향하였다. 이후 왜군은 전주를 함락시키고 한양을 향해서 북상하였다. 전열을 정비한 조 · 명 연합군은 북상하던 왜군을 직산(천

『난중일기』 임진왜란의 영웅 이순신이 1592년 1월 1일부터 1598년 11월 17일까지 7년 간의 군중 생활을 직접 기록한 친필 일기이다. 1595년의 을미일기를 뺀 총 7책이 보존되어 전해오고 있다. 비록 개인의 일기 형식의 기록이지만, 전쟁 기간 중 해군의 최고 지휘관이 직접 매일 매일의 전투 상황과 개인적 소감을 현장감 있게 다루었다는 점에서 역사적으로나 세계적으로 유례를 찾을 수 없는 기록물이다. 2013년 유네스코 세계 기록 유산으로 등재됐다.

판옥선 조선 명종 때 개발된 조선 수군의 대표적인 전선이다. 1층에는 노 젓는 노꾼들이 탔고, 2층에는 전투하는 병사들이 탑승했다.

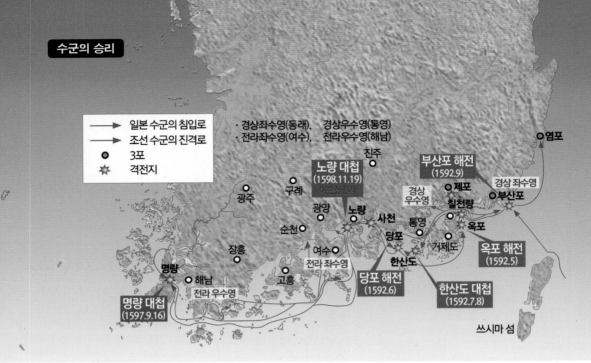

장득진 외, 『참 한국사 이야기』 권3, 주류성, 2018, 85쪽, 전재

안)에서 크게 격파하였다. 왜군은 더 이상 북상하지 못하고 남하하여 순천·울산 등지에 주둔하였다.

한편 해전에서는 이순신을 대신하여 원균이 칠천량에서 왜군의 기습을 받아 패하였다. 다시 수군통제사에 임명된 이순신이 13척의 병선으로 적선 133척과 싸워 큰 승리를 거두었다(명량 대첩). 이후 도요토미 히데요시가 죽자 일본군은 본국으로 철수하였다. 이순신은 노량에서 철수하는 왜적선 200여 척을 격파하였으나(노량 해전) 전두 중 숨을 거두었다. 이로써 7년간 지속되어 온 전쟁이 막을 내렸다.

3) 왜란의 영향

임진왜란은 조선·명·일본 등 삼국에 커다란 영향을 끼쳤다. 특히 7년간의 전쟁으로 전쟁터였던 조

순천 왜성 (전남 순천) 정유재란(1597년) 당시 육전에서 퇴진한 왜군이 쌓은 성이다.

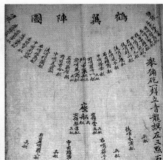

학익진 전법 학이 날개를 펴고 나는 모양으로 적을 둘러싸서 공격하는 것으로 이순신이 이 전법을 이용해 한산도 대첩을 이끌었다.

임진왜란 조·명 연합군과 의병

관군
의병장
일본군 침입로
조·명 연합군 진격로
★ 격전지

명

조선

황 해

동 해

백두산

길주

정문부
(북관 대첩비)

서산대사(휴정)
묘향산

의주

평양 탈환
조·명 연합군
(1593.1)

평양

개성
연안

이정암

행주 대첩
권율 (1593.2)

백제관 전투
(1593.1.27)

조헌·영규
(7백의총)

고경명

김천일

고양

한성

금강산

사명당(유정)

선조피난→한성함락
(4.30)   (5.2)

충주 전투
신립 (4.26)

상주 전투
이일

충주(탄금대)
상주

울릉도

독도

옥천
금산
합천
담양

경주

정인홍

의령

1차 파병   조승훈
(1592.7)   (5천명)

2차 파병   이여송
(1592.12)   (4만 3천명)

나주

울돌목

명량 대첩
이순신 (1597.9.16)

진주

한산도

곽재우

진주 대첩
(1592.10.5)

한산도 대첩
이순신
(1592.7.8)

일본

제주도

장득진 외, 「참 한국사 이야기」 권3, 주류성, 2018, 84쪽, 전재

선은 국토가 황폐화되어 경작지가 줄어들어 백성들의 생활이 피폐해졌다. 세금을 부가할 근거가 되는 토지대장(양안)·호적·노비문서가 불타버려 국가의 재정도 궁핍해졌다. 이러한 문제를 해결하기 위해 공명첩의 발행과 납속책의 실시가 이루어졌다. 그런데 공명첩의 남발 등은 신분제 동요를 초래하였다. 또 전쟁 동안 많은 사람이 죽거나 일본에 포로로 붙잡혀 가 인구도 크게 감소하였다. 경복궁·창덕궁·창경궁 등의 건축물과 불교 관련 문화재들이 불에 타거나 약탈당하였다. 또한 4곳의 사고에 보관 중이던 역대 왕조의 실록·서적은 전주의 유생 안의와 송홍록의 노력으로 전주사고만 보존되고 나머지는 모두 소실되었다.

비변사의 기능이 강화되었고, 전쟁 중 설치된 훈련도감을 통해 삼수병제를 실시하였다. 지방에는 속오군을 두었다. 또 비격진천뢰와 화차 등의 신무기를 개발하였으며, 서양식 대포인 불랑기포가 소개되었다. 전쟁 중에 항복한 왜병으로부터 조총 제조 기술과 염초 채취법을 배워 실전에 활용하였다. 한편 전쟁에서 원군을 보낸 명나라를 은인으로 생각하여 숭명 사상도 높아졌다.

일본에서는 도쿠가와 이에야스가 에도 막부를 열었다. 일본은 전쟁 중에 조선의 문화재를 조직적으로 약탈해갔다. 먼저 조선에서 약탈해 간 유학 서적과 붙잡아 간 유학자를 통해 주자학이 발달하였다. 조선에서 금속활자 20여 만 자를 약탈해 가 일본의 인쇄술을 발전시키는 토대를 마련하였다. 또 조선에서 붙잡아 간 심당길, 이삼평 등의 도자기 기술자들에 의해 일본의 도자기 문화가 발전하였다. 이에 일본인들은 임진왜란을 도자기 전쟁이라고도 한다.

명나라는 조선에 대규모의 원군을 파견하여 국력이 크게 약화되었다. 이 틈을 타 만주에서 누루하치가 여진족을 통합하고 후금을 세웠다. 후금은 후에 국호를 청으로 바꾸었고(1636년), 명은 청과 전쟁 중에 이자성의 난을 계기로 멸망하였다.

3 호란의 극복

1) 왜란 후 복구 정책의 추진과 광해군의 중립 외교

임진왜란 이후 선조의 뒤를 이은 광해군은 전쟁의 피해를 수습하는 데 노력하였다. 임진왜란이 일어나자 세자로 책봉되어 평안도, 강원도, 황해도 등지를 다니면서 군사를 모으고 민심 수습에 노력하였다. 왜란이 끝난 후 광해군은 임진왜란 당시 의병 활동에 적극적이었던 북인 세력의 도움으로 왕위에 올랐다. 그는 전후 복구사업에 주력하여 양안과 호적을 새로 정비하여 국가 재정 수입을 늘리고, 성곽과 무기를 수리하고 군사를 훈련시키는 등 국방 강화에 힘을 기울였다. 공납 제도의 문제점을 개선하기 위하여 경기도에 대동법을 처음으로 시행하였다. 그리고 백성들의 질병을 치료하기 위해 허준으로 하여금 『동의보감』을 편찬하게 하고, 무주 적상산에 사고를 새로 설치하였다.

대외적으로 광해군은 명이 쇠퇴하고 여진족이 강성해지는 정세를 파악하고, 외교적으로 신중하게 대처하였다. 건주여진의 누루하치는 명의 국력이 약해진 틈을 타서 후금을 세우고, 명나라에 대해 전쟁을 포고하였다. 이에 명은 조선에 원군을 요청하였다. 왜란 때 도움을 받았던 조선으로서는 명의 요구를 거절하기 어려워 1만 3천여 명의 군사를 파견하였다(1619년). 그러나 광해군은 강홍립에게 형세를 관망하여 향배를 정하도록 밀명을 내렸다. 이에 강홍립은 후금을 자극하지 않기 위해 후금과 휴전을 맺었다. 이후 강홍립은 후금에 억류된 상황에서 후금의 내부사정을 조선에 전달하였다.

남한산성 북문(경기 광주)

이처럼 광해군은 명과 후금 사이에서 세력이 커진 후금을 배척하지 않고 명과의 사대 관계를 유지하면서 대륙의 정세 변화에 대처하는 중립 외교 정책을 실시하였다. 그러나 일부 사림들은 광해군의 중립 외교 정책에 대해 명에 의리를 저버리는 행위라고 비판하였다. 급기야 의리와 명분을 중시하던 서인 세력들은 명나라를 배신하고 폐모살제(어머니인 인목대비를 폐하고 영창대군을 죽임)의 패륜을 저질렀다고 하여 광해군과 북인 세력을 몰아내고 인조를 새로운 왕으로 추대하였다(인조반정, 1623년).

2) 호란의 발발과 항쟁

인조와 서인 세력은 친명배금 정책을 강력히 추진하고, 후금을 자극하였다. 인조반정 이후 논공행상에 불만을 품은 이괄이 반란을 일으켜 실패하자, 그 잔당이 후금으로 도망가 인조가 부당하게 즉위하였다고 호소하였다. 이에 구실을 찾고 있던 후금의 태종은 광해군의 억울함을 풀어주고 인조에 보복한다는 명분으로 3만여 명의 군대를 이끌고 쳐들어왔다(정묘호란, 1627년).

후금의 군대는 압록강을 건너 의주를 점령한 뒤 정주·용천·신천을 거쳐 황해도 평산에 이르렀다. 전세가 극도로 불리하자 인조는 강화도로, 소현세자는 전주로 피란하였다. 후금의 침략에 각지에서 의병이 일어나 배후를 공격하거나 군량을 조달하였다. 특히 용골산성에서 정봉수가, 평안도 용천에서 이립이 각각 의병을 일으켜 많은 백성들을 구하였다. 이에 보급로가 끊어진 후금은 평산에 머물면서 강화를 제의하였고 조선은 후금의 강화 제의를 받아들였다. 그 결과 ① 화약 후 후금군은 즉시 철병할 것, ② 후금군은 철병 후 다시 압록강을 넘지 말 것, ③ 양국은 형제국으로 정할 것, ④ 조선은 후금과 화약을 맺되 명나라와 적대하지 않을 것 등을 조건으로 하는 조약을 맺었다.

　정묘호란 이후 후금은 점차 세력을 키워 국호를 청이라 고
치고 홍타이지(청태종)는 스스로 황제를 칭하였다. 그리고
조선에 군신 관계를 요구하면서 공물로 황금·백금 1만 냥,
전마 3천 필, 정병 3만 명 등을 바칠 것을 강요하였다. 이에
조선 조정에서는 외교적 교섭을 통해 문제를 해결하자는 주
화론과 대의명분을 내세우며 끝까지 싸울 것을 주장하는 척
화론이 대립하였다. 결렬한 논쟁을 벌였으나 척화론의 주장
이 우세하여 청의 군신 관계 요구를 거절하였다.

　이에 청 태종은 10만여 명의 군대를 이끌고 다시 쳐들
어 왔다(병자호란, 1636년). 인조와 대신들은 남한산성으
로 피난하여 항전하였으나 45일 만에 삼전도에 나와 청
에 항복하였다. 이로써 조선은 청과 군신 관계를 맺었으
며, 청은 소현세자와 봉림대군을 인질로 데려갔다. 또 강
경한 척화론인 오달제·윤집·홍익한의 삼학사를 잡아갔
다. 이들은 청의 선양에서 모진 고문과 회유에도 척화의
뜻을 굽히지 않음으로써 결국 참형을 당하였다.

　백성들은 각지에서 의병을 조직하여 싸웠다. 박철산의
의병은 적산에서 청의 주력부대를 맞아 치열하게 싸움을
전개하였으며, 의주부윤 임경업은 명과 연결하여 청을 치려다 실패하여 청에 붙잡혀갔다가 돌아왔다.

　병자호란은 한 달 남짓한 짧은 전쟁 기간이었으나 그 피해는 매우 컸고 조선으로서는 일찍이 당해보
지 못한 일대 굴욕이었다. 이로써 조선은 명과의 관계를 완전히 끊고 청나라와 사대 관계를 맺었다.

삼전도비 (서울 송파) '대청황제 공덕비'라 쓰여 있다. 청나
라 태종이 삼전도에서 인조에게 항복받은 사실을 기록한 것
으로 몽골어, 만주어, 한어 3종의 문자로 되어있다.

수어장대 (경기 광주) 수어장대는 1624년(인조 2년) 인
조의 명에 따라 남한산성이 정비될 때 지어진 4대의 장대
가운데 하나이다. 이 중 현재 남아있는 것이 수어장대뿐이
다. 수어장대에서는 남한산성의 방어를 위해 만들어진 부
대인 수어청의 장군들이 군사를 지휘했다.

4 양난 이후의 대외 관계

1) 일본과의 관계

(1) 통신사의 파견

임진왜란으로 큰 피해를 입은 조선은 일본과의 외교 관계를 단절하였다. 그러나 에도 막부를 세운 도쿠가와 이에야스는 새 정권의 인정과 정통성을 인정받고 선진 문물을 수입하기 위해 조선과의 국교 회복을 원하였다. 이에 에도 막부는 대마도주를 통하여 조선과의 화친을 회복하려는 뜻을 전하였다. 당시 조선은 왜란의 피해 복구와 새로운 정권에 대한 정보 수집, 후금 세력의 위협으로 인해 남방의 안정을 확보하기 위해 일본과 화친을 할 필요성이 있었다. 이에 조선은 수차례에 걸쳐 탐적사를 파견하였다.

특히 승려 유정은 교토 후시미성에서 이에야스를 만나 화친의 의사를 확인하고 피로인 1,390명을 데리고 왔다. 조선에서는 국교 재개의 조건으로 ① 이에야스가 먼저 국서를 보낼 것 ② 왜란 때 왕릉(선릉, 성종)을 훼손한 범인을 잡아 보낼 것 등이었다. 이러한 요구 조건이 충족되자 조선은 1607년 회답 겸 쇄환사를 파견하여 국교를 재개하였다. 한편 1609년 일본과 기유약조를 맺고 조선 전기의 교린 체제에 입각하여 사절의 왕래와 통교 무역을 허용하였다. 이로 인해 개항장은 부산포 한 곳으로 제한되고, 다시 왜관을 설치하여 제한된 범위 내에서 교섭을 허용하였다.

조선과 일본 간의 국교가 재개된 이후 일본에 파견되는 사절의 명칭은 통신사(일명 조선통신사)였다. 조선 후기에 통신사는 회답 겸 쇄환사 3회를 포함하여 모두 12회 파견하였다. 파견 목적은 막부 장군의 습직(襲職) 축하와 일본의 국정 탐색, 포로인 쇄환, 외교 현안 해결 등이었다. 통신사는 정사·부사·서장관 등 삼사와 역관, 제술관 등 200~500여 명으로 구성되었다. 이들은 한양을 출발하여 부산

통신사 행렬도 (국사편찬위원회) 1711년(숙종 37년)에 파견된 통신사 행렬도 가운데 정사가 지나가는 부분이다.

까지는 육로로 간 뒤, 부산에서는 대마도주의 안내를 받아 해로를 이용하여 대마도를 거쳐 시모노세키를 통과하여 일본 각 번(藩)의 향응을 받으며 오사카에 상륙한 후 절차에 따라 에도(도쿄)로 갔다. 사행 기간은 시기에 따라 차이가 있지만 대략 왕복 8개월이 소요되었다. 통신사 일행은 체제하는 동안 각지에서 일본인과 문학·유학·의학·미술 등 각 분야 걸쳐 활발한 교류를 통하여 근세 일본문화 발전에 크게 기여하였다.

(2) 안용복의 독도 영유권 확인

울릉도와 독도는 삼국 시대 이래 우리의 영토였다. 그러나 17세기 말 일본 어민이 자주 이곳을 침범하여 충돌이 빚어지기도 하였다. 숙종 때 안용복은 박어둔과 함께 울릉도에서 불법으로 고기잡이 하는 일본 어선을 발견하고 그들을 쫓아냈다. 그리고는 두 차례에 걸쳐 일본에 건너가 울릉도와 독도가 조선의 영토임을 확인받고 돌아왔다. 그 후에도 일본 어민이 침범하자 19세기 말에 조선 정부는 적극적으로 주민들의 울릉도 이주를 장려하였고, 울릉도에 군을 설치하여 관리를 파견하고 독도를 관할하게 하였다.

안용복 동상 (부산 수영)

독도 (경북 울릉) 『조선왕조실록』과 『동국여지승람』에 독도는 우산도·삼봉도 등으로 표기되어 울릉도와 함께 강원도 울진현에 소속되어 있다. 독도가 유럽에 알려진 것은 1849년 프랑스에 의해 리앙쿠르 암초로 불린 것이 처음이며, 일본은 1905년 시마네현 고시를 통해 독도를 다케시마(竹島)로 개정하고 불법적으로 그들의 영토로 편입시킨다고 발표했다.

2) 청과의 관계

(1) 북벌론에서 북학론으로

병자호란 이후 조선에서는 청을 배척하고 명나라의 복수를 외치는 척화론이 지배적이었다. 특히 효종은 송시열, 송준길, 이완 등 서인을 등용하여 군대를 양성하고 성곽을 수리하는 등 북벌을 준비하였다. 조선에 표류하여 정착한 네덜란드 출신 벨테브레가 가지고 온 조총의 기술을 도입하여 대포 등 서양식 무기를 제조하였다. 그리고 김육의 건의로 대동법을 충청도, 전라도까지 확대 시행하여 민생을 안정시켰다. 또한 서양역법인 시헌력을 반포하였다.

그런데 효종이 북벌을 준비하고 있던 중 청과 러시아 사이에 국경 분쟁이 일어났다. 조선 조총군의 위력을 잘 알고 있었던 청은 조선에 지원군을 요청하였다. 이에 조선은 수백 명의 조총 부대를 1654년과 1656년에 두 차례에 걸쳐 파견하여 러시아군을 크게 격파하였다(나선 정벌). 나선은 러시아 사람들, 즉 러시안(Russian)을 한자음으로 옮긴 것이다. 2차에 걸친 러시아 정벌은 효종의 즉위 후부터 준비해 왔던 북벌 계획을 간접적으로 실현한 결과였다. 이 때 비록 적은 수의 군사를 보냈으나 큰 전과를 올리게 된 것은 당시 조선의 사격술과 전술이 뛰어났음을 보여주는 것이다. 그러나 청의 세력이 점차 커지고 늘어나는 군비로 재정이 어려워졌으며, 효종이 갑작스럽게 죽자 북벌 계획은 중단되었다.

이 무렵 청은 중국의 전통 문화를 보호 · 장려하고 서양의 문물을 받아들여 문화가 크게 발전하였다. 청나라의 수도인 북경에 다녀 온 사신들이 귀국 후에 기행문이나 보고서를 통하여 변화하는 청의 사정을 전하였고, 새로운 문물을 소개하였다. 그 과정에서 실학자들을 중심으로 청을 무조건 배척하지 말고, 청의 발전된 문물을 수용하여 나라를 부강하게 만들자는 북학론이 제기되었다.

(2) 백두산 정계비

간도는 고구려와 발해의 영토였으나 발해 멸망 이후 여진족이 이곳에 거주하였다. 청은 중국 대륙을 차지한 후 수도를 선양에서 베이징으로 옮기고 중원으로 이동하면서 자신들의 발상지인 만주 지역을 성역화하고 사람들의 통행을 금지시켰다(봉금 정책). 조선에서는 효종, 현종 대를 거치면서 전국에서 개간 사업이 본격화됨에 따라 평안도, 함경도 북부 지역에 대한 관심이 높아졌다.

17세기 말부터는 두만강, 압록강 중 · 상류 지역이 개발되면서 거주민이 증가하였다. 게다가 일부 조선인이 두만강을 건너 인삼을 캐거나 사냥을 하는 사례가 빈번하게 발생하였기 때문에 청과 국경 분쟁이 자주 일어났다. 이에 청은 압록강, 토문강 일대를 조사하여 경계를 정하자고 조선에 요구하였다. 숙종 때에 조선과 청의 관리가 백두산 일대를 답사하고 서쪽으로는 압록강, 동쪽으로는 토문강을 경계로 한다는 백두산 정계비를 세웠다(1712년). 이는 조선과 청 사이 국경에 대한 규정을 처음으로 명문화한 것이다.

백두산 정계비

烏喇總管穆克登 오라총관 목극등이

奉旨查邊 국경을 조사하라는 교지를 받들어

至此審視 이곳에 이르러 살펴보고

西爲鴨綠 서쪽은 압록강으로 하고

東爲土門 동쪽은 토문강으로 정하여

故於分水嶺上 강이 갈라지는 고개 위에

勒石爲記 비석을 세워 기록하노라

백두산 정계비 위치(지도)와 파괴되기 이전 백두산 정계비 모습(오른쪽 상단) 그리고 백두산 정계비 내용(오른쪽 하단)

백두산 정계비의 설립으로 조선은 북방 지역에 주민 거주와 경제 활동을 보장하고 행정 구역을 신설하는 등 적극적인 북방 정책을 추진하였다. 그 결과 주민들의 활동 영역이 확대되어 19세기 중반 이후에는 두만강 너머 간도 지방으로 이주하여 토지를 개간하였다. 그러나 이는 간도 귀속 분쟁이 본격화되는 계기가 되었다.

12 조선의 정치 변화와 제도의 개편

수원 화성(경기 수원) 정조가 1796년 만든 계획적 신도시로 세계 문화 유산으로 등재되었다.

1 통치 체제의 개편

1) 비변사 체제의 확립

비변사는 국가의 중대사를 결정하고 처리하던 합의 기관으로 성종 때 '야인(野人)의 난'을 진압하기 위해 설치된 지변사재상(知邊事宰相)에서 기원하였다. 중종 때 비변사로 개칭하여 국경 문제와 왜적의 침입 등이 발생할 때마다 임시로 설치되었다. 명종 155년(명종 10년) 왜구가 전라도 일대를 침입한 사건(을묘왜변)이 발생하자 이를 해결하기 위해 권한이 확대되기 시작하였고, 군사 담당 기관으로 자리 잡았다.

이후 비변사는 임진왜란을 계기로 조직과 기능이 강화되어 비변사의 회의에서 정책 결정을 주도하였다. 이러한 비변사는 세도 정치기에 인사, 외교, 지방 행정, 군사, 재정 등 주요 내용을 총괄하는 권력 기관으로 되었으며, 국왕은 비변사의 결정을 형식적으로 따르는 존재로 전락하였다. 이에 따라 왕권이 약화되고, 국왕을 중심으로 한 의정부와 6조 중심의 행정체제는 유명무실해졌다.

2) 군사 제도의 개편

임진왜란 초기에 패전을 경험한 조선은 새로운 군대의 필요성을 느꼈고 그 결과 조선 전기 5위를 대신하는 군사 제도로 훈련도감·어영청·총융청·금위영·수어청의 5군영이 설치되었다. 훈련도감·어영청·금위영은 한양의 수비와 방어를, 총융청과 수어청은 한양 외곽의 방어를 담당하였다. 특히 선조 때 설치된 훈련도감은 총을 쏘는 포수, 활을 쏘는 사수, 창·칼을 쓰는 살수의 3수병으로 편제하였다. 이들은 모병에 의한 직업 군인으로 중앙의 핵심 군영이었다.

따라서 5군영은 양난 후 신분제의 동요와 부역제의 해이, 그리고 수취 체제의 변동으로 번상병제의 지속이 어려워져, 결국 모병제가 중심을 이루었다. 이에 따라 농민은 1년에 2필의 군포를 납부하는 것으로 군역을 부담하였다.

지방군의 방어 체제도 변화하였다. 조선 초기에 실시되던 진관 체제는 많은 적이 침입할 때는 효과가 없었다. 진관 체제는 각 요충지에 진관을 설치하여 이를 중심으로 독자적으로 적을 방어하는 체제로 평시에는 농사짓다가, 징발되면 한양에 번상하여 시위하거나 지방 요새지로 나아갔다. 그러나 15세기 이후 대가를 받고 군역을 대신 치르는 대립(代立)이 나타나고 군역 의무자로부터 면포를 거두어 군인을 고용하는 제도가 나타나는 등 군역제가 문란해짐에 따라 진관 체제는 붕괴되기 시작하였다.

이에 따라 16세기 중엽 이후 제승방략 체제가 등장하였다. 제승방략은 유사시에 각 읍의 수령들이 소속 군사를 이끌고 본진을 떠나 지정된 방위 지역으로 가서 한양에서 파견된 장수나 그 도의 병사와 수사를 기다려 지휘를 받는 전술이다. 그러나 후방 지역에 군사가 없어 일차방어선이 무너지면 그 뒤를 막을 방도가 없었으므로 임진왜란 초기 패전의 한 원인이 되었다.

한편, 1594년(선조 27년) 류성룡의 건의를 계기로 속오군이 편성되어 군역을 지지 않는 양인과 양반, 일부 노비로 조직하여 조직한 군대로 평시에는 군포를 바치게 하고, 유사시에는 군역을 지게 하였다. 처음에는 황해도 지역에 설치하였다가 점차 지방 방어 체계가 재정비되면서 전국으로 편성되어 갔다.

3) 수취 제도의 개편

(1) 토지 제도의 변화

양난을 겪으면서 조선의 농촌 사회는 심각하게 파괴되었다. 전란 중에 많은 농민이 죽거나 피난을 가면서 경작지는 황폐화되었다. 또한 굶주림과 질병이 퍼져 농민 생활의 어려움은 더해갔다. 이러한 상황에서도 여전히 조세 부담이 많아 농민들은 불만이 커져갔다. 조선 초에 조세 제도는 세종 때 정비된 전분 6등법과 연분 9등법에 의해 이루어졌다. 이는 같은 면적이라도 토지 비옥도나 풍년이나 흉년에 따라 다르게 과세되었기 때문에 과세 기준이 복잡하고 작황을 일일이 파악해서 적용해야 하는 어려움이 있었다. 이러한 배경으로 15세기 말부터 이를 엄격히 적용하지 않고 대개 1결당 최저 세율인 4~6두를 징수하는 것이 관례화되었다.

그 후 임진왜란을 겪으면서 백성의 삶이 더욱 황폐해짐에 따라 풍흉을 따지지 않고 토지의 비옥도에 따라 전세를 정액화하였다. 인조 때 일정한 액수인 1결당 4두를 내도록 하는 영정법이 그것이다(1636년). 영정법의 실시로 양반 지주의 부담은 감소되었으나 대다수 농민 등의 부담은 줄어들지 않았다. 이는 전세를 납부할 때에 여러 명목의 수수료, 운송비, 자연 소모에 대한 보충비용 등이 추가로 부과되었기 때문이다.

(2) 대동법의 실시

조선 전기 공납은 각 지역 토산물을 조사하고, 지역에 품목과 액수를 할당하여 거뒀다. 그러나 납부 과정에서 대납을 빌미로 한 방납의 폐단이 나타나면서 농민의 부담이 가중되어 갔다. 이를 해결하기 위해 조광조가 공납을 쌀로 받자는 수미법을 주장하였으나 시행되지 못하였고, 1569년(선조 2년)에는 이이와 류성룡이 모든 공납을 쌀로 거두는 대공수미법을 건의하기도 하였다. 그러나 방납으로 이익을 취하고 있던 권세가들과 방납업자들의 방해로 실현되지는 못하였다.

임진왜란 이후 정부는 중앙의 공물, 진상과 지방 관청의 수요 등을 전세화하여 1결에 쌀 12두씩을 징수하도록 하였는데, 이를 대동법이라 한다. 대동법은 1608년(광해군 즉위년) 이원익의 주장에 따라 경기도에 처음 실시된 이후 1623년(인조 1년)에는 강원도에 실시되었다. 이어 효종 때에 김육의 주장으로 충청도와 전라도에 확대 시행하다가, 숙종대에 이르러서는 경상도, 황해도 등 전국적으로 확대되었다. 다만 지역의 사정상 중앙으로 보내지 않고, 현지에서 군사비나 접대비 등으로 지출하는 잉류 지역으로 분류되던 함경도와 평안도, 제주도에는 실시되지 않았다. 이후 대동법은 1894년 세제 개혁 때 지세로 통합되기까지 존속하였다.

대동법은 현물로 바치는 공납을 전세로 바꾼 것이어서 토지를 많이 가진 사람들에게는 불리하였고, 대신 자기의 토지가 없는 농민들에게는 유리한 제도였다. 아울러 부족했던 나라의 전세 수입을 대동미로 보충함으로써 국가 재정의 안정화에 기여하였다. 미곡이 잘 생산되지 않는 지역에서는 대동미 대신 포나 동전으로도 공물을 납부할 수 있었다.

대동법의 실시로 정부 소요 물자를 공인을 통해 조달하게 하였다. 즉 상납미를 관리하던 선혜청에서는 징수된 대동미를 공인들에게 공가로 지급하고, 공인들은 필요한 특산물을 각 관청에 공급하였다. 이로 인해 상·공업 활동을 크게 촉진시켜 여러 산업의 발달과 함께 전국적인 시장권의 형성과 도시의 발달을 이룩하고, 상품 화폐 경제 체제로의 전환을 가져오게 하는 계기가 되었다.

대동법 시행기념비(경기 평택) 김육이 대동법 시행을 건의하고, 이를 기념하기 위해 세웠다.

(3) 균역법의 실시

조선 시대 군역은 16세부터 60세까지의 양인 남자에게 부과하였는데, 이를 정군과 보인으로 나누어 번상(番上)하는 정군을 보인이 경제적으로 보조하는 체제로 운영되었다. 그러나 번상제가 해이해지면서 중종 때부터는 번상 대신 포를 바치게 하는 군적수포제가 실시되었고, 임진왜란 이후에는 군포 2필을 바치는 것으로 대신하게 되어 군역으로서의 군포가 국가 재정에 큰 비중을 차지하게 되었다.

게다가 대개 군포는 양인의 장정 수에 따라 부과하여야 하지만 국가는 군포의 총액을 미리 정해 놓고 이를 마을 단위로 부과하여 징수하였다. 대개의 경우 마을은 부과한 군포의 액을 더 많이 할당 받았고, 또 관리와 결탁하여 군포를 내지 않는 자들도 적지 않았으므로 가난한 양인들은 더욱 많은 군포를 부담할 수밖에 없었다.

이에 정부는 1750년(영조 26년) 종래 사람을 단위로 2필씩 징수하던 군포가 여러 폐단을 일으키고, 농민 경제를 크게 위협하자 2필의 군포를 1필로 감하기로 한 균역법을 실시하였다. 균역법의 시행으로 감소된 재정은 지주에게 '결작'이라고 하여 토지 1결당 미곡 2두를 더 부담시키고, 일부 상류층에게 '선무군관'이라는 칭호를 주고 군포 1필을 납부하게 하였다. 또 왕실에 속해 있던 어세, 염세, 선박세 등 잡세 수입과 은결을 찾아내어 이를 보충하게 하였다.

그러나 토지에 부과되는 결작의 부담이 소작 농민에게 돌아가고, 군포의 근본적인 성격에는 변동이 없었으므로 군역 대상자의 도망은 여전하였으며, 인징, 족징, 황구첨정, 백골징포 등과 같이 도망자·사망자와 어린아이, 죽은자들까지 군포가 면제되지 않아 이를 다른 양인이 2중·3중으로 부담함으로써 농민 부담은 다시 무거워졌다. 더욱이 세도 정치기에 군정의 문란이 삼정의 문란 중 하나로 지목되면서 농민 봉기의 원인이 되었다.

2 탕평 정치의 추진

1) 붕당 정치의 전개

성종대 중앙에 진출하기 시작한 사림들은 연산군~명종대 사화를 거치면서 정치적으로 어려움을 겪지만, 선조 이후 다시 중앙 무대에서 두각을 나타내면서 정치에 적극적으로 참여하였다. 그러나 이들 간에 점차 자신들의 이해 관계에 따라 정파가 나뉘면서 붕당을 형성하게 되었다.

붕당의 형성 계기는 김효원을 중심으로 하는 동인과 심의겸을 중심으로 하는 서인으로 나누어지면서부터이다. 이들의 다툼은 이조전랑의 자리를 둘러싸고 일어났다. 이조전랑은 낮은 관직이었지만 당하관 문반 관료에 대한 인사권과 본인이 물러날 때 후임을 천거할 수 있는 자천권이 있었기 때문에 붕당 간에 중요시되는 자리였다.

처음에는 기대승, 이이, 김인후의 영향을 받은 서인이 이이가 죽은 뒤 선조의 견제를 받으면서 위축되자, 이황, 조식, 서경덕의 문인으로 구성된 동인이 정국을 주도하였다. 그러다가 이들이 본격적으로 대립하게 된 것을 1589년(선조 22년) 이른바 '기축옥사'라고 하는 정여립의 모반 사건이 발생하면서였다. 정여립의 난은 정여립이 한강이 얼면 한양으로 쳐들어가 반란을 일으킨다는 데에서 출발했다. 이 사건을 처리하는 과정에서 정철 등 서인 세력은 동인을 제거하고자 옥사를 확대하였다. 이로써 많은 동인이 희생당하였다.

이후 서인이었던 정철이 선조 때 세자 책봉 문제로 몰락하자, 서인의 처벌을 둘러싸고 동인 내부에서 강온파가 대립하였다. 강경파는 조식 계통의 학자로 북인, 온건파는 이황 계통의 남인으로 갈라졌다. 처음에는 남인이 정국을 주도하였으나, 임진왜란이 끝난 뒤 북인이 집권하여 광해군 대까지 정국을 주도하였다. 북인은 서인과 남인 등을 배제한 채 정권을 독점하려 하였고, 결국 서인이 주도한 인조반정에 의해 몰락하였다(1623년).

이후 붕당은 서인을 중심으로 남인과 공존하는 형태를 따다가 현종 때 예송(禮訟)으로 다시금 갈등하였다. 효종은 즉위하자 주화파를 멀리하고 송시열 등 척화파 계열의 지지를 받아 북벌을 준비하다 죽게 되었다. 효종이 죽자 자의대비 조씨(인조의 계비)의 복상 기간을 3년(만2년)으로 할 것인가, 1년(기년)으로

붕당 정치의 전개

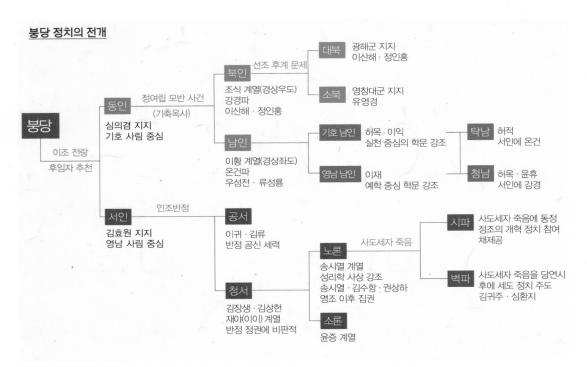

할 것인가에 대한 논쟁이 일어났고, 이 논쟁을 1차 예송(기해 예송)이라고 한다. 여기서 서인은『주자가례』에 의거 차남의 상복은 1년이라 하였다. 그러나 윤휴를 중심으로 하는 남인은 왕실과 사대부의 예는 다르다고 하면서『국조오례의』에 의거 3년 상을 주장하였다. 이 논쟁에서 현종은 송시열의 편을 들어주어 서인이 정국을 주도하게 되었다.

1674년(현종 15년) 인선왕후(효종비)가 죽자 자의대비의 상복문제를 두고 서인과 남인의 대립이 다시 재현되었다. 이 논쟁을 2차 예송(갑인 예송)

구분	서인 주장	남인 주장
기해 예송	효종 승하 – 자의대비 복제	
	1년(서인)	3년(남인)
	결과 : 1년 상복 채택 → 서인 집권	
갑인 예송	효종비 승하 – 자의대비 복제	
	9개월(서인)	1년(남인)
	결과 : 1년 상복 채택 → 남인 집권	
근거	주자가례	국조오례의
정치적 입장	신권 강화론	왕권 강화론
학파	이이 학파	이황 학파

붕당의 형성

붕당의 원인이 된 이조 전랑이란 관직은 높은 벼슬은 아니지만 관리의 인사에 관여하는 직책이라 많은 사람이 되길 원했다. 선조 때 김효원과 심의겸은 이조 전랑의 추천 문제를 가지고 다투었는데 이후 김효원을 지지하는 세력이 동인, 심의겸을 지지하는 세력이 서인이 됐다. 동인은 다시 이황의 학문에 영향을 받은 남인과 조식의 학문에 영향을 받은 북인으로 나뉘어지게 됐다. 후에 서인은 이이의 학문을 따르는 사람들이 몰려들었는데, 서인 역시 다시 노론과 소론으로 나뉘어져 경쟁했다.

송강정 (전남 담양) 서인의 대표적인 인물이었던 송강 정철이 선조의 분노를 사게 되어 벼슬 자리에서 쫓겨난 후에 머물던 정자이다.

진안 죽도 (전북 진안) 정여립이 은신하던 자결한 곳이라 전해진다.

이라고 한다. 당시 정권을 장악했던 서인은 자의대비는 9개월 동안 상복을 입어야 한다고 하였고, 남인들은 1년 동안 상복을 입어야 한다고 하였다. 이에 현종은 남인의 편을 들어 허적을 영의정으로 임명하였다. 그러나 그해 현종이 34세로 갑자기 죽고 숙종이 즉위하면서 서인 세력이 축출되고 남인이 정권을 차지하게 되었다.

2) 붕당 정치의 변질과 탕평론의 대두

숙종 때에 잦은 환국으로 붕당 각파의 견제와 균형은 무너지고 일당 전제의 방향으로 흘렀다. 숙종 대의 중심적 사건은 세 차례의 환국이었다. 사건이 일어난 해의 간지를 따라 경신환국(1680년, 숙종 6년) · 기사환국(1689년, 숙종 15년) · 갑술환국(1694년, 숙종 20년)이라고 한다. 이는 당시 숙종의 왕권 강화 노력과 관련이 있었다. 결국 환국으로 붕당이 번갈아 집권하면서 반대파를 탄압하였다.

경신환국은 남인 일파가 서인에 의해 대거 축출된 사건으로 '경신대출척'이라고도 한다. 즉위 당시 숙종은 13세였기 때문에 현종의 주요 신하들과 함께 할 수밖에 없었다. 숙종 초반 남인의 영수는 영의정 허적이었고 외척의 중심 인물은 김석주였다. 이 시기 남인은 정권의 권력기반을 안정시키기 위해 북벌론을 내세워 군비확장에 힘썼

윤증(1629년~1714년, 소론) 윤증은 조선 후기 소론의 영수로 추대됐던 성리학자이다. 본래 송시열에게서 성리학을 배우기도 했으나 아버지 윤선거가 죽은 후 송시열과 대립하게 됐다. 결국 서인은 송시열을 따르는 노론과 윤증을 따르는 소론으로 나뉘어 서로 대립했다.

고, 수세에 몰렸던 서인은 허적이 역모를 꾀한다는 혐의를 씌워 남인을 축출하였다. 이 과정에서 서인은 남인에 대한 처벌 문제로 노론과 소론으로 분열되고 일당 전제화의 추세가 나타나기 시작하였다. 노론은 송시열을 중심으로 결집하여 대의명분 존중, 민생 안정을 강조하는 경향을 보였다. 반면, 소론은 윤증을 중심으로 결집하여 실리를 중시하고, 적극적인 북방 개척을 주장하는 경향을 보였다.

그런데 숙종은 정비였던 인현왕후에게서 아들이 없었고, 후궁인 장씨(장옥정)가 아들을 낳자 장씨를 희빈으로 삼고, 그 아들을 세자로 책봉하였다. 이 과정에서 집권 세력인 서인들이 반대하였다. 이에 숙종은 대대적인 숙청을 가하여 결국 남인이 다시 집권하게 되었다. 이 사건을 기사환국이라 한다. 이 결과 당시 노론의 영수 송시열은 사약을 받고 죽었고, 서인의 대표적 인물인 이이와 성혼은 문묘에서 축출되었다.

기사환국 이후 집권한 남인이 물러나고, 서인이 다시 정권을 장악한 사건이 일어나는데, 이를 갑술환국이라 한다. 이 사건으로 서인의 지지를 받던 폐비 인현왕후 민씨가 복위된 것을 비롯하여 송시열·민정중·김수항 등이 복관되는 등 기사환국 이전의 상태가 되었다. 이로써 세력을 잃은 남인은 결국 정권에서 멀어지게 되었고, 숙종 사후에 장씨의 소생인 경종이 즉위하였다. 그는 어머니가 인현왕후를 저주한 사건을 계기로 사사되자 질환으로 시달렸고 이에 이복동생인 연잉군을 세제로 책봉하였다. 경종의 병이 심해지고 왕의 역할을 하기 어려워지자 노론과 소론 사이에 왕위 계승을 둘러싸고 의견 대립이 있었다. 결국 경종을 지지하던 소론은 1722년 노론 일파가 왕을 시해한다는 역모 행위를 트집삼아 김창집·이이명·이건명·조태채 등 노론 4대신을 처형하였다(신임사화).

한편 숙종은 붕당 간의 극심한 대립으로 왕권마저 위협받자 특정 붕당에 구애되지 않고 공평하게 정치를 시행한다는 의미로 '탕평론'을 제기하였다. 탕평론의 출발은 국왕이 공평한 인사 관리를 통하여 세력 간의 균형을 유지하려는데 목적이 있었다. 하지만 숙종의 탕평책은 제대로 시행되지 못하였고, 오히려 환국의 빌미만 제공하는 결과를 낳았다.

3) 영조의 탕평책

경종이 왕위에 오른 지 4년 만에 죽자 영조가 왕위를 계승하였다. 영조는 숙종의 둘째 아들로 어머니는 숙빈 최씨이다. 그는 이미 1699년(숙종 25년) 연잉군에 봉해졌으나 어머니의 출신이 미천했으므로 숙종의 후궁이던 영빈 김씨의 양자로 들어갔다. 왕위에 오른 직후 영조는 세제 시절에 당쟁의 폐해를 직접 경험하였기 때문에 즉위하자마

송수암수명 유허비(전북 정읍) 송시열이 사약을 받고 죽은 곳을 기리기 위해 세운 비석이다. 송시열은 조선 후기 대학자로 율곡 이이의 학풍을 이어갔으며, 서인이 노론과 소론으로 나뉜 후에 노론을 이끌며 정치를 주도했다. 특히 효종 때에는 세자시강원에 있었던 연유로 효종의 총애를 받았다.

구분	서 인	남 인
성향	치인(治人) 중시론, 보수적 체제 개혁, 지주제 옹호론	수기(修己) 우선론, 진보적 체제 개혁, 소농민 육성론
정치사상	재상 중심, 산림의 역할 인정	국왕 중심, 관료정치의 재정립, 삼사 기능 강화
중심인물	송시열, 송준길	윤선도, 허목, 윤휴

자 당쟁의 조정에 힘을 기울였다. 신하들 사이의 정치적 대립이 심해지면서 정치 기강이 문란해지자 영조는 탕평책을 실시하여 붕당의 대립을 완화하고, 왕권을 강화하고자 하였다.

영조가 탕평책을 본격적으로 시작한 것은 1728년의 이인좌의 난(무신난)을 겪고 나서부터였다. 이인좌의 난은 1728년(영조 4년) 영조의 정통성을 부정하여 소론인 박필현, 이인좌 등이 영조와 노론을 제거하고 소현세자의 증손인 밀풍군 탄을 왕으로 추대하고자 한 사건이다. 여기에는 소론뿐만 아니라 일부 남인 세력도 가담하였으나, 결국 관군에 토벌 당함으로써 실패하였다. 게다가 왕과 나라를 비방하는 글을 벽에다 붙이는 나주벽서 사건도 일어났다. 이렇게 왕권이 위협당하는 상황에서 왕권의 안정과 강화를 위하여 영조는 노론과 소론을 적절히 벼슬에 임명하고 자기 논리에 동의하는 탕평파를 육성하여, 그들로 하여금 정국을 주도하였다. 이렇듯 영조는 당파의 시비를 가리지 않고 온건하고 타협적인 인물을 등용하여 왕권을 따르도록 하는 완론탕평을 실시하였다. 1742년에는 최고 학부인 성균관 유생들에

영조(1694년~1776년, 재위 : 1724년~1776년)의 탕평책

붕당의 폐해가 요즘보다 심각한 적이 없었다. 처음에는 예절 문제로 분쟁이 일어나더니, 이제는 한쪽이 다른 쪽을 역적으로 몰아붙이고 있다. …
우리나라는 땅이 좁고 인재도 그리 많은 것이 아닌데, 근래에 들어 인재를 등용할 때 같은 붕당의 인사들만 등용하고자 한다. 조정의 대신들이 서로 상대 당을 공격하면서 반역자가 아닌가로 문제를 집중하니 모두가 동의할 수 있는 정책이 나오지 못하고, 정책의 옳고 그름을 판단하기 어렵게 되었다. …
이제 유배된 사람들의 잘잘못을 다시 살피도록 하고, 관리의 임용을 담당하는 관리들은 탕평의 정신을 잘 받들어 직무를 수행하도록 하라.

영조의 「탕평 교서」 가운데

영조 어진

탕평비(蕩平碑)

신의가 있고 아첨하지 않음은
군자의 공정한 마음(公心)이요,
아첨하고 신의가 없음은
소인의 사사로운 뜻(私意)이다.

周而弗比 乃君子之公心
比而弗周 寔小人之私意

- 성균관 입구에 세우다(영조 18년, 1742년) -

탕평비(서울 종로) 1742년(영조 18) 영조가 자신의 탕평책을 알리기 위해 성균관 앞에 세웠다.

게 경계 문구를 새긴 탕평비를 성균관 반수교 위에 세웠다.

영조는 붕당에 관계없이 능력 있는 인재를 직접 선발하여 등용하기도 하였으며, 균역법 등 여러 가지 제도를 개혁하였다. 또한 왕과 신하 사이의 의리를 바로 세우고, 붕당을 없애자는 논리를 내세워 탕평파를 육성하고, 붕당의 뿌리라 할 수 있는 재야 산림(지방에서 여론을 주도하는 영향력 있는 선비들을 말함)의 존재를 인정하지 않았다. 이어 붕당의 근거지라고 할 수 있는 서원을 정리하고 인사 추천권을 가지고 있는 관직인 이조 전랑의 권한도 약화시켰다.

영조는 1762년 노론과 소론의 갈등 속에서 자신의 아들인 사도세자를 뒤주에 가두어 죽게 만든 참변을 일으켰다. 이 죽음을 둘러싸고 노론 사이에는 영조의 조치가 타당하다는 강경한 벽파와 영조의 조치가 부당하다는 온건한 시파로 나뉘었다.

영조는 탕평책을 통해 어느 정도 정치적 안정을 구축했다. 국정 운영을 위한 제도 개편이나 문물의 정비, 민생 대책 등 여러 방면에 적지 않은 치적도 쌓았다. 특히, 균역법을 실시하여 단순히 군포의 액수를 감해주는 것이 아니라 1필로 부담을 균일하게 함으로써 양역민의 부담을 크게 줄였다. 또 몰래 양안에 올리지 않고 사사로이 경작하는 토지인 은결을

창경궁 문정전 (서울 종로) 영조가 세자에게 자결할 것을 명한 곳이다. 영조는 소주방의 뒤주가 들어왔는데 크기가 작아서 쓸 수가 없자, 다시 어영청에서 쓰는 큰 뒤주를 들여왔고 세자가 여기에 들어갈 것을 명했다. 결국 사도세자는 영조의 명에 의해 뒤주에 갇히게 됐고, 영조가 직접 뚜껑을 닫고 자물쇠를 채웠다. 사도세자는 뒤주 속에서 8일 만에 28세라는 짧은 나이로 생을 마감했다. 영조는 세자가 죽은 후 '사도(思悼)'라는 시호를 내렸다.

면밀히 조사하게 하고, 환곡분류법을 엄수하게 하는 등 환곡에 따른 폐단을 방지하였다.

또 영조는 노비종모법을 통해 양인 여자와 남자 노비 사이에 낳은 소생을 모두 여자의 신분에 따라 양인이 되게 하였다(천자수모, 천한사람인 천인은 어머니를 따른다). 그리고 서얼들의 사회 참여의 불균등에서 오는 불만을 해소하는 방편으로 1772년 서자의 관리 등용을 허용하는 서얼통청법을 제정하기도 하였다. 1725년에는 각 도의 제언(堤堰)을 수축, 가뭄에 대비하게 하였고, 준천사라는 관청을 설치하여 청계천을 준설하였다. 1729년에는 궁전 및 둔전에도 정해진 분량을 초과하는 것에 대해서는 과세하도록 하였다. 한편, 가혹한 형벌을 폐지하고, 사형수의 3심제를 시행하였으며 일반민의 억울한 일을 왕에게 직접 알리는 신문고를 부활하였다. 아울러 『속대전』, 『동국문헌비고』, 『속오례의』, 『동국여지도』, 『속병장도설』 등을 편찬하여 문물을 정비하였다.

4) 정조의 개혁 정치

영조의 뒤를 이은 정조는 제 22대 왕으로 장헌세자(사도세자)와 혜경궁 홍씨 사이에서 맏아들로 태어났다. 정조는 각 붕당의 주장이 옳은지 그른지를 명백히 가리는 준론탕평을 추진하였다. 이러한 준론탕평의 전개는 노론 벽파를 견제함으로써 왕권을 강화시키려는 의도에서였다. 그는 적극적인 탕평책을 시행하여 오랫동안 권력에서 배제되었던 세력을 등용하였다. 정조는 의정부의 기능을 강화하여 비변사를 견제하였으며, 규장각을 두어 젊은 학자들을 양성하였다.

뿐만 아니라 정조는 신진 인물이나 중하급 관원들 가운데 능력 있는 자들을 선발하여 규장각에서 재교육하는 초계문신 제도를 실시하였다.

1784년(정조 8년)에는 아버지 사도세자를 '장헌세자'로 바꾸고 이를 기리기 위한 과거를 실시, 무과 합격자를 무려 2천명이나 합격시켰다. 또 왕의 호위를 강화하기 위해 과거에 합격한

정조 어진

무사들을 중심으로 장용영을 설치하였다. 장용영은 병권을 일원화하여 왕권을 뒷받침하는 국왕(정조)의 친위 부대였다. 장용영은 도성을 중심으로 한 내영과 수원 화성을 중심으로 한 외영으로 편제되었다가 1802년(순조 2년)에 폐제되었다.

이어 정조는 국가의 재정수입을 늘이고 상공업의 진흥을 위해 육의전을 제외한 시전 상인의 독점 특권인 금난전권을 없애는 통공 정책을 단행하였다(신해통공). 신해통공은 시전 상인의 특권을 보호해 주었던 반대급부로 정치적 자금을 받았던 벽파 세력의 경제적 기반을 약화시키는 계기가 되었다.

정조는 서얼·노비의 차별을 완화하여 규장각 검서관으로 서얼 출신을 등용(유득공·이덕무·박제가)하였고, 격쟁·상언 등의 언로와 암행어사 제도를 활성화하였다. 정조는 출판에도 힘을 기울여 『대전통편』, 『동국문헌비고』, 『동문휘고』, 『일성록』, 『무예도보통지』 등과 자신의 개인 문집인 『홍재전서』를 편찬하였다.

한편, 정조의 업적 가운데 돋보는 것은 수원에 계획도시인 화성을 축성한 것이다. 화성 축조에는 새로운 기구인 거중기와 녹로 등이 사용되었다. 그는 이곳에 정치적, 군사적 기능을 부여함과 아울러 상공인을 끌어들여 자신의 정치적 이상을 실현하는 도시로 육성하고자 하였다.

정조의 개혁 정치는 왕권 강화와 정국의 안정을 가져와 민생 안정과 문예 부흥에 상당한 성과를 거두었다. 하지만 정권 전반에서 노론이 차지하는 비중이 여전히 높았고, 결국 정조 사후 붕당간 세력 균형은 무너지고 말았다.

거중기 ▶

규장각(서울 종로) 규장각은 본래 역대 왕의 글과 책을 수집, 보관하기 위한 왕실 도서관의 기능을 가진 기구로 설치됐다. 정조는 여기에다 비서실 기능과 서적 관리 기능을 추가했고, 과거 시험의 주관과 문신 교육 임무도 부여했다.

화성성역의궤

1794년(정조 18년) 1월부터 1796년(정조 20년) 8월에 걸친 화성 성곽의 축조에 관한 내용을 자세히 기록한 책으로 1801년(순조 1년) 9월에 발간되었다. 이 책에는 편찬 방법·경위·구성 방침을 실은 범례가 있고, 권수에는 본편과 부편의 총목록을 실은 총목(總目)과 성곽 축조에 관계되는 일지를 실은 시일(時日), 성곽 축조 및 의궤 편찬에 관한 관청의 관리명과 담당 업무를 실은 좌목(座目), 그리고 성곽과 각종 건조물 공사에 사용된 부재와 기계·도구 등의 그림 및 그 설명을 실은 도설 등으로 구성되어 있다.

개혁 군주 정조, 자신의 꿈이 서린 화성을 건설하다

정치 상황이 어느 정도 안정되자 정조는 아버지 사도세자의 무덤을 풍수지리에 좋은 땅이라 여겨지던 화산이란 지역으로 옮겼다. 정조는 사도세자의 무덤을 옮기면서 무덤 주변에 살던 주민들이 살 수 있는 터전을 마련해주고, 임금의 위엄 또한 떨치기 위해 계획도시인 화성 건축에 나섰다. 1794년부터 시작된 화성 공사에는 여러 가지 새로운 기술들이 쓰였는데, 서양의 건축 기술도 일부 도입되었다. 그래서 성의 외곽에는 설계할 때부터 대포를 설치할 자리와 옹성이라 하여 항아리 모양으로 성문을 둘러싼 방어시설도 만들었다.

처음 화성을 건축하는 데 10년이 걸릴 것이라 예상하였지만, 불과 2년 4개월 만에 화성이 완성되었다. 이렇게 짧은 시간 안에 화성이 지어질 수 있었던 건 새로운 기계들을 이용하였기 때문이다. 이때 쓰인 기계들은 『화성성역의궤』라는 책에 담겨있는데 거중기와 녹로와 같은 발달된 기술이 담긴 기계들이 대표적이었다. 이들 기계 덕분에 육중한 성벽을 쌓는 돌들을 비교적 쉽게 나를 수 있게 되면서 공사 기간이 크게 줄어들게 되었다. 또한 화성을 짓는데 동원한 백성들에게 급료를 지급하여 공사 기간을 단축할 수 있었다.

화성 화서문과 공심돈 (경기 수원) 앞이 옹성으로 되어 있다.

방화수류정 (경기 수원) 화성의 4개의 각루 중 동북각루의 이름이다.

3 세도 정치의 실시

1) 세도 정치의 전개

정조의 사망 이후 조선은 순조, 헌종, 철종의 3대에 걸쳐 60여 년 동안 특정 가문이 권력을 독점적으로 차지하는 세도 정치가 계속되었다. 이 기간 중 관료는 언론 활동 같은 정치적 기능을 상실하고 단순한 행정 업무만 맡게 되었다. 따라서 왕권은 약화되고 왕권과 관련되어 있던 의정부와 6조의 기능이 상실되었으며, 외척 가문이 중책을 맡고 있던 비변사가 중앙의 핵심적인 정치 기구로 자리 잡았다.

순조	경주 김씨(정순왕후, 김귀주 – 초기), 안동 김씨(김조순–후기)
헌종	풍양 조씨(조만영)
철종	안동 김씨(김문근)

정조가 죽고 그의 둘째 아들인 순조가 어린 나이에 왕위에 올랐다. 따라서 영조의 계비로 경주 김씨인 정순왕후가 수렴청정을 하였다. 정순왕후는 1801년 궁방과 관아에 예속되어 있던 공노비를 혁파하였다. 그리고 정조 때부터 집권해 오던 시파를 견제하기 위해 사교를 금압한다는 명분으로 수백 명의 천주교 신자들을 죽음으로 몰아넣었다(신유박해). 이 과정에서 천주교의 탄압에 대해 신도인 황사영이 북경의 알렉산드르 드 고베아(Alexandre de Gouvea, ?~1808년) 주교에게 구원 요청서인 황사영 백서(帛書)를 보내려다 체포되기도 하였다.

순조가 김조순의 딸과 결혼하자 김조순의 권족인 안동 김씨들이 중요한 관직을 차지하게 됨으로써 유력한 몇몇 가문 출신의 인물에 의한 세도 정치가 시작되었다.

의두합(창덕궁 기오헌, 서울 종로) 창덕궁 후원 애련지 영역에 있던 순조의 아들인 효명세자의 공부방이다. 단청을 하지 않고 나무의 색이 그대로 드러나 있다. 효명세자가 순조 27년 세자로서 대리청정을 시작하면서 재건하여 기오헌이라고 했다.

정순왕후의 수렴청정이 끝나고, 순조의 친정이 시작되었으나, 이미 김조순 일가에 의한 안동 김씨 세도 정권이 들어선 상태였다. 그런데 1811년 평안도에서 홍경래의 난이 일어나고 이를 계기로 적지 않은 농민 봉기가 일어났으며 모반 운동과 괘서 사건 등도 일어났다. 특히 1821년에는 서부 지방에 전염병이 크게 번져 10만여 명이 목숨을 잃었고, 순조의 재위 중에는 수재 등 많은 천재지변이 발생하였다.

1834년 순조가 죽자 8세의 어린 나이로 헌종이 즉위하였고, 순조의 비로 안동 김씨인 순원왕후가 수렴청정을 하였다. 그런데 헌종 즉위 후에는 국왕의 외척인 풍양 조씨 조만영이 국정을 주도하였다. 그러나 풍양 조씨 내부의 알력으로 얼마가지 못해 정권은 다시 안동 김씨에게 넘어갔다. 1841년부터 헌종은 규장각 초계문신을 선발하고, 친위부대 양성 등을 통해 국정을 주도하려고 하였으나, 별다른 효과를 보지 못했다. 또한 순조대와 비슷하게 홍수 등 자연 재해가 발생하여 백성들의 고통은 극심했으며, 바다에는 이양선이 자주 출몰해 민심이 어수선하였다.

헌종 때에도 순조 때의 천주교 탄압 정책을 이어받아 1839년에 주교 앵베르, 모방 등을 비롯하여 많은 신자를 사형시켰다(기해박해). 이어 1846년에는 최초의 한국인 신부 김대건을 처형하였다. 1849년 6월 헌종이 23세의 젊은 나이에 후사 없이 죽자 순원왕후는 정조의 아우 은언군의 손자를 왕위로 계승시키니 그가 제 25대 왕인 철종이다. 왕에 즉위하기 전 철종은 1844년 옥사로 가족과 함께 강화도에 유배되어 있었다. 그런데 별안간 19세에 왕이 된 것이다. 이때도 순원왕후가 수렴청정을 하였다.

1852년부터는 철종의 친정이 이루어졌다. 이때 안동 김씨 김문근의 딸을 왕비로 맞이하였고, 다시 외척에 의존하는 정치 형태가 전개되면서 안동 김씨가 정국을 주도하였다.

김대건(1821년~1846년) 경기도 용인에서 성장한 김대건은 1831년 프랑스인 모방 신부에게 추천되어 마카오에 있는 파리 외방 전교회에서 공부하게 됐다. 그러던 중 아버지가 1839년 기해박해 때 서울 서소문 밖에서 순교했다는 아픈 소식을 접하였다. 열심히 신학을 공부한 결과 1844년 부제가 됐고 1845년 잠시 귀국했다가 다시 중국 상해로 건너가 우리나라 최초의 신부가 됐다. 1846년 전교 활동을 하다 잡혀 새남터에서 처형됐다. 당시 그의 나이는 25세였다. 김대건은 1925년에 복자로 선포됐고, 1984년 성인으로 선포되어 한국 천주교회의 존경을 받고있다.

안동 김씨의 세도 정치로 삼정(전정 · 군정 · 환곡)의 문란을 더욱 심해졌으며, 국왕은 탐관오리의 전횡을 감독하는 데 한계를 드러냈다. 이로 인한 백성들의 생활은 도탄에 빠지게 되었다. 더욱이 세도 정치로 인해 견제 세력이 사라짐으로써 과거 제도는 문란해졌고, 매관매직이 성행하였으며, 부정부패가 만연하였다. 또한 지방 사회에서 성장하던 상인, 부농 등을 통치 질서 속에 포섭하지 못하고 오히려 수탈의 대상으로 삼았다.

마침내 농민들은 1862년 봄 진주에서 시작 된 임술 농민 봉기를 시발로 해 삼남 지방을 중심으로 전국 각지에서 농민 봉기를 일으켰다. 정부는 삼정이정청이라는 임시 특별 기구를 설치해, 농민 봉기의 원인이 된 삼정의 폐해를 바로잡기 위한 정책을 시행하였으나 세도 정치의 굴레에 얽매여 제대로 이행할 수 없었다.

2) 정치 체제의 문란

양난을 겪은 조선은 사회 전반적으로 양반 중심의 지배 체제가 크게 흔들리기 시작하였다. 양반 지배 체제의 동요는 그 속에 예속되어 있던 농민, 상인, 수공업자, 노비 등에 자극을 주었다. 더욱이 조선 후기 지배층의 가혹한 수탈에 농민들의 저항이 발생하고 여기에 기아, 전염병, 홍수와 가뭄 등의 자연 재해로 농민 생활의 어려움이 가중되었다. 이 가운데 전염병은 18~19세기에 수십만 명이 사망할 정도로 농민들에게는 아주 치명적이었다.

이처럼 어려운 상황에서 백성 사이에는 비기, 도참설이 널리 퍼지고, 민심은 흉흉해졌다. 사회 불안이 점점 더해 감에 따라 각처에서는 도적이 크게 일어났다. 화적은 수십 명씩 무리를 지어 지방의 토호나 부상을 공격하였고, 수적은 배를 타고 강이나 바다를 무대로 조운선이나 상선을 약탈하였다.

철종 어진(국립고궁박물관) 철종은 사도세자의 서자인 은언군의 손자였다. 형이었던 회평군이 강화도에 유배를 가게 되자 함께 유배되었다. 이후 헌종의 뒤를 이을 왕족이 없자 왕위를 잇기 위해 왕궁으로 불려들여졌다. 그러나 정치에 어두웠던 철종은 임금이 된 후에도 정치를 제대로 하지 못했고, 안동 김씨의 세도 정치가 이 시기에 극에 달해 백성의 삶이 크게 어려워졌다.

3) 삼정의 문란

삼정(전정, 군정, 환곡)의 문란으로 농민의 몰락이 가속화되었다. 삼정 중 가장 큰 문제가 된 것은 환곡이었다. 조세가 종전에는 쌀이나 베와 같이 현물을 내는 대신 상평통보와 같은 돈으로 내는 금납화로 바뀜에 따라 환곡은 농민을 수탈하는 새로운 수단이 되었다. 지방 수령과 아전들은 환곡 운영에서 계절이나 지역에 따른 가격 차이와 심지어 돈과 현물교환과의 시세차이를 이용하여 이익을 챙겼다. 특히 환곡의 운영 과정에서 서리와 수령들의 중간 횡령이 극심하였는데, 이를 채우기 위해 법정액 이상으로 징수하는 부정을 저질렀다.

전세는 면·리 단위로 세금의 총액을 미리 정해 놓았기 때문에 수령과 향리 그리고 향임(鄕任)들은 무슨 방법을 써서라도 그 액수를 채우지 않으면 안 되었다. 이에 전세는 1결당 100두 정도를 거두어 갔다. 두 차례의 큰 전쟁을 겪은 조선은 군사 제도의 재정비와 함께 북벌 준비에 주력했으며, 이로 인해 백성들의 군역 부담은 가중될 수밖에 없었다. 게다가 군역을 피하기 위해 여러 가지 수단을 강구하는 이들을 대신해야 했다. 국가의 지역별 총액제 실시에 따라 목표액을 채우기 위해 황구첨정(어린아이에게 군포 징수), 백골징포(죽은 사람을 군적에 올려놓고 군포 징수), 인징(도망가는 집이 있으면 이웃에게 군포 징수), 족징(군포를 내지 못하면 그 일가에세 징수) 등의 명목으로 납부해야 할 군포는 늘어만 갔다. 이러다산 정약용의 저서인 『목민심서』에 애절양이란 시를 쓴 동기가 실려 있다. 이 책에서 정약용은 '이것은 계해년(1803년) 가을에 내가 강진에 있으면서 지은 것이다. 그때 갈밭에 사는 백성이 아이를 낳은지 사흘만에 군적(군대에 가야 할 남자를 관리하는 문서)에 편입되고 이정이 소를 토색질해 가니, 그 백성이 칼을 뽑아 자신의 양경(陽莖 : 남자 생식기)을 스스로 베면서 내가 이것 때문에 이러한 곤액(困厄 : 곤란과 재앙)을 받는다고 하였다. 그 아내가 양경을 가지고 관청에 나아가니 피가 뚝뚝 떨어지는데, 울기도 하고 하소연하기도 했으나, 문지기가 막아 버렸다. 내가 듣고 이 시를 지었다.' 라고 썼다. 이를 통해 당시 일반 백성의 아픔을 알 수 있다.

── **정약용의 애절양(哀絕陽 : 양경[남근]을 잘라버린 것을 슬퍼하며)의 일부** ──

시아버지는 삼년상 나고 애는 아직 배냇물도 안 말랐는데
조부, 아들, 손자 삼대가 다 군적에 실리다니
가서 아무리 호소해도 문지기는 호랑이요
이정(里正 : 향관)은 으르렁대며 마굿간 소 몰아가고
…

한 삼정의 문란으로 백성들이 부담해야 되는 세금은 높아만 갔고 그것은 결국 농민 항쟁의 커다란 원인이 되었다.

4 농민 봉기

1) 농민 봉기의 확산

19세기의 세도 정치 하에서 삼정의 문란으로 국가 기강이 해이해지자 탐관오리의 부정과 탐학은 매우 심했다. 여기에 사회가 변화하면서 비기, 도참 등을 이용한 예언 사상이 유행하였다. 말세의 도래, 왕조의 교체, 변란의 예고 등 근거 없는 낭설이 민심을 혼란시켰다. 『정감록』은 이때에 널리 유행한 비기였다. 또 현세에서 얻지 못하는 행복을 불교의 미륵 신앙에서 해결하려는 움직임도 있었으며, 심지어 살아 있는 미륵불을 자처하면서 백성들을 현혹시키는 무리도 나타났다.

지배층의 압제에 대하여 농민들의 요구는 소청운동으로 나타났으나 점차 벽서, 괘서 등의 적극적인

형태로 나타나기 시작하였다. 이러한 농민의 항거는 농민 봉기로 변화되어 갔다. 농민의 항거 중에 규모가 컸던 것은 평안도에서 일어난 홍경래의 난(1811년)과 1862년 단성에서 시작되고 진주로 파급되어 전국으로 확산된 농민 항쟁이었다(임술 농민 봉기).

이에 정부에서는 긴급 대책으로 안핵사와 선무사를 파견하여 난을 수습하고 민심을 가라앉히도록 하는 한편, 봉기 지역 수령은 그 책임을 물어 파직시켰다. 진주에 파견된 안핵사 박규수의 상소로 시정책이 건의되고, 그 결과 민란의 대책을 마련하기 위해 조정에서는 삼정이정청을 설치하고 삼정이정절목 41개 조를 제정하여 반포하였다. 그러나 곧 삼정이정청은 철폐되었고, 연이은 가뭄과 물난리로 민심은 계속 흉흉해 갔다.

2) 홍경래의 난

조선 후기 평안도 지역에 대한 차별 대우에 불만을 품은 홍경래는 치밀하게 봉기를 준비하였다. 전국적으로 대흉년이 들었던 1811년, 몰락 양반인 홍경래는 평안도 가산에서 영세 농민, 중소 상인, 광산 노동자 등 2천여 명을 이끌고 12월부터 이듬해 4월까지 약 5개월간에 걸쳐 대규모 농민 봉기를 이끌었다.

초기에는 이들은 가산군 다복동을 거점으로 삼고, 각지의 부호·부상대고(富商大賈)들과 연계를 맺었다. 그리고 한편으로는 운산에 광산을 열고 광산노동자·빈농·유민 등을 돈을 주고 고용해 봉기군의 주력 부대로 삼았다. 봉기군은 남진군·북진군으로 나뉘어 거병한 지 10일 만에 별다른 관군의 저항도 받지 않고 가산·곽산·정주·선천·철산 등 청천강 이북 10여 개 지역을 점령하였다.

그러나 곧 전열을 수습한 관군의 추격을 받은 농민군은 박천·송림·곽산·사송야 전투에서의 패배를 계기로 급속히 약화되어 정주성으로 후퇴하게 되었다. 정주성으로 퇴각한 농민군은 고립된 채 정부군 등의 토벌대와 맞서 거의 4개월간 공방전을 펼쳤으나 결국 진압되고, 홍경래 등 주모자가 모두 처형되었다.

3) 임술 농민 봉기

임술 농민 봉기는 삼정의 문란과 경상우병사 백낙신의 가혹한 수탈에 저항하여 유계춘 등이 농민들을 이끌고 일으킨 대규모 농민 운동이다. 1862년(철종 13년) 전국에 걸쳐 70여 개 고을에서 일어났다. 농민들이 최초로 봉기한 곳은 2월 4일 진주 위에 있는 단성이었다. 단성에서 시작된 항쟁은 3월에 경상도 지역으로, 4월에 전라도로, 5월에 충청도 등지로 확산되었다. 9월부터는 제주 지역, 함경도 함흥, 경기도 광주까지 확산되었다.

1862년 농민 봉기는 1811년 평안도 농민 전쟁처럼 군사적 행동으로 정권이나 국가를 타도하려는 행동은 보이지 않았으나 훨씬 많은 지역에서 일어났고, 농민이 좀 더 주도적으로 일을 진행시켜 나갔다는 점에서 보다 발전된 형태의 농민 봉기였다. 이러한 행동은 정치적 주체로서 농민들이 스스로 각성하고 단련해 나가는 과정이었다. 어쨌든 농민들의 항쟁으로 양반 중심의 통치 체제도 점차 무너져 갔다.

진주 농민 항쟁 기념탑(경남 진주) 임술 농민 봉기 기념탑으로 양반 출신의 유계춘 등이 모임을 갖고 항쟁의 방향을 철시와 시위로 결정했던 수곡장이 있던 곳이다.

13 조선의 사회와
경제 변동

안동 하회마을(경북 안동) 풍산 류씨가 600여 년간 살아 온 대표적인 동족마을로 '하회(河回)'란 낙동강이 S자 모양으로 마을을 감싸 흐르면서 붙여진 이름이다. 세계 문화 유산으로 등재되었다.

1 신분 질서의 확립

1) 양천제의 법제화

조선의 신분 제도는 법제상으로는 크게 양인과 천민으로 구분되는 양천제였다. 양인들은 신분적으로 자유인이었고, 천민은 비자유민이었다. 양인에는 양반, 중인, 상민이 포함되었는데 이들은 관직에 나가기 위한 시험인 과거에 응시할 수 있었다. 양반은 15세기의 경우 문반직과 무반직을 가진 사람을 칭하였으나, 16세기 이후에는 벼슬할 자격을 가진 특권 신분(부·조·증조·외조 등 4대조 내에 벼슬한 사람이 있어야 양반으로 인정받음)을 칭하였다.

16세기 이후 양반이 하나의 지배 계층으로 굳어지면서부터 일반 상민과 똑같이 '양인' 대접을 받는 것을 반대하여 양반과 상민을 구분하는 반상(班常) 제도가 생겼다. 반상제는 실질적인 신분으로 지배층인 양반과 피지배층인 상민으로 구분하였다. 양반은 다시 자신들의 신분적 특권을 보호하기 위해 하급 관리들을 중인으로 구분하였다. 이로써 조선 시대의 신분 구조는 양반과 중인, 그리고 양인과 천민의 4계급으로 나뉘었다.

이러한 신분 차별은 조선의 학문인 성리학에서 강조하는 명분론에 의해 합리화되었다. 성리학에서는 모든 인간 관계는 우주와 자연의 질서 속에서 자리잡게 되었으며, 인간의 신분은 정해져 있는 것이기 때문에 분수에 맞는 행동을 해야 하고 그것을 어기는 것은 하늘의 뜻에 어긋나는 것으로 여겼다. 따라서 양반은 지배 계층으로서 정치·경제·사회적으로 많은 특권을 누렸다.

2) 양반, 중인, 상민, 천민

(1) 양반

양반은 좁은 의미에서는 국왕의 조회를 받을 때 동쪽에는 문반이 서고, 서쪽에는 무반이 서기 때문이 붙여진 이름이다. 그러나 이후 양반은 문무 관직자의 가족과 그 가문으로 의미가 확대되어 사족으로 존재하였고, 이것이 하나의 신분으로 고정되어 양반 지배층이 생기게 되었다.

양반들은 행정 관료로서의 특권을 가지고 있었는데, 음서제와 대가제가 그것이다. 음서제는 고려 시대 이후 행하여진 것으로 2품 이상의 관직을 가진 사람이나 공신의 자손들에게 간단한 시험을 거쳐 관료에 임명하는 것이다. 한편, 대가제는 3품 이상의 현직 관리가 국가의 경사나 큰 행사를 치른 후 특별히 벼슬을 올려주려 할 때 그 품계를 아들이나 동생, 사위, 조카들이 대신 받을 수 있게 한 것이다.

양반들은 이러한 제도적 특권을 발판으로 관직에 진출할 수 있었고 경제적으로는 토지와 노비를 소유하는 계층이었다. 또한 이들은 사회적으로 법률과 제도로써 각종 국역을 면제 받는 등 신분적 특권을 보장받았다. 양반들은 유학자로서의 소양과 자질을 닦는데 힘을 기울였다.

양반들은 자신들의 특권을 유지하기 위해 다른 계층에게는 배타적인 틀을 만들었다. 지방 행정관인 향리들의 관직 진출은 제한하였으며, 서얼 출신자들을 과거의 문과에 응시하지 못하게 하였다. 게다가 재가한 여자의 자식들도 높은 자리에 오르지 못하도록 금지하는 등 많은 제한을 두었다.

(2) 중인

중인은 좁은 의미에서는 기술관을 뜻하나 넓은 의미에서는 말 그대로 양반과 양민 사이에 끼어 있는 가운데 신분 계층을 의미한다. 이 신분층은 주로 16세기 이후 등장하는데 문관의 하급 관리인 서리, 무관의 하급 관리인 군교, 지방의 향리, 역관, 화원 등 행정 실무나 전문 기술을 담당하던 계층이었다. 서얼도 중인으로 대우받았다.

창덕궁 약방(서울 종로) 궁중의 의료와 약을 담당했던 내의원이 있던 곳이다. 이곳에 의관이 거주하면서 궁궐의 의사 역할을 했다.

중인들 가운데 역관이나 의원들은 비교적 사회적 대우가 좋았다. 사역원에 소속된 역관의 경우 사무역을 통해 부를 축적할 수 있었다. 내의원이나 혜민서 등에 소속되었던 의원의 경우도 왕족이나 양반들의 병을 완치할 경우 일정한 부와 명성이 뒤따르긴 했으나, 만약 고치지 못할 경우 위험도 있었다.

지방의 하급 관리인 향리는 중앙에서 파견된 수령을 도우면서 지방 토착 세력으로 위세를 떨치기도 하였다. 서얼은 양반의 첩에게서 출생한 자손으로 '서(庶)'는 양인 첩의 자손, '얼(孼)'은 천민 첩의 자손을 뜻한다. 이들은 문과 응시에 제한이 있었지만, 무과나 잡과에 응시하였다. 따라서 이들은 첩의 자식이라는 한계로 인하여 양반들로부터 차별을 받았다.

중인은 자신들의 지위를 지키기 위해 직역을 세습하였고 혼인도 같은 신분에서 하는 경우가 많았다. 더욱이 이들은 행정 실무에 종사하였으므로 그들만의 생활 양식과 문서 양식 등도 따로 있었다. 또 시문까지도 독특하여 '중인문화'라 할 만한 생활 규범을 갖췄다.

(3) 상민

상민 주로 농민과 상인, 수공업자 및 신량역천(身良役賤)들을 말한다. 상민 가운데 가장 많은 비율을 차지하는 농민은 백성의 대부분을 차지하며 국가에 조세와 공납(특산물), 그리고 역(노동력과 군대 의무)이라는 무거운 부담을 가지고 있었다.

한편, 수공업자는 관영수공업자와 민영수공업자가 있었다. 관영수공업자는 관청에 소속되어 물품을 공급하였고, 민영수공업자는 농민을 상대로 농기구 등의 물품을 만들어 공급하였다. 상인은 대도시에 자기 가게를 차려놓고 상업 활동을 하는 시전 상인과 지방을 떠돌며 상업 활동을 하는 보부상이 있었다. 시전 상인이나 보부상은 아무나 할 수 있는 것이 아니라 국가의 허락을 얻어야 상업 활동을 할 수 있었다. 시전 상인들은 자기가 취급하는 물건은 다른 사람이 취급하지 못하도록 하는 특권을 정부로부터 부여받는 대신 정부가 필요로 하는 물건을 납품해야 하는 의무도 지고 있었다. 농업 중심의 조선 사회에서 상인은 농민보다 천시되었고 낮은 관직이 허용되었다.

신량역천은 양인 신분이면서 천역에 종사하던 자들로, 신분은 양인이었지만 누구나 기피하는 고된 역에 종사하였으므로 양

보부상(조선풍속도) 보부상은 보상과 부상을 일컫는 말로, 보상은 봇짐장수로 주로 비녀·빗 등의 작은 물품을, 부상은 등짐장수로 주로 짚신·항아리 등의 큰 물품을 취급했다. 부보상이라고도 한다.

인과 천인의 중간 계층으로 취급되어 '신량역천'으로 호칭되었다. 이들은 고려 이래로 있어온 계층으로 관적과 부역이 없었으며 소금을 굽는 사람(염간), 나루를 건너는 뱃사공(진척) 등이 여기에 속했다.

이밖에도 중앙 관서 및 종친·관리들에게 배속되어 수종(隨從)·호위·사령 등 잡역에 종사하는 조례, 중앙의 사정 및 형사 업무를 맡은 관서에 소속되어 경찰·순라·옥지기 등 잡역에 종사하는 나장, 지방의 각 읍이나 역에 소속되어 그들을 접대하는 일을 맡았던 일수(日守), 조운에 종사하는 조졸, 봉수대 위에서 기거하며 후망과 봉수 업무를 수행하는 봉수군, 역에 소속되어 역역(驛役)을 세습적으로 부담하는 역졸 등도 신량역천에 속하였다.

(4) 천인

천인은 '천민'이라고도 하며, 노비, 백정 등 가장 낮은 신분층의 비자유민들로 개인이나 국가에 소속되어 있었다. 이들은 국가에 대한 의무가 없었으며, 신분상 대우도 받지 못하였다. 천민 중에서 대부분을 차지하는 것은 노비였다. 노비는 재산으로 취급되어 매매, 상속, 증여 등이 가능하였다.

노비는 공노비와 사노비로 구분되어 있었다. 공노비는 국가에 소속된 노비이고, 사노비는 개인들에게 소속된 노비들이다. 공노비 중에서도 내수사 소속의 노비는 왕실의 노비라는 뜻에서 '궁노비'라 했

노비안 공노비는 왕실과 국가 기관에 소속되어 일을 하던 최하층 신분이다. 이들의 자식들도 같은 관아에 소속되었다. 노비안은 노비들의 명단이다.

고, 소속된 관아가 행정 기관일 경우 '관노비'라고 했지만, 역이나 향교와 같이 특수한 관아일 경우 '역노비' 또는 '교노비'라고 불렀다. 또 공노비는 그들의 의무 내용에 따라 입역노비와 신공을 바치던 외거노비가 있었다. 공노비는 지방 또는 중앙의 각 관아에 차출되어 일정 기간 노역에 종사해야 했다.

사노비는 주인의 집에서 거주 생활하는 솔거노비와 주인으로부터 독립하여 가계를 유지하면서 생활하는 외거노비로 나뉜다. 솔거노비는 독자적인 가계나 재화 축적의 기회, 행동의 자유 등이 주어지지 않았고 일부는 주인의 첩이 되기도 하였으나 대부분은 하인으로서 잡역 및 농경에 동원되었다. 반면 외거노비는 가족과 함께 살면서 재산을 소유할 수 있었기 때문에 솔거노비보다는 생활여건이 좋았다. 사노비에 대한 형벌은 주인의 뜻대로 하였으나 사형을 집행하는 일은 금지되었다.

노비는 원칙적으로는 양인과의 결혼이 금지되어 있었으나 양반들이 노비 증식을 위해 결혼을 시키기도 하였다. 이러한 경우 한쪽이 노비이면 자식도 노비(一賤卽賤)가 되었으며, 출생한 노비는 어머니 쪽 소유로 하는 천자수모법(노비종모법)이 적용되었다. 이들 천민은 직업 선택이나 이주의 자유가 없었다.

이밖에 천인으로는 광대와 무당, 백정 등이 있었다. 백정은 고려시기의 화척, 양수척, 재인들로 도살업이나 유기 제조, 육류 판매 등을 주로 하며 생활하였다. 세종 대에 들어 고려 시대 화척, 양수척, 재인들을 백정으로 개칭하였다.

2 조선 후기 신분제의 동요

1) 신분 질서의 동요

조선 후기에는 신분의 계층 변화가 나타나면서 양반층이 수적으로 크게 증가하였다. 이에 따라 최하층이었던 노비들이 도망 등을 통해 신분 상승을 추구하였고, 농민이나 상인들도 부를 축적하여 양반으로 상승하는 현상이 나타났다. 양인 중에는 이외에도 호적을 바꾸고 족보를 위조하는 방법으로 신분을 속이고 양반 행사를 하는 사람들도 늘었다. 이에 양반의 수는 더욱 늘어나고, 상민과 노비의 수는 갈수록 줄어들었다. 한편 양반층 가운데 권력의 중심에 명문 가문이 있는 반면에 관직에 등용될 기회를 얻지 못한 채 향촌 사회에서 겨우 위세를 유지하는 향반이나 아예 몰락한 잔반이 나타났다. 이는 양반 중심의 신분 질서가 동요되고 있음을 뜻하는 것이다.

자리짜기(김홍도, 단원풍속도첩 중, 국립중앙박물관) 양반 신분을 상징하는 사방관을 쓴 남자가 자리를 짜고 있다. 그 뒤에 아내는 실을 짜고 있다. 한데 뒤 편에 아이는 공부하고 있다. 아마도 가문의 미래를 위해 어려운 살림에도 공부를 시켰을것이다.

2) 중인층의 신분 상승

조선 후기에 이르러 서얼과 중인 등 중간 계층의 역할이 커졌다. 특히, 서얼에 대한 차별은 임진왜란 이후 완화되기 시작하였다. 전란으로 재정적 타격을 받은 정부가 납속책을 실시하고 공명첩을 발급하자 서얼은 이를 이용하여 관직에 나아갈 수 있게 되었다.

영·정조 때에 서얼 출신을 어느 정도 등용하자, 이들은 더욱 적극적으로 신분 상승을 시도하였다. 그들은 처음 중종 때 조광조가 서얼허통을 제안한 이후 수차례에 걸쳐 관직 진출의 제한을 없애 줄 것을 요구하였다. 이후 영조 때에는 일부 직종에 서얼이 등용되기 시작하다가 정조 때에는 유득공·이덕무·박제가 등 서얼 출신이 규장각 검서관으로 등용되었다.

서얼의 신분 상승 운동은 기술직 중인에게도 자극을 주었다. 실무 능력과 경제력을 겸비한 중인층이 증가하면서 점차 영향력을 확대해 나갔고, 철종 때에는 청요직 진출 제한과 같은 차별 철폐를 요구하는 소청 운동을 전개하기도 하였다. 특히, 중인 중에서도 역관들은 청과의 외교 업무에 종사하면서 서학을 비롯한 외래문화 수용에 있어서 선구적 역할을 수행하였다.

3) 상민과 노비의 신분 상승

조선 후기에는 전통적인 신분 계급 구조에 새로운 변화가 나타났다. 양인과 노비의 엄격한 차별과 세습성을 특징으로 하는 양천제가 동요하고, 양반과 상민이 대칭되는 새로운 계급 구조가 형성되었다.

면역·면천·면향의 혜택을 얻을 수 있었으므로 공명첩은 비록 실제의 관직이 아니라 허직이었지만, 신분의 상승효과를 가져와 납속을 통해 공명첩을 얻는 사람이 나타났다.

속량(贖良)은 노비 신분층이 합법적으로 신분 상승을 도모할 수 있는 방법이었다. 즉 노비는 군공과

의 의식은 점차 높아져 곳곳에서 적극적인 항거 운동이 일어났다. 그런데도 탐관오리의 탐학과 횡포는 날로 심해 갔고, 재난과 질병이 거듭되었다. 이에 따라 굶주려 떠도는 백성이 거리를 메울 지경이었다. 이에 사회 변혁의 움직임이 농민들 사이에서 일어나게 되었다.

4) 부계 중심의 가족 제도

조선 중기까지만 해도 혼인 후에 남자가 여자 집에서 생활하는 경우가 있었으며, 아들과 딸이 부모의 재산을 똑같이 상속받는 경우도 많았다. 집안의 대를 잇는 자식에게 상속분을 조금 더 준다는 것 외에는 모든 아들과 딸에게 재산을 균등하게 나누어 주는 것이 관행이었다. 재산을 같이 나누어 상속받는 만큼 조상에 대한 제사도 형제가 돌아가면서 지내거나 책임을 분담하기도 하였다.

그러나 조선 후기에는 부계 중심의 가족 제도가 일반 백성에게까지 확대되었다. 여자는 혼인 후에 남자 집에서 생활하는 경우가 많아졌다. 제사는 반드시 큰아들이 지내야 한다는 의식이 확산되었고, 재산 상속에서도 큰아들이 우대를 받았다. 남자의 중요성이 강조되어 아들이 없는 집안에서는 양자를 들이는 것이 일반화되었다. 또한 부계 위주의 족보를 적극적으로 편찬하였고, 같은 성을 가진 사람끼리 모여 사는 동족 마을이 생기게 되었다. 이 동족 마을은 문중을 중심으로 서원과 사우를 세워 향촌 사회에서의 영향력을 유지하고자 하였다.

전주 향교 옆 박진 효자비(1724년 중각 전북 전주) 효행을 강조하여 이를 기념하는 효자비가 많이 설립되었다.

이에 따라 가장의 권리도 이전 시기보다 강화되었다. 가령 자손·처첩·노비가 모반·반역 이외의 죄상으로 부모나 가장을 관청에 고소하는 자는 오히려 극형을 받기로 되어 있었다. 또 삼강오륜을 위반한 강상죄는 조선 시대 내내 반역죄와 동등하게 취급되어 엄중하게 다루었다. 이와 반대로 가장에 대한 절대 복종과 희생 정신에서 우러나오는 효행이나 정절은 국가에서 크게 장려하였다. 이와 같이 그 권위를 국가에서 보증을 받는 가장은 안으로는 조상의 제사를 주재하는 한편, 가정의 관리, 가족의 부양, 분가(分家) 또는 입양 자녀의 혼인·교육·징계 등에 관해 전권(全權)을 가지고 가족 성원을 통솔하였으며, 밖으로는 민간의 계약은 가장의 서명 없이는 성립될 수 없었고, 관청에서도 가장을 상대로 모든 일을 처리하였다.

5) 여성의 지위 하락과 호구 조사

조선 후기에는 남성 위주의 가족 제도로 인하여 여성들의 사회적 지위는 점차 약화되었고 여성들에게는 여러 가지로 사회적 제약이 따르게 되었다. 물론 일부일처제가 기본이었으나 남성 위주의 사회에서 첩을 들이는 사례가 있어 엄밀한 의미에서는 일부일처제라고는 할 수 없었다. 부인과 첩 사이에도 엄격한 구별이 있어서, 첩의 자식인 서얼은 사회 진출이나 제사, 재산 상속 등에서도 차별을 받았다. 혼인은 대개 집안의 가장들이 결정하였으며, 법적으로 결혼 연령은 남자는 15세, 여자는 14세였다. 또 혼인은 엄격한 족외혼이 행하여졌으며, 『속대전』에서는 동성동본은 물론이고, 조상이 같은 동성이본(同姓異本)도 서로 혼인할 수 없다는 규정하였다. 그런데 혼인에도 남존여비의 관념이 철저하여서 남자는 아내가 죽은 뒤에 얼마든지 다시 혼인하여도 무방하였지만, 여자의 경우는 제약이 심하여 성종 때부터는 재가한 여자의 자손은 문무관에 임명되지 못하였고, 과거에 응시할 수도 없었다. 이러한 제약에 순종하는 이에게는 국가에서 열녀로 표창하였다.

가족 제도는 종족을 하나의 단위로, 대가족 제도를 형성하여 상부상조하였다. 여기에서 동족간의 결합이 촉진되어 족보가 생겼으며, 이로 말미암아 동족에 대한 관념이 더욱 발달하였다.

한편, 조선은 국가 운영에 필요한 인적 자원을 파악하기 위하여 제도를 정비하고 수시로 호구 조사를 하였다. 조선시대의 인구에 관한 기본 자료는 3년마다 수정하여 작성하는 호적 대장이었다. 국가에서는 호적 대장에 기록된 각 군현의 인구수를 근거로 해당 지역에 공물과 군역 등을 부과하였다. 공물과 군역의 담당자가 기본적으로 성인 남성이어서 국가의 인구 통계는 주로 남성만을 기록하고 있어 실제 인구수와는 많은 차이가 났다. 조선 시대의 인구수는 건국 무렵에는 550만~750만 명, 임진왜란 이전인 16세기에는 1천만 명을 돌파하였고, 19세기 말엽에는 1,700만 명 정도가 되었을 것으로 추산되고 있다. 특히, 한성에는 세종 때에 이미 10만 명 이상이 거주하였으며, 18세기에 들어와서는 20만 명이 넘었다.

4 농촌 경제의 변화

1) 모내기법(이앙법)과 견종법의 확산

조선 후기 들어 농촌 상황은 정부의 수취 체제 개혁과 함께 변화되었다. 농민들도 황폐한 농토를 개간하고 수리시설을 복구하였으며, 품종과 농기구 개량 그리고 새로운 영농 기술 시도 등 자구책을 마련하고 있었다. 특히, 농업기술의 변화는 생산성을 높이는 한편 노동력을 크게 감소시켰다. 논농사에서 이앙법의 보급은 농민들로 하여금 1인당 경작 면적을 더 넓히는 효과를 가져왔고, 이로 인해 광작이 나타났다. 기록에 의하면, 직파법으로 10마지기도 못짓던 농가에서 이앙법으로 20마지기 내지 40마지기까지도 지을 수 있게 되었다고 한다. 그러나 이앙법은 모내기 철에 가뭄이 들면 결정적인 피해를 본다는 단점이 있었다. 이러한 단점에도 농민들은 보다 많은 수확을 위해 이모작과 이앙법을 그만 둘 수 없었고, 호남 지방의 경우에는 대부분의 농가가 이앙법을 실시하였다.

모내기(김홍도)

밭농사에서는 농종법이 주로 이용되었는데, 밭에 두둑과 고랑을 만들고 두둑 위에 종자를 파종하는 방법이다. 17~18세기에 들어오면서 점차 견종법이 보급되기 시작하였다. 견종법은 농종법과 반대로 밭의 고랑[畎]에 종자를 뿌리는 방식이다. 견종법은 그늘진 고랑 사이에 씨앗을 심기 때문에 수분의 보존이 용이하고 가뭄에도 싹이 잘 튼다. 또 보온 효과가 높으며, 통풍이 잘되고, 잡초 제거도 쉬워 수확량을 높일 수 있다. 그러나 배수가 잘되지 않으므로 주로 수재의 염려가 적은 보리와 같은 겨울 작물을 파종할 때 알맞은 방법이었다.

2) 농업 경영의 변화

조선 후기 농업에서 광작이 부농층과 일부 자작농과 소작농에게서 나타나면서 농업 경영 기술의 변화가 이루어졌다. 이에 지주들은 자신의 토지를 늘려 나갔고, 자작농이나 소작농 또한 소작지 경영의 확대를 통해 경작 면적을 늘려갔다. 이러한 경향은 이앙법의 보급으로 가능해졌다.

이제 농민은 이앙법의 보급을 통해 남는 노동력을 상품작물 재배에 투입하였다. 농민들은 목화, 채소, 담배, 약초, 인삼 등을 재배하여 시장에 내다 팔아 가계 수입을 증가시켰다. 16세기 말 이후 담배를 위한 연초 재배가 이루어졌고, 이어서 양배추·옥수수·호박·토마토·고추 등의 특용 작물이 보급되면서 밭농사에 영향을 주었다. 나아가 구황 작물로서 고구마와 감자 등이 재배되면서 밭농사의 재배 체계에 큰 영향을 미쳤다.

이 가운데 담배가 17세기 중엽 이후 유행하면서 그에 따른 연초 재배가 급속히 확산되었다. 그리하여 18세기 초에는 비옥한 토지에도 연초를 재배하게 되었고, 재배 면적도 크게 확대되었다.

면화의 경우 16세기 이래 면포가 의류로서 소비되고, 아울러 화폐 기능을 수행함으로 사회적 수요가 크게 증가하였고, 17세기 중엽 이후에는 면화를 전업으로 재배하는 농가가 많이 나타나게 되었다.

또 고구마와 감자의 전래도 조선 후기의 농업에 큰 변화를 주었다. 고구마는 1763년(영조 39년)에 통신사로 따라간 조엄이 대마도에서 종자를 부산진으로 보냈고, 돌아오는 길에 다시 종자를 가져다가

주산지 (경북 청송) 경종 때 만들어진 저수지이다. 조선 후기에 많은 수리시설이 만들어졌다.

동래와 제주도에서 시험 재배하여 성공함으로써 전국적으로 퍼지게 되었다. 그리고 감자는 청에서 전래되었다.

농사의 다양한 재배 방법이나 기술의 발달 외에도 이 시기에는 각종 농기구가 발달하였다. 또 보와 저수지 등의 수리시설 확충도 쌀과 곡물의 생산량을 늘렸다. 이러한 과정에서 토지에서 밀려나는 농민들이 생겨났는데, 이들은 소작지나 농지를 잃고 농촌을 떠나 도시로 옮겨가 상공업에 종사하거나 광산이나 포구 등에 가서 임노동자가 되는 경우도 있었다.

3) 지대 납부 방식의 변화

17, 18세기 이후 지대의 변동은 정률 지대(병작반수)를 수취하는 타조법에서 정액 지대를 수취하는 도조법으로 바뀌어 갔다. 이와 더불어 지대의 품목도 생산물 지대(쌀, 콩 등)에서 화폐 지대(동전)로 발전함에 따라 직접 생산자인 농민의 수중에는 잉여생산물이 비축될 수 있게 되었고, 농민은 그것을 바탕으로 성장할 수 있었다. 또 작인인 농민은 도조법이 병작반수 형태의 타조법보다 그 지대 부담이 가벼웠기 때문에 선호하였다. 더욱이 농민에게는 도조법으로의 지대 변환이 지주의 간섭을 덜 받을 수 있었다.

지주 또한 고정적인 수입과 지출이 마련될 수 있었기 때문에 정액제 형태의 지대 수취가 바람직한 것으로 봤다. 특히 당시 부재지주 경영이 다수를 차지했기 때문에 지주가 원격지 토지에 대한 관리상의 어려움이나 지대 수취의 곤란함을 해결하기 위해 도조법을 원했다.

한편, 타조법 하에서는 농민과 지주 간에 진재(陳災) 문제가 빈번하였는데, 지주는 풍흉에 관계없이 도조를 선택하였다. 그러나, 경작자는 재해로 인해 경작되지 못한 토지에서 지대를 바치는 부당함을 해결하려고 하였기 때문에 도조법은 점차 확대되어 갔다.

상품 작물의 재배

농민이 밭에 심는 것은 곡물만이 아니다. 모시, 오이, 배추, 도라지 등의 농사도 잘 지으면 그 이익이 헤아릴 수 없이 많다. 도회지 주변에는 파밭, 마늘밭, 배추밭, 오이밭 등이 많다. 특히 서도 지방의 담배밭, 북도 지방의 삼밭, 한산의 모시밭, 전주의 생강밭, 강진의 고구마밭, 황주의 지황밭에서의 수확은 모두 상상등전(上上等田)의 논에서 나는 수확보다 그 이익이 10배에 이른다. 요즘은 인삼도 모두 밭에 재배하는데, 이익이 천 만 전이나 된다고 하니 토지의 질로써 말할 수 없다.

『경세유표』, 『진제』 11, 정전의 3

4) 민간 수공업과 광산 개발

(1) 수공업의 발달

조선 후기 민간과 관의 수요 증가와 부역제의 약화, 그리고 상품 화폐 경제의 발달로 시장 판매를 위한 수공업이 발달하기 시작하였다. 종래의 관영 수공업이 쇠퇴한 것도 민영 수공업 발달의 계기가 되었다. 게다가 상품 화폐 경제가 발전하면서 시장 판매를 위한 수공업 제품의 생산이 활발해졌다. 도시 인구의 증가는 제품의 수요를 늘렸고, 정부에서 시행한 대동법으로 인한 정부 물품의 수요도 급증하였다.

조선 후기 수공업은 민간 수공업자(납포장, 국역 대신 베를 바치는 공장)가 생산을 주도하였다. 이들은 판매를 목적으로 제품을 생산하는 자들로 도시에 수공업 작업장(점)을 개설하였다. 이들은 점차 각종 장인이 집단적으로 거주하는 일종의 수공업 생산장인 점촌을 형성하였는데, 이는 수공업품을 생산 과정에서의 전문성 · 집단성, 그리고 대량 생산이 필요하였기 때문이다. 점촌은 유기 · 철기 등 장인들이 생산하는 물품에 따라 유기점 · 수철점(水鐵占) 등의 형태로 발달하였다. 특히 제조 규모가 컸던 것은 유기로 경기도 안성이 유명하였다.

민간 수공업자들은 작업장과 자본이 영세하여 원료를 구입하고 생산한 물품을 처분하는 과정에서 상인이 필요하였다. 그리하여 상인들에게 자금과 원료를 미리 받아 제품을 생산하고 그 대가를 받은 후 그 제품을 상인에게 독점케 하는 선대제 수공업이 성행하였다. 이러한 연유로 민간 수공업자들은 상인에 예속되기도 하였다.

그러나 18세기 후반에 들어서는 직접 제품을 생산하고 판매하는 독립 수공업자가 출현하였다. 이들은 전문적으로 주로 옷감이나 그릇 등을 생산하였다. 이렇게 수공업을 통하여 부를 축적한 이들도 나타났으며, 수공업의 발전은 원료의 생산에도 영향을 주어 광산 개발도 활발하게 진행되었다.

(2) 광산 개발

조선 초기 광산은 정부가 독점하여 필요한 광물을 채굴하여 개인의 광산 채굴권은 금지되어 있었다. 그러나 17세기 중엽부터 민간인에게 광산 채굴을 허용하고 세금을 받는 정책이 실시되었다. 이를 설점수세제(設店收稅制)라 한다. 이에 따라 민간인에 의한 광산 개발이 활기를 띠게 되었다.

17세기 들어 청과의 무역으로 은의 수요가 늘어나면서 은광의 개발이 늘어났다. 그리하여 17세기 말에는 평안도 단천이나 경기도 파주 등 거의 70개소의 은광이 개발되었다. 18세기 말에는 상업 자본이 채굴과 제련이 쉬운 사금 채굴에 몰리면서 금광의 개발도 활발해졌다. 광산의 개발은 이득이 많았기 때문에 합법적인 경우가 있었지만, 몰래 채굴하는 잠채도 성행하였다.

당시 광산 경영은 전문경영인인 덕대가 상인과 같은 물주에게 자금을 조달 받아 채굴업자인 혈주와 채굴노동자 및 제련노동자인 광군을 고용하여 광물을 채굴하고 제련하는 방식이 일반적이었다. 특히,

철광의 경우는 전국적으로 널리 분포되어 있었다. 이들은 철을 제련하여 정부에 상납하였는데, 정철은 무기를 만드는 데 사용하였고, 무쇠는 농기구나 가마 솥 등 그릇을 만드는 데 사용하였다. 이어 동전 제조 원료인 동광의 개발과 화약 제조 원료인 유황을 캐는 광업도 있었다. 한편, 광산 개발은 많은 이익을 창출한다는 소문으로 인하여 일반 농민들까지도 농업을 포기하고 광산으로 몰려들게 하였다.

동그릇 만들기(김준근, 조선풍속도 대장간) 대장간에서 쇳물을 이용하여 동그릇을 만들고 있다.

대장간(김홍도, 단원풍속도첩) 대장간에서 공동 노동으로 작업하는 모습을 그렸다.

사금 채취 금을 포함한 광석이 풍화 작용 등으로 붕괴되어 모래나 자갈과 함께 개울이나 강에 침전되어 있는 것을 쌀을 일 듯 채로 쳐서 금을 골라내는 채취 방법이다.

광산 모형도(울산박물관)

5 상품 화폐 경제의 발달

1) 상업의 발달과 사상의 성장

조선 후기 조세의 금납화는 상품 화폐 경제를 촉진하는 계기가 되었다. 더욱이 사상의 출현으로 전안(廛案: 시전에서 취급한 물종과 상인의 주소, 성명을 등록한 상행위자의 대장)에 등록되지 않은 자나 판매를 허가받지 않은 상품을 성 안에서 판매하는 난전이 기승을 불렸다. 이러한 난전의 등장은 어용상인인 시전 상인의 상권을 침해하는 결과를 초래하였고, 정부는 육의전을 비롯한 시전 상인에게 한양 도성 안과 도성 아래 10리 이내의 지역에서 난전의 활동을 강력히 규제토록 하였다. 이어 특정 상품에 대한 전매권을 지킬 수 있도록 하는 금난전권을 부여하였다.

결국 금난전권의 실시는 조선 후기 이래 확대된 상품 화폐 경제의 발전을 가로막는 장애가 되었고, 도시 소비자 뿐만 아니라 시전 체계 안에 포섭되지 못한 사상에게 많은 피해를 주었다. 또한 권세가·궁방 등과 결탁한 사상도고(私商都賈)의 세력이 점차 확대되면서, 금난전권의 혁파에 대한 여론이 높아졌다. 이에 18세기말 정부는 신해통공(정조 15년, 1791년)으로 육의전을 제외한 일반 시전이 가진 금난전권의 특권을 없애고 육의전에서 취급한 상품(주로 비단, 면포, 명주, 종이, 모시, 어물) 외의 모든 상품을 자유로이 판매하게 하였다.

이미 17세기 후반에 사상들은 종루(4대문 안)·이현(동대문 밖)·칠패(남대문 밖·어염 유통의 길목)에서 상업 활동을 하여 3대 상가를 형성하였다. 게다가 한강과 그 연안 일대에서 각종 상업 활동을 하던 경강상인을 비롯하여 지방 도시에서도 전문적인 상권을 가진 송상(개성), 유상(평양), 만상(의주), 내상(동래) 등이 활발한 상업 활동을 하고 있었다.

이 중 경강상인은 운송업에 종사하면서 거상으로 성장하였다. 이들은 해안의 어물이나 소금 등을 경기도와 충청도의 내륙으로 운송하고, 내륙에서 생산되는 미곡이나 담배 등을 사서 한양으로 운송하여 많은 이익을 얻었다. 개성의 송상은 전국에 송방을 설치하여 활동 기반을 강화하였는데, 주로 인삼을

칠패 시장터(서울 중구)

한양 남대문 밖 칠패 시장의 모습

재배, 판매하고 대외 무역에도 깊이 관여하여 부를 축적하였다. 의주의 만상은 대중국 무역 활동을 하던 상인으로 사신 행렬을 따라 북경에 드나들면서 활발한 무역 활동을 펼쳤다. 동래 상인은 부산의 동래왜관을 중심으로 일본과 왜관 무역을 주도하던 상인이었다.

사상 이외에도 공인이 있었다. 공인은 대동법 실시 이후 국가에서 필요로 하는 물품을 구매하여 납부하는 상인이었다. 이들은 일종의 어용 상인으로 시전 상인과는 달리 사상의 피해를 보지 않고 성장하였다. 이들은 선혜청, 상평청, 호조, 진휼청 등 경제와 관련된 부서에 물품을 납품하고 대금을 받았으며 그 과정에서 국가에 공인세를 납부하였다.

한편, 상업 자본가로 성장한 계층에는 물품의 매점매석을 통하여 부를 쌓은 도매상인도 있었는데 이들을 도고라고 했다. 이들은 자본을 바탕으로 대리인을 통해 생산지까지 진출하여 상품을 매점하거나 원료와 생산비를 주는 형태로 상품을 독점하였다. 이들은 심지어 생필품인 쌀과 소금 등도 매점매석하여 물가 상승을 주도하기도 하였다. 대개 이들은 지방의 여각, 객주, 선주인 등을 통해 지방 상품을 매점하였다. 이러한 도고는 박지원이 지은 소설인 허생전의 허생을 통해서도 그 활동을 엿볼 수 있다.

2) 장시와 포구 상업의 발달

조선 후기 사상의 성장은 전국적으로 발달한 장시를 토대로 이루어졌다. 15세기 말 남부 지방에서 개설되기 시작한 장시는 18세기 중엽에 이르러서는 전국에 1천여 개소가 개설되었다. 장시는 지방민의 교역 장소로, 인근의 농민, 수공업자, 상인이 일정한 날짜에 일정한 장소에 모여 물건을 교환하였는데, 보통 5일마다 열렸다. 일부 장시는 상설 시장이 되기도 하였지만, 인근의 장시와 연계하여 하나의 지역적 시장권을 형성하는 것이 보통이었다.

농촌의 장시를 하나의 유통망으로 연계시킨 상인은 보부상이었다. 보상이란 비교적 값비싼 필목, 금, 은, 동제품 등을 보자기에 싸서 들고 다니거나 질빵에 걸머지고 다니며 판매하는 봇짐장수를 가리키고, 부상은 나무 그릇, 토기 등의 일용품을 지게에 지고 다니면서 판매하는 등짐장수를 말한다. 이들은 생산자와 소비자를 이어 주는 데 큰 역할을 한 행상으로서, 날짜가 다른 장날을 이용하여 일정 지역 안이나 전국적인 장시를 무대로 활동하였다.

조선 후기에 들어 포구가 새로운 상업 중심지가 되었다. 그리하여 연해안이나 큰 강 유역에 포구 상업 지역이 형성되었고 18세기에 이르러서는 강경포, 원산포 등과 같은 상업 중심지가 형성되기도 하였다. 이곳에서는 선상들의 활동으로 전국 각지의 포구가 하나의 유통권을 형성하였다.

종래의 포구는 세곡이나 소작료를 운송하는 기지의 역할을 했으나, 점차 포구를 거점으로 상행위가 활성화되면서 선상, 객주, 여각 등이 상업 활동이 주도하였다. 객주와 여각은 숙박업뿐만 아니라 도고로서 상품 소개와 창고업 · 운송업 · 위탁판매업을 겸하였고, 자금대부 · 어음발행 · 예금 업무 등 금융 업무까지 관여하여 지방 경제의 유통을 장악하였다. 또 객주와 여각은 지방의 큰 장시에도 있었다.

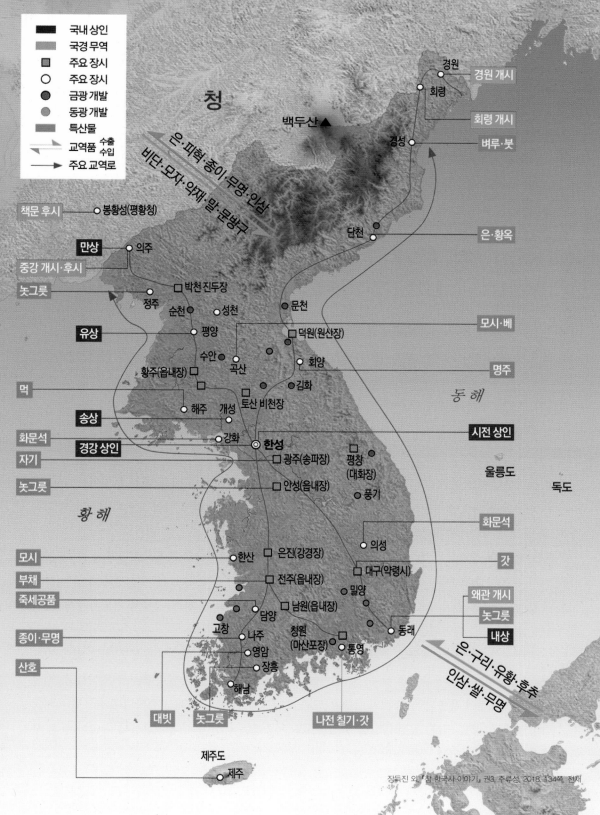

조선 후기의 상업과 무역 활동

범례
- 국내 상인
- 국경 무역
- 주요 장시
- 주요 장시
- 금광 개발
- 동광 개발
- 특산물
- 교역품 (수출·수입)
- 주요 교역로

청

백두산 ▲

경원 — 경원 개시
회령 — 회령 개시
경성 — 벼루·붓

은·피혁·종이·무명·인삼
비단·모자·약재·말·문방구

책문 후시 — 봉황성(평황청)

단천 — 은·황옥

만상 — 의주
중강 개시·후시
놋그릇 — 정주
박천 진두장
순천 성천
평양
유상
수안 곡산
황주(읍내장)
문천
덕원(원산장) — 모시·베
회양 — 명주
김화

먹
송상 — 해주 개성
토산 비천장
강화

화문석
경강 상인
자기 한성
놋그릇 광주(송파장)
안성(읍내장)
평창(대화장)
풍기

시전 상인
동 해
울릉도
독도

모시 — 한산 은진(강경장)
부채 전주(읍내장)
죽세공품
종이·무명 담양
고창 남원(읍내장)
나주
산호 영암
장흥
해남

의성 — 화문석
대구(약령시) — 갓
밀양
왜관 개시
놋그릇
내상
동래

창원(마산포장)
통영

은·구리·유황·후추
인삼·쌀·무명

황 해

대빗 놋그릇 나전 칠기·갓

제주도
제주

장득진 외, 『참 한국사 이야기』, 권3, 주류성, 2018. 134쪽. 전재

3) 대외 무역의 발달

17세기 중엽부터 청과의 무역이 활발해지면서, 국경 지대를 중심으로 공적으로 허용된 무역인 개시와 사적인 무역인 후시가 이루어졌다. 개시는 중강 개시, 회령 개시, 경원 개시와 일본과 무역한 동래의 왜관 개시가 있었다. 중강 개시는 의주 중강에서 열리던 것으로 임진왜란 당시 기아에 허덕이던 백성들을 구제하기 위해 개설되었는데 이후 무역의 중심지가 되었다. 회령 개시는 인조 이후 청나라와 양국의 관리와 감시 하에 행하던 공무역으로 인근 경원의 개시와 아울러 쌍개시라 하였다. 한편 경원 개시는 인조대에 시작되어 격년으로 열렸다. 대개 청에서 수입하는 물품은 비단, 약재, 문방구 등이었고, 수출하는 물품은 은, 종이, 무명, 인삼 등이었다.

한편, 17세기 이후로 일본과의 관계가 점차 정상화되면서 왜관 개시를 통한 대일 무역이 활발하게 이루어졌다. 조선은 인삼, 쌀, 무명 등을 수출하고, 청에서 수입한 물품들도 거래되었다. 반면에 일본으로부터는 은, 구리, 황, 후추 등을 수입하였다.

후시는 조선 후기 사상들이 전개한 밀무역으로 청나라 회동관에서 이루어진 회동관 후시, 중강에서 이루어진 중강 후시, 의주 반대쪽에서 행해진 책문 후시와 두만강 유역에서 만주족들과 거래한 북관 후시와 부산 등 왜관에서 거래한 왜관 후시가 있었다. 책문 후시는 처음에는 단속하였으나 점차 거래량이 늘자 국가에서 공식적으로 인정하고 물품 거래 품목을 정하였다. 조선에서는 금, 인삼, 종이, 소가죽, 면직물이, 청으로부터는 비단, 약재. 보석, 당목(唐木) 등이 수입되었다.

4) 화폐의 유통

조선 전기부터 동전이 주조되기는 했으나 잘 유통되지 않았고, 오히려 화폐 대신 무명이나, 포·쌀과 같은 현물이 화폐로서 기능하였다. 그러나 조선 후기 상공업이 발달함에 따라 교환의 매개로서 금속화폐, 즉 동전이 자연스럽게 전국적으로 유통되었다.

동전은 인조 때 상평청을 설치되고 상평통보를 만들어 개성을 중심으로 통용시켰다가 효종 때 가서 이를 널리 유통시켰다. 이후 상평통보는 유통이 잠시 중단되기도 하였으나 1678년(숙종 4년) 정부의 동전 유통 결정 이후 전국적으로 유통되기 시작하였다. 동전의 주조는 각 관청에서 주조하게 하였다. 그리하여 상평통보의 뒷면에는 동전을 주조한 관청의 이름이 새겨져 있다.

여기에 18세기 후반부터 세금과 소작료도 동전으로 납부하게 하면서 화폐의 유통은 한층 빨라졌다. 이제 동전만 있으면 누구나 물건을 살 수 있게 되었다. 이에 정부는 동전의 발행량을 늘려 나갔고, 시중에도 상당량의 동전이 유통되었다. 점차 동전은 교환 수단일 뿐만 아니라 재산 축적의 수단으로 여겨지기 시작하였다. 그렇게 되자, 동전 공급을 늘렸는데도 시중에는 동전이 제대로 유통되지 않아 동전 부족 현상이 나타나는데 이를 '전황'이라고 한다.

전황이 만성적으로 일어나자 정부는 동전의 주재료인 동광을 개발하여 많은 양의 동전을 주조하였다. 조세의 금납화로 인해 농민들은 동전 구입을 위해 농산물을 싸게 팔거나 고리대에 시달리기도 하였다.

18세기 이후가 되면 환, 어음 등의 신용 화폐도 점차 보급되었다. 어음은 동전 지불을 보장하는 일종의 차용증서였고, 환거래에 비해 규모가 작은 거래의 결제 수단으로 이용되었다.

상평통보(常平通寶)의 발행

상평통보는 인조 때 처음 만들어진 이래로 숙종 때 가서 전국적으로 사용되면서 이후 고종 때까지 200년 동안 우리 나라의 중심 화폐가 되었다. 전국적으로 유통된 최초의 화폐이다. 상평통보의 단위는 1푼이 기본이었고, 10푼이 1전이고, 10전이 1냥이었다. 상평통보의 발행은 정조 때 호조에서 전담하도록 하였다. 하지만 점차 만드는 곳이 다양해져 순조 때에는 중앙과 지방의 관청에서도 수시로 발행되어 관리 체계가 무너지기 시작했다. 나라에서는 상평통보의 상(常)자에서도 알 수 있듯이 항상 공평하게 사용해야 한다는 뜻과 아울러 떳떳하게 차별없이 사용하라는 뜻에서 이름이 지어졌다고 한다.

상평통보의 앞면   상평통보의 뒷면

전황

호조판서 이성원이 아뢰되 "종전에 허다하게 주전한 전화(錢貨)는 결코 그 해에 한꺼번에 쓸 리가 없으며, 경외(京外) 각 아문의 예비 재정도 어제 오늘 일이 아닌데 최근 전황이 더욱 심하니, 신의 생각에 이것은 부상대고가 때를 타서 화폐를 숨겨 반드시 이익을 노리고자 한 것으로 보입니다."

『비변사등록』 정조 6년 11월 7일

동전꾸러미(국립중앙박물관)

조선의 상권을 지배한, 김만덕과 임상옥

조선 시대는 상업에 대하여 천시하는 사회 분위기가 있었다. 그런 와중에 김만덕과 임상옥은 조선 후기에 활약한 대표적인 상인들이었다. 김만덕(1739년~1812년)은 당시로서는 드문 여성 사업가이자 전 재산을 사회에 기부했던 사람으로 기억되고 있다. 제주도에서 태어났던 김만덕은 어려서 부모가 모두 돌아가시고 고아가 되어, 삼촌댁에서 자랐다. 본래 상민에 속했던 만덕은 삼촌댁에서 다시 기생에게 맡겨지면서 한순간에 그 신분이 천인으로 떨어지고 말았다. 제주도 관청 소속으로 뛰어난 춤과 노래 솜씨를 보인 그녀는 한 때 제주도에서 가장 유명한 기생이었다고 한다. 23살이 되자 김만덕은 드디어 기생 신분에서 풀려나 장사를 시작하였다. 제주도와 육지의 물건을 거래하는 객주가 되어 크게 성공한 그녀는 제주도에서 알아주는 부자가 됐다.

김만덕 초상화

김만덕은 때마침 제주도에 기근이 닥쳐 백성들이 굶어 죽는 일이 생기자 자신의 전 재산을 털어 백성들에게 쌀을 나누어 주었다. 이 소식을 들은 정조는 그녀의 선행에 감동하여 친히 그녀를 궁궐로 불러 만나고, 그녀의 소원이었던 금강산 구경을 시켜주었다.

김만덕과 함께 임상옥(1779년~1855년) 또한 조선 후기를 대표하는 상인이다. 의주 지방을 배경으로 활동하던 만상에 속했던 임상옥은 당시 이조판서였던 박종경의 도움을 받아 우리나라 최초로 청과의 인삼 무역을 독점하였다. 1821년 그는 청나라에 갔다가 베이징 상인들이 서로 짜고 홍삼 값을 낮추려고 한다는 소식을 듣고 사람들이 보는 앞에서 홍삼을 불태우는 장사 수완을 발휘하였다.

김만덕 객주(제주) 근래에 복원하였다.

청나라 상인들은 홍삼이 불에 타자 마음이 급해져 결국 임상옥이 부르는 값대로 지불하고 홍삼을 사갔다. 임상옥은 '재물은 평등하기가 물과 같고, 사람은 바르기가 저울과 같다'라는 말을 남겼다. 그는 자신의 말대로 의주 백성들이 기근을 겪자 자신의 재산을 들여 자선 사업을 벌였다. 그는 평생 신용을 목숨처럼 여겼고, 돈을 버는 것보다 믿음을 지키는 것을 우선했다.

14 조선의 문화와 사상

무위사 극락보전 (전남 강진) 조선 전기에 맞배지붕의 형태로 지어진 건물이다.

1 민족 문화의 융성

1) 훈민정음의 창제

조선 초기에는 실용적인 성격의 학문이 발달하여 민족 문화가 크게 발달하였다. 특히 세종은 우리의 문자인 훈민정음을 창제하여 민족 문화의 기반을 넓히고 더욱 발전할 수 있는 터전을 마련하였다. 그 이전까지 우리는 한자를 써오면서 이두나 구결 등을 사용하였다. 이에 세종은 궁중에 정음청을 두어 훈민정음을 창제하게 하고, 집현전 학자인 정인지, 신숙주, 성삼문 등으로 하여금 그것을 해설, 보급하게 하였다. 그리고 『용비어천가』를 한글로 지어 보급하고, 부처님의 덕을 기리는 『월인천강지곡』, 『석보상절』과 『삼강행실도』와 같은 윤리서에 한글을 같이 쓰게 하였다. 아울러 서리 채용시험(취재)과 실무 행정에도 한글을 사용하였다.

점차 훈민정음은 한문을 모르는 여성들이나 평민 및 궁중 여성들에게 사용되어 여성들의 교육에 크게 이바지하였다. 이러한 훈민정음의 창제로 우리는 고유의 문자를 보유하였고 일반 백성의 문자 생활이 가능하였다. 이후 양난을 겪은 뒤에 평민 문학이 대두되면서 한글은 차츰 문학의 표기 수단으로 그 가치를 발휘하였다.

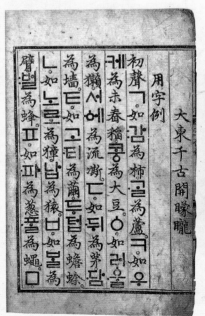

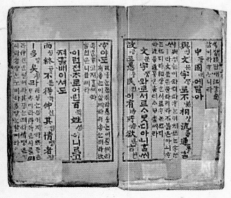

『훈민정음 해례본』(간송미술관) 훈민정음을 설명한 한문 해설서로 1446년 세종의 명으로 정인지·신숙주·성삼문·최항·박팽년·강희안·이개·이선로(이현로) 등 집현전의 8학자가 집필했다

2) 과학 기술의 발달

(1) 천문과 역법

조선 전기 과학 기술은 부국강병과 민생안정을 위한 것으로 인식되면서, 국가적으로 지원을 받으면서 발전하였다. 특히 천문학은 농업과 깊은 관련이 있어 천문학을 관장하는 서운관을 설치하고, 재상을 최고 책임자로 임명하였다.

세종 때에는 천문 관측을 위해 경복궁에 간의를 설치하였으며, 시간 측정 기구로 물시계인 자격루와 해시계인 앙부일구 등을 만들었다. 이 가운데 해시계는 궁궐 안의 보루각과 한양의 혜정교 및 종묘 앞에 설치하여 백성들로 하여금 시간을 알게 하였다. 자격루는 노비 출신의 과학 기술자인 장영실이 제작한 것으로, 정밀 기계 장치와 자동 시보 장치를 갖춘 뛰어난 물시계였다.

해시계(앙부일구) 원을 반으로 자른 반구에 4개의 다리를 둔 형태인 앙부일구는 해의 그림자를 이용하여 시각과 절기를 확인할 수 있게 해주었다. 구체적으로는 세로에는 시각선을 그리고, 가로에는 절기선을 그려 그림자 모습을 보고 시각과 절기를 알 수 있었다.

혼천의 복원(경기 여주, 영릉) 혼천의는 지구를 뜻하는 작은 구를 중심에 두고 주위에 태양과 달이 지나다니는 길을 나타내는 원들과 적도를 연장시킨 원 등을 연결시켜 함께 움직이게 한 천문 관측 기구이다. 혼천의를 통해 당시 사람들은 시간과 날짜, 계절 등을 알 수 있었다.

보루각 자격루(덕수궁) 물시계에 자동으로 시간을 알려주는 장치를 달아 만든 정교한 시계였다.

수표(서울 동대문, 세종대왕기념사업회) 하천의 깊이를 나타내기 위해 세종 때 만들어진 기구를 말한다.

천상열차분야지도 각석 (국립고궁박물관) 가로 122.8cm, 세로 200.9cm의 흑요석에 새겨졌다. 천상열차분야지도는 천상을 12분야로 나누어 차례로 늘여 놓은 그림이란 뜻이다. 권근의 『양촌집』에 의하면, "예전에 평양성에 천문도 석각본이 있었다. 그것이 전란으로 강물 속에 가라앉아 버리고, 세월이 흘러 그 인본마저 매우 희귀해져서 찾아 볼 수 없었다. 그런데 태조가 즉위한 지 얼마 안 되어 그 천문도의 인본을 바친 사람이 있었다. 태조는 그것을 매우 귀중히 여겨 돌에 새겨 두도록 서운관에 명하였다. 서운관에서는 그 연대가 오래되어 이미 성도에 오차가 생겼으므로 새로운 관측에 따라 그 오차를 고쳐서 새 천문도를 작성하도록 청했다." 라고 하였다.

갑인자

1442년(세종 24년)에는 측우기를 이용하여 전국 각지의 강우량을 측정하였다. 게다가 토지 측량 기구인 인지의와 규형을 제작하여 토지의 측량과 지도 제작에 이용하였다.

또 조선 건국된 직후인 1395년(태조 4년)에 새 왕조의 권위 표상으로서 『천상열차분야지도』라는 천문도가 완성되었다. 이 지도는 권근 등 학자 관료와 서운관의 천문학자들이 고구려의 천문도를 바탕으로 만들었다.

천문학과 아울러 새로운 역법이 도입되었다. 세종 때 원나라와 명나라의 역법을 참작하여 우리의 실정에 맞는 『칠정산』 내편과 외편을 간행하였다. 이는 원의 수시력과 명의 대통력을 참조하여, 한양을 기준으로 천체 운동을 계산한 것으로, 중국과 이슬람 역법을 우리나라의 실정에 맞도록 고쳐 조선의 자주적 역법을 확립하는데 기여하였다.

(2) 인쇄술과 의학서 및 병서, 무기 제작

조선 초기에는 다양한 서적의 편찬 사업이 진행되면서 인쇄술과 제지술이 발달하였다. 태종 때에 주자소를 설치하여 동활자인 계미자를 주조하였다(1403년).

세종은 1420년에 만든 경자자의 자체가 가늘고 빽빽하여 보기가 어려워지자 좀 더 큰 활자가 필요하다하여 갑인자를 주조하였다(1434년). 그리고 활자 재료를 구리에서 좀 더 단단한 납으로 교체하였고, 종전에는 밀랍으로 활자를 고정시키는 방식에서 식자판을 조립하는 방식으로 바뀌어 인쇄 능률이 대폭 향상되었다. 이로써 조선의 인쇄술은 절정에 이르렀다.

의학서로는 우리 풍토에 맞는 약재와 치료 방법을 소개한 『향약집성방』과 의학 백과사전이라 할 수 있는 『의방유취』가 간행되었다. 특히 『향약집성방』은 세종의 명으로 유효통 · 노중례 · 박윤덕 등이 편찬하였다. 이 책에는 1천여 종에 달하는 질병의 증상과 치료 예방법이 적혀 있

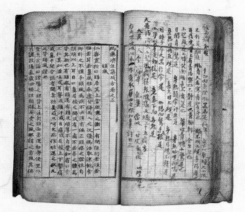

향약집성방 향약은 우리나라의 약재를 뜻하는 것으로 중국의 약재인 당약과 비교되어 쓰이던 말이다. 세종은 값비싼 중국 약재 대신 우리 땅에서 나는 약재로 백성들이 약을 지을 수 있도록 의서를 펴내라 명하였다. 그리하여 1433년(세종 15년) 『향약집성방』이 만들어졌다.

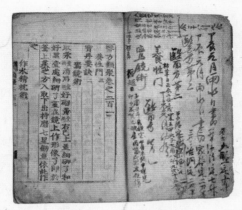

의방유취 세종의 명에 의해 266권의 책으로 만들어진 의학백과사전이다. 다양한 병증을 정리하고 그에 맞는 약을 쓰는 방법을 기록하였다. 이때 다양한 중국의 문헌자료를 참고하여 만듦으로써 동양 최대의 의학 백과 사전으로 평가되고 있다.

고, 질병 치료에 효과가 있는 국내에서 나오는 약재 7백여 종을 수록하였다. 또한, 모든 약재의 명칭을 당시의 언어인 이두로 표기하여 누구나 쉽게 알 수 있도록 하였다.

신기전과 화차(서울대학교 박물관)

조선 초기에는 국방력을 위해 병서가 많이 편찬되었다. 세종 때에는 화약 무기의 제작과 그 사용법을 정리한 『총통등록』을 편찬하였고, 문종 때에는 김종서의 주도하에 고조선에서 고려 말까지의 전쟁사를 정리한 『동국병감』을 간행하였다. 세조 때에는 신숙주가 주석한 『병장설』이 편찬되었다. 이어 성종 때에는 『병장도설』이 편찬되어 군사 훈련의 지침서로 사용하였다.

화약 무기의 제조에는 최무선의 아들인 최해산이 큰 활약을 하였다. 조선 초기에 만든 총포는 총통완구, 장군화통, 1총통, 2총통 등이 있으며, 로켓병기인 신기전 등이 개발되었다. 화포는 사정거리가 최대 1천보에 이르렀으며, 바퀴가 달린 화차는 신기전이라는 화살 100개를 잇따라 발사할 수 있었다. 한편, 병선 제조기술도 발달하여 태종 때에는 거북선을 만들었고, 작고 날쌘 비거도선이라는 전투선을 제조하여 수군의 전투력을 크게 향상시켰다.

3) 윤리서와 의례서의 편찬

조선은 유교적 질서를 확립하기 위해 윤리와 의례에 관한 서적들을 편찬하였다. 세종 때에는 모범이 될 만한 충신, 효자, 열녀 등의 행적을 그림으로 그리고 설명을 붙인 윤리서인『삼강행실도』를 편찬하였으며, 성종 때에는 제사 의식인 길례, 관례와 혼례 등의 가례, 사신 접대 의례인 빈례, 군사 의식에 해당하는 군례, 상례 의식인 흉례의 오례를 정리한『국조오례의』를 편찬하였다. 16세기에는 사림이『소학』과『주자가례』보급과 실천에 힘쓰면서 연장자와 연소자의 윤리를 강조한『이륜행실도』등을 간행하였다.

한편, 조선은 유교적 통치 규범을 성문화하기 위한 법전의 편찬에도 힘을 기울였다. 건국 초기에 정도전은『조선경국전』과『경제문감』을 편찬하였고, 조준은『경제육전』을 편찬하였다. 세조 때부터 편찬하기 시작한『경국대전』은 성종 때에 완성되었다. 이 법전은 6전으로 구성된 조선의 기본 법전으로, 조선 시대 전반적인 법률 체계의 골격을 이루었다.

4) 역사서, 지리서의 편찬

조선은 건국 초기부터 왕조의 정통성을 확립하고 성리학적 통치 규범을 정착시키기 위하여 국가적 차원에서 역사서의 편찬에 힘썼다. 먼저 정도전과 조준 등이 자주적인 입장에서『고려국사』를 편찬하였다. 태종 때에는 권근과 하륜이 중심이 되어 성리학적 사관에서 단군조선 · 기자조선 · 위만조선 · 한사군 · 이부(二府) · 삼한 · 삼국의 순으로 서술하여 고대사의 체계를 수립한『동국사략』을 편찬하였다.

조선 시대에는 실록의 편찬을 매우 중요시하고, 이를 국가 차원에서 계속적으로 추진하였다. 한 왕대의 역사를 후대에 남기기 위한 실록의 편찬은 태조실록부터 철종실록까지 계속되었다.

조선왕조실록은 춘추관에서 실록청을 열어 편찬하는 편년체의 역사서로 왕의 사후에 사초, 시정기, 관보, 승정원일기, 비변사등록, 일성록, 개인문서 등을 참조하여 편찬되었다. 실록은 사관 이외에 왕을 비롯한 누구도 보지 못하였다. 조선왕조실록은 세종 때부터 금속 활자본으로 4부를 찍어 4대(춘추관 · 충추 · 전주 · 성주) 사고에 보관했으나 임진왜란 때 전주사고를 제외하고 모두 불타 없어졌다. 이후 광해군 때 전주사고를 토대로 실록을 재간행하여 5대 사고(마니산, 정족산, 적상산, 오대산, 태백산)에 분산 보관하였다.

한편 문종대에 고려의 역사를 재정리한『고려사』가 정인지 등에 의해 편찬되었다. 이어서『고려사절요』가 김종서 등에 의해 완성되었다. 또한 정치에 모범이 될 만한 일들을 모아 후세의 귀감으로 삼기 위해 1457년(세조 3년)에 신숙주 등이『국조보감』을 완성하였다.

이어 성종 때에는 서거정 · 노사신 등이 단군조선으로부터 삼국의 멸망까지를 다룬 편년체 역사서『삼국사절요』를 편찬하였고, 이어 고조선부터 고려 말까지의 역사를 정리한『동국통감』이 서거정 등에 의해 편찬하였다.

동국사략 강목법에 따라 서술한 역사책으로 『삼국사략』이라고도 불린다. 1402년(태종 2년) 권근·하륜 등이 편찬했다.

조선왕조실록 태조부터 철종까지 25대 472년간의 역사를 기록한 편년체 사서로, 1893권 888책이다. 1997년에 세계기록유산에 등재됐다.

고려사절요 1452년(문종 2년) 김종서 등이 편찬한 편년체 사서로, 기전체 사서인 『고려사』와 더불어 고려 시대 연구에 귀중한 자료가 되고 있다.

16세기에 들어와 사림이 정치를 주도하면서 단군보다는 기자를 더 중시하는 『기자실기』가 율곡 이이에 의해 편찬되었다. 또 오운은 『동국통감』을 비판하고 『동사찬요』 등을 편찬하여 우리 역사를 새로 썼다.

조선 초기에는 중앙집권과 국방의 강화를 위하여 지리지와 지도의 편찬에 힘썼다. 특히 주목할 것은 태종 때에 우리나라 최초의 세계지도인 『혼일강리역대국도지도』를 만들었다. 이 지도는 중국 등의 지도를 바탕으로 1402년에 김사형·이무·이회가 제작하였다. 지도 아래에 권근이 쓴 발문이 있다. 동쪽으로 조선과 일본, 서쪽으로 유럽과 아프리카까지 그린 이 지도는 당시 만들어진 세계지도 중 뛰어난 지도 가운데 하나로 평가받고 있다.

세종 때에는 전국 지도로서 『팔도도』를 만들었고, 세조 때에는 양성지 등이 『동국지도』를 완성하였다. 『동국지도』는 규형과 인지를 사용하여 제작한 최초의 실측지도로 압록강 이북까지 상세히 기록하여 북방에 대한 관심을 반영하였다.

16세기에는 『조선방역지도』가 그려졌다. 이 지도는 각 지방을 다른 색으로 그리고, 지명·수영·병영 등을 타원형 안에 기입하였다. 지도의 형태는 현재의 전국 지도와 비슷하나, 만주 지역을 포함하고 남쪽으로 쓰시마 섬을 우리 영토로 그려 넣었다.

한편 지리지의 편찬도 추진되어 세종 때 각 도별 지리지를 제작한 후

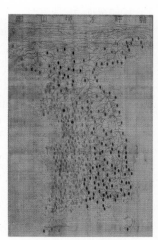

조선방역지도(국사편찬위원회) 만주와 쓰시마 섬을 우리 영토로 명기하고 있어 조선초기의 영토의식을 엿볼 수 있다.

종합하여 사실만을 나열한 백과사전적 지리지인『신찬 팔도지리지』가 간행되었는데. 이를 후에 개정 증보한 것이『세종실록지리지』이다. 성종 때 양성지 주도로『팔도지리지』가 편찬되고, 이어 노사신, 서거정, 양성지에 의해『동국여지승람』이 편찬되었다. 여기에는 군현의 연혁, 지세, 인물, 풍속, 산물, 교통 등이 자세히 수록되어 있다. 이를 보충한『신증동국여지승람』은 중종 때 편찬되어 오늘날까지 전하고 있다.

5) 불교와 민간 신앙

조선 시대 불교는 건국 초기부터 숭유억불 정책을 채택하였기 때문에 고려와 달리 점차 쇠퇴해 갔다. 그럼에도 불교는 오랫동안 일반 백성들에 의해 숭상되었으며, 심지어 이성계 또한 개인적으로 불교를 숭상하였다. 세종은 불교를 찬양하는 노래인『월인천강지곡』을 한글로 짓도록 하고, 세조 역시 원각사를 세우고 간경도감을 두어 불경을 한글로 번역하였다. 성종대에는 사림들이 중앙 정계에 진출하여 불교를 비판하면서 도첩제까지도 폐지되었다. 그 후 명종 때 문정왕후의 지원 아래 보우(普雨)가 중용되고 승과가 부활되기도 하였다. 그 결과 16세기 후반에는 휴정(서산대사)·유정(사명당)과 같은 고승이 배출되어 교리를 가다듬었고, 임진왜란 때에는 승병들이 전쟁에 나아가 싸웠다.

조선 시대 도교는 고려에 비해 그 권한이 축소되었으나, 도교 주관 기관으로 소격서가 설치되었고, 강화도의 참성단에서는 일월성신에 제사를 지내는 초제가 시행되었다. 이후 중종대에 조광조의 건의로 소격서를 폐지하고 도교 행사도 축소하여 교세가 크게 위축되었다. 그러나 도교는 사라지지 않고 성수 신앙 형태가 민간 신앙에 많은 영향을 주었다.

한편, 풍수지리설과 도참 사상은 조선 초기 이래로 중요시되어 한양 천도에 반영되었으며, 양반 사대부의 묘지 선정에도 영향을 주었다. 또 무격 신앙, 산신 신앙, 삼신 숭배, 촌락제 등은 백성 사이에 깊이 자리를 잡았다. 특히, 계절에 따른 세시 풍속은 유교 이념과 융합되면서 조상 숭배 의식과 촌락의 안정을 기원하는 의식이 되었다.

혼일강리역대국도지도(混一疆理歷代國都之圖) 태종 때 김사형·이회 등이 만든 세계 지도로 일명 역대제왕혼일강리도라고도 한다. 지도 하단에는 권근이 쓴 글이 있다. 크기는 가로163×세로150cm로 모사본이 일본 류코쿠대학에 보관되어 있다.

2 성리학의 발달

1) 성리학의 두 흐름

성리학은 고려 말의 개혁과 조선을 건국하는 데에 사상적 기반을 제공하였다. 그러나 이를 수용하고 이해하는 과정에서 신진 사대부 사이에 입장의 차이가 나타났다. 정도전, 권근 등 관학파는 성리학에만 국한하지 않고 한 · 당 유학, 불교, 도교, 풍수지리설, 민간 신앙 등을 포용하여 시대적 과제를 해결하려고 하였다. 특히 주나라 제도를 기록한 유교 경전인 『주례』를 국가의 통치 이념으로 중요하게 여겼다.

한편 조선의 건국에 참여하지 않고 길재, 정몽주의 영향을 받아 재야에서 후진양성에 힘쓰던 사림들은 형벌보다는 교화에 의한 통치를 강조하였으며, 공신과 외척의 비리와 횡포를 성리학적 명분론에 입각하여 비판하였다.

성종 때 본격적으로 중앙 정치 무대에 등장한 사림은 도덕성과 몸가짐으로 수신을 중시하였으며, 그것을 사회적으로 실천하는 가운데 인간 심성에 대하여 깊은 관심을 가졌다. 사림 가운데 서경덕은 이보다는 기를 중심으로 세계를 이해하고 불교와 노장 사상에 대해 개방적인 태도를 보였다. 역시 노장 사상에 포용적이었던 조식은 학문의 실천성을 강조하였다.

성리학이 조선 사회에 확고하게 뿌리내리는 데 크게 기여한 인물은 이황과 이이였다. 이황은 『주자서절요』, 『성학집요』 등을 저술하였으며, 주자의 이론에 조선의 현실을 반영시켜 나름대로의 체계를 세웠다. 그의 사상은 도덕적 행위의 근거로서 인간의 심성을 중시하고, 근본적이며 이상주의적인 성격이 강하였다. 이러한 이황의 사상은 임진왜란 이후 일본에 전해져 일본의 성리학 발전에도 영향을 끼쳤다.

반면, 이이는 상대적으로 기의 역할을 강조하여 현실적이며 개혁적인 성격을 가지고 있었다. 이이는

퇴계 이황(1501년~1570년)　　　율곡 이이(1536년~1584년)

성리학 (주리론과 주기론) 성리학은 우주의 근원에 대해 이와 기라는 것을 통해 연구하는 학문이었다. 학자들에 따라 그 생각에 차이가 있긴 하지만 일반적으로 이는 우주의 절대적인 진리를 말한다. 반면 기는 우리가 실제 경험하는 세계를 말한다. 퇴계 이황은 율곡 이이와 조선 성리학의 틀을 만들었는데, 우선 시대적으로 앞서 태어난 이황은 이러한 이와 기로 인간의 본성과 감정을 설명했다. 이황의 경우 인간의 본성은 절대적 선인 이(理)에서 나오는 것으로 선하지만, 인간의 감정은 기에서 나오는 것이라 선함과 악함이 함께 나타난다 했다. 이를 주리론이라 한다. 그러나 율곡 이이는 퇴계 이황의 생각과는 달리 절대적 진리나 그 형체가 없는 이가 기를 통해 현실에 나타나는 것이라 주장했다. 이러한 입장은 기를 상대적으로 중시하는 생각이라 하여 주기론이라 했다.

『격몽요결』, 『동호문답』, 『성학집요』 등을 저술하여 16세기 조선 사회의 모순을 극복하는 방안으로 통치 체제의 정비와 수취 제도의 개혁 등 다양한 개혁 방안을 제시하였다. 현실 문제에 관심이 많았던 이이는 대동수미법과 십만양병설을 주장하였다.

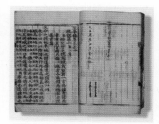

성학집요 이이가 왕의 학문으로 해야 할 것을 유교 경전에서 뽑아 정리한 책

16세기 중반부터 성리학에 대한 이해가 심화되면서 학설과 지역적 차이에 따라 서원을 중심으로 학파가 형성되기 시작하였다. 선조 때에 서경덕 학파와 이황 학파, 조식 학파가 동인을 형성하였으며, 이이 학파와 성혼 학파가 서인을 형성하였다.

2) 이기론의 전개

17 · 18세기 사상계는 이황(퇴계)과 이이(율곡)로 대표되는 16세기 성리학자들의 논쟁을 계승하여 학파적 입장으로 정립시키는 한편, 예학 · 의리론 · 수양론 등 다양한 사상이 나타나기 시작하였다. 이 시기 성리학에서 가장 두드러진 점은 학파의 정립과 이론이 활발하게 분화되는 현상이었다.

17세기에 들어오면서 이황과 이이를 정점으로 삼는 영남학파와 기호학파의 학파적 성격이 선명하게 드러났다. 두 학맥 사이에 스승의 학설을 옹호하는 입장에서 상대방의 성리설에 대한 논박이 지속되면서 학파의 분열이 일어나기 시작했다. 이와 더불어 각 학파는 정통주의적 확신으로 다른 학파에 대해 배타적인 학풍을 형성하기에 이르렀다.

윤휴(1617년~1680년) 윤휴는 인조 대부터 숙종 대까지 활약했던 남인 계열의 성리학자였다. 그는 당시 성리학을 공부하던 사람들이 유교 경전을 해석함에 있어 주자의 뜻을 그대로 따랐던 것과는 달리 독자적인 해석을 하곤 하였다. 이러한 그의 생각은 주자의 견해를 전적으로 믿었던 송시열의 뜻과는 완전히 달랐다. 이후 윤휴는 숙종 때 남인 세력이 경신환국 이후 몰락하면서 사약을 받고 생을 마감하였다.

병자호란 이후에는 명을 숭배하고 청을 배척하는 이른바 숭명배청(崇明拜淸)의 의리론이 시대 이념으로 대두하였다. 송시열을 중심으로 한 서인은 명분론을 강화하고 성리학을 절대화하였다. 그러나 성리학을 상대화하고 6경과 제자백가 등에서 모순 해결의 사상적 기반을 찾으려는 경향도 17세기 후반부터 나타났다. 그 대표적인 인물은 윤휴와 박세당인데 이들은 주자의 학문 체계와 다른 모습을 보였기 때문에 당시 서인(노론)의 공격을 받아 유교에서 교리를 어지럽히고 사상에 어긋난다 하여 사문난적으로 몰렸다. 윤휴는 주자의 해석에만 얽매이지 않고 여러 가지 설을 절충하여 자신의 독자적인 견해를 제시하였다. 박세당도 주자의 영향력을 인정하면서도, 주자 일변도의 해석으로는 요순 이래 여러 성인의 말이 담긴 육경(六經)의 본뜻을 분명하게 헤아리는 것은 불가능하다고 주장하였다.

호론	낙론
인물성이론 (인간과 사물의 본성은 다르다)	인물성동론 (인간과 사물의 본성은 같다)
호서(충청도)	낙하(한양, 경기)
노론	노론
한원진	이간, 홍대용
화이론, 위정척사 사상	북학 사상, 개화 사상

선원록 조선 왕실의 계보를 설명한 왕실 족보이다.

또한 17세기 후반에서 18세기 전반에 걸쳐 인물성동이론(人物性同異論)을 중심으로 성리학의 새로운 쟁점이 제기되고 활발한 논쟁이 전개되었다. 인물성동이론은 사람과 사물의 본성이 같냐 다르냐 하는 논쟁으로, 서인이 노론과 소론으로 분화된 후 노론의 수장인 송시열과 그의 제자인 권상하의 문인들 사이에서 호론과 낙론으로 나뉘어 전개되었다. 인물성의 다름(異)을 주장하는 한원진과 이에 찬동하는 이들이 대개 호서(지금의 충청도지방)에 살고 있어 호학(湖學) 또는 호론(湖論)이라 칭한다. 반면에 인물성의 같음(同)을 주장한 이간과 그 지지하는 이들이 낙하(지금의 서울 지방)에 살고 있어 낙학(洛學) 또는 낙론(洛論)이라고 하였다.

3) 예학의 발달

17세기는 예학이 발달하였다. 당시 예는 양난으로 인하여 흐트러진 유교적 질서의 회복이 강조되면서 중시되었다. 학문은 예학보다 절실한 것이 없다는 생각이 널리 퍼지고 예치가 강조되었다. 예학은 상장제례 의식 정착과 유교주의적 가족 제도 확립이라는 긍정적인 면이 있는 반면 지나친 형식주의로 흐름으로써 붕당간의 정쟁의 수단으로 이용된 부정적 의미도 가지고 있었다.

또 보학도 발달하였다. 보학은 족보를 편찬하여 부계 가족의 내력을 기록하는 것으로 종족 내부의 결속 강화, 문벌의 권위 과시 및 양반 신분 유지라는 기능을 가졌다. 양반들은 족보를 통해 안으로 종족의 결속력을 강화하고 종가와 방계를 구분하여 위계질서를 정하였다. 이와 아울러 왕실에서도 『선원록』을 만들어 왕실만의 족보를 만들어 편찬함으로써 권위를 과시하였다. 족보의 편찬과 보학의 발달은 이후 더욱 성행하여 양반 사회의 권위를 높이는 데 기여하였다.

4) 양명학의 수용

성리학의 절대화와 형식화를 비판하고 실천성을 강조한 양명학은 중종 때에 조선에 전래되었다. 양명학은 명나라 왕수인에 의해 집대성된 유학의 한 갈래로 인간의 마음이 곧 '리(理)', '심즉리(心卽理)'를 바탕으로 인간이 상하 존비의 차별 없이 본래 타고난 천리로서의 양지를 실현하여 사물을 바로잡을 수 있다는 치양지(致良知), 앎은 행함을 통해서 성립한다는 지행합일을 근간으로 하고 있다.

이러한 양명학은 이황이 정통 주자학 사상과 어긋난다고 비판하면서 이단으로 간주되었다. 그러다 18세기 초에 정제두에 의해 학문적 연구가 이루어졌다. 그는 일반 백성을 도덕 실천의 주체로 인정하고 양반 중심의 신분제 폐지를 주장하기도 하였다. 그러나 그의 제자들이 정권에서 소외된 소론이었기 때문에, 양명학은 그의 후손과 인척을 중심으로 하여 계승되었다. 정제두는 안산에서 강화로 이사 가서 이곳에서 제자들을 가르쳤기 때문에 이들을 '강화학파'라 부르기도 하였다.

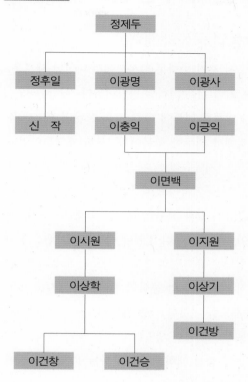

강화학파 계보

정제두
├ 정후일 ─ 신 작
├ 이광명 ─ 이충익 ─ 이면백
└ 이광사 ─ 이긍익

이면백
├ 이시원 ─ 이상학 ─ 이건창 · 이건승
└ 이지원 ─ 이상기 ─ 이건방

성리학과 양명학

성리학은 성(性)인 인간의 본성과 리(理)인 우주의 원리를 철학적으로 연구하는 학문인데 비해, 양명학에서는 '심즉리'라 하여 인간의 마음에 우주의 중심인 천리가 있다고 주장했다. 특히 양명학은 실천을 중요시하여 아는 것은 실천이 따라야 한다는 지행합일을 강조했다.

정제두 묘(인천 강화) 정제두는 소론계의 학자로서 양명학 연구에 전념하여 학문 체계를 세운 인물이다. 당시 주자에 따르지 않는 학문은 모두 사문난적이라 몰리던 상황 속에서 정제두는 양명학 연구에 전념하여 강화학파라 불리는 학파를 이루었다.

3 실학의 등장

1) 농업 중심의 개혁론

조선 후기의 학문과 사상에서 나타난 새로운 경향 중에 대표적인 것은 실학의 발달이었다. 실학은 17, 18세기 사회 · 경제적 변동에 따른 사회 모순의 해결책을 구상하는 과정에서 대두한 학문이자, 사회 개혁론이었다. 특히 이수광은 『지봉유설』을 저술하여 문화 인식의 폭을 확대하였다. 그는 『만국여도』와 『천주실의』 등을 인용하여 지구가 둥글다는 것과 천주교 교리를 소개함으로써, 중국 중심의 화이 사상으로부터 벗어나 새로운 세계관을 갖게 하였다.

비우당(서울 종로) 실학자 이수광이 『지봉유설』을 지은 곳이라 전한다. '비우당'은 비를 피할 만한 자그마한 집이란 뜻이다.

실학은 유형원의 단계에 이르러 형성되기 시작하였고, 이익을 거쳐 정약용에 의해서 완성되었다. 18세기 전반에 농업 중심의 개혁론을 제시한 실학자들은 농촌 사회의 안정을 위하여 농민의 입장에서 토지 제도를 비롯한 각종 제도의 개혁을 추구하였다. 이 실학자들을 '경세치용' 학파라고도 한다. 이들은 공통적으로 농민 생활의 안정을 위한 토지 제도의 개혁을 가장 중요하게 생각하였다.

농업 중심 개혁론의 선구자는 17세기 후반에 활약한 유형원이다. 그는 일생 동안 농촌에 묻혀 살면서 학문 연구에 몰두하고 『반계수록』을 저술하였다. 이 책에서 유형원은 균전론을 내세워 자영농 육성을 위한 신분에 따른 토지 차등 분배를 주장하였고, 양반 문벌 제도, 과거 제도, 노비 제도의 모순을 비

유형원의 반계서당(전북 부안) 유형원이 농촌에 살면서 중농적 실학 사상을 공부하던 곳이다.

판하였다.

　18세기 전반에 농업 중심 개혁론을 더욱 발전시킨 사람은 성호 이익이었다. 그는 유형원의 실학 사상을 계승, 발전시켰으며 많은 제자를 길러 내 학파를 형성하였다. 그는 저서인 『성호사설』을 통해 정치, 경제 등에 관한 문제를 해결하려 하였다. 그는 한전론을 주장하여 대토지 소유를 금하였다. 이익의 한전론은 한 집의 토지 소유 면적을 제한하고, 제한된 영업전 외의 농토는 자유로이 매매하도록 하자는 것이었다. 그리하여 부농과 빈농, 대토지 소유자와 전호의 토지 보유가 점차 균형이 이루어지도록 하자는 것이었다.

　이익의 실학 사상을 계승하면서 실학을 집대성

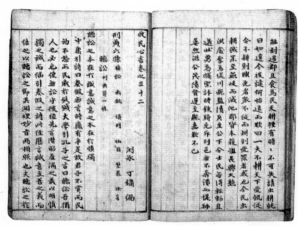

『목민심서』 조선 후기 실학자 정약용이 목민관, 즉 수령이 지켜야 할 지침을 제시한 책이다. 부패가 극에 달한 조선 후기 지방의 사회 상태와 정치의 실제를 민생 문제 및 수령의 본래 임무와 결부시켜 소상하게 밝히고 있다. 정약용은 신유박해로 전라도 강진에서 18년 간 귀양살이를 하고 풀려난 해인 1818년(순조18년)에 완성됐다.

한 학자는 정약용이다. 후에 500여 권에 이르는 저서를 정리한 『여유당전서』가 편찬되었는데 여기에는 『경세유표』·『목민심서』·『흠흠신서』 등이 수록되어 있다.

　그는 백성들의 고통과 사회적 부조리에 대해 날카롭게 고발하고 여전론을 통해 마을 단위의 공동 농장제 실시를 주장하였다. 그리하여 여장의 지도하에 농사를 짓고, 수확량을 노동량에 따라 농민에게 분배하자고 주장하였다.

정약용(1762년~1836년)

다산초당(전남 강진) 강진에 유배 당한 정약용이 거주하면서 학문을 연구했던 곳이다. 원래 초가였는데 복원하면서 기와지붕을 사용하였다.

실학자들의 토지 개혁론

유형원	**균전제 주장** ① 토지를 국유화하여 토지의 겸병을 억제, 토지의 균점을 통해 농민생활 안정 ② 모든 백성이 균일하게 농지를 갖도록 하자는 것 ③ 군역·부세 등도 또한 토지를 대상으로 일률적으로 부과 ④ 1경(頃) 혹은 1무(畝)라는 일정한 토지면적에서 나오는 수확량에 따라 세액 획정 ⑤ 농민 한 사람에게 1경의 땅을 나누어 주고 유사(儒士)와 관리에게는 2~12경(頃)의 토지를 차등지급
이익	**한전제 주장** ① 개인의 토지 사점(私占)을 원칙적으로 배제, 토지겸병은 빈민의 매전(賣田)에서 비롯되므로 이를 방지하기 위한 영업전(永業田) 설정 ② 영업전 이외 토지는 자유로이 매매 ③ 영업전으로 제한된 토지 안에서는 매매금지
정약용	**여전제 주장, 농업생산력의 향상에 관심** ① 토지 균분을 목적으로 토지와 재부가 집중되는 것을 방지 ② 경자유전의 원칙에 따라 농사를 짓는 자만이 농지 획득, 농사를 짓지 않는 자는 농지 소유 불허 ③ 30가구를 1여로 하여 여민(閭民)은 공동노동을 통해서 생산과 수확 ④ 생산물의 분배는 생산에 투하된 가족의 노동량에 따라 진행 ⑤ 봉건적 토지 소유를 부정하고 공동 소유·공동 경작을 주장함으로써 토지를 사회적 소유로 규정

2) 상공업 중심의 개혁론

실학자 중에는 상공업의 진흥과 기술의 혁신을 주장하는 자도 있었다. 이들은 청나라의 문물을 적극적으로 수용하여 부국강병과 이용후생에 힘쓰자고 주장하였으므로 '이용후생' 학파 또는 '북학파'라고도 한다.

상공업 중심 개혁론의 선적 역할을 한 유수원은 『우서』를 저술하여 농업에서는 토지 제도의 개혁보다 농업의 상업적 경영과 기술 혁신을 통해 생산성을 높이자고 하였다. 그리하여 상공업의 진흥과 기술 혁신을 강조하고, 사농공상의 직업적 평등과 전문화를 주장하였다.

18세기 후반에 북학파는 홍대용, 박지원, 박제가 등에 의해 발달하였다. 홍대용은 청에 왕래하면서 얻은 경험을 토대로 기술의 혁신과 문벌 제도의 철폐를 주장하였다. 아울러 중국 중심 세계관을 비판하였다. 한편, 박지원은 청에 다녀와 『열하일기』를 저술하고 상공업의 진흥을 강조하면서 수레와 선박의 이용, 화폐 유통의 필요성 등을 주장하고, 양반 문벌 제도의 비생산성을 비판하였다. 그는 농업에서도 영농 방법의 혁신, 상업적 농업의 장려, 수리 시설의 확충 등을 통하여 농업 생산력을 높이는 데 관심을 기울였다. 그는 노동하지 않는 양반의 수가 너무 많다고 비판하고 양반의 숫자를 줄여야 한다고 주장하였다. 이러한 그의 입장은 소설 『양반전』을 통해 반영되었다.

박지원(1737년~1805년) 박지원은 박제가·이덕무·유득공의 스승이었다.

박제가(1750년~1805년) 중국 청나라 화가 라빙이 북경에서 박제가와의 헤어짐을 아쉬워서 그린 초상화이다.

홍대용(1731년~1783년) 청나라 엄성이 그렸다.

박지원의 실학 사상은 그의 제자인 박제가에 의해 한층 발전하였다. 박제가 역시 청에 다녀온 후 『북학의』를 저술하여 청의 문물을 적극적으로 수용할 것을 제창하였다. 그는 상공업의 발달, 청과의 통상 강화 등을 역설하였다. 또, 생산과 소비와의 관계를 우물물에 비유하면서 생산을 자극하기 위해서는 절약보다 소비를 권장해야 한다고 주장하였다. 뿐만 아니라 수레와 선박의 이용도 주장하였다.

19세기에 접어들면서 실학은 금석·전고 등의 실증을 통해 경전의 진의를 밝히는 실사구시적 학문 방법이 대두되었다. 이 주장의 핵심 인물은 김정희였다. 그는 근거가 없는 지식이나 선입견을 가지고 학문을 연구해서는 안 된다며 과학적인 실사구시의 학문을 내세웠다. 또 경학에만 그치지 않고 금석학, 서예, 선불교 등에 관심을 가졌다. 그는 북한산비(진흥왕 순수비)의 내용을 밝히기도 하였다.

실사구시 학파는 사실에 근거하여 진리를 탐구하려는 객관적 태도, 실증적 연구 자세를 가지고, 이전에는 살피지 않았던 우리 자신의 역사와 지리 및 문헌 등을 연구함으로써 우리 민족에 대한 관심과 민족적 정체성 형성에 기여하였다.

박제가의 소비론

대체로 재물은 비유하건대 샘과 같다. 퍼내면 차고 버려두면 말라버린다. 그러므로 비단옷을 입지 않아서 나라에 비단 짜는 사람이 없게 되면 여공(女工, 부녀자들이 하던 길쌈질)이 쇠퇴하고, 쭈그러진 그릇을 싫어하지 않고 기교를 숭상하지 않아서 나라에 공장(工匠)의 도야(陶冶)하는 사람이 없게 되면 기예가 망하게 되며, 농사가 황폐해져서 법을 잃게 되면 사농공상의 서민이 모두 곤궁하여 서로 구제할 수 없게 된다.

『북학의』, 「내편」, 시정

3) 국학 연구의 확대

실학과 함께 민족의 전통과 현실에 대한 관심이 깊어지면서 우리의 역사, 지리, 국어 등을 연구하는 국학이 발달하였다.

이익의 제자 안정복은 『동사강목』을 저술하여 고조선에서 고려 말까지의 역사를 서술하였다. 그는 우리 역사의 독자적 정통론을 세워 이를 체계화한 이익의 역사 의식을 계승하였다.

이긍익은 조선 시대의 정치와 문화를 정리하여 『연려실기술』을 저술하였다. 한치윤은 500여 종의 중국 및 일본의 자료를 참고하여 『해동역사』를 편찬하여 민족사 인식의 폭을 넓히는 데 이바지하였다.

이종휘는 『동사』에서 고구려 역사 연구를, 유득공은 『발해고』에서 발해사 연구를 심화하였다. 특히 유득공은 고대사 연구의 시야를 만주 지방까지 확대함으로써 반도 중심의 협소한 사관을 극복하는 데 기여하였다.

김정희는 『금석과안록』을 지어 북한산비가 진흥왕 순수비임을 밝혔다. 역사 지리서로는 한백겸의 『동국지리지』, 정약용의 『아방강역고』 등이, 인문 지리서로는 이중환의 『택리지』 등이 편찬되었다.

또 중국에서 서양식 지도가 전해짐에 따라 정밀하고 과학적인 지도가 많이 제작되었다. 정상기의 『동국지도』는 최초로 100리 척을 사용하여 정확하고 과학적인 지도 제작에 공헌하였다. 김정호의 『대동여지도』는 산맥, 하천, 포구, 도로망의 표시가 정밀하고, 거리를 알 수 있도록 10리마다 눈금이 표시되었으며, 목판으로 인쇄되었다.

한편, 언어에 대한 연구도 진전되었다. 유희의 『언문지』는 한글의 우수성을 강조하여 한자음 위주에서 우리말 위주로 한글을 연구하였다. 신경준은 『훈민정음운해』와 『산경표』를 편찬하였다. 『산경표』는 우리나라 산줄기에 대해 연구하여 산의 계보를 체계적으로 정리하였으며 산줄기에 이름을 붙였다. 그

『발해고』 서문

고려는 발해의 역사를 편찬하지 않았으니 고려가 떨치지 못함을 알 겠다. 옛날에 고씨가 북쪽에 자리하여 '고구려'라고 하였다. 부여씨 가 서남쪽에 자리하여 '백제'라고 하였다. 박·석·김 씨가 동남쪽에 자 리하여 '신라'라고 하니 이를 삼국이라고 말한다. 마땅히 그 삼국의 역사가 있어야 했는데, 고구려가 그 역사를 편수했으니 옳은 일이다. 부여씨가 멸망하고 고씨가 멸망함에 이르러, 김씨는 그 남쪽을 차지 하였고, 대씨(대조영)는 그 북쪽을 차지하여 '발해'라고 하였는데, 이를 '남북국'이라고 말한다. 마땅히 그 남북국의 역사가 있어야 하 는데, 고려가 그 역사를 편수하지 않았으니 잘못된 일이다. 고려가 마침내 약한 나라가 된 것은 발해의 땅을 차지하지 못했기 때문이니, 매우 안타깝다.

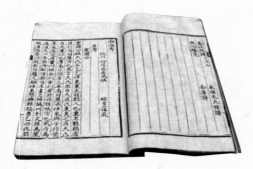

발해고 우리 역사에서 최초로 통일신라와 발해가 나뉜 시기를 남북국으로 설명한 역사서이다. 발해사를 본격적으로 다루어 신라와 함께 남북국으로 체계화하였다.

리고 방언과 해외 언어를 정리한 이의봉의 『고금석림』도 편찬되었다.

조선 후기에는 백과사전류의 저서도 많이 편찬되었다. 이수광의 『지봉유설』을 비롯하여 이익의 『성호사설』, 이덕무의 『청장관전서』, 서유구의 『임원경제지』, 이규경의 『오주연문장전산고』, 최한기의 『명남루총서』 등이 있다. 이 밖에도 국가적 차원에서 우리나라의 역대 문물을 정리한 백과사전인 『동국문헌비고』가 편찬되었다.

4) 과학 기술의 발달

조선 후기에는 과학과 기술 분야에 관심을 가진 학자가 많았다. 특히 천문학은 서양 과학의 영향을 받아 크게 발전하였는데 이수광은 『지봉유설』에서 일식과 월식, 조수 간만의 차이 등을 설명하였다. 김석문 또한 처음으로 지구가 하루에 1번 자전한다고 하는 지전설을 주장하였고, 그 후 홍대용이 체계화하였다.

역법에서는 김육 등의 노력으로 시헌력이 도입되었다. 이는 서양 선교사인 아담 샬이 중심이 되어 만든 것으로 청에서 사용되고 있었는데, 종전의 역법보다 한 걸음 더 발전한 것이었다.

광해군 때 허준은 『동의보감』을 저술하여 의학 발전에 큰 공헌을 하였다. 임진왜란이 끝난 후 조선은 굶주림과 전염병 등의 질병으로 많은 사람들이 피해를 입었다. 당시 일반인들은 병에 걸려도 처방전을 쉽게 받을 수 없었고 약재를 구하기 어려웠다. 이에 허준 등이 『동의보감』을 편찬하여 우리의 전통 한의학을 체계적으로

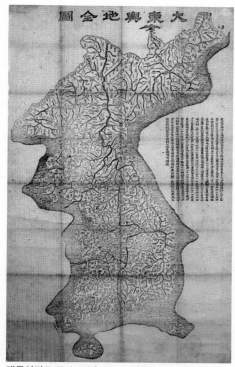

대동여지도 목판본의 『대동여지도』는 1861년에 편찬·간행하고 1864년에 재간한 22첩의 병풍식(또는 절첩식) 전국지도첩이다. 목판본 『대동여지도』 22첩은 우리나라 전체를 남북 120리, 동서 80리 간격으로 하여 22층으로 구분하였다. 하나의 층을 1첩으로 만들고 22첩의 지도를 상하로 연결하여 1권의 책으로 접어서 엮었다. 22첩을 연결하면 가로 4m, 세로 6.6m에 이르는 초대형 조선전도가 된다.

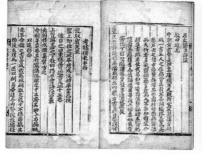

동의보감 국보로 지정되어 있고, 2009년 세계기록유산으로 등재됐다.

정리하였다. 이 책은 우리나라 뿐만 아니라 중국과 일본에서도 간행되어 뛰어난 의학서로 인정되었다.

정약용은 마진(홍역)에 대한 연구를 종합하여 『마과회통』을 편찬하였으며, 19세기에 이제마는 『동의수세보원』을 저술하여 사상 의학을 확립하였다. 사상의학이란 사람의 체질을 태양인, 태음인, 소양인,

소음인으로 구분하여 치료하는 체질 의학 이론으로, 오늘날까지도 한의학계에서 통용되고 있다.

17세기에 이르러 많은 농서가 편찬되고, 농업 기술도 크게 발달하였다. 신속은 『농가집성』을 펴내 벼농사 중심의 농법을 소개하고, 이앙법의 보급에 공헌하였다. 그 후, 상업적 농업이 발달하고 농업의 영역이 확대됨에 따라, 곡물 재배법 뿐만 아니라 채소 · 과수 · 원예 · 양잠 · 축산 등의 농업 기술을 소개하는 농서가 필요하게 되었다. 이에 박세당은 『색경』을, 홍만선은 『산림경제』를 저술하여 농업 기술의 발전에 이바지하였다.

19세기에 서유구는 농업과 농촌 생활에 필요한 것을 종합한 백과사전인 『임원경제지』를 편찬하였다. 한편 정약전은 유배 생활 중 『자산어보』를 편찬해 흑산도 근해의 어종의 생태를 연구하였고, 김을 양식하는 기술도 개발하였다.

정약용은 서양 선교사가 중국에서 펴낸 『기기도설』을 참고하여 거중기를 만들었는데, 이 거중기는 수원 화성을 쌓을 때에 사용되어 공사 기간을 단축하고 공사비를 줄이는 데 공헌하였다. 또한 그는 정조가 수원에 행차할 때 한강을 안전하게 건너도록 배다리도 설계하였다.

4 새로운 사상의 등장

1) 서양 문물의 수용과 서학의 전래

(1) 서양 문물의 수용

조선 후기 서양 문물은 17세기경부터 중국을 왕래하던 사신을 통해서 들어왔다. 화포, 천리경, 자명종, 천주실의, 곤여만국전도 등이 그것이다. 특히 곤여만국전도 같은 세계 지도가 중국을 통하여 전해짐으로써 지리학에서도 보다 과학적이고 정밀한 지식을 가지게 되었다.

17세기에는 네덜란드인 벨테브레와 하멜 일행이 우리나라에 표류해 왔다. 벨테브레는 한국 여성과 결혼하여 박연이라는 이름을 얻었다. 그는 훈련도감에 소속되어 서양식 대포의 제조법과 조종법을 가르쳐 주었다. 하멜 일행은 제주도에 표류하여 한양으로 압송된 후 강진으로 가는 등 고생을 하다가 몰래 네덜란드로 돌아가 『하멜표류기』를 지어 조선의 사정을 서양에 전하였다.

(2) 서학의 전래

천주교는 17세기에 중국 베이징의 천주당을 방문한 우리나라 사신들에 의하여 처음 서학으로 소개되었다. 누구보다도 천주교에 관심을 가진 사람들은 실학자였다. 이미 광해군 때 이수광은 『지봉유설』에서 마테오 리치가 지은 『천주실의』를 소개하면서 불교와의 차이점을 설명하였다.

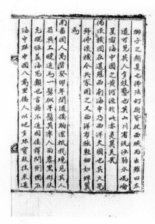

지봉유설 이수광이 지은 백과사전 형식의 책으로 서양 문물에 대해 적고 있다. 천주교에 관한 교리서인 『천주실의』도 이책에 소개되어 있다.

천주교가 신앙으로 받아들여진 것은 18세기 후반이었다. 당시 정치와 사회의 모순을 해결하고자 고심하던 남인 계열의 일부 실학자들이 천주교 서적을 읽고 신앙 생활을 하게 되었던 것이다. 1783년(정조 7년) 이승훈이 베이징에서 서양인 신부에게서 영세를 받고 돌아온 이후로 신앙 활동이 더욱 활발해졌다. 당시 이익의 문하인 이승훈, 이벽, 이가환, 정약전, 정약용, 권철신, 권일신 등이 천주교를 받아들였다.

서학은 정조대에는 비교적 관대하였으나, 이를 믿는 사람들이 유교적인 의식을 거부함으로써 1785년(정조 9년) 서학을 '사교(邪敎)'로 규정하고 금지령을 내렸다. 1791년(정조 15년) 조선 정부는 어머니 상을 당하여 신주를 없앤 윤지충을 사형에 처하기는 했지만(진산사건), 중국인 신부 주문모가 입국하여 활약하자 교세가 커지고 신도도 4천 명에 이르렀다.

천주교는 1831년(순조 31년) 조선 교구가 독립되었으며, 헌종 때 마카오에서 신학교를 졸업하고 한국인 최초의 신부가 된 김대건이 귀국하여 활동하다가 순교하였다.

처음 천주교는 대체로 신분이 낮은 농업과 상업 등의 사람들이 많이 믿었고, 여성 신자도 상당하였다. 천주교의 교세가 커진 것은 세도 정치로 말미암은 사회 불안과 어려운 현실에 대한 불만, 그리고 신 앞에 모든 인간은 평등하다는 논리, 내세 신앙 등의 교리가 공감을 얻었기 때문이었다.

신유박해(순조 1년, 1801년)	이승훈 · 주문모 · 정약종 사형, 황사영 백서 사건
기해박해(헌종 5년, 1839년)	정하상 · 프랑스 신부 3인 등 200여 명 처형
병오박해(헌종 12년, 1846년)	김대건 신부 등 9명 처형
병인박해(고종 3년, 1866년)	남종삼, 프랑스 신부(9명), 수천 명의 신자 처형

2) 동학의 창시

동학은 1860년에 경주 출신인 최제우에 의해 창시되었다. 동학은 전통적인 민족 신앙을 바탕으로 유교, 불교, 도교, 천주교의 교리 일부까지 흡수한 종합적인 성격을 가지고 있었다. 동학은 당시 팽배했던

사회 모순을 극복하고, 일본과 서양 국가의 침략을 막아내
자는 주장을 폈다. 핵심사상으로 시천주(侍天主)와 인내천
(人乃天), '후천개벽' 사상을 강조하였다.

시천주는 '사람마다 자신의 한울님을 모시고 있다'는
의미로 인간의 존엄성을 나타낸 것이고, 인내천은 '사람
이 곧 하늘'이라는 의미로 인간 평등 사상을 나타낸다. 한
편, 후천개벽은 '하늘이 운이 다해 지금의 세계는 끝이 나
고, 백성들이 바라는 새로운 세상이 온다'는 의미를 담고
있다. 이는 어지러운 세상에서 민중들에게 새로운 세상에
대한 희망을 주는 것으로, 당시 민중들 사이에 큰 호응을
얻었다.

동학의 이러한 사상은 양반과 상민을 차별하지 않고,
노비 제도를 없애며, 여성과 어린이의 인격을 존중하는

동경대전 (위)과 용담유사 (아래) 『동경대전』은 한문체 형식
의 경전으로 포덕문·논학문 등 4편으로 되어 있다. 1880년 최
시형이 간행했다. 『용담유사』는 가사체 형식의 포교집으로 용담
가·안심가 등 9편으로 이루어졌다. 1881년 최시형에 의해 처
음 간행됐다.

사회 건설을 추구하였다. 또한, 국가적 위기에 대응하여 '보국안민'을 내세우며 부패한 정치의 개혁을
요구하였다. 이에 조선 정부는 1863년(철종 14년) 세상을 어지럽히고 백성을 현혹한다는 혹세무민의
죄로 최제우를 처형하였다. 그러나 뒤를 이은 최시형은 교세를 확대하면서 『동경대전』과 『용담유사』를
펴내어 교리를 정리하는 한편, 의식과 제도를 정착시켜 교단 조직을 정비하였다.

5 서민 문화의 발달

1) 서민 의식의 성장

조선 후기 상공업의 발달과 농업 생산력의 증대를 배경으로 서민의 경제적·신분적 지위가 향상됨에
따라 서민 문화가 대두하였다. 종래 양반을 중심으로 이루어지던 문예 활동에 중인층과 서민층이 참여
하게 된 것이다.

역관이나 서리 등의 중인층 및 상공업 계층과 부농층의 문예 활동이 활발해졌고, 상민이나 광대의
활동도 활기를 띠었다. 특히 원래 양반들의 전유물이었던 시사(詩社)가 중인, 상민들까지 보급되어 서
민 문화가 발달하는 계기가 되었다. 당시 양반 사대부가 아닌 중인 이하 계층을 위항인이라 지칭하였
고, 이들이 즐기던 문학 형태를 위항(委巷) 문학이라 불렀다. 이들은 시사를 조직하여 한시를 매개로 문
학 활동을 하였다.

2) 한글 소설과 사설시조, 한문학

조선 후기의 문학은 한글 소설과 사설시조가 대표적이었다. 한글 소설인 허균의『홍길동전』은 서얼에 대한 차별의 철폐, 탐관오리의 응징을 통한 이상 사회의 건설을 묘사하는 등 당시의 현실을 비판하였다. 또 대표적인 한글 소설인『춘향전』은 신분 차별의 비합리성을 나타내었다. 이 밖에도 부모에 대한 지극한 효성으로 왕비가 된『심청전』 등을 통해 서민은 자신과 사회를 되돌아볼 수 있었다. 군담소설로는『임진록』이나『임경업전』이 간행되었다.

허균의 홍길동전 당시 현실에 실재했던 사회적인 문제점을 그대로 보여 주고 있다.

또한 이 시기에는 민간에서 내려오는 이야기를 한문으로 옮겨놓은 소설에 가까운 야담도 유행하였다. 이러한 야담은 주로 하급 신분층의 이야기로 신분 문제나 애정 문제의 변화를 묘사하였다. 대표적인 야담집으로는『청구야담』이 있다.

한편, 시조에서도 새로운 움직임이 나타났다. 선비들의 절의와 자연관을 담고 있던 이전의 시조와는 달리, 이 시기의 시조에는 서민의 감정을 솔직하게 나타내고 있다. 격식에 구애됨이 없이 표현할 수 있는 사설시조 형식을 통하여 남녀 간의 사랑이나 현실에 대한 비판을 거리낌 없이 표현하였다. 특히 우리나라 역대 시조와 가사를 모아 김천택은『청구영언』을, 김수장은『해동가요』를 편찬하였다.

양반층이 중심이 된 한문학도 전기에는 사대부들의 사회적 처치와 생활적 자세에 따라 관인 문학, 사림 문학, 방외인 문학 등이 전개되었다. 그런데 후기에 이르러 실학의 유행과 함께 사회의 부조리한 현실을 예리하게 비판하였다. 정약용은 삼정의 문란을 폭로하는 한시인「애절양」을 남겼고, 박지원은

광한루(전북 남원) 조선 초 이름난 정승이었던 황희가 남원에 유배당했을 때 지어졌다고 한다. 훗날 춘향전의 무대가 됐다.

『양반전』, 『허생전』, 『호질』 등의 한문 소설을 써서 양반 사회의 허구성을 지적하였다.

중인층과 서민층의 문학 창작 활동이 활발해지면서 동호인들이 모여 시사를 조직하였다. 김삿갓, 정수동 같은 풍자 시인은 아예 민중 속으로 파고들어 민중과 어우러져 활동하기도 하였다.

3) 판소리와 탈춤, 음악 (공연 문화의 발달)

조선 후기 문화의 새 기운 중에서 가장 두드러진 분야는 판소리와 탈춤이었다. 판소리는 구체적인 이야기를 창과 사설로 엮어 가기 때문에 감정 표현이 직접적이고 솔직하였다. 뿐만 아니라, 분위기에 따라 광대가 즉흥적으로 이야기를 빼거나 더할 수 있었고, 관중이 추임새로써 함께 어울릴 수 있었다. 이러한 이유 때문에 판소리는 서민을 포함한 넓은 계층에서 호응을 받을 수 있었으며, 서민 문화의 중심이 되었다. 판소리 작품은 열두 마당이 있었으나, 지금은 춘향가, 심청가, 흥보가, 적벽가, 수궁가 등 다섯 마당만 전하고 있다. 판소리는 지방마다 달라 서편제, 동편제의 구별이 있었다. 신재효는 19세기 후반에 이런 판소리 사설을 창작하고 정리하였다.

신재효(1812년~1884년) 중인 출신의 판소리 이론가이자 비평가로 판소리 6마당을 집성했다.

또한 탈놀이와 산대놀이도 성행하였다. 탈놀이는 향촌에서 마을 굿의 일부로서 공연되어 인기를 얻었고, 산대놀이는 산대라는 무대에서 공연되

김병연(김삿갓)과 홍경래난

조선 후기 시인인 김병연은 김삿갓이라는 별명으로 더 유명했다. 김병연의 할아버지였던 김익순은 홍경래의 난 때 평안도 선천 지방을 다스리던 지방관이었다. 김익순은 홍경래의 군대에 패하자 그에게 항복했었다. 훗날 홍경래의 난이 진압되자, 김익순은 자신이 항복한 사실을 숨기고자 조정에 거짓 보고를 했다. 그러나 항복한 사실과 거짓을 고한 사실을 모두 들키게 된 김익순은 결국 처형되고 말았다. 조부가 처형되면서 위기를 겪게 된 김병연의 가족들은 하인의 도움으로 황해도 곡산으로 피신하였다가, 훗날 어머니가 계신 강원도 영월로 옮겨 살았다. 어려서부터 뛰어난 글 솜씨로 유명했던 김병연은 스무 살이 되던 해 강원도 지역의 과거에 응시하여 장원으로 급제했다. 하지만 이때 쓴 글의 주제가 바로 그의 조부 김병연을 조롱하는 내용이었다. 영월로 옮겨 살면서 신분을 숨긴 채로 살다보니 김병연은 김익순이 자신의 조부인 줄 몰랐었다. 조부를 조롱하여 과거에 급제한 김병연은 아마도 큰 죄책감에 시달렸을 것이다. 이후 조상을 욕되게 한 죄인이라는 자책감에 빠진 김병연은 삿갓을 쓰고 방랑길에 올라 여러 시를 남겼다.

던 가면극이 민중 오락으로 정착되어 도시의 상인이나 중간층의 지원으로 성행하였다. 이런 가면극에서는 황해도의 봉산탈춤, 안동의 하회탈춤, 양주의 별산대놀이, 함경도의 북청사자춤 등이 유명하였으며, 내용은 주로 지배층과 그들에게 의지하여 살아가는 승려의 부패와 위선을 풍자하기도 하였다.

음악에서도 새로운 움직임이 나타났다. 음악의 향유층이 확대됨에 따라, 성격이 다른 음악이 다양하게 나타나 발전하였다. 양반층은 종래의 가곡, 시조를 애창하였고, 서민은 민요를 즐겨 불렀다. 이와 함께 상업의 성황으로 직업적인 광대나 기생이 판소리, 산조와 잡가 등을 창작하여 발전시켰다. 이 시기의 음악은 전반적으로 감정을 솔직하게 표현하는 경향이 더욱 강하였다.

이 밖에 꼭두각시극과 같은 인형극이 유행하기도 하였으며, 사당패라 불리는 광대들이 각종 묘기와 사물놀이의 음악활동을 벌인 것도 이 시기의 특징이다.

4) 그림, 글씨

전기의 그림은 사대부 계층의 요구에 부응하는 산수화가 발달하였다. 당시 회화의 화풍 정립은 안견에 의해 이루어졌으며, 그는 안평대군의 꿈을 그림에 옮겼다고 전해지는 몽유도원도를 남겼다. 이 밖에 명나라 절파 화풍을 수용한 강희안과 남송원체 화풍을 받아들인 이상좌 등이 유명하였다. 후기 그림에서 나타난 두드러진 경향은 진경산수화와 풍속화의 유행이었고, 서예에서는 우리의 정서를 담은 글씨의 등장이었다. 진경산수화는 우리의 자연을 사실적으로 그려 회화의 토착화를 이룩하였으며, 풍속화는 당시 사람들의 생활 전경과 일상적인 모습을 생동감 있게 나타내어 회화의 폭을 확대하였다.

판소리 공연 모습 (기산풍속도) 기산풍속도첩은 개화기에 활동했던 풍속화가 기산 김준근이 그린 풍속화첩이다. 전문 소리꾼인 광대가 고수의 장단에 맞춰 소리를 하는 모습을 표현하고 있다.

광대 머리에 고깔을 쓴 줄광대가 아래에 있는 광대와 재담을 하면서 줄을 타고 있다.

진경산수화를 개척한 화가는 18세기에 활약한 정선이었다. 그는 한양 근교와 강원도의 명승지를 두루 답사하여 그것들을 사실적으로 그려냈다. 정선은 『인왕제색도』와 『금강전도』에서 바위산은 선으로 묘사하고, 흙산은 묵으로 묘사하는 기법을 사용하여 산수화의 새로운 경지를 이룩하였다.

정선의 뒤를 이어 산수화와 풍속화에 새 경지를 열어 놓은 화가는 김홍도였다. 그는 산수화, 기록화, 신선도 등을 많이 그렸지만, 정감어린 풍속화를 그린 것으로 유명하다. 그는 밭갈이, 추수, 씨름, 서당 등에서 자신의 일에 몰두하는 사람들의 특징을 소탈하고 익살스러운 필치로 묘사하였다. 이런 그림에서 18세기 후반의 생활상과 활기찬 사회의 모습을 살필 수 있다.

서당(김홍도) 근엄한 모습의 훈장님에게 꾸중을 듣고 울고 있는 아이의 표정과 이를 보고 웃고 있는 학생들의 모습을 해학적으로 그렸다.

씨름(김홍도) 조선 후기 풍속화가인 김홍도가 그린 단원풍속도첩의 풍속화 중 하나로, 관객들이 원형으로 둘러앉은 가운데 씨름꾼들이 경기 하는 장면을 실감나게 그렸다.

김홍도에 버금가는 풍속화가로는 신윤복이 있었다. 그는 주로 양반과 부녀자의 생활과 유흥, 남녀 사이의 애정 등을 감각적이고 해학적으로 묘사하였다. 이 밖에도 강세황 등의 화가가 개성 있는 그림으로 18세기를 화려하게 장식하였다. 특히 그는 송도기행첩 안에 있는 영통동구(골입구)에서 서양화 기법을 반영하여 사물을 실감나게 표현하였다. 김정희는 『세한도』에서 복고적 화풍으로 선비의 절개를 표현하였으며, 장승업은 강렬한 필법과 채색법으로 뛰어난 기량을 발휘하였다.

이와 함께 민화도 유행하였다. 민화는 대부분 비전문가가 그린 것이기는 하지만 도화서 화원인 전문화가가 그린 것도 있다. 다루는 소재가 다양하고 일정한 형식이 없다. 해·달·나무·꽃·동물·물고기 등을 소재로 삼아 소원을 기원하고 방안을 장식하였다.

　민화는 그림의 소재에 따라 화조영모도 · 어해도 · 작호도 · 십장생도 · 산수도 · 풍속도 · 문자도 · 책가도 · 무속도 등으로 나눌 수 있다. 이 중 작호도는 소나무 가지에 앉아 있는 까치와 그 밑에서 이를 바라보며 웃는 듯이 앉아 있는 호랑이를 소재로 한 그림이다. 까치는 좋은 소식을 알리는 새이고 호랑이는 잡귀의 침범이나 액을 막는 일종의 귀신을 쫓는 대상으로 그려졌다. 십장생도는 장수의 상징인 거북 · 소나무 · 달 · 해 · 사슴 · 학 · 돌 · 물 · 구름 · 불로초를 그린 그림이고, 문자도에는 수(壽) 또는 복(福) 자를 도식화한 수복도와 효(孝) · 제(悌) · 충(忠) 등을 도식화한 효제도가 있다.

　한편 서예에서는 전기에 송설체로 유명한 안평대군과 왕희지체에 조선화된 송설체를 가미하여 석봉체를 이룬 한호가 유명하였다. 후기에는 김정희의 추사체와 『금석과안록』이 유명하다. 추사체는 우리 서예 발전의 성과를 바탕으로 고금의 필법을 두루 연구하여 굳센 기운과 다양한 조형성을 가져 서예의 새로운 경지를 열었다.

세한도(국립중앙박물관) 추사 김정희가 청나라에 다녀온 제자 이상적이 귀한 책을 선물하자 "겨울이 오고나서야 소나무와 잣나무가 늦게 시든다는 사실을 알게됐다"는 내용을 쓴 그림이다. 추사가 고난과 역경 속에서도 변함없는 제자에 대한 고마움을 표현하고 있다.

5) 공예, 건축

　15세기의 도자기 형태는 고려말부터 유행하던 회청색의 분청사기가 유행하여 소박함을 강조하였다. 16세기에 이르러는 백자가 유행하면서 사대부들의 깨끗함, 고상함 등을 대변하였다. 조선 후기에는 경제의 발달에 따라 공예가 크게 발달하였다. 백자가 민간에까지 널리 사용되면서 본격적으로 발전하였다. 특히 달항아리라고 불리는 백자가 유명했다. 조선 후기에는 하얀 백자에 파란 안료로 그림을 그린 청화백자가 유행하는 가운데 다양한 형태가 등장했다. 안료도 청화, 철화, 진사 등으로 다채로웠다. 주로 제기와 문방구 등 생활 용품이 많았다.

　이와 함께 서민들은 옹기를 많이 사용하였다. 옹기는 약토(藥土)라는

청화백자

백자 대호(달항아리)

황갈색의 유약을 입힌 질그릇으로 양난 이후 사회 변화에 따라 종래의 질그릇(도기) 표면에 약토를 입힌 옹기가 만들어지기 시작하였다. 이러한 옹기는 18, 19세기를 거치면서 당시 사회의 요구에 따라 국민들의 생활에 급속하게 확산되어 일상 생활에 긴요하게 쓰였으며, 지역에 따라 형태나 무늬도 다양하게 발전하였다.

조선 초기의 건축은 도시의 궁궐과 성곽 · 성문 그리고 학교 건축이 중심을 이루었다. 한양 천도와 더불어 태조 때 경복궁과 태종 때 창덕궁이 건립되었다. 조선 전기 현존하는 대표적인 건축물로는 무위사 극락보전, 해인사 장경판전, 평양의 보통문 등이 있으며, 16세기에는 안동의 도산 서원과 같은 서원 건축이 유행하였다. 석조 건축으로는 고려의 양식을 계승한 원각사지 십층 석탑이 대표적이다.

17세기의 건축으로는 금산사 미륵전, 화엄사 각황전, 법주사 팔상전 등을 대표로 꼽을 수 있다. 이들은 모두 규모가 큰 다층 건물로 불교의 사회적 지위 향상과 양반 지주층의 경제적 성장을 반영하고 있다.

한편 18세기 대표적 건축물로는 수원 화성을 꼽는다. 19세기의 건축으로는 흥선 대원군이 국왕의 권위를 높일 목적으로 재건한 경복궁의 근정전과 경회루가 유명하다.

법주사 팔상전(충북 보은) 신라 진흥왕 때 처음 지어졌던 법주사는 정유재란 때 소실되었다가 인조대 중건되었다. 법주사에는 오층 높이의 목탑인 팔상전이 있는데, 높이가 22.7m이다. 팔상전 안의 벽에는 석가모니의 일생을 8폭의 그림으로 그린 팔상도가 걸려 있다. 세계 문화 유산으로 등재되었다.

화엄사 각황전(전남 구례) 신라 때 처음 지어진 화엄사는 이후 여러 번 다시 지어졌다가 임진왜란 때 전체 건물이 불에 타고 말았다. 인조 대에 다시 짓기 시작하여 7년 여만에 완성하였다. 우리나라에서 가장 큰 법당이다.

금산사 미륵전(전북 김제) 후백제의 견훤이 아들 신검에 의해 갇혔던 것으로 유명한 사찰이다. 임진왜란 때 불에 타고 말았으나, 선조 때부터 다시 지어져 인조 대에 완성됐다.

인왕제색도(리움미술관) 조선 후기 화가 정선(1675년~1759년)이 비온 뒤 안개가 낀 인왕산을 직접 보고 그린 진경산수화이다. 생생한 현장감을 느낄 수 있도록 붓을 대단히 섬세하게 사용하였다고 평가된다.

단오풍경(간송미술관) 신윤복의 그림으로 음력 5월 5일 단오는 조선 시대 때 설날, 추석과 함께 3대 명절이었다. 단오날은 여성들과 관련된 행사들이 많이 있었는데, 대표적으로 창포물에 머리 감기와 그네타기와 같은 것들이 있었다. 여성들이 목욕하는 장면을 훔쳐보는 모습을 익살스럽게 그렸다.

추사체(김정희)

호작도(까치와 호랑이)　　책가도

문자도

15 근대 사회의 전개

초지진(인천 강화) 강화 해협 입구에 해안선을 지키기 위해 설치한 진으로 병인양요와 신미양요 때 전투가 있었다. 특히 신미양요 때는 미국 아시아 함대에게 함락되기도 하였다.

1 흥선 대원군의 개혁 정치

1) 통치 체제의 정비

흥선 대원군 이하응(1820년~1898년)
조선 후기의 왕족이자 정치가인 흥선
군 이하응은 자신의 아들이 조선의 제
26대 왕(고종)이 되면서 흥선 대원군
으로 봉하여졌다. 어린 아들 대신 정치
에 참여한 그는 여러 가지 개혁 정책
을 펼쳤다.

19세기 중엽 조선 사회는 안팎으로 위기에 직면하였다. 안으로는 왕실
의 외척에 의한 세도 정치가 지속되면서 국가의 기강이 무너지고 있었고,
밖으로는 서세동점에 의한 서양 열강의 아시아 침략이 격화되는 가운데 서
양 이양선이 조선 해안에 자주 출몰하여 통상을 강요해 오고 있었다.

이와 같은 위기 속에서 1863년 철종이 후사 없이 사망하고 고종이 12
세의 어린 나이로 즉위하자 조대비(신정왕후)가 수렴청정을 하였다. 그
렇지만 조대비의 위임을 받은 고종의 아버지인 흥선군 이하응이 대원군
자격으로 정사를 돌보게 되었다.

먼저 흥선 대원군은 세도 정치로 말미암아 흐트러진 국가의 기강을 바
로 잡고, 민심을 수습하여 실추된 왕권을 강화하고자 하였다. 그는 안동
김씨를 비롯한 노론 세도 가문의 인물을 몰아내고, 그동안 소외되었던
남인, 소론, 북인 등을 능력에 따라 고루 등용하였다. 흥선 대원군은 통
치 체제를 재정비하여 세도 가문의 권력 기구로 변질된 비변사를 폐지하
였다. 그 대신에 의정부의 기능을 부활하고, 삼군부를 설치하여 각각 정
치와 군사 업무를 나누어 맡도록 했다. 또 『대전회통』과 『육전조례』 등 법
전을 비롯하여 『오례편고』 등의 국가 의례서를 간행하였다.

또한 그는 왕실의 권위를 회복하기 위해 임진왜란 때 불탄 경복궁을

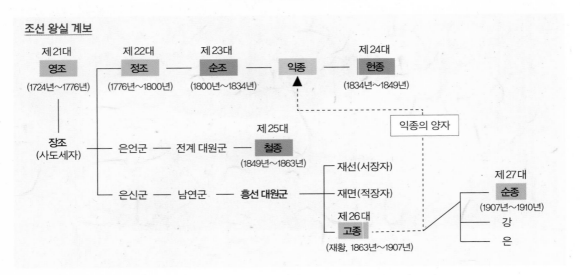

조선 왕실 계보

제21대 **영조** (1724년~1776년)

제22대 **정조** (1776년~1800년)

제23대 **순조** (1800년~1834년)

익종

제24대 **헌종** (1834년~1849년)

익종의 양자

장조 (사도세자)

은언군 — 전계 대원군 — 제25대 **철종** (1849년~1863년)

은신군 — 남연군 — **흥선 대원군**

재선(서장자)

재면(적장자)

제26대 **고종** (재황, 1863년~1907년)

제27대 **순종** (1907년~1910년)

강

은

282

중건하였다. 이 과정에서 많은 농민을 공사에 동원하였고, 양반의 묘지
림까지 벌목하였다. 부족한 공사비를 마련하기 위해 원납전을 거두고,
도성 문을 드나드는 사람들에게 통행세도 받았다. 그리고 고액 화폐인
당백전을 발행하여 유통시켰다. 당백전의 유통 이후 물가가 치솟아 백성
들의 원성을 사기도 하였다.

당백전(當百錢) 흥선 대원군이 1866
년에 발행한 고액의 화폐로 앞면에는
상평통보(常平通寶), 뒷면에 호대당백
(戶大當百)이라는 글자가 새겨져 있
다. 이는 기존에 쓰이던 화폐인 상평통
보 1문의 100배 가치와 맞먹는다 하
여 당백전이라 하였지만, 실질 가치는
5~6배에 지나지 않았다.

2) 민생 안정의 추구

홍선 대원군은 세도 정치부터 계속된 농민 봉기의 원인이 삼정(전정 ·
군정 · 환곡)의 문란에 있다고 보고, 삼정의 폐단을 개혁하였다. 전정은
토지 조사 사업인 양전 사업을 통해 바로잡고자 하였다. 양안에서 누락된
토지(은결)를 찾아내어 세금을 물리고, 지방관과 토호들이 불법으로 토지
를 늘리는 것을 금지하였다. 군정의 폐단을 해결하기 위해 호포제를 시행
하여 양인에게만 부과하던 군포를 양반에게도 거두었다.

삼정 중 가장 문제가 컸던 환곡제도 사창제로 바꾸었다. 인구가 많은
고을에 사창을 설치하고 덕망과 경제력을 갖춘 사람에게 사창의 운영을
맡겨 지방관과 아전의 횡포를 막았다.

만동묘(충북 괴산) 임진왜란 때 조선을 도와준 명나라 황제 신종을 기리기 위해 화양동 서원 내에 세운 사당이다. 집권 사림 세력이었던 노론의 영수
송시열의 유언에 따라 그의 제자 권상하 등이 1704년(숙종 30년) 때 창건했다. 이후 만동묘는 노론의 본거지가 되어 여론을 좌우하고 백성들을 수탈하
는 등 그 폐단이 화양동 서원보다 심했다. 흥선 대원군은 서원 철폐 당시 유생들의 극렬한 반대에도 불구하고 만동묘와 화양동 서원을 가장 먼저 철폐
하여 그 본보기로 삼았다. 하지만 흥선 대원군이 정치 일선에서 물러나자 민씨 세력은 유생들의 환심을 사기 위해 만동묘를 다시 복원했다.

흥선 대원군은 양반 유림의 세력 근거지인 서원도 철폐하였다. 1865년 노론 세력의 본거지로 원성의 대상이 된 만동묘의 철폐를 시작으로 전국 600여 개 서원 중 사액서원 47개만 남기고 모두 없앴다. 서원에 딸린 토지와 노비를 몰수하여 국가 재정에 편입시켰다. 이에 전국 각지의 유생들이 광화문 앞으로 몰려와 서원 철폐에 항의하였다. 이에 흥선 대원군은 "진실로 백성에게 해가 되는 것이라면 비록 공자가 다시 살아난다고 해도 용서하지 않겠다"는 굳은 의지로 서원 철폐를 강행하였다. 서원 철폐는 왕권 강화와 국가 재정 확충, 민생 안정 등 다양한 효과를 거둘 수 있는 정책이었다. 일반 농민들은 이 정책을 크게 환영하였지만 양반 유생들의 반발은 훗날 흥선 대원군이 퇴진하는 배경이 되었다.

흥선 대원군의 개혁 정치는 문란해진 통치 체제를 재정비하여 민생을 안정시키는 데 기여하였다. 그렇지만 그의 개혁 조치가 조선 왕조의 전통적인 체제 속에서 전제 왕권의 강화를 목표로 추진된 나머지, 사회 모순의 전면 개혁이 아니라 폐단의 일부를 시정하는 수준에 머무르는 한계를 드러냈다.

2 통상 수호 거부 정책과 양요

1) 천주교 박해와 병인양요

1860년대 들어 이양선이라 불렸던 서양 선박이 조선 연안에 자주 나타나 통상을 요구하였다. 국내의 천주교 신자도 눈에 띄게 늘어나 1860년대 중엽에 조선인 천주교 신자는 2만 3천여 명에 달하였고, 외국 선교사가 국내에 몰래 들어와 활동하고 있었다. 그러던 중 1860년 영국과 프랑스 연합군이 베이징을 함락시키고, 베이징 조약을 체결하였다. 이 조약을 중재한 러시아는 연해주를 차지하여 조선과 국경을 마주하게 되었다. 1864년에는 러시아인이 두만강을 건너와 조선에 통상을 요구한 일이 있었다. 이에 조선 사회에서는 서양 세력과 러시아에 대한 경계심이 높아졌다.

이때까지 천주교에 대해 그다지 반감이 없었던 흥선 대원군은 프랑스 선교사들을 이용하여 중국 주둔 프랑스 군대를 끌어들여 러시아의 위협을 막고자 하였다. 그러나 프랑스 정부와 교섭에 실패하고, 천주교를 금지해야 한다는 유생들의 주장이 끊이지 않자, 1866년 2월 흥선 대원군은 9명의 프랑스 선교사와 8

잠두봉(절두산) 유적지(서울 마포) 1860～1870년대에 수많은 천주교 신자들이 이곳에서 목이 잘려 산을 이루었다 하여 '절두산'이라 불렸다. 천주교 측에서는 이 자리에 성당을 지어 순교자를 기리고 있다.

천여 명의 신자를 처형하였다(병인박해).

1866년 7월 박해에서 살아남은 리델 신부가 베이징으로 탈출하였다. 그는 주청 프랑스 함대 사령관 로즈(Roze, P.G.) 제독에게 이 소식을 전하였다. 로즈는 프랑스 극동 함대 군함 3척을 이끌고 한강을 거슬러 올라와 한양의 양화진, 서강까지 이르렀으며 세밀한 지세 정찰과 수로 탐사 끝에 지도 3장을 만들어 돌아갔다(1차 침입). 이후 1866년 10월 로즈는 다시 군함 7척을 끌고 선전 포고도 없이 강화도로 쳐들어왔다(2차 침입). 이때 한성근은 문수산성에서, 양헌수는 정족산성에서 각각 프랑스군과 전투를 벌였다. 이 전투에서 조선군의 피해는 매우 컸으나, 프랑스군 31명을 사살하는 전과도 올렸다. 프랑스 군은 약 한 달 만에 철수하여 청으로 돌아갔으나(병인양요). 퇴각하던 프랑스군은 강화성 안의 관아에 불을 지르고 외규장각에 보관 중이던 서적과 보물을 약탈해갔다. 이를 계기로 서양인에 대한 반감이 더욱 확산되었고, 정부의 천주교에 대한 탄압도 심해졌다.

2) 제너럴 셔먼호 사건과 신미양요

병인박해(1866년 2월)가 일어나고 이 해 병인양요(1866년 9월)가 발발할 무렵, 7월 미국 상선 제너럴 셔먼호는 대동강을 거슬러 올라와 통상을 요구하고 약탈을 자행하였다. 이때 평양 감사 박규수의 지휘 아래 평양 관민이 합세하여 배를 불태우고, 선원 19명 모두를 죽였다(제너럴 셔먼호 사건).

이어 1868년에는 독일 상인 오페르트가 충청도 덕산에 잠입하여 대원군의 아버지 (남연군) 묘를 파헤쳐 남연군의 시신을 매개로 통상 조약을 체결하려다 실패하였다.

미국 상선 제너럴 셔먼(General Sherman)호 1866년 8월 제너럴 셔먼호는 평양 대동강으로 거슬러 올라가 무력으로 통상을 요구하다가 평양 군민들에 의해 불태워졌다. 이 사건을 계기로 1871년 신미양요가 일어났다.

이 사건에 격분한 양반 유생과 백성들은 흥선 대원군의 통상 수교 거부 정책을 적극 지지하고 나섰다.

1871년 미국은 5년 전에 있었던 제너럴 셔먼호 사건을 구실로 조선에 배상금 지급과 조약의 체결을 요구하였다. 대원군은 이를 거부하였다. 이에 미국은 아시아 함대 사령관 로저스(Rodgers, J.)의 해군 함대를 동원하여 1871년 6월 군함 5척과 1,200명의 병력으로 강화도를 침략하였다(신미양요).

로저스는 군함을 이끌고 남양만에 도착하여 뱃길을 탐사하면서 북상하였다. 당시 흥선 대원군은 미군의 불법 영해 침범을 경고하고 즉시 철수를 요구하였다. 경고에도 불구하고 미군이 광성보로 접근해 오자 조선군은 경고용 포격을 가했으며 미군은 일단 물러났다.

미국 대표는 조선 측에게 평화적 탐사 활동을 벌이는 미군 함대에 대한 포격은 비인도적 야만 행위라고 비난하였다. 그러면서 조선 대표를 파견해서 협상할 것과 포격 사건에 대해 사죄하고 손해 배상을 요구하였다. 만약 이 같은 요구 조건을 거부하면 미국은 10일 후 보복 상륙 작전을 벌이겠다고 위협하였다. 조선 측은 미군 함대가 조선 당국의 정식 허락 없이 항행한 것은 주권 침해요, 영토 침략 행위라고 규탄하면서 협상과 사죄를 거부하였다.

6월 10일 미국은 초지진 상륙 작전을 단행하였다. 이어 수륙 양면으로 공격을 개시하여, 미국과 전쟁이 일어났다. 미군은 함상 함포 사격으로 초지진을 점거하고, 6월 11일에는 덕진진을 점거하였다. 미군은 마지막으로 광성보를 공격하였다. 광성보에는 이미 어재연이 이끄는 조선 수비병 600여 명이 배치되어 있었으나, 미군의 수륙 양면 포격을 받아 함락되었다. 미군은 이 전투에서 어재연 장군을 포함하여 조선군 430여 명을 죽이고, 조선군의 깃발인 '수'자기(帥字旗)를 노획하였다. 미국의 아시아 함대는 흥선 대원군의 강경한 통상 수교 거부 정책과 조선 백성들의 저항에 부딪혀 뜻을 이루지 못하고 철수하였다.

3) 척화비 건립

프랑스와 미국의 침략을 물리친 조선 정부는 국방을 강화하고 서양 열강에 문호를 개방하지 않겠다는 의지를 백성들에게 널리 알리기 위하여 1871년(고종 8년) 서울 종로를 비롯한 전국의 주요 지점에 척화비를 건립하였다. 여기에는 "서양 오랑캐가 침범하는데도 싸우지 않으면 화친하는 것이요, 화친을 주장하는 것은 나라를 파는 것이다. 이를 자손 만대에 경계하노라. 병인년에 비문을 짓고 신미년에 비석을 세운다"(洋夷侵犯 非戰則和 主和賣國 戒我萬年子孫 丙寅作 辛未立)는 내용이 실려 있다.

흥선 대원군의 통상 수호 거부 정책은 서양 열강의 침략을 일시적으로 저지할 수는 있었다. 그렇지만 이 정책으로 일관한 나머지 국제 정세의 변화를 제대로 파악하지 못하여 조선의 근대화가 늦어지는 결과를 낳았다는 비판을 받기도 한다.

척화비

3 근대 조약의 체결과 개항

1) 문호 개방

고종은 1873년(고종 10년) 최익현의 흥선 대원군 탄핵 상소 등을 계기로 친정을 선포하였다. 이로써 흥선 대원군은 권좌에서 물러나고 그 대신 왕비와 그녀의 일가인 외척 민씨 일파가 집권하게 되었다. 이에 따라 고종은 친정 체제를 구축하면서 통상 수호 거부 정책을 다소 완화하는 방향으로 대외 정책을 전환했다. 이 무렵 조선 사회에서는 박지원의 손자인 박규수와 오경석, 유홍기, 이동인 등이 서구 열강과 군사 충돌을 일으키기보다는 그들과 통상을 하여 개화로 나아갈 것을 주장하는 목소리가 나오기 시작하였다(통상개화론).

그러던 중 1874년 일본이 청나라 영토인 타이완을 점령하는 사태가 벌어졌고, 이를 의식한 청나라는 서양 세력과의 수교를 권고하였다. 이러한 정세 변화 속에서 고종은 일본과의 관계 개선을 모색하였다. 때마침 일본도 한반도 침략 기회를 엿보고 있었고, 일본 국내에서는 조선을 정벌하자는 정한론이 제기되기도 하였다.

1875년 일본은 인천 앞바다에 나타나 불법으로 강화 해협을 침범하는 등 계획적인 침략 행위를 하였다. 조선군이 일본의 침략에 대응하여 초지진에서 포격을 하자, 운요호는 무력 공격을 통해 초지진을 파괴하고 영종도에 상륙하여 살상과 방화 등 만행을 저질렀다(운요호 사건). 1876년 일본은 다시 대규모 병력과 군대를 보내 위협적인 행동을 하면서 운요호 사건에 대한 보상으로 조선에 개항을 강요하였다. 이에 조선은 강화도에서 일본과 회담을 열어 조·일 수호 조규를 체결하였다(강화도 조약).

대일 교섭을 둘러싸고 조선 국내의 반대 여론도 많았다. 최익현 등 위정척사파들은 일본과 서양에 대한 문호 개방이 가져올 위험성을 지적하며 개항에 반대하였다. 그럼에도 조선 정부는 국내 일각의 통상개화론을 받아들여 외국과 처음으로 근대 조약을 체결하였다.

일본 군함 운요호

강화도 조약 체결 축하연(1876.2.27)

2) 일본국·청국과 조약 체결

(1) 조선과 일본의 근대 조약 체결

1876년 2월 체결한 이른바 강화도 조약의 정식 명칭은 '조·일 수호 조규'이다. 일명 '병자 수호 조약'이라고도 불렀다. 이것은 조선이 외국과 맺은 최초의 근대 조약이지만, 일본 측 요구에 따른 불평등 조약이었다. 12개 조항으로 구성된 조약 속에는 "조선국은 자주국이며 일본국과 동등한 권리를 갖는다."고 규정(제1관)하였으나, 이는 일본이 조선에 대한 청의 간섭을 배제하고자 하는 의도가 반영된 것이었다.

조선은 강화도 조약에 따라 부산을 개항하였으며, 개항장의 일정 지역에 일본인이 거주하는 것을 허용하였다(제4관). 게다가 일본 측 요구를 그대로 수용하여 일본의 조선 해안 측량권(제7관)과 치외 법권(영사 재판권, 제10관)을 인정하는 명백한 불평등 조약이었다.

1876년 6월에는 강화도 조약의 후속 조치로 조·일 수호 조규 부록과 조·일 무역 규칙을 체결하였다. 이로써 일본은 조선의 개항장 안에서 일본 화폐를 사용하여 물자를 마음대로 교환할 수 있게 되었다(수호 조규 부록 제7관). 개항장 거주 일본인은 쌀과 잡곡을 무역할 수 있게 되었으며(무역 규칙 제6칙), 일본 선박에 대해서는 세금이 면제되었다(무역 규칙 제7칙). 조선 정부는 1883년에 가서야 관세 조항이 포함된 조·일 통상 장정을 체결하였는데, 이때에 이르러 천재지변 등의 사유로 방곡령을 선포할 수 있는 조항이 마련되었다.

(2) 조선과 청의 근대 조약 체결

1882년 8월 조선 정부는 청과도 근대 조약을 체결하였다(조·청 상민 수륙 무역 장정). 일본보다 6년 늦게 이 조약이 체결된 것은 조선을 속국으로 간주한 청의 전통적인 관념 때문이었다. 청은 1882년

조·일 수호 조규 (일명 : 강화도 조약, 병자 수호 조약, 1876. 2. 27)

제1관 조선은 자주국이며, 일본과 평등한 권리를 가진다.
제4관 조선 정부는 부산 외에 2개 항구를 개항하고 일본인이 통상하는
  것을 허가한다.
제7관 조선국 연해의 섬과 암초는 극히 위험하므로 일본국의 항해자가
  자유롭게 해안을 측량하도록 허가한다.
제10관 일본국 인민이 조선국 항구에서 죄를 지었거나 조선국 인민에게
  관계되는 사건은 모두 일본국 관원이 심판한다.

조·일 수호 조규 비준서

임오군란을 진압한 뒤 조선의 내정에 간섭하기 시작했다. 청은 3천 명의 군대를 조선에 주둔시키면서 청국 상인의 특권을 보장하기 위하여 강제로 이 조약을 맺게 하였다. 무엇보다도 청은 조선에 대한 종주권 강화 의지가 컸다.

청 · 일 조계지 경계 계단(인천 중구) 1883년 설정된 일본 조계(租界)와 1884년 설정된 청나라 조계의 경계 지역이다.

임오군란 이후 조선에 대한 청의 내정 간섭이 강화되는 가운데 청 상인들이 조선으로 몰려들었다. 조선은 청 상인의 밀무역과 청 어민의 횡포를 단속할 필요를 느끼게 되었다. 아울러 조선은 이 조약 체결 후 청의 세력 확장을 이용하여 날로 심해지는 일본의 경제 침투를 견제할 수 있을 것으로 기대하였다.

청국의 의도대로 조약 체결 후 청 상인은 치외법권, 내륙(한성, 양화진) 통상권과 상점개설권, 연안 무역권과 해운권 등을 인정받았다. 청 상인들은 자금력과 뛰어난 상술로 급속하게 상권을 확대하면서 경제 활동의 우위를 확보하였다. 1890년대에 들어오면 청 상인이 무역량에서 점차 일본 상인을 따라잡게 되었고, 인천은 부산을 제치고 최대 무역항이 되었다.

이 조약으로 청 상인의 내륙 통상권이 허용되자, 일본 상인도 통상 장정의 최혜국 조항을 내세워 조선 내륙 시장에 침투하기 시작하였다. 개항 초기 일본 상인이 조선의 무역을 독점하다시피 하였으나, 임오군란 후 청 상인의 진출이 활발해지면서 일본 상인과 청 상인의 경쟁이 치열해졌다. 청과 일본은 금융 지원은 말할 것도 없고 기선의 정기 항로를 개설하여 자국 상인을 지원하였다. 청과 일본 사이의 경제 이권 쟁탈은 훗날 청 · 일 전쟁으로 이어지는 도화선의 하나가 되었다.

조 · 청 상민 수륙 무역 장정(1882. 8. 23)

제1조 청의 상무위원을 서울에 파견하고 조선국 고위 관리를 톈진(天津)에 파견한다. 청의 북양 대신과 조선 국왕은 대등한 지위를 가진다.

제2조 조선에서 청의 상무위원의 치외법권을 인정한다.

제4조 베이징(北京)과 한성의 양화진에서 개잔(開棧) 무역을 허락하되 양국 상민의 내지 행상을 금한다. 다만 내지 행상이 필요할 경우 지방관의 허가서를 받아야 한다.

제6조 조선 상인이 청에 가지고 간 홍삼은 관세를 100분의 15로 한다.

제7조 청 선박의 항로 개설권, 청국 병선의 조선 연해 내왕권 및 조선 국방 담당권을 허용한다.

청의 내정 간섭 후 청과 일본의 상권 쟁탈 심화로 조선 상인의 경제적 피해가 가중되었다. 이에 따라 조선인의 반일 감정과 반청 감정도 고조되었다. 개항장의 객주와 한성의 시전 상인들은 외국 상인의 상권 침탈에 맞섰다. 한성의 시전 상인들은 청과 일본 상인의 철수를 요구하면서 시위와 동맹 철시를 벌이기도 하였다(1890년). 객주나 내륙 상인들은 동업 조합이나 상회사를 설립하여 상권을 유지하고자 하였으며(1894년 상회사 숫자는 30여 개에 이르렀다). 이 가운데 해외 무역에 진출하는 조선인의 상회도 있었다.

3) 서구 열강과 조약 체결

조선 정부는 청과 조약을 맺은 뒤 서구 열강과 조약 체결을 시작하였다. 그 중 가장 먼저 체결한 나라는 미국이었다(1882년). 미국은 1871년 무력을 앞세워 통상 조약을 체결하려다 실패하였는데, 조선이 일본과 조약을 맺은 것을 보고 청의 리훙장에게 조선과의 교섭을 중재해 줄 것을 요구하며 다시 수교를 시도하였다.

1880년 제2차 수신사로 일본에 간 김홍집이 귀국하면서 황쭌셴(황준헌, 黃遵憲, 1848년~1905년)의 『조선책략』(1880년)을 가져왔다. 조선 정부는 개화 정책을 펴기 위한 여론을 형성하고자 그 책을 시중에 유포하였다. "러시아의 남하에 대비하기 위해서는 조선이 중국과 친하고[친중], 일본과 맺으며[결일], 미국과 연합[연미]하여 자강을 도모하는 길뿐이다"는 것이 이 책의 골자였다. 박규수도 "미국은 매우 강한 나라이고 욕심이 없으며 다만 상업의 이해 관계에서 동양의 평화를 원하고 있다"고 하면서, "이 나라와 연결한다면 당시의 화를 막을 수 있다"고 주장하였다. 일본과 러시아를 견제하기 위해서는 미국과 수교가 필요하다고 판단한 조선 정부는 제물포 화도진에서 조선의 전권 대신 신헌과 미국의 전

화도진 동헌(인천 동구) 조·미 수호 통상 조약이 체결된 장소이다. 현재 화도진 공원 안에 복원되어 있다.

권 공사 로버트 슈펠트가 참석한 가운데 조·미 수호 통상 조약을 체결하였다(1882년 4월).

청은 조선에 대한 영향력(종주권)을 국제 사회에 과시할 뿐만 아니라, 러시아와 일본 세력을 견제하고자 조선과 미국의 교섭을 알선하였다. 조·미 수호 통상 조약은 조선이 서양과 맺은 최초의 조약으로 주요 내용은 "한 나라가 다른 나라의 핍박을 받을 경우 반드시 서로 돕고 분쟁을 원만히 해결하도록 주선한다"는 거중조정을 비롯하여, 치외법권과 최혜국 대우, 관세 자주권, 외교사절과 유학생 파견 등이었다. 이 가운데 최혜국 대우 내용은 다른 나라와 맺은 조약 상의 특혜를 각국이 균점할 수 있는 권리를 인정한 것이다(제14관). 이 조항은 이때 처음으로 들어간 것인데, 조선이 다른 나라와 체결한 모든 조약에 이 조문이 첨가됨으로써, 결과적으로 조선과 조약을 체결한 모든 국가가 조선에서 특권을 공유할 수 있게 되었다. 조·미 수호 통상 조약은 강화도 조약과 달리 거중 조정과 관세 부과 등을 포함하고 있지만, 기본적으로 치외법권과 최혜국 대우를 인정했다는 점에서 불평등 조약이었다.

조선 정부는 미국(1882년)에 이어 영국(1883년), 독일(1883년), 이탈리아(1884년)와 외교 관계를 맺었다. 러시아(1884년)는 청의 알선 없이 수교했으며, 프랑스(1886년)는 천주교 공인 문제로 조약 체결이 지연되었다. 그 밖에 오스트리아, 벨기에, 덴마크와도 조약을 맺었다. 그 가운데 조·영 수호 통

조·미 수호 통상 조약(1882. 5. 22)

제1조 조선과 미합중국 및 그 인민은 영원히 평화 우호를 지키되, 만약 어느 한 나라가 제3국으로부터 어려움을 겪을 경우 원만한 타결을 하도록 주선을 다함으로써 그 우의를 표한다.

제2조 조선과 미합중국은 외교 대표를 상호 교환하여 두 나라의 수도에 주재시키고, 통상 항구에 영사관을 설치하되 이는 자국의 편의에 따른다.

제4조 미합중국 인민이 조선에서 조선 인민의 재산을 훼손하면 미합중국 영사나 그 권한을 가진 관리만이 미합중국 법률에 따라 처벌한다.

제5조 무역을 목적으로 조선에 오는 미합중국 상인 및 상선은 수출입 상품에 대해 관세를 지불한다.

제11조 양국 학생으로 언어, 문자, 법률 또는 기술을 학습하기 위해 왕래하는 자는 돈독한 친목의 우의로서 가능한 모든 보호와 원조를 하여야 한다.

제14조 조약을 체결한 뒤 조약에 부여되지 않은 어떠한 권리나 특혜를 다른 나라에 허가할 때에는 자동적으로 미합중국 관민에게도 똑같이 주어진다.

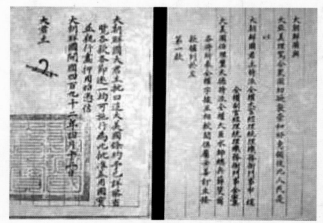

조·미 수호 통상 조약

상 조약(1883년)은 내륙 통상권과 저율 협정 관세를 주요 내용으로 하였다. 이 조약이 체결됨에 따라 외국인들은 개항장에서 100리 이내는 여행 증명서 없이 자유로이 다닐 수 있었고, 여행 증명서를 가진 사람은 국내 모든 지역을 여행할 수 있게 되었다. 서구 열강과 조약을 맺은 것을 계기로 조선은 점차 종래 중국 중심의 화이 질서에서 벗어나 서구 국가 중심의 자본주의 체제로 편입되어갔다.

조선 정부의 각국과 조약 체결

조약명	체결국	조선 대표	해당국 대표	체결 일시	체결 장소	체결 과정
조 · 일(朝日) 수호 조규	일본	신헌	구로다	1876. 2. 26	강화도	독자적 체결
조 · 미(朝美) 수호 통상 조약	미국	신헌	슈펠트	1882. 5. 22	인천	청 중재
조 · 청(朝淸) 상민 수륙 무역 장정	청	조영하	리훙장	1882. 8. 23	톈진(중국)	임오군란 계기
조 · 영(朝英) 수호 통상 조약	영국	조영하	윌스	1882. 6. 6	인천	청 중재
조 · 영(朝英) 수호 통상 조약(개정)		민영목	파크스	1883. 11. 26	인천	독자적 체결
조 · 독(朝獨) 수호 통상 조약	독일	민영목	자페	1883. 10. 27	인천	청 중재
조 · 로(朝露) 수호 통상 조약	러시아	김윤식	베베르	1884. 7. 7	서울	독자적 체결
조 · 불(朝佛) 수호 통상 조약	프랑스	김윤식	코고르당	1886. 6. 4	서울	독자적 체결

16 근대 국가 수립
운동의 전개

황궁우(서울 중구) 고종 황제가 하늘에 제사 지낸 환구단의 부속 건물이다.

1 개화 정책의 추진과 반발

1) 개화파와 개화 정책

(1) 개화파와 개화 사상

개화파란 강화도 조약 후 문호를 적극 개방하여 국가 발전을 꾀하자고 주장하던 사람들을 말한다. 개화 사상은 조선 후기 실학의 북학 사상을 계승한 것이다. 18세기 말 북학파 실학자들은 청과 활발하게 교류하고 서양의 기술을 적극 수용하자고 주장하였다. 이들의 사상은 19세기 후반 박규수와 같은 초기 개화 사상가들에게 이어졌다.

실학자 박지원의 손자인 박규수는 여러 차례 청을 방문하여 국제 정세 변화를 직접 목격하였다. 역관 오경석은 세계 지리서인『해국도지』와 서양 문물을 소개한『영환지략』등을 가지고 들어왔다. 박규수는 개화에 관심을 가지고 있는 김윤식과 김홍집을 비롯하여 김옥균·박영효·홍영식·서광범 등과 접촉하였다. 유홍기(대치)는 개항 직후 박규수와 오경석이 사망하자 개화당을 조직하고 서양의 근대 사상을 받아들이는 데 큰 역할을 하였다. 이외에도 승려 이동인과 중인 출신 변수는 김옥균 등과 교유하면서 외국 문물에 대한 식견을 전해주었다. 청과 일본의 문호 개방과 근대화 추진에서 자극을 받은 김옥균·박영효·홍영식·서광범 등은 정계에 진출하여 정부의 개화 정책에 참여였다.

당시 개화 사상은 종래의 중국 중심 세계관에서 벗어나 서양의 제도와 과학 기술을 수용하여 근대 국가를 수립하려는 혁신 사상이었다. 그런데 임오군란(1882년) 후 청이 조선의 내정을 간섭하자 개화 정책의 추진 방법과 대외 인식을 둘러싸고 견해 차이를 보였고, 이들 간에 온건 개화파와 급진 개화파로 갈라지게 되었다.

김홍집·김윤식·어윤중 등을 중심으로 온건 개화파는 청의 경험을 중시하였다. 이들은 청의 양무운동을 거울삼아 유교 도덕과 정치 제도를 지켜가면서도 서양의 과학 기술을 받아들여 부국강병을 이룩할 수 있다는 점진적 개혁론을 주장하였다(동도서기론). 온건 개화파는 청과 전통적인 우호 관계를 유지하여 열강의 침략을 막고 조선의 독립을 보존하려는 정책을 폈다.

동도서기론(東道西器論)

동양의 전통적인 도를 지키고 서양의 기술을 받아들이자는 이론으로 1880년 초 김윤식 등이 주창하였다. 곧 조선 말기 서세동점의 시대적 상황 속에서 서양 문명의 산업과 기술, 무기 등의 물질적인 것을 인정하여 받아들이고 동양의 정신문화인 유교적 가치관을 지키자는 것이다. 이러한 사상은 중국의 중체서용(中體西用)이나 일본의 화혼양재(和魂洋才)와 같은 의미이다.

반면에 김옥균·박영효·홍영식·서광범 등을 중심으로 한 급진 개화파는 일본을 본보기로 삼았다. 이들은 서양의 과학 기술뿐만 아니라 그 바탕이 되는 근대 사상과 제도까지도 적극 수용해야 한다고 보았다. 그래서 이들은 민권 신장과 군주권 제한, 신분 제도 폐지, 상공업 진흥, 종교의 자유 등을 실현하는 근본적 개혁을 주장하였다. 청의 내정 간섭에서 벗어나 조선의 자주 독립을 지키는 것을 시급한 과제로 여겼고, 그들 스스로를 개화당(독립당)으로 불렀으며, 온건 개화파를 가리켜 사대당이라 불렀다.

(2) 개화 정책의 추진

개항 후 청과 일본이 조선을 두고 경쟁하는 가운데 조선 정부는 부국강병을 목표로 개화 정책을 추진하였다. 외국에 사절단을 파견하고 정부 기구를 개편하였으며 군대 조직을 혁신하였다.

1876년 강화도 조약 체결 이후 조선 정부는 김기수를 제1차 수신사로 일본에 파견하였다. 그는 귀국 후 일본의 신문물을 소개한 『일동기유』를 고종에게 올렸다. 1880년 제2차 수신사로 일본에 간 김홍집은 원산과 인천 개항을 요구하는 일본 국내의 실정을 파악하고, 미곡의 유출 방지와 관세 배상 등 현안 문제를 해결하였다.

1880년 민씨 정권으로부터 개화의 주도권을 넘겨받은 김홍집은 개화 정책을 총괄할 기구를 만들었다. 그는 군사와 외교를 함께 관장하는 통리기무아문을 설치하고 그 아래에 12사를 두어 실무를 맡게 하였다. 1881년에는 신

최초의 수신사 김기수 1876년 고종의 명에 의해 일본에 수신사로 파견됐다. 그의 일본 견문기는 직접 저술한 『일동기유』, 『수신사 일기』에 잘 나타나 있다.

식 군대인 교련병대 즉, 별기군(속칭 '왜별기')을 창설하고 일본인 교관 호리모토를 초빙하여 신식 군사 훈련을 실시하도록 하였다. 구식 군대는 5군영(훈련도감·용호영·금위영·어영청·총융청)을 2영(무위영·장어영)으로 축소·개편하였다.

1881년 4월, 조선 정부는 국내의 개화 반대 여론을 의식하여 비밀리에 조사시찰단(일명 신사유람단)을 보내 메이지 유신 이후 일본의 근대화 정책을 조사하도록 하였다. 박정양·어윤중·홍영식 등 60여 명으로 구성된 조사시찰단은 일본 정부의 각 기관 조사를 비롯하여, 산업·군사 시설을 두루 살펴보았다. 이때의 조사 결과가 훗날 근대적 인쇄 출판 기관인 박문국(1883년), 화폐 제조 기관인 전환국(1883년), 우편 업무를 취급하는 우정총국(1884년) 등을 설립하는 데 기초 자료로 활용되었다.

1881년 9월, 조선 정부는 영선사 김윤식과 어윤중 등이 이끄는 유학생과 기술자를 청에 파견하였다. 이들은 톈진 기기창에서 신식 무기 제조법과 근대식 군사 훈련법을 배웠으나, 정부의 재정 지원이 부족

기기국 번사창(서울 종로) 1884년 근대식 무기를 제작하던 관청인 기기국의 무기고이다.

조선 외교 사절단 보빙사 일행과 아서 미국 대통령의 접견 모습을 그린 삽화 (뉴욕에서 발행되는 주간지 「뉴스 페이퍼」 1883. 9. 29자)

해지자 조기 귀국하였다. 이때의 경험은 최초의 신식 무기 제조창인 기기창(1883년) 설치로 이어졌다.

　1883년 미국이 조·미 수호 조약 체결(1882년)의 후속 조치로 푸트(Foote)를 미국 특명 전권 공사로 파견해오자 조선 정부도 이에 대한 답례로 미국에 전권 대신 민영익을 중심으로 구미사절단(보빙사)을 파견하였다. 그들은 40여 일 동안 외국 박람회·병원·신문·육군사관학교 등을 방문 시찰하였다. 이 가운데 유길준은 미국에 남아 갑신정변이 일어날 때까지 유학하였다.

2) 위정척사 운동과 임오군란

(1) 위정척사 운동의 전개

　위정척사란 '정학(正學)인 성리학을 지키고(위정) 사학(邪學)인 천주교나 서양 문물을 물리친다(척사)'는 뜻이다. 19세기 들어 천주교인 서학이 전래되고 서구 열강이 한반도에 손을 뻗치자 성리학을 신봉하던 유학자들은 위기감을 느꼈다. 대부분의 유생들은 서양 여러 나라와 일본을 오랑캐로 여기고, 그들과 접촉하는 것을 반대하면서 전통적인 유교 문화와 질서를 지켜야 한다고 주장하였다.

　1860년대에 들어와 서구 열강이 통상을 요구하자 이항로와 기정진은 통상 반대 운동을 일으켜 척화 주전론을 펼치면서 흥선 대원군의 통상 수호 거부 정책을 지지하였다. 이항로는 "서양 오랑캐의 화(禍)가 맹수의 해로움보다 심해졌으므로, 안으로는 관리들이 사학의 무리를 베고 밖으로는 장병들이 바다를 건너오는 적을 정벌하도록 하라"는 척화 주전의 논리를 적극 개진하였다. 이것을 가리켜 '안으로 잘 가다듬어 밖을 물리친다'는 뜻으로 '내수 외양론'이라 부르기도 한다.

1870년대에는 일본의 개항 요구(운요호 사건)에 대해 최익현이 개항 반대 운동을 전개하였다. 그는 '일본과 서양은 한 몸'이라는 '왜양일체론'을 주장하였다. 그럼에도 정부는 왜양분리론을 주장하고, 일본과 옛 우호를 회복하겠다는 의지로 조약을 맺었다(강화도 조약).

1880년대 위정척사 운동은 개화 반대 운동으로 전개되었다. 1881년 2월, 1만 명의 영남 유생들이 이만손을 중심으로 연명하여 고종에게 통상 반대 상소를 올렸다. 그들은 서구 열강을 왜구와 같은 오랑캐로 보고 서양 문물을 배척하였다. 이것은 1880년 일본에서 돌아온 수신사 김홍집이 청나라 공사관의 황쭌셴에게 받았던 『조선책략』을 유포하고, 그것을 고종과 조정 대신들이 수용하여 개화 정책을 실시한 것에 대한 규탄이었다. 영남 만인소에 이어 그 뒤 경기 · 충청 · 강원 유림들의 상소로 이어졌다.

1890년대에 이르러 위정척사 운동은 항일 의병 운동으로 계승되었다. 이 시기 위정척사 운

위정척사 기념탑(전남 장성) 기정진의 위정척사를 기념하기 위해 세웠다.

동은 명성황후 시해 사건과 을미개혁에 이은 단발령(1895년)이 계기가 되었는데, 유인석과 이소응이 중심이 되어 전개하였다.

이처럼 위정척사 운동은 사상적으로는 성리학에 바탕을 두고, 정치적으로는 전제 군주제를 옹호하였으며, 경제적으로는 농업 중심의 지주 전호제를, 사회적으로는 양반 위주의 신분제를 고수하는 것을 목표로 삼았다. 이 운동은 반외세 · 반침략의 구국 민족 운동이라는 점에서 일제 강점기의 항일 의병 운동과 민족 독립 운동에 영향을 주었다.

(2) 임오군란

1881년 정부는 군제 개혁을 단행하여 신식 군대인 별기군을 창설하고 종래의 5군영을 2영으로 축소하였다. 그러한 과정에서 구식 군대인 2영(무위영 · 장어영)과 신식 군대인 별기군 사이에 차별 대우가 심해져 갔고, 일본의 경제 침탈로 반일 감정도 악화되어 정부의 개화 정책에 대한 반발이 거세졌다. 더욱이 구식 군인들은 13개월 동안이나 월급을 받지 못하는 상태에 이르렀다.

정부는 이를 해결하기 위해 밀렸던 1개 월분 급료를 주었으나 쌀에 모래와 겨가 섞여 있었을 뿐만 아니라 그마저도 양이 절반에 그쳤다. 이에 몇몇 군인들이 항의 하자 민씨 세력의 일원으로 별기군을 창설 한 민겸호는 주동자를 가두고 고문을 가한 후 2명을 처형하도록 하였다. 이에 구식 군 인들은 민겸호의 집을 파괴한 다음 무기를 탈취하여 포도청과 의금부를 습격하였다. 이들은 대원군에게 도움을 요청하였다. 화 가 난 군인들의 소요는 정부 요인 습격과 일본 공사관 공격, 일본인 교관 살해, 창덕 궁 난입으로 이어졌다(임오군란, 1882년).

별기군 훈련 모습 별기군에 대한 조선 정부의 관심이 매우 높았고, 모든 대우가 구식 군인들과 비교해 아주 좋은 편이었다.

일본 공사와 일본인 관리들은 제물포로 탈주하여 영국 선박을 타고 일본으로 돌아갔다. 이때 왕십리와 이태원 일 대의 백성들도 군란에 합세하여 궁궐로 쳐들어가 이최응 과 민겸호 등 정부의 고위 관리들을 처단하였다. 왕비(훗 날 명성황후)는 궁궐을 빠져나가 장호원으로 피신하였다.

이에 고종은 흥선 대원군에게 사태 수습을 요청하였다. 다시 정권을 잡은 흥선 대원군은 임오군란 발발의 원인이 되었던 신식 군대(별기군)를 혁파하고 5군영을 다시 설치 하였으며 삼군부를 부활하는 등 개화 정책을 중단하였다. 그 사이 민씨 일파는 청에 군대 파견을 요청하였다. 이에 청은 일본 세력의 확대 방지와 속국을 보호한다는 명분을 내세워 약 3천여 명의 군대를 조선에 파견하였다. 군란을 진압한 청나라는 1882년 7월 흥선 대원군을 군란의 책임 자로 지목하여 톈진으로 압송하였다.

청의 톈진 보정부 구금 시절의 흥선 대원군 모습(당시 63세) 그는 임오군란 때 끌려가 청에서 3년 동안 구금 생활을 했다.

임오군란 후 민씨 정권이 재집권하여 친청 정책을 강화하였다. 청은 정치 고문으로 마젠창(馬建忠)을, 외교 고문으로 묄렌도르프(Möllendorff)를 파견하여 조선에 대한 내정 간섭을 강화하였다. 그 뒤 조·청 상민 수륙 무역 장정(1882년)을 체결하여 조선 정부는 청국 상인들에게 조선에서의 무역활동을 보장해 주었다. 이러한 경향은 청·일 전쟁(1894년) 때까지 이어져 조선은 청의 간섭에서 벗어날 수 없었다.

임오군란 후 일본의 하나부사는 4척의 군함과 1개 대대 병력을 이끌고 다시 조선으로 건너왔다. 곧바로 하나부사는 조선 정부의 사죄와 배상금 지불, 호위병의 공사관 주둔 등을 요구하였다. 이에 조선 정부는 일본과 제물포 조약(1882년)을 체결하였다. 제물포 조약으로 일본군은 공사관 호위 명목으로 서울에 주둔하게 되었고, 일본인 관리와 상인들의 활동 영역도 종전의 10리에서 50리로 넓어졌다.

임오군란 뒤 조선 정부는 개화 정책을 다시 추진하고 미국 등 서양 열강과 조약을 맺었으며 미국에 사절단(보빙사)을 보냈다. 그런데 임오군란을 계기로 개화 정책을 두고 집권 세력이 둘로 갈리게 되었다. 하나는 민씨 세력과 가까운 김홍집·김윤식·어윤중 등이 중심이 된 온건 개화파 세력이고, 또 다른 하나는 김옥균·박영효·홍영식 등이 중심이 된 급진 개화파 세력이었다. 특히 급진 개화파 세력은 청의 내정 간섭과 더딘 개화 정책을 비판하면서 일본의 메이지 유신을 본떠 개화 정책을 적극 추진할 것을 주장하였다.

> **제물포 조약**(1882. 8. 30)
> 제1조 범인 체포는 20일로 한정하고 기한 내에 체포하지 못 할 경우 일본 측이 맡아서 처리한다.
> 제2조 일본 관리로서 조난을 당한 자를 후하게 장사지낸다.
> 제3조 일본인 조난자 및 그 유족에게 5만원의 보상금을 지급한다.
> 제4조 일본군의 출동비 및 손해에 대한 보상비로 50만원을 조선측이 지불한다.
> 제5조 일본 공사관에 군대를 상주시키고 병영의 설치 및 수선 비용을 조선측이 부담한다.

2 개화 세력의 성장과 갑신정변

1) 개화파의 분화

개화 세력은 개화의 방법과 속도, 청에 대한 인식 등을 둘러싸고 온건파와 급진파로 갈리게 되었다. 이들이 갈라선 계기는 임오군란 때 민씨 정권의 청나라 군대 구원병 요청에 대한 입장에서 비롯되었다. 김옥균·박영효 등 훗날 급진 개화파라 불리는 세력들은 민씨 정권이 임오군란을 수습하는 과정에서 청나라 군대를 불러들여 청의 내정 간섭을 자초하였다는 입장을 견지하면서, "청과 사대 관계를 단절하고, 일본의 메이지 유신을 본받아야 한다."고 주장하였다.

이에 비해 김홍집·김윤식·어윤중 등은 대체로 민씨 정권에 우호적이었고, 청과의 전통적 관계를 중시하였으며 점진적 개혁을 주장하였다. 이들은 유교 전통 문화를 유지하자는 입장이어서 서양 종교(천주교) 허용에 반대하였지만 서양의 과학 기술 수용을 주장하였으며, 청의 양무운동을 본받아야 한다는 입장이었다.

결국 민씨 정권의 개화 정책에 반대하던 김옥균·박영효·홍영식·서광범 등을 급진 개화파라 부르고, 1880년대 초반의 민씨 정권 하에서 개화 정책을 주도하던 세력을 온건 개화파라 불렀다. 이들 온건 개화파들은 친청 정책을 추진한다고 하여 수구당 또는 사대당이라 하였고, 반대로 급진 개화파는 청의 내정 간섭을 비판하는 세력이라 하여 개화당 또는 독립당이라 하였다. 이들 개화당은 훗날 갑신정변을 주도하였다.

2) 갑신정변의 발발과 전개

임오군란이 수습되자, 정부의 개화 정책은 청나라의 영향 하에 진행되었다. 이러한 상황에서 급진 개화파들은 친청 노선을 추구하던 민씨 일파와 온건 개화파를 비판의 대상으로 삼았으며, 조선 정부는 임오군란의 사태를 수습하기 위해 일본에 제3차 수신사를 파견하였다. 수신사 일행에는 정사로 박영효를 비롯하여 서광범, 김옥균 등이 따라 갔다. 고종의 신임을 얻어 개화 정책에 적극 참여한 이들은 박문국을 설치하여 최초의 근대 신문인 한성순보를 발행하고, 우정국을 설치하여 근대적 우편 사업 계획을 주도하였다. 그런데 일본에서 차관을 도입하고자 시도하였다가 실패하자 그들의 정치적 입지가 좁아지게 되었다.

급진 개화파는 너무 신중히 개화를 추진했다가는 외세의 간섭이 오히려 더 심해져 개화 노력이 수포로 돌아갈지도 모른다고 판단하였다. 그런 가운데 청·프 전쟁

갑신정변 주역들 (왼쪽부터) 박영효, 서광범, 서재필, 김옥균

이 일어나자 청군이 1,500명 가량 조선에서 철수하였다. 이에 김옥균과 박영효 등 급진 개화파들은 청군을 몰아내고 국가의 자주 독립을 실현시키는 동시에 근대적 개혁을 단행하고자 정변을 추진하였다.

그들은 처음에는 미국 공사관 측에 원조를 요청하였으나 실패하자, 일본에 도움을 청했다. 급진 개화파들은 일본군에게 왕궁 호위와 청군에 대한 방비만 맡기되 조선의 내정 개혁에는 간섭하지 못한다는 약속을 받고 일본군을 끌어들였다.

1884년 10월 급진 개화파인 김옥균과 박영효 등은 우정총국 개설 피로연을 이용하여 민영익을 공격하여 부상시키고 고종에게는 청나라 군대가 서울을 습격했다고 거짓으로 아뢰었다. 이어 경운궁으로 고종과 왕비를 옮긴 후 수구파 대신들을 왕명으로 불러 민영목·조영하·민태호 등을 처단하였다. 왕과 왕비가 경운궁(지금의 덕수궁)이 불편하다고 호소하자 창덕궁으로 장소를 옮긴 개화파 인사들은 개화당 정부를 수립하고 개혁 정강 14개조를 발표하였다(갑신정변, 1884년).

우정총국(서울 종로) 1884년 고종이 우편 업무를 관장하기 위해 설치한 관서로 우정국의 개업을 알리기 위한 축하연을 베푸는 자리에서 갑신정변이 일어났다. 갑신정변 이후 폐지됐다.

정강의 내용은 정치적으로는 자주 독립국과 내각 중심의 입헌군주제를, 군사적으로는 근위대와 신식 군대와 신식 경찰의 창설을, 사회적으로는 인민 평등권 제정을 통한 신분제 폐지를, 경제적으로는 수취 제도의 개혁을 도모하자는 것이었다.

갑신정변이 일어나자 정변 초기에 사태를 관망하던 청나라의 위안스카이(袁世凱)는 조선에 주둔 중인 군대를 이끌고 국왕이 있던 창덕궁에 진입하였다. 청군의 출동으로 창덕궁을 지키고 있던 일본군이 철수하자, 김옥균 등도 일본군과 함께 일본 공사관으로 후퇴한 뒤 인천을 통하여 일본으로 망명하였다. 갑신정변은 청군의 개입으로 3일만에 실패로 끝났다(3일 천하).

일본군 후퇴 후 정변 소식에 분개한 서울의 군민들은 일본 공사관 주위로 몰려가 그 곳을 습격하였다. 개화당 정권이 붕괴되자 고종은 심순택과 김홍집을 중심으로 하는 새로운 정부를 구성하여 개화당의 개혁 조치를 무효화하였다. 김옥균 등 개화당 인사들에 대한 체포령이 내려졌다. 정부는 일본에 관리를 파견하여 갑신정변을 주도한 김옥균 등 개화당 인사들의 송환을 요구하였다.

일본 공사와 군대가 갑신정변에 개입한 사실을 보고받고 당황한 일본 정부는 오히려 조선 측에 책임을 전가하기로 결정하고 군대를 동원하여 위협을 가하였다. 조선 정부는 이에 굴복하여 일본에 배상금 지불과 공사관 신축비 부담 등을 약속하는 '한성 조약'(1884년)을 체결하고 말았다. 일본은 청과 '톈진 조약'(1885년)을 체결하여 청 · 일 군대를 조선에서 동시 철수하고, 조선에 군대를 파견할 때에는 사전에 통고하기로 했다.

한편 개화파 홍영식은 정변의 실패로 체포되어 대역죄로 처형당하였으며, 나머지는 모두 일본으로 망명하였다. 10년 동안 망명 중이던 김옥균은 1894년 상하이로 이홍장을 만나러 갔다가 조선에서 보낸 자객 홍종우에게 암살당했다. 1885년 박영효 · 서광범 · 서재필은 미국으로 건너갔다. 박영효는 다시 일본으로 와서 머물다가 1894년 귀국하여 미국에서 돌아온 서광범과 함께 갑오개혁에 참여하였다.

3) 갑신정변의 의의와 영향

갑신정변은 근대 국민 국가의 건설을 목표로 한 우리나라 최초의 정치 개혁 운동이었다. 이러한 노력은 훗날 갑오개혁과 독립 협회 활동, 애국 계몽 운동으로 이어지는 우리나라 근대화 운동의 선구적 역할을 하였다. 그런데 갑신정변은 소수의 지식인이 중심이 되어 급진적인 방식으로 근대화를 추구한 위로부터의 개혁이었다는 한계를 가지고 있었다. 농민의 염원이었던 토지 개혁 등에는 소홀하여 민중의 지지를 끌어내지는 못하였다. 더구나 갑신정변은 침략 의도를 가진 외국(일본)에 의존했기 때문에 개화당이 친일파가 아닌가 하는 의구심과 비난을 자초하였다.

갑신정변 실패 후 개화당이 정계에서 축출되고 민씨 정권이 다시 들어서 친청 정책을 펼치자 청나라는 정치·경제적으로 조선에 대한 영향력을 강화하였다. 일본은 정치적 영향력이 약화되자 경제 침투를 더욱 강화하였다. 이에 조선의 이권을 둘러싸고 청·일 두 나라의 대립은 격화하였다. 고종은 청의 내정 간섭을 견제하기 위해 비밀리에 러시아와 협약을 맺으려고 하였으나 청의 방해로 실패하고 말았다. 한편 조선과 러시아의 통상 조약 체결 이후 점차 사이가 가까워지자 1885년에는 영국이 러시아의 남하를 저지한다는 구실로 여수 앞바다인 거문도를 불법 점령하는 일이 벌어졌다(거문도 사건).

이처럼 갑신정변(1884년)과 거문도 사건(1885년) 후 조선을 둘러싼 열강의 대립이 격화되자 한반도 중립화론이 제기되었다. 갑신정변 직후 독일 총영사 대리 부들러(Budler. H.)가 영세 중립론을 주장하였고, 거문도 사건 직후에는 미국 유학에서 돌아온 유길준이 중립화론을 구상하였다. 부들러의 중립화론은 스위스를 모델로 하는 중립화 방안이고, 유길준의 중립화론은 벨기에와 불가리아를 모델로 하는 것이었다. 그런데 이러한 정책들은 조선 정부의 이해 부족과 청과 일본의 반대로 실현되지는 못하였다.

거문도 영국군 묘지(전남 여수)

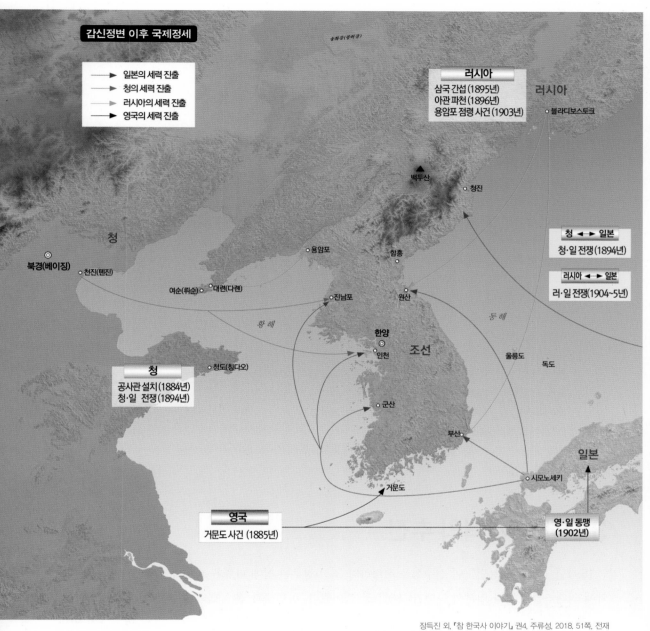

갑신정변 이후 국제정세

송화강(쑹허강)

→ 일본의 세력 진출
→ 청의 세력 진출
→ 러시아의 세력 진출
→ 영국의 세력 진출

러시아
삼국 간섭 (1895년)
아관파천 (1896년)
용암포 점령 사건 (1903년)

러시아

블라디보스토크

백두산

청진

청

북경(베이징)
천진(톈진)
여순(뤼순)
대련(다롄)
용암포
함흥

진남포
원산

청 ◀━▶ 일본
청·일 전쟁 (1894년)

러시아 ◀━▶ 일본
러·일 전쟁 (1904~5년)

황해

동해

한양
인천

조선

울릉도
독도

청도(칭다오)

청
공사관 설치 (1884년)
청·일 전쟁 (1894년)

군산

부산

일본

시모노세키

영국
거문도 사건 (1885년)

거문도

영·일 동맹
(1902년)

장득진 외, 『참 한국사 이야기』 권4, 주류성, 2018, 51쪽, 전재

갑신정변의 주역들

김옥균(1851년~1894년)　박영효(1861년~1939년)　서광범(1859년~1897년)　홍영식(1855년~1884년)　서재필(1864년~1951년)

개혁 정강 14개조

---

1. 청에 잡혀간 흥선대원군을 빠른 시일 안에 돌아오게 하고, 청에 대한 조공의 허례를 폐지한다.
2. 문벌을 폐지하여 인민 평등권을 제정하고, 능력에 따라 관리를 등용한다.
3. 지조법을 개혁하여 관리의 부정을 막고 백성을 보호하며, 국가 재정을 넉넉하게 한다.
4. 내시부를 없애고, 그 중에 우수한 인재를 등용한다.
5. 부정한 관리 중 그 죄가 심한 자는 처벌한다.
6. 각 도의 상환미(환곡)는 영구히 받지 않는다.
7. 규장각을 폐지한다.
8. 급히 순사를 두어 도둑을 방지한다.
9. 혜상공국을 혁파한다.
10. 귀양살이하거나 옥에 갇혀 있는 자는 그 정상을 참작하여 적당히 형을 감한다.
11. 4영을 합해 1영으로 하되, 영에서 장정을 뽑아 근위대를 급히 설치한다.
12. 모든 국가 재정은 호조에서 통할한다.
13. 대신과 참찬은 의정부에 모여 정령을 의결하고 반포한다.
14. 의정부, 6조 외의 불필요한 기관은 없앤다.

3 근대적 개혁의 추진

1894년 4월 동학 농민군이 전주성을 점령하자 조선 정부는 청에 파병을 요청하였다. 그러나 톈진 조약에 의해 5월에 청과 일본의 군대가 조선으로 들어왔다. 농민군과 전주 화약을 맺은 정부는 청과 일본에 군대 철수를 요청하였다. 철병 요구를 거절한 일본은 6월 충청도 아산만 부근 풍도 앞바다에 있던 청 함대를 기습 공격하여 전쟁을 일으켰다(청·일 전쟁, 1894년). 8월 평양 전투와 황해 해전에서 일본군이 청군을 격파하고 제해권을 장악하였다. 이어 일본군은 남만주와 랴오둥 반도에 진격하였으며 산둥 반도의 청 해군 기지를 공격하였다.

청이 일본에 강화 회담을 요청하여 전쟁은 일본의 승리로 끝났다. 그 후속 조치로 일본은 청과 시모노세키 조약(1895년)을 체결하였다. 이로써 청이 가진 조선에 대한 종주권은 부정되었다. 이러한 흐름 속에서 조선에서는 1894년(고종 31년) 7월 김홍집 내각 수립부터 1896년 2월 아관 파천까지 3차례에 걸쳐 갑오개혁이 추진되었다.

1) 제1차 갑오개혁

　1894년 7월부터 같은 해 11월까지 김홍집 내각이 군국기무처를 설치하여 추진한 근대적 개혁을 제1차 갑오개혁이라 부른다. 1894년 5월 동학 농민군과 전주 화약을 맺은 조선 정부는 6월 들어 교정청을 설치하여 동학군이 요구한 부세 제도의 개혁과 신분제 폐지 등 개혁 작업을 추진하려 하였다. 조선과 일본이 내정 개혁을 둘러싸고 대립하는 가운데 6월 21일 일본군이 경복궁을 점령하여 친청 민씨 정권을 타도하고 흥선 대원군과 개화파 인사들을 내세워 새 정권을 수립했다(제1차 김홍집 내각). 친일 정권인 김홍집 내각은 교정청을 폐지하고 최고 정책 의결 기구인 군국기무처를 설치하였다. 군국기무처는 갑신정변(1884년) 때의 개혁안과 동학 농민군의 개혁 요구를 수용하여 개혁을 추진하였다.

　정치 제도의 개혁으로 중앙 정부의 관제를 고쳐 궁내부와 의정부로 개편하였다. 궁내부 관제에서는 국왕의 전통적인 인사권·재정권·군사권을 제약하고, 궁중의 잡다한 부서를 궁내부 산하로 통합하여 그 권한을 축소시켰다. 의정부 밑의 6조

김홍집(1842년~1896년) 1868년 과거에 급제한 김홍집은 1880년에 제2차 수신사로 일본에 다녀오기도 했다. 갑오개혁과 을미개혁 때에는 내각의 총리대신이 되어 개혁을 주도하였다. 당시 일본의 압력으로 단발령을 강행하는 등 급진적 개혁을 시행하다가 의병의 반발을 불러왔다. 결국 아관 파천으로 친일 내각이 붕괴되고 김홍집은 성난 군중에 의해 광화문에서 살해되었다.

를 개편한 8아문(내무·외무·탁지·군무·법무·학무·공무·농상)을 두었다. 대간 제도를 폐지하는 대신 경찰 기구로 경무청을 신설하였다. 그리고 관료 제도는 종래 18등급의 관등 품계를 12등급으로 축소하여 칙임관(정종 1·2품), 주임관(정종 3~6품), 판임관(정종 7~9품)으로 구분하였다. 아울러 과거 제도를 폐지하였다. 모든 문서에서 중국 황제의 연호 사용을 금지하였다. 그 대신에 조선이 개국한 1392년을 기준으로 삼는 개국 기년(紀年)을 사용하도록 의무화하였다.

　사회 제도의 개혁으로는 문벌과 반상 제도의 혁파, 공사 노비법의 혁파, 역인·창우·피공(皮工) 등 천인의 면천, 죄인 연좌법의 폐지, 조혼 금지, 과부 재가 허용 등의 조치도 이루어졌다.

　경제 제도에 대한 개혁도 추진하였다. 국가의 모든 재정 사무는 탁지아문이 맡도록 하여 재정을 일원화하였다. 화폐는 은본위 제도를 채택하였다. 종래 현물로 납부하던 물납 세제(物納稅制)를 금납제로 대체하였으며, 도량형을 전국적으로 통일시켰다.

군국기무처 중심의 제1차 갑오개혁은 일본의 영향권 안에서 이루어진 면이 없지 않았다. 일본인 고문관과 군사 교관의 초빙, 일본 화폐의 조선 국내 유통 허용, 방곡령의 반포 금지 조처 등이 그것이다. 더구나 조선 정부는 일본의 침략에 맞서 투쟁하던 동학 농민군을 '비도(匪徒)'로 규정하고 일본군과 합세하여 그들을 진압하는 자세를 보이기도 하였다.

2) 제2차 갑오개혁

1894년 12월부터 1895년 7월까지 박영효 내각이 홍범 14조를 반포하여 추진한 근대적 개혁을 제2차 갑오개혁이라 부른다. 청·일 전쟁에서 승기를 잡은 일본은 군국기무처를 폐지하고 갑신정변 때 해외로 망명한 급진 개화파 박영효(내부대신)와 서광범(법부대신)을 귀국시켜 대신으로 앉혔다. 온건 개화파 김홍집과 급진 개화파 박영효의 연립 내각이 출범하였으나(제2차 김홍집 내각), 삼국 간섭(1895.4.23.) 후 박영효는 이노우에 일본 공사의 권고를 무시하고 김홍집 일파를 내각에서 퇴진시키고 독자적으로 개혁을 추진해 나갔다.

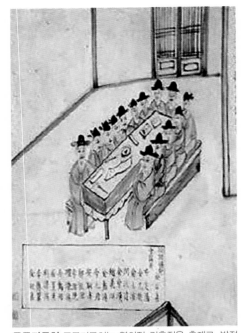

군국기무처 군국기무처는 영의정 김홍집을 총재로, 박정양·김윤식·조희연·김가진·안경수·김학우·유길준 등 17명의 의원으로 구성됐다. 입법권을 갖고 있는 초정부적인 성격의 기구인 군국기무처는 1894년 6월 24일부터 12월 17일까지 총 41회의 회의를 열어 약 210건의 개혁안을 제정하여 실시했다. 군국기무처는 조선 후기 개화 운동에서 강조되어온 개혁안과 동학 농민 운동에서 지적된 일부 개혁안 및 일본 정부가 요구한 개혁요건 등을 반영하였다.

1895년 1월(양력) 고종은 종친들과 문무백관을 거느리고 종묘에 나아가 '독립 서고문'을 낭독하였다. 이것은 청과 관계를 청산하고 자주 독립의 뜻을 담아 이를 세상에 알리고자 함이었다. 아울러 고종은 국왕의 친정, 법령 준수, 왕비와 종친의 정치 관여 배제, 자주 독립 천명, 국가 체제 확립, 재정, 교육 장려, 민권 보장 등을 규정한 '홍범 14조'를 반포하였다. 이것은 조선이 자주 독립국임을 국내외에 선포한 문서로서 우리나라 최초의 헌법적 성격을 가졌다고 할 수 있다.

제 2차 갑오개혁도 조선의 내각 대신들이 주도적으로 추진하였다. 먼저 정치 개혁으로는 의정부를 내각으로 고쳐 근대적 성격을 강화하였다. 이전의 8아문을 7부(내부·외부·탁지부·군부·법부·학부·농상공부)로 바꾸었다. 그리고 지방 제도를 8도에서 23부로 개편하고, 부·목·군·현 등 행정 구역의 명칭을 군으로 통일하여 337군을 두었다. 내부대신의 지휘·감독 아래 각 부에는 관찰사 1명과 참서관·경무관 각 1명을, 군에는 군수 1명을 각각 파견하여 일원적인 행정 체계를 이루었다. 행정관이 장악해 오던 사법권을 분리하였으며, 지방 재판소와 한성 재판소, 고등 재판소 등을 설치하였다. 징세 기관도 일원화 하였으며, 근대적인 군사 제도와 경찰 제도 등 여러 제도가 만들어졌다.

경제 개혁으로는 민씨 세력의 비호 아래 상업권을 독점해 오던 상리국을 폐지하여 상공업의 활성화를 꾀하고자 하였다. 아울러 육의전도 폐지하였다. 그리고 교육면에서는 '교육 입국 조서'(1895년)를 발표하고, 한성 사범 학교 관제와 소학교 관제, 외국어 학교 관제 등을 제정하였다. 그리고 114명의 양반 출신 유학생을 일본에 파견하였다.

그러나 제2차 개혁 과정에서 박영효가 지나치게 독주함에 따라 고종과 일본의 견제를 받아 결국 박영효는 다시 일본에 망명하게 되었고, 이로써 제2차 김홍집·박영효 내각은 붕괴되고 말았다.

갑오개혁 때 발표된 홍범 14조 (1895. 1. 17)

1. 청에 의존하려는 생각을 버리고 자주 독립의 기초를 확고히 할 것.
2. 왕실 전범을 제정하여 왕실의 계승과 종실, 외척의 구별을 밝힐 것.
3. 대군주는 대신과 의논하여 정사를 행하고, 종실·외척의 간섭을 금할 것.
4. 왕실 사무와 국정 사무를 분리하여 서로 혼동하지 아니할 것.
5. 의정부와 각 아문의 직무와 권한을 명확히 할 것.
6. 납세는 법으로 정하고 함부로 세금을 징수하지 않을 것.
7. 조세의 징수와 경비 지출은 모두 탁지아문이 관할할 것.
8. 왕실 경비를 솔선 절약하여 각 아문과 지방관의 모범이 되게 할 것.
9. 왕실과 관부 비용은 1년 예산을 세워 재정의 기초를 세울 것.
10. 지방 관제를 속히 개정하여 지방 관리의 직권을 제한할 것.
11. 총명한 자제를 널리 파견하여 외국의 학술과 기예를 보고 익히게 할 것.
12. 장교를 교육하고 징병제를 실행하여 군제의 근본을 확정할 것.
13. 민법과 형법을 명확하게 제정하고, 인민의 생명과 재산을 보전할 것.
14. 문벌에 구애받지 않고 인재 등용의 길을 넓힐 것.

홍범 14조의 개혁안을 수록한 「고종실록」

3) 제3차 갑오개혁(을미개혁)

　명성황후 시해 사건(을미사변)이 발생한 1895년 8월 20일부터 고종의 러시아 공사관 피신(아관 파천)이 있었던 1896년 2월 11일까지 김홍집 내각이 추진한 근대적 개혁을 가리켜 제3차 갑오개혁이라 부르며 이를 을미개혁이라고도 한다.

(1) 삼국 간섭과 을미사변

　청 · 일 전쟁(1894년)에서 승리한 일본이 시모노세키 조약(1895년 4월)을 체결하여 막대한 배상금과 함께 요동 반도를 차지하자 열강이 긴장하였다. 러시아는 일본을 견제하기 위하여 프랑스와 독일을 끌어들였다. 삼국은 요동 반도를 청에 돌려주도록 공동으로 일본에 압력을 행사하였다(삼국 간섭, 1895년 4월).

　이를 지켜본 고종과 명성황후는 러시아 세력을 끌어들여 일본의 내정 간섭을 막으려 하였다. 친일 내각을 이끌던 박영효가 명성황후 폐위 음모 혐의로 일본에 망명하자, 고종은 미국 · 러시아와 가까운 인물로 내각을 구성하였다. 이범진 · 이완용 · 박정양 · 윤치호 등 개화파와 정동파(왕비파)의 연립 내각인 친러 내각이 수립되었다(제3차 김홍집 내각). 이 과정에서 명성황후가 일본의 조선 침략에 방해가 된다고 판단한 일본은 자국의 군대와 낭인(浪人)들을 동원하여 조선의 왕비인 명성황후 민씨를 시해하

명성황후 국장(1897년 3월) 1895년 고종은 정식으로 왕비의 승하를 공포하고, 일본 자객들에게 시해된 지 2년 2개월 만에 국장을 거행하여 동구릉 내 숙릉(肅陵)에 안장했다. 1897년(광무 1년) '명성'(明成)이라는 시호가 내려졌고, 그해 11월 청량리 밖 홍릉(洪陵)에 이장했다가 1919년 고종이 승하하자 양주군 금곡리에 홍릉을 새로 조성하고 그곳에 안치했다. 고종의 황제 즉위를 계기로 '명성황후'(明成皇后)라 칭했다.

옥호루(서울 종로) 명성황후가 시해된 장소로 추정되는 곳으로 경복궁 안에 있다.

명성황후 시해에 가담한 일본 낭인들 (한성신보사 건물 앞에서의 기념 촬영)

는 만행을 저질렀다(을미사변, 1895년).

당시 을미사변의 전말은 이러하였다. 1895년 8월 20일 새벽 일본 군인과 자객들이 서대문을 거쳐 조선 훈련대와 합류하여 광화문을 통과하였다. 그들은 나중에 책임을 전가하기 위해 흥선 대원군과 왕손 이재면을 납치하여 궁궐 침공에 앞장서게 하였다. 야간 훈련을 실시한다고 속여 우범선·이두황 등 조선 훈련대를 앞세운 일본 자객들은 경복궁 담을 넘어 광화문을 열고 궁궐을 기습 공격하였다. 이 과정에서 여러 명의 궁궐 시위대 병사와 훈련대 연대장 홍계훈이 전사하였다. 일본 자객들은 궁내부 대신 이경직을 죽인 뒤, 건천궁으로 진격하여 왕비의 침실인 옥호루에 있던 명성황후 민씨를 시해하고 시신을 불사른 뒤 묻어 버렸다.

사건의 진상은 미국 공사관 서기 알렌, 영국 영사 힐리어, 러시아 공사 베베르 등 조선 주재 외교관들의 본국 보고와 뉴욕 헤럴드 특파원 코커릴의 보도에 의해 밖으로 알려졌다. 세계 각국에 명성황후 시해 사건이 전해지자 구미 열강이 강경한 태도로 일본을 비판하였다.

(2) 을미개혁과 아관 파천, 의병 봉기

을미사변으로 친러 내각이 붕괴되고 유길준·서광범·정병하 등 친일파 관료 중심의 제4차 김홍집 내각이 수립되었다. 김홍집 내각은 삼국 간섭과 을미사변으로 중단되었던 개혁을 재개하였다.

국호를 '대조선국'으로 고치고 군호를 '대군주'로 개칭하였다. 음력을 양력으로 바꿔 음력 1895년 11월 17일을 양력 1896년 1월 1일로 변경하였다. 그리고 양력을 사용한다는 뜻으로 연호를 건양(建陽)으로 정하였다.

교육 제도를 개혁하여 소학교령을 제정·공포하였다. 서울과 지방에 관·공립 소학교를 설치하였다. 또 군사 제도를 개혁하여 훈련대와 시위대를 해산하였다. 그 대신에 중앙에는 친위대 2개 중대를, 평양과 전주에는 진위대 1개 대대씩 신설하였다. 통신 제도도 개혁하여 개성·수원·충주·안동·대구·동래 등지에 우체사를 두어 국내 통신망을 확장하였다. 의료 제도로는 종두법을 처음 시

행하였다. 그런데 을미개혁 가운데 빼놓을 수 없는 것이
단발령의 공포이다. 1894년 12월 30일(양력 1895년 1월
15일) 상투를 자르게 하고 망건의 착용을 금지하며, 외국
의복 착용을 허용하는 단발령을 공포하였다. 고종도 솔
선수범 한다는 의미에서 단발을 하고 양복을 착용하였다.
단발령 실시는 유교 사회였던 조선으로서는 매우 큰 충격
이었다. 단발령이 발표되자 많은 사람들이 "사람의 몸은
부모로부터 물려받은 것인데, 이를 훼손하는 것은 불효를
저지르는 것이니, 목을 자를지언정 상투를 자를 수는 없
다"고 반발하였다. 이를 계기로 전국적인 항일 의병 운동
이 일어났는데 이를 을미의병이라 부른다.

신변의 위협을 느낀 고종은 일본군이 의병을 진압하러
지방으로 내려간 틈을 타 러시아 공사관으로 피신하였다
(아관 파천, 1896.2.11). 이로써 김홍집 내각은 붕괴되었
고, 약 19개월 동안 지속되어 온 갑오개혁과 을미개혁은
좌절되고 말았다.

단발하는 모습

서양 복장에 단발한 고종

(3) 갑오개혁 · 을미개혁의 의의와 한계

갑오개혁 · 을미개혁에 대한 평가는 엇갈린다. 갑오개
혁과 을미개혁은 갑신정변의 개혁 방침을 계승하였으며,
동학 농민 운동에서 제기된 폐정 개혁안을 일부 수용한
자주적 개혁이었다는 점에서 긍정적 평가를 받고 있다.

그렇지만 갑오개혁과 을미개혁은 조선 침략의 발판을
마련하려던 일본의 의도가 반영된 측면도 있었다. 게다
가 다수 민중들의 지지보다는 소수 개화파 관료들이 일
방적으로 추진한 개혁이었다는 한계를 갖고 있다. 더욱
이 당시 농민들이 절실하게 요구했던 토지 제도를 개혁
하지 못하였다. 이렇듯 개혁은 그 시의성과 당위성에도
불구하고 개혁의 추진 세력이 외세에 의존하는 모순을
보였기 때문에 반일 · 반침략을 우선시했던 국민들의 반
발에 부딪혔던 것이다.

러시아 공사관(서울 중구) 러시아 공사관 건물은 조·러 수호 조약이 체결된 1885년에 착공하여 1890년에 완공됐다. 이 자리는 원래 덕수궁의 영역이었으며, 탑의 동북쪽 지하실이 덕수궁으로 연결되어 있다고 한다. 아관 파천 당시 고종은 경복궁을 나와 덕수궁을 통하여 러시아 공사관으로 피신했다.

4 대한 제국과 독립 협회

1) 대한 제국의 성립과 발전

아관 파천에 대한 국민적 자각(독립 협회 활동) 등 국내 여론과 조선에서 러시아가 세력을 독점하는 것에 대해 견제하려는 국제 여론이 형성되자, 고종은 1897년 2월 20일 러시아 공사관에서 경운궁(지금의 덕수궁)으로 돌아왔다.

이어 1897년 8월 고종은 연호를 광무(光武)로 정하고, 대원수로서의 지위를 갖는다고 선포하였다.

군산 세관(전북 군산) 1899년 군산 개항과 함께 인천세관 관할로 1908년 준공한 건물이다. 개항 초기 서양식 건축기법을 잘 보여준다.

대한 제국 내각(1900)

환(원)구단(圜丘壇) 환구단은 '하늘의 아들'인 천자(天子)가 하늘에 제사를 지내는 단으로, 근대 이전에는 중국 황제만이 세울 수 있는 제단이었다. 고종은 환구단을 세우고 황제 즉위식을 거행하여 이를 하늘에 고함으로써 대한 제국이 중국과 동등한 국가임을 국내외에 선언했다.

그리고 국가(에하게르트 작곡)와 어기(御旗) · 친왕기 · 군기를 제정하였다. 고종은 같은 해 10월 환구단에서 황제 즉위식을 거행하고, 국호를 조선에서 대한(大韓)으로 바꾸었다. 이는 자주 독립국의 지위를 대외적으로 보장받기 위함이었다. 1899년 8월 17일 '대한국 국제'를 마련하였다.

같은 해 대한 제국은 조 · 청 상민 수륙 무역 장정(1882년)을 대신하여 한 · 청 통상 조약을 체결하였다(1899년 9월 11일). 청은 조선이 대한 제국을 선포하자 그 전에 조선으로 건너와 상업에 종사하는 자국민을 보호하기 위해서 새롭게 이 조약을 맺었고 이전 조약과는 달리 서로 영사 재판권을 인정하였다.

대한 제국은 자주적 문호 개방도 추진하였다. 부산 · 원산 · 인천 개항과 달리, 1897년 목포항 개항을 비롯한 진남포 · 마산 · 군산 개항은 자체적으로 이루어졌다. 이곳의 개항은 외국과 조약을 맺지 않고 대한 제국 정부 스스로가 결정한 것이기 때문에 개항에 따른 모든 규칙을 자율적으로 정할 수 있었다.

대한 제국은 자주적 개항과 함께 서양 여러 나라의 자본과 투자를 적극 유치했다. 우선 광산 · 철도 · 전기 · 산림 사업에서 외국의 투자를 늘렸다. 아울러 대한 제국은 외교 활동을 적극 펼쳐 벨기에(1901년)와 덴마크(1902년) 등과 국교를 수립하였다. 만국 우편 연합과 국제 적십자 등 국제 기구에도 가입하였으며, 1900년에는 프랑스 파리에서 열린 만국 박람회에 참가하여 국제 사회에 이름을 알리고자 노력을 아끼지 않았다.

대한 제국은 1899년 주한 미국 공사 서기관인 샌즈를 궁내부 고문으로 초빙하여 영구 중립화를 추진했으나, 미국은 이를 반대하였다. 결국 고종은 유럽의 여러 나라를 통해 중립화를 모색하고 1904년 국외 중립을 선언했지만, 열강의 외교적 보장을 얻어내지 못하였다.

2) 광무개혁

(1) 광무개혁의 추진

1896년 2월 11일 아관 파천 이후 1904년 러·일 전쟁 직전까지 이루어진 개혁을 광무개혁이라고 부른다. 이 개혁은 고종의 측근(윤용선·심순택 등)과 일부 개화파 인사(박정양·신기선 등)가 중심이 되어 추진되었다. 고종은 '옛 것을 근본으로 하고 새로운 것을 참고한다.'는 구본신참(舊本新參)을 원칙으로 삼았다. 이는 옛 제도를 본체로 하고 서양의 법과 제도를 새롭게 수용하여 점진적으로 개혁을 수행하고자 한 것이다.

광무개혁은 기본적으로 복고적 성격을 갖는다. 조선은 1899년 '대한국 국제'를 발표하여 대한 제국이 자주 독립 국가임을 선언하고, 전제 황제권(통수권·입법권·행정권·사법권·외교권)을 강화하였다.

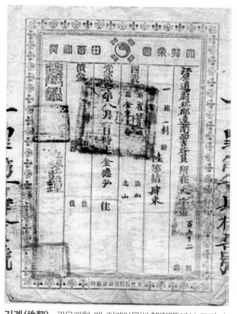

지계(地契) 광무개혁 때 지계아문(地契衙門)에서 토지 소유권을 증명하기 위해 발행한 문서이다.

정치면에서 자주 외교 정책을 실시하여 러·일 전쟁 때는 중립을 선언하였다. 이범윤을 간도 관리사(1903년)로 파견하여 간도를 함경도 영토에 편입시켰다. 칙령(1900년)을 반포하여 독도 영유권을 명백히 하였다.

군사면의 개혁으로 원수부를 설치하여 황제가 육·해군을 통솔하게 하였다. 원수부 직속의 황실경호부대인 시위대(서울)를 창설하고, 친위대(서울)와 진위대(지방) 인원을 증강하였으며, 장교를 양성할 무관 학교를 설립하였다. 1903년에는 조칙을 발표하여 징병 제도를 실시하였다.

대한 제국 관립 인천 외국어 학교

경제면에서는 양전 사업을 추진하였다. 양전 사업은 근대적 토지 소유권을 마련하고 국가의 재정 수입을 늘려는 의도에서 실시하였다. 또 정부는 산업을 육성하고 근대적 공장(방직·제지·금은 세공·목공예·무기 제조·유리 공장 등)과 민간 회사 설립을 지원하였다. 영업세 징수를 위탁하는 상무사를 조직하고, 잠업 시험장과 연초 회사를 설치하였다. 아울러 금본위제를 시행하고 백동화를 발행하였다.

교육면에서는 신교육령(1897년 10월)을 반포하여 소학교·중학교·사범학교 등을 설치하였고, 실업학교인 기예학교·의학교·상공학교·외국어학교·공업전습소 등을 설립하였다. 국비 유학생을 파견하고 상인과 기술자를 양성하였다.

사회면으로는 호적 제도를 시행하였고, 순회 재판소를 설치하였다. 관리들은 관복으로 양복을 입었으며, 1902년에는 관리 · 군인 · 경찰의 상투를 자르게 하는 단발령을 다시 시행하였다. 교통 · 통신 · 의료에서도 개혁을 추진하였는데, 미국과 합작하여 서대문과 홍릉(청량리) 사이에 전차를 부설하였으며, 시내에 전화와 전등을 설치하였다. 근대적인 종합 병원(제중원 · 광제원 등)과 구휼 기관(혜민원)을 설립하였다.

(2) 광무개혁의 의의와 한계

광무개혁은 국가의 자주 독립과 근대화를 지향하며 추진되었다. 외세의 간섭을 줄이며 자주적으로 개혁을 추진한 점, 갑오개혁 · 을미개혁을 계승한 점, 강력한 황제권을 바탕으로 짧은 기간에 국방 · 산업 · 교육 · 기술 분야의 근대화를 이룩한 점은 긍정적으로 평가받고 있다.

그러나 광무개혁은 전제 군주권 강화와 왕실 재정 개선에 치중한 점, 철도 부설권 등 특혜를 외국인에게 부여하고 외국 기술과 자본에 의지한 점, 러시아의 간섭과 친러 세력의 집권으로 자주성이 훼손된 점, 집권 세력의 보수성 때문에 독립 협회의 활동을 억압한 점 등은 광무개혁의 한계로 지적할 수 있다.

3) 독립 협회의 설립과 초기 활동

명성황후 시해 사건(을미사변) 후 고종은 러시아 공사관으로 거처를 옮겼다. 그리고 박정양 · 이범진 · 윤치호 등이 주축을 이룬 친미 · 친러 성향의 새 내각을 출범시켰다. 이러한 과정에서 러시아의 조선에 대한 영향력이 커져갔다. 이에 일본도 조선에 군대를 계속 주둔시키면서 한반도를 둘러싼 열강의 긴장 상태는 한층 높아졌다.

이처럼 외세의 침투에 나라의 자주권이 위협을 당하자, 1896년 독립신문을 간행하고 있던 서재필과 개화파 지식인들을 중심으로 독립 협회가 설립되었다. 당시 독립 협회에 참여한 인사들은 각계각층이 망라되었다. 설립 초기에는 정부의 고관들도 회원으로 가입하였으며, 회원 자격에 제한을 두지 않았기 때문에 도시 상인과 농민, 광산과 부두 노동자, 백정 출신도 참여하였다. 독립 협회는 지방에도 지회가 조직

독립신문 (한글판과 영문판으로 발행. 영자신문 제목 : THE INDEPENDENT)

되어 전국 단체로 발전하였다. 특히 서재필은 미국에서 서양의 민주주의를 체험하고 갑신정변의 실패

를 교훈 삼아 자주 독립과 자유 민권 사상을 널리 보급하려 하였다.

독립 협회의 관련 단체로는 여성 단체인 찬양회와 서재필이 조직한 근대적 학생 단체인 협성회가 있었다. 기관지로는 대조선 독립 협회 회보와 독립신문이 있었다. 독립신문은 박정양 내각의 재정 지원을 받아 1896년 4월부터 발간하였다. 순 한글로 격일 형태로 주 3회(나중에 일간) 발간된 이 신문은 읽기 쉽게 띄어쓰기를 하고 한글 문체로 발행하였다. 독립신문은 한글판과 더불어 외국 공관에 우리의 처지를 알리기 위해 영문판도 발행되었다.

신문의 논조는 주로 서구의 자유 · 민주 · 평등 등 근대 사상과 신문명에 관한 찬양이 주를 이루었다. 아울러 외세의 이권 침탈의 현실도 다루어 민중의 자각을 이루어내려 하였다.

독립 협회는 자주 독립과 충군(忠君) · 애국(愛國)의 강령을 내걸었다. 1898년 12월 독립 협회가 강제 해산될 때까지 열강의 국권 침탈과 지배층의 민권 유린에 맞서 자주 국권, 자유 민권, 자강 개혁을 주장하였다. 독립 협회는 민중을 계몽하는 데 주력하여 민권 의식과 평등 의식의 성장에 이바지하였다.

독립 협회의 첫 사업으로 독립문을 건립하였다. 원래 청나라 사신을 맞이해오던 영은문을 허물고, 그 곳에 국민 모금으로 1897년에 독립문을 세웠다. 청 사신의 영접 장소인 모화관은 독립관으로 개조하여 모임 장소로 활용하였다.

[좌] 영은문(迎恩門), [우] 독립문(獨立門) 독립 협회는 철거된 영은문 자리에 독립문을 세웠다. 청나라의 사신을 맞이하던 영은문을 헐고 독립문을 그 자리에 다시 세움으로써 우리나라가 자주 국가임을 표방하고자 하였다. 서재필의 자서전에 의하면 독립문은 프랑스의 개선문을 본떠서 서재필이 스케치한 것을 근거로 독일 공사관의 스위스인 기사가 설계했다고 한다. 공사비는 주로 기부금으로 충당했고, 1896년 11월에 착공하여 1897년에 완공했다.

4) 만민 공동회와 관민 공동회 개최

윤치호(1866년~1845년)

 1898년 3월 10일 독립 협회는 러시아의 내정 간섭의 부당성을 알리기 위해 근대적 민중 대회인 만민 공동회를 종로 네거리에서 열었다. 서재필·이상재·윤치호 등이 중심 인물이었지만 상인 출신 현덕호를 회장으로 선출하였다.

 만민 공동회에서 시민들은 외세에 의존하는 정치를 비판하고, 근대적인 의회 정치의 실시 등을 요구하는 건의를 상소문 형식으로 고종에게 올리기도 하였다. 점차 만민 공동회의 주장이 강해지자 이에 위협을 느낀 보수 정치 세력은 독립 협회 간부를 체포하고 해산시켰다.

 만민 공동회와 함께 윤치호·남궁억·정교가 주축을 이룬 관민 공동회도 개최되었다. 관민 공동회에는 시민들과 황제의 허락을 받은 정부 대신이 함께 참여하였는데, 1898년 10월 27일에는 4천여 명, 10월 29일에는 1만여 명이 넘을 정도로 호응이 대단하였다. 이 자리에서 중추원을 입헌 군주제 유형의 상원으로 개설하기로 합의하였다. 또 박정양 등의 정부 대신들을 합석시켜 헌의 6조를 채택하였다. 이어 1898년 11월 3일 관선(25명)과 민선(25명) 의원으로 구성된 중추원 신관제(상원 설립법)를 황제의 재가를 얻어 다음날 공포하였다.

 그러나 박정양을 대통령, 윤치호를 부통령으로 하는 공화정으로 국체를 바꾸려 한다는 익명서(익명서 사건은 뒷날 조병식이 꾸며낸 일로 판명됨)가 시내 곳곳에 나돌자 고종은 의회 설립을 취소하였다.

 정부는 독립 협회를 강제 해산시키려 했으나 그것이 어렵게 되자 황국 협회를 사주하여 보부상들이 만민 공동회를 습격하도록 했다. 보부상의 습격으로 만민 공동회 회원과 보부상 간에 다툼이 일어나게 되었고, 이를 빌미로 고종은 독립 협회를 강제 해산시켰다.

헌의 6조

1. 외국인에게 의지하지 말고 관리와 백성들이 마음과 힘을 함께 하여 전제 황권을 굳건히 한다.
2. 광산, 철도, 석탄, 산림 및 차관, 차병은 정부가, 외국인과 조약은 각 부의 대신들과 중추원 의장이 합동 서명하여 시행한다.
3. 전국의 재정은 어떤 세금이든지 막론하고 모두 탁지부에서 관할하고, 예산과 결산을 공포한다.
4. 중대한 범죄에 관계되는 것은 특별히 공판을 진행한다.
5. 칙임관은 대황제 폐하가 정부에 자문해서 과반수의 찬성에 따라 임명한다.
6. 규정을 실지로 시행한다.

5) 독립 협회 활동의 의의

독립 협회는 의회 설립을 통해 국민의 기본적 자유권과 정치적 참정권을 확보하려는 자유 민권 운동도 전개하였다. 아울러 민중의 힘을 배경으로 열강의 내정간섭과 이권을 배격하는 자주 국권 운동을 벌였다. 또한 민중을 개화 운동과 결합시켜 민중에 의한 자주적인 개혁을 추진하려는 자강 개혁 운동을 추진하였다.

이러한 의미에서 독립 협회의 활동은 자유 민권 사상, 자주 국권 사상, 자강 개혁 사상을 바탕으로 한 근대 국민 국가를 수립하려는 정치 개혁 운동이었다. 독립 협회 활동은 훗날 애국 계몽 운동과 항일 민족 운동에 큰 영향을 주었다.

그렇지만 독립 협회의 활동은 보수적 집권 세력의 탄압 등으로 그 성과에 한계도 있었다. 또 독립 협회 주도 세력들이 의병들을 나라 질서를 어지럽히는 존재로만 생각하여 근대 국가 수립을 위한 동반자로 여기지 않은 한계를 가지고 있었다.

서재필(미국 이름 : 필립 제이슨 1864년~1951년) 서재필은 갑신정변 실패 후 해외 망명길에 올랐다가 1895년 미국에서 귀국했다. 정부는 근대적 개혁에 필요한 식견을 얻고자 그에게 직위와 후한 월급을 주었다. 서재필은 정부의 자금으로 우리나라 최초의 한글 신문인 독립신문을 창간했고, 같은 해에는 독립 협회를 설립하여 나라의 자주권을 지키기 위해 노력했다. 그는 독립 협회가 정부의 탄압으로 해산되자 1898년 미국으로 다시 돌아갔다.

서재필 동상(서울 서대문 독립공원)

17 국권 수호 운동의 전개

갑오 동학 100주년 기념탑(전북 정읍)

1 동학 농민 운동

1) 동학 농민 운동의 배경

　조선은 흥선 대원군이 물러나고 민씨 정권이 들어서면서 정부 주도의 개화 정책을 추진하였다. 열강의 경제 침투와 국내 정치 혼란으로 농민층의 불안과 불만이 팽배해 갔다. 지배층이 여전히 농민을 수탈하는 가운데 더욱이 강화도 조약(1876년) 이후 일본 상인이 개항장을 통해 조선에서 쌀을 수입해 가고, 조선에 면제품을 수출하는 체제가 형성되면서, 곡물의 상품화로 인한 쌀값 폭등, 토지 가격의 상승 등으로 양반 지주와 관료 및 대상인들에게만 이익이 돌아가는 구조로 바뀌어 갔다. 이와 반대로 소농민·소상인·빈민층은 몰락하였다. 또 조·청 상민 수륙 무역 장정(1882년) 이후 청국 상인이 내륙 깊숙이 들어와 외국산 면사와 면직물을 팔면서 농촌 수공업은 붕괴되고 농촌 경제가 파탄에 이르렀다.

　이에 정치 의식과 사회 의식의 수준이 높아진 농촌 지식인과 농민들은 사회 변혁 욕구를 높여갔다. 인간 평등과 사회 개혁을 주장한 동학이 확산되어 갔던 것도 이러한 농민층의 위기감 고조에서 출발한 것이다.

2) 동학의 성장과 교조 신원 운동

　1860년 몰락 양반 최제우가 경주에서 동학을 창시하였다. 동학은 평등 사상과 사회 개혁 사상인 인내천과 후천 개벽의 교리를 내세우면서 경상도 일대로 퍼져나갔다. 이에 위기를 느낀 정부는 최제우를 '혹세무민'의 죄명으로 처형하였다(1864년). 제2대 교주 최시형은 『동경대전』과 『용담유사』 등을 간행하여 삼남 일대로 교세를 확장해 나갔다.

장내리 동학 취회지 (충북 보은)

　최시형을 중심으로 한 동학은 근대 종교에 걸맞게 교리와 교단 조직을 정비하였다. 동학은 포접제를 이용하여 농민 세력을 규합하였다. 교주 아래 몇 십 군데에 포를 두고, 그 포의 대접주 아래 여러 명의 접주를 두었다. 그 뒤 농민군의 지도자들은 스스로 동학 교단에 가입하여 접주나 포주가 됨으로써 농민군을 조직하고 동원하였다.

　동학은 『경국대전』에 보장된 신소(伸訴) 제도를 활용하여 교조 최제우의 원통함을 풀어 달라는 집단 시위 운동을 전개하였다(교조 신원 운동). 그들은 합법적인 청원 운동을 통해 동학을 공인받고자 하였던 것이다. 그리하여 동학도들은 삼례 집회(1892년 11월)를 열고, 이듬해에는 손병희 등 40여 명이 경복궁 광화문 앞에서 교조 신원을 상소하였다.

이어 교주 최시형은 보은 집회(1893년 3월)를 열었다. 보은 집회에는 20여 일에 걸쳐 무려 3만여 명이상이 모였다. 이 자리에서 동학교도들은 탐관오리의 숙청과 일본·서양 세력의 축출을 요구하였다 (척왜양창의 斥倭洋倡義). 보은 집회가 열리고 있을 무렵 전라도의 금구와 원평에도 동학 세력이 집결하였다. 이 중 원평 집회는 전봉준 등이 주도했는데 이들은 보은 집회에 참여한 세력과 연합하여 보은 집회를 종교적인 성격에서 정치적인 성격으로 전환시켰다.

3) 동학 농민 운동의 전개

전라도 고부에서 군수 조병갑이 농민들을 동원하여 만석보를 쌓고 수세를 강제 징수하는 사건이 일어난다. 이에 1894년 1월 전봉준이 사발통문을 돌린 후 1천여 명의 농민들을 이끌고 고부 관아를 공격하여 탐관오리를 축출하고, 창고를 열어 백성들에게 곡식을 나누어 주었다. 농민군은 억울하게 감옥에 있던 백성들을 풀어주고 만석보를 파괴하였다(고부 농민 봉기).

조선 정부는 조병갑 등 부패 관리를 처벌하고, 안핵사 이용태를 파견하여 사태를 조사하고 수습하였다. 이때 전봉준이 이끄는 주력 부대는 백산으로 이동하여 주둔하였는데(1894년 3월) 그는 정부에 대해 조병갑의 학정 시정, 외국 상인의 침투 금지 등 13개 조항의 요구 사항을 제시하였다. 그 뒤 전봉준은 정부가 보낸 신임 고부군수 박명원과 타협하여 해산하였다.

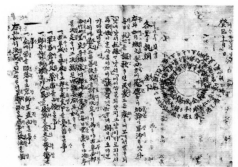

사발통문 1893년 11월 고부의 동학 교도들이 작성한 결의문이다. 고부와 전주성을 함락하고 서울로 진격하자는 내용을 담고 참가자 이름을 둥글게 적었다. 이는 주동자가 누구인지 모르게 하고, 함께 책임진다는 단결의 의미가 있다.

그런데 이용태가 모든 책임을 동학교도에게 전가하자 전봉준은 1894년 3월 하순 다시 인근 각지의 동학 접주에게 통문을 보내 봉기할 것을 호소하였다. 이에 호응하여 백산에 1만여 명의 동학 농민군이 집결하였는데 이것이 동학 농민 운동의 시작이었다(제1차 봉기).

전봉준 등 고부 봉기의 주동자들은 무장(고창의 옛

동학 혁명 백산 창의비 (전북 부안)

이름)으로 지역을 옮겨 그곳의 대접주인 손화중과 함께 다시 봉기하였다. 농민군은 백산에서 '보국안민'(나라를 돕고 백성을 편안하게 한다)과 '제폭구민'(폭정을 제거하고 백성을 구한다)의 창의문을 발표하였다. 이어 고부를 점령하였다. 백산에서 전봉준을 총대장으로, 김개남과 손화중을 총관령으로 선출한 뒤, 농민군의 4대 강령과 백산 격문을 발표하였다. 이 격문의 주요 내용은 탐관오리를 응징하고 외적을 내쫓는 것이었다.

1894년 4월 4일 동학 농민군은 부안을 점령하고 황토현에서 정부군을 격파하였다. 이 전투에서 승리한 농민군은 남하하여 정읍·고창을 점령하였다. 장성의 황룡촌 전투(1894년 4월 23일)에서는 홍계훈이 이끄는 정부군을 농민군이 격파하였는데, 여기에서 농민군이 신무기인 장태를 사용하였다. 황룡촌 전투는 전주성 입성의 계기가 된 전투였다. 이어 농민군은 무방비 상태였던 전주성에 전투 없이 입성하였다(1894년 4월 31일). 이로써 농민군이 전라도 일대를 장악하였다.

전주성 함락으로 다급해진 조선 정부는 청에 도움을 요청하였다. 톈진 조약에 의거 일본에 파병 사실을 통보한 이홍장은 군사 2천 8백 명을 아산에 급파하였다. 이처럼 청군이 아산만에 상륙하자(1894년 5월 5일) 곧이어 일본군도 인천에 상륙하였다(1894년 5월 6일). 요청하지도 않은 일본군의 진입에 위기감을 느낀 조선 정부는 청과 일본에게 개입 명분을 주지 않기 위해 농민군과 전주에서 화약을 맺고

장득진 외, 『참 한국사 이야기』 권4, 주류성, 2018, 60쪽, 전재

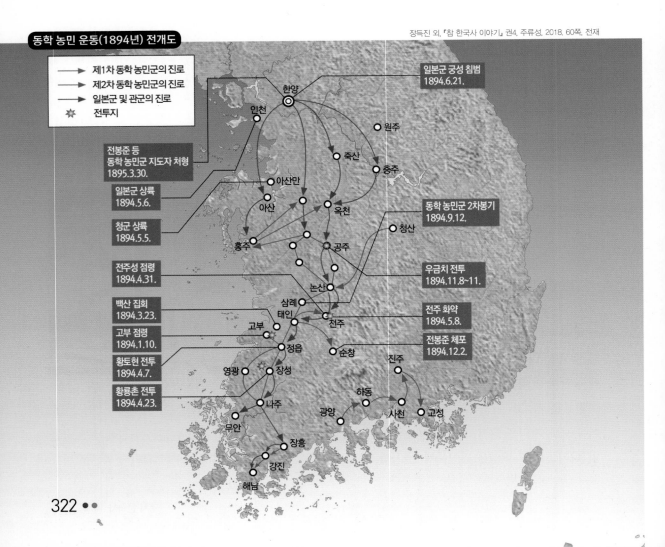

동학 농민 운동(1894년) 전개도

농민군의 요구 조건인 12개의 폐정 개혁을 약속하여 사태를 조기에 수습하려 하였다(전주 화약, 1894년 5월 8일).

농민군 역시 외세 개입의 빌미를 제공하지 않기 위해 자진 해산하였다. 전주 화약 후 동학 농민군은 전주성에서 철수하고 내정 개혁에 착수하였다. 농민군은 호남 지방의 각 군현에 농민 자치 기구로 집강소를 설치하였다. 이것은 농민군이 1894년 2월 무장 봉기 이래 점령지 군현을 지속적으로 장악하고 그곳의 행정을 처리하려고 접주나 접사(接司)를 둔 데서 비롯되었다.

각 고을의 관아에 설치된 집강소에는 1인의 집강 아래 서기·성찰·집사·동몽 등 임원을 두어 각 지방의 대민 행정 업무를 처리하였다. 각 군현에는 비록 군수나 현령·현감 등의 지방관이 있었지만, 농민군이 호남 일대를 장악한 상태에서 지방관의 지위는 형식적인 것에 불과했고 집강소가 사실상 지방 행정을 좌우하였다.

조선 정부는 동학 농민군과 전주 화약을 체결한 뒤 교정청을 설치하였다. 이를 통해 정부는 자주적 개혁에 착수하고 아울러 청과 일본에 군대 동시 철수를 요구하였다. 이때 전봉준은 대원군이 섭정하고, 청·일 양국이 전쟁을 일으켰다는 소식을 듣자, 폐정 개혁을 논할 때가 아니라 항일 투쟁을 벌일 때가 왔다고 판단하였다. 그리하여 1894년 9월에 전봉준은 전주에서, 손화중은 광주에서 궐기하였으며, 호남·호서의 동학교도와 농민이 일제히 들고 일어났다. 전봉준은 전주 삼례를 동학군의 근거지로 삼고 대군을 인솔하여 공주로 향하였다(제2차 봉기).

1894년 10월 전봉준의 10만 호남군과 손병희의 10만 호서군은 관군과 일본 연합군을 공격하여 혈전을 벌였다. 그런데 신식 무기로 무장한 일본군의 화력에 밀린 동학군이 우금치에서 패하여(1894년 11월) 논산·금구·태인 등으로 퇴각하였다. 전봉준은 밀고로 순창에서 체포되어(1894년 12월) 서울에서 처형되었다(1895년 3월). 이어 김개남·손화중이 체포되어 처형되었다. 이로써 동학 농민 운동은 막을 내렸다.

폐정 개혁 12개조

1. 동학도는 정부와의 원한을 씻고 모든 행정에 협력한다.
2. 탐관오리는 그 죄상을 조사하여 엄히 처벌한다.
3. 횡포한 부호를 엄히 다스린다.
4. 불량한 유림과 양반의 무리를 징벌한다.
5. 노비 문서는 불태워 버린다.
6. 7종의 천인 차별을 개선하고, 백정이 쓰는 평량갓을 없앤다.
7. 청상과부의 재가를 허용한다.
8. 무명의 잡세는 모두 폐지한다.
9. 관리 채용에는 지벌을 타파하고 인재를 등용한다.
10. 왜와 몰래 내통하는 자는 엄히 다스린다.
11. 공사채를 막론하고 기왕의 것은 모두 무효로 한다.
12. 토지는 균등하게 나누어 경작한다.

원평 집강소(전북 김제) 전주 화약 이후 집강소가 설치된 53개 군현 가운데 하나이다.

잡혀가는 전봉준 한양의 일본 영사관에서 재판을 받기 위해 법부아문으로 압송되는 장면이다. 재판 결과 사형선고를 받고 교수형에 처해졌다(1895.3.30).

4) 동학 농민 운동의 의의와 한계

동학 농민 운동은 산발적인 민란 형태로 시작하였다가 조직적인 농민 전쟁으로 발전하였다. 동학 농민 운동은 농민층이 중심이 되어 국내 정치의 모순을 바로잡고, 외세의 침략을 자주적으로 물리치려 했던 아래로부터의 반봉건적·반침략적 민족 운동이었다. 비록 집권 세력과 일본의 탄압으로 실패하였지만, 이들의 요구는 신분제 사회의 붕괴를 촉진한 개혁 운동의 추진력으로 작용하여 제1차 갑오개혁에 일부 반영되는 성과를 올렸다.

그리고 동학 농민군의 잔여 세력이 활빈당 등에 가담하여 투쟁하거나 을미의병에 가담하여 항일 의병 투쟁으로 이어지게 한 점도 긍정적으로 평가할 수 있다.

2 항일 의병 운동

1) 을미의병(1895년)

1894년 6월 일본군은 청·일 전쟁에서 승기를 잡자, 곧바로 경복궁을 침입하였다. 이 사건이 동기가 되어 그해 8월 안동에서 서상철이 의병을 일으켰다. 이듬해에는 평안도 상원에서 김원교도 의병을 일으켰고, 을미사변 직후에는 유성에서 문석봉이 거병하였다. 그러다가 을미개혁으로 단발령이 발표되자 의병은 전국적으로 확대되었다.

당시 의병은 충청도 제천(유인석·서상열), 홍주(김복한), 강원도 춘천(이소응), 강릉(민용호), 경기도 이천·여주(박준영), 경상도 선산(허위), 산청(곽종석), 문경(이강년), 전라도 장성(기우만·이춘영) 등 전국적인 분포를 보이고 있다. 특히 한 때 3천여 명이 넘었던 유인석의 의병 부대는 제천·충주·단양·원주 등지를 중심으로 기세를 떨쳤다. 또 무과 출신으로 구식 군대의 맹장이었던 이강년은 1908년 죽기에 앞서 '고결 팔역 동지(告訣八域同志)'라는 글을 남겼다.

　의병들은 친일적인 갑오정권 타도와 일본군 수비대 공격을 주요 목표로 삼았다. 따라서 을미의병은 주로 위정척사 사상을 가진 양반 유생들이 주도하고, 여기에 동학 농민 운동에서 참여했던 일부 농민군의 잔여 세력이 가담하였다. 을미의병에 가담했던 농민군은 의병이 해산한 후에도 영학당과 활빈당 등의 이름으로 농민군 집단을 형성하여 저항 운동을 계속하였다.

　이러한 의병들은 고종의 아관 파천 후 친일 내각 붕괴, 단발령 철회, 고종의 해산 권고 조칙 등으로 대부분 해산했다. 그러나 고종의 해산 조칙을 거부한 일부 의병 부대는 만주로 건너가 독립 운동을 준비하였다.

유인석(1842년~1915년) 을미사변 이전부터 개항 및 개화 정책에 대해 반대 운동을 해오던 유인석은 을미사변과 단발령을 계기로 의병을 일으켜 일제에 본격적으로 대항하기 시작했다. 한때 3천여 명의 의병을 지휘하던 유인석은 국내 의병 운동이 실패로 돌아간 뒤에도 연해주와 간도에서 죽기 직전까지 일제에 대항하여 투쟁했다.

2) 을사의병(1905년)

(1) 러ㆍ일 전쟁의 발발

　1904년 2월 8일 밤 일본군의 여순 기습 공격으로 러ㆍ일 전쟁이 시작되었다. 일본은 다음날 인천 앞바다에 있던 두 척의 러시아 군함을 격침시키고 10일 선전포고를 하였다. 일본은 여순을 함락시키고 봉천 전투에서 이겨서 사실상 육전에서 승리를 하였으나, 전쟁이 장기화되자 경제적 어려움이 따랐다. 러시아도 국내에서 혁명이 일어나 더 이상 전투를 계속할 수 없는 상황이었다. 그런 가운데 일본은 대마도 해전에서 러시아의 발틱 함대를 격파하여 결정적인 승기를 잡았다.

　대마도 해전 직후 일본은 미국에 전쟁 종료의 중재를 의뢰했고, 국제 정세도 전쟁을 끝낼 것을 강력히 촉구하였다. 러ㆍ일 양국은 1905년 6월 미국 대통령 루스벨트의 평화 제의를 수락한 뒤 협상을 하여 포츠머스 조약을 성립시켰다. 결국 이 전쟁에서 일본은 한국은 물론이고 남만주까지 일본의 영향력을 확대해 갔다.

(2) 을사늑약 체결과 통감부 설치

　러ㆍ일 전쟁에서 승리한 일본은 본격적으로 조선 침략을 추진하였다. 러시아와 포츠머스 조약을 체결하여 한반도에 대한 지배권을 국제적으로 인정받았다. 이미 일본은 1905년 7월 미국과 가쓰라ㆍ태프트 밀약을 맺어 한국에 대한 우위권을 사전에 묵인 받았으며, 8월 12일에는 영국과 제2차 영ㆍ일 동맹을 체결하여 양해를 받았다. 8월 22일에는 조선과 제1차 한ㆍ일 협약(한일 외국인 고문 용빙에 관한 협정서)을 체결하여 일본인 재정 고문과 외교 고문을 두기로 합의하였다.

　이어 일본은 11월에 이토 히로부미를 한국에 파견하여 제2차 한ㆍ일 협약안을 한국 정부에 제출하였다.

이윽고 일본군이 궁궐 주변과 서울 시내에서 무력시위를 벌이고, 본회의장인 궁궐 안에도 중무장한 일본 헌병과 경찰을 배치하여 극도의 공포 분위기를 조성하였다. 헌병의 호위를 받으며 들어온 이토는 회의를 열고, 대신 한 사람 한 사람에 대하여 조약 체결에 관한 찬부를 물었다. 이 날 회의에 참석한 대신은 한규설(참정), 민영기(탁지부), 이하영 (법부), 이완용(학부), 이근택(군부), 이지용

덕수궁 중명전 (서울 중구) 을사늑약 체결(1905년) 장소

(내부), 박제순(외부), 권중현(농상공부) 등이었다. 한규설과 민영기는 조약 체결에 적극 반대하고, 이하영과 권중현은 소극적인 반대 의견을 내다가 권중현은 나중에 찬의를 표하였다. 끝내 이 조약은 국왕의 허가 없이 불법 체결되었다. 이를 통상 제2차 한·일 협약이라고 하는데 이것을 을사늑약이라고도 부른다.

일제는 1906년 2월 서울에 조선의 외교 사무를 관장하기 위한 기구로 통감부를 설치하고, 이토 히로부미를 초대 통감으로 임명하였다. 통감부는 외교뿐만 아니라 내정까지도 우리 정부에 직접 요구하고 집행할 수 있는 권한을 가졌다.

(3) 을사의병의 항일 운동

러·일 전쟁과 을사늑약 체결을 통해 일본은 대한 제국을 식민지로 삼을 침략 정책을 구체화하였다. 이에 의병이 다시 일어나 을사늑약에 반대하는 무장 투쟁을 전개하였다. 이때의 의병은 늑약 반대와 친일 내각 타도를 목표로 하는 반침략 노선을 가졌다. 의병은 강원(원용팔), 경기(이문호), 전북(최익현·임병찬·양한규), 전남(백낙구·고광순·양회일), 충청(민종식), 경상(신돌석·정용기·이현규·유시연), 황해(이진룡) 등 전국 각지에서 일어났다.

이미 을사늑약 2개월 전에 강원도 원주에서 원용팔 부대가 거병하였고, 이어 경기·강원·충청·경상 일대에서 소규모 의병이 일어났다. 그런데 을사늑약 후 관직에서 물러난 민종식은 1906년 3월 충청 홍주에서 이세영 등과 합세하여 홍주성 점령 후 일본군 부대와 대치하였다. 경상도의 정용기는 고종의 밀칙을 받은 아버지의 뜻에 따라 경상도 영천에서 600여 명으로 의병을 편성하고, 청하·청송 지방에서 활약했다. 유학자 출신 최익현은 1906년 4월 전북 태인에서 '포고 팔도 사민 격문'을 발표하고 제자 임병찬과 함께 거병하였다. 최익현은 태인 관아를 점령하고 순창에 입성하여 관군과 대치하였으나 붙잡혀 1907년 1월 일본 대마도 섬으로 끌려가 그곳에서 순국하였다.

을사의병이 본격화 하면서 평민 출신 의병장이 등장하였다. 평민 출신 의병장 중 가장 눈부신 활약을 한 인물은 신돌석이었다. 신돌석은 1906년 3월 의병을 일으켜 경상도와 강원도 접경에 있는 일월산

신돌석(申乭石, 1878년~1908년) 1895년 을미의병 당시 19세의 젊은 나이로 100여 명의 의병을 이끌고 거사를 일으킨 신돌석은 1905년 을사의병이 일어나자 이듬해 3월 재차 의병 운동을 전개했다. 이때 그의 의병 부대는 3,000여 명에 육박할 정도로 그 규모가 커졌다. 그는 의병 운동을 통해 일제에 저항하며 여러 차례 전투에서 큰 공을 세웠지만, 1907년 정미의병 당시 13도 창의군 부대 편성에서는 평민 의병장 출신이라는 이유로 제외되기도 했다.

최익현(1833년~1906년) 전통적인 유생층의 대표 주자라 할 수 있는 최익현은 1873년 상소문을 올려 흥선 대원군이 정치 일선에서 물러나도록 한 인물이다. 개항과 개화 정책을 결사적으로 반대하던 그는 을미사변이 일어나자 의병 운동을 일으키기도 했다. 그는 을사늑약 이후에도 의병 운동을 일으켰는데 당시 그의 나이 74세였다. 의병 운동이 실패로 돌아간 뒤 일본 땅인 대마도로 압송된 그는 적이 주는 음식은 먹을 수 없다고 하며 단식하다가 끝내 순국하고 말았다.

신돌석 생가(경북 영덕)

을 거점으로 평해·울진 등지에서 활약했다.

이전의 을미의병이 위정척사의 입장이나 성리학적 명분론을 내세웠던 것과 비교할 때, 을사의병은 상소와 시위 형태의 활동을 지양하고, 포수와 포군을 주력으로 한 전투 부대로 편제하여 일본군 주둔지와 일본인 거류지의 통신 시설을 공격하는 등 적극적인 의병투쟁을 벌였다. 더 나아가 을사의병은 제국주의 국가들의 침략을 만국 공법과 외교 절차 등의 수준에서 해결하려는 노력을 보였다는 점에서 한걸음 진전된 모습을 보였다.

3) 정미의병(1907년)

(1) 헤이그 특사 파견

1907년 고종은 네덜란드 헤이그에서 만국평화회의가 열리자 특사를 파견하여 을사늑약[제2차 한·일 협약, 을사조약]이 무효임을 국제 사회에 알리고자 하였다. 이준·이상설·이위종은 헤이그에 도착하여 만국평화회의 의장에게 고종의 친서와 신임장을 전달하고 공식적인 한국 대표로서 회의 참석을 요청하였다.

네덜란드 헤이그에 도착한 특사 일행은 먼저 평화회의에 공식적으로 한국 대표의 자격으로 참석하기 위해 만국평화회의 의장을 방문해 도움을 청하였으나, 의장은 형식상의 초청국인 네덜란드에 그 책임을 미루었다. 하지만 네덜란드 정부는 각국 정부가 이미 을사늑약을 승인한 이상 한국 정부의 자주적인 외교권을 인정할 수가 없다는 이유를 들어 회의 참석과 발언권을 거부했다.

회의에 참석하지 못한 특사 3인은 네덜란드 신문사의 주선으로 국제 사회에 호소할 기회를 얻었고, 여기서 외국어에 능통한 이위종이 세계 언론인들에게 '코리아의 호소(A Plea for Korea)'라는 주제로 연설을 하여 세계 각국의 주목을 받기도 하였으나, 구체적인 성과를 얻지는 못했다. 이준 열사는 통분을 이기지 못하고 그곳에서 순국했다.

헤이그 특사. 왼쪽부터 이준, 이상설, 이위종

헤이그 특사 기념관(네덜란드 헤이그)

(2) 정미의병의 항일 운동

헤이그 특사 사건 후 일본은 고종을 강제로 퇴위시키고 정미7조약을 체결한 뒤 군대를 해산하였다. 당시 시위대 대대장인 박승환은 군대 해산에 항의하여 자결하였다. 이에 시위대 소속 군인들이 봉기하여 일본군과 시가전을 벌였다. 정미7조약과 군대해산에 저항하여 전국 각지에서 의병이 거병하였는데, 이를 정미의병이라 한다. 정미의병은 해산 당한 군인이 항일 투쟁에 합류하면서 의병 조직과

의병의 모습 다양한 복장의 의병이 있었음을 알 수 있다.

화력이 강화되었다. 의병의 성격도 군인들의 참가로 의병 운동에서 의병 전쟁 형태로 발전하면서 일본과 전면전 성격의 대일 항전으로 발전하였다.

시위대와 각 지방의 진위대 등 해산 군인이 의병에 합류하자 우수 지휘관과 신식 무기 공급으로 의병의 전술과 화력이 강화되었다. 해산 군대 중 원주 진위대(김덕제·민긍호)와 강화 분견대(지홍윤·유명규)의 투쟁이 가장 치열하였다. 포수였던 홍범도는 당시 의병 운동에 고무되어 있었는데, 일제가 총을 회수하자 11월 차도선 등과 함께 함경도 산수와 갑산 등에서 유격전을 벌여 일본군을 격파하였다.

의병 부대가 일본군과 전투를 계속하는 과정에서 서울에서 일본군 축출 주장이 일어나, 각지의 의병

부대가 연합하여 서울 진공 작전을 계획하였다. 1907년 의병은 연합 부대를 형성하여 서울 진공 작전을 시도하였다. 그해 겨울 전국 각지에서 경기도 양주로 1만 여 명의 의병이 모여들었다(해산된 군인 3천 명 포함). 이들은 의병 연합 부대인 13도 창의군을 결성하고, 이인영을 총대장으로, 허위를 군사장으로 추대하였다. 이어 13도 창의군은 서울 주재 영사관에 서신을 보내 대한 제국의 의병을 국제법상 교권 단체로 승인해 줄 것을 정식 요청하였다.

13도 창의군은 군사장 허위를 선봉으로 300명의 선발대가 서울을 향해 진격하였다. 이들은 동대문 밖 30리 지점까지 이르러 전투를 벌였다. 후속 부대가 미처 도착하지 못한 상태에서 일본군의 선제 공격과 우세한 화력에 밀려 더 이상 전진하지 못하였다. 그러던 중 총대장 이인영이 부친상을 당하자 불효는 불충이라고 하면서 낙향하여 작전은 좌절되었다.

1908~1909년은 전국적으로 의병 투쟁이 가장 치열했던 시기였는데, 그 중에서도 전라도 지역에서 가장 활발하게 전개되었다. 1909년 전라도에서 전해산·심남일 등이 연합 작전을 벌였다. 이 외에도 홍범도 부대(함경도)와 채응언 부대(평안도) 등도 있었다. 그 가운데 호남 의병은 민중의 폭넓은 지원을 받으면서 유격전을 벌였다. 그들의 끈질기고 강력한 저항으로 일본군 주력 부대를 호남이라는 한 지역에 묶어 둘 수 있었다. 그것이 다른 지역의 의병 활동을 간접 지원하는 역할을 하였다. 일제는 대한 제

13도 창의군 기념탑(서울 노원)
서울 망우리 공원 입구에 있다.

체포된 의병장들 일제는 호남 지방 의병들의 끈질긴 저항을 없애기 위해 1909년 9월부터 2개월 동안 이른바 '남한 대토벌 작전'을 벌여 수많은 의병들을 살해하거나 체포했다.

국을 완전히 병합하기 위해서는 호남 의병을 없애는 일이 시급하다고 판단하고 대대적인 공격에 나선 이른바 '남한 대토벌 작전'을 전개하게 되었다.

이밖에 1908년 초반 활동을 개시한 홍범도 부대는 산수 · 갑산 · 단천 · 함흥 등지를 무대로 1909년까지 활동하였다. 그들은 만주와 연해주 지역으로 이동하여 의병 전쟁을 지속하였다. 평안도의 채응언 부대도 1907~1911년에 200여 명의 병력으로 활동했으며, 1915년 체포될 때까지 계속 투쟁하였다.

이 무렵 의병의 특징은 전면적인 민족 전쟁으로 발전해 있었다. 평민과 군인 출신 의병장의 수가 양반 유생 출신 의병장을 능가하였다. 농민 · 노동자 · 광부 등 전 계층에서 의병에 참여하였다. 1907년 이후 서울을 중심으로 경기 · 황해 · 충청 · 강원 · 경상 · 전남 · 전북 · 함경 지역까지 확대되었다.

체포된 의병장 채응언(1879년~1915년) 채응언은 대한 제국 군인으로 복무하다가 1907년 군대가 해산되자 의병을 일으켜 경기 · 강원 · 황해 · 평안 · 함경도 등지에서 일본군과 무력 항쟁을 전개하여 명성을 떨쳤다. 최후의 의병장으로 불리던 채응언은 항일 유격전을 벌이다가 일본 경찰에게 체포되어 평양 형무소에서 순국했다(1915.10).

항일 의병 전쟁은 전국을 활동 범위로 하면서, 폭넓은 사회 계층이 자발적으로 참여한 구국 민족 운동이었다. 항일 의병 부대는 각계 각층이 참여하여 전국 도처에서 항일 전쟁을 벌였으나 막강한 화력과 전술을 구사하는 일본 정규군을 제압할 수 없었다. 그 뿐만 아니라 을사늑약 이후에는 외교권 마저 상실하여 국제적 지원도 기대할 수 없는 처지였다.

그럼에도 국내외에서 침략의 원흉과 매국노를 처단하여 민족의 원한을 풀고 침략을 막으려 했던 의사 · 열사의 의거 활동이 이어졌다. 민영환, 조병세, 이한응 등은 자결로써 을사늑약 체결에 항거하였다. 장지연은 황성신문에 '시일야 방성 대곡' 이라는 논설을 발표하여 일제 국권 피탈을 폭로하였고, 나철, 오기호는 적 암살단을 조직하였다(1907년). 1908년 2월에는 이재명이 이완용을 칼로 찔러 중상을 입혔다. 1908년 3월에는 전명운과 장인환이 미국 샌프란시스코에서 일본이 임명한 외교 고문 스티븐스를 사살하였다. 이것은 스티븐스가 '일본의 한국 지배가 한국에게 유익하다'는 제목의 친일 성명서를 발표하면서 왜곡 선전한 것에 대한 보복이었다.

한편 의병장으로 활약하던 안중근은 1909년 10월 한국 침략의 원흉인 이토 히로부미를 만주 하얼빈 역에서 사살하였다.

3 애국 계몽 운동

1) 애국 계몽 단체의 설립과 의의

애국 계몽 운동은 실력 양성을 통한 국권 회복 운동이었다. 이 운동의 기본 전략은 일본의 침략에 맞서 국내에서는 백성들의 힘을 기르기 위해 실력을 키우고, 국외에서는 무관 학교를 설립하여 독립군 기지를 통해 독립군을 양성해 실력을 갖추자는 것이었다. 이로써 독립 의식을 고취하고, 근대 의식을 깨우치며, 민족 운동의 기반을 마련해 나갈 수 있는 역량을 키울 수 있다는 것이었다.

그런데 당시의 애국 계몽 운동가들은 국제 관계를 약육강식과 적자생존의 원리로 파악하는 사회 진화론에서 벗어나지는 못하는 한계도 있었다. 심지어 애국 계몽 단체의 고문에 일본인을 두거나 친일 단체인 일진회와 유착 관계를 유지한 사례도 있었다. 심지어 애국 계몽 운동가들은 항일 의병 전쟁을 완고하고 세상 물정을 모르는 사람들의 비문명적 폭력으로 비난하기도 하였다.

오산 학교 설립(평북 정주, 1907년)

2) 정치 활동의 전개

(1) 보안회와 헌정 연구회

1904년 러·일 전쟁 무렵 보안회가 창설되었다. 보안회는 일제가 한국의 황무지 개간권을 빼앗아간 것에 반대하여 만든 단체로, 여기에서 보안회란 보국안민(輔國安民)을 뜻하는 것이다. 이 단체 회원들은 서울 종로 백목전에 모여 공개 연설회를 열고 일본에 항의했다. 보안회의 황무지 개간권 반대는 점차 일반 백성까지 동조하게 되었고, 결국 일제는 황무지 개간권 요구를 포기하였다. 보안회는 그 뒤 협동회로 개칭되었다가 일제의 압력으로 해산되었다.

1905년 5월에는 헌정 연구회가 창립되었다. 공진회 창립(1904년 12월)을 주도하였던 윤효정 등이 공진회가 해산되자, 헌정 연구회를 설립하였다. 입헌 정치 체제의 수립을 주장한 이 단체는 국민의 정치 의식 고취와 민권 확대를 추구하였으며, 친일 단체인 일진회의 반민족 행위를 규탄하였다. 일진회에 대항하다 통감부에 의해 해산된 뒤 대한 자강회로 개편되었다.

(2) 대한 자강회

대한 자강회는 을사늑약의 강제 체결로 헌정 연구회가 해산되자 1906년 4월 장지연·윤효정·심의성·김상범 등이 새롭게 조직한 단체였다. 이 단체는 독립의 기초를 마련하고자 교육을 진흥하고 생산을 늘리며 산업을 일으키는 것을 목표로 삼고, 대한자강회월보 간행과 지회 설치 등 국권 회복을 위한 국민 계몽에 이바지하였다.

대한 자강회는 일본의 고종 강제 퇴위에 맞서 고종 황제의 양위를 반대하는 투쟁과 함께 연설회 개최 등 대중 계몽 운동을 전개하였다. 또 대한 자강회는 의무 교육 실시, 봉건적 폐습 금지, 단발과 색깔 있는(유색) 복장의 착용 등을 정부에 건의하기도 하였다. 국채 보상 운동 이후 대한 자강회가 적극적으로 현실 정치에 참여하는 움직임을 보이자, 일제는 보안법을 만들고 대한 자강회를 해산시켰다. 이 단체의 주도층은 1907년 11월 대한 협회를 조직하여 국민 계몽 활동을 이어갔다.

(3) 대한 협회

1907년 11월 대한 협회가 창립되었다. 윤효정·장지연 등이 천도교 계열의 권동진·오세창 등과 제휴하여 이 단체를 만들었다. 대한 협회의 강령은 ① 교육 보급, ② 산업 개발, ③ 생명과 재산의 보호, ④ 행정 제도 개선, ⑤ 관민 폐습(官民弊習)의 교정, ⑥ 근면 저축의 실행, ⑦ 권리·의무·책임·복종 사상의 고취라는 7개 항목으로 되어 있었다. 교육과 식산(경제)만을 강조했던 대한 자강회보다는 대한 협회가 정치 활동의 공간을 더 넓혔다. 대한협회보와 대한민보를 발행하고, 학교 설립과 실업부 설치를 추진했다.

그렇지만 이 단체는 회장 윤효정이 이토 히로부미를 '조선의 행복을 증진할 인물'이라 극찬할 정도로 친일적 색채가 뚜렷하였다. 1910년 한·일 병합 때는 일진회와 그 공로를 놓고 다투는 일도 있었다. 1910년 9월 일제의 해산 명령으로 해체되었다.

(4) 신민회

1907년 항일 비밀 단체로 신민회가 설립되었다. '신민(新民)'은 새로운 시대와 새로운 국민을 지향한다는 의미를 담고 있다. 구성원은 대한매일신보 계열(양기탁·신채호·임치정), 상동 교회와 청년 학원 세력(전덕기·김구·이동녕), 무관 출신(이동휘·이갑·노백린), 민족 자본가 집단(이승훈·안태국), 미주의 공립 협회 집단(안창호·이강) 등 사회 각계각층의 인사로 이루어졌다.

신민회의 창립 목적과 취지는 ① 국권을 회복하여 자유 독립국을 세우고, 정치 체제는 공화정으로 하며, ② 국권 회복에 필요한 '실력 양성'에 힘쓰고, ③ 실력 양성을 위해 국민을 새롭게 하며, ④ 신민은 반드시 자기 스스로의 힘으로 하는 '자신(自新)'이어야 한다는 것이었다.

신민회는 '선독립 후실력 양성'에 목표를 두고 4대 강령을 만들어 실천하고자 하였다.

신민회는 문화·경제적으로 실력을 키우고자 민족 교육·경제·문화 운동을 펼쳤다. 민족 교육으로는 대성 학교(평양, 안창호)와 오산 학교(정주, 이승훈)를 세워 새로운 교육과 사상을 보급하였다. 민족 경제를 육성하고자 자기 회사(서울·평양·대구), 태극 서관(교과서와 출판물 보급), 협성동사, 상무동사, 방직공장, 연초(담배) 공장 건설 운동을 모범 농촌 건설을 계획하였다. 계몽 운동을 위한 합법 단체로는 안창호가 1913년 설립한 흥사단이, 비합적 단체로는 대동 청년단이 있었다.

대외적으로는 독립군 기지 건설을 통해 군사력 양성을 추진하였다(독립 전쟁론). 만주 지역의 한흥동·삼원보 등지와 연해주 지역의 신한촌 등지에 독립군 양성 기지를 건설하였고, 만주 지역에 신흥 무관 학교·동림 무관 학교·밀산 무관 학교 등을 세웠다. 신민회는 당장 무력을 동원해서 독립 전쟁을 하자는 것이 아니라, 평시는 군대와 독립 기지 양성 등 독립 전쟁을 준비하다가 러시아와 일본 혹은 미국과 일본이 전쟁을 하면 그 기회를 이용하여 독립 전쟁을 전개하자고 주장하였다.

신민회(新民會)의 4대 강령

· 국민에게 민족 의식과 독립 사상을 고취한다.
· 동지를 발견·단합하고 국민 운동의 역량을 축적한다.
· 각종 상공업 기관을 만들어 단체의 재정과 국민의 부력을 증진한다.
· 교육 기관을 각지에 설치하여 청소년 교육을 진흥한다.

대성 학교(평양) 1908년 안창호가 세웠다.

105인 사건으로 잡혀가는 사람들

신흥 무관 학교 신흥 무관 학교는 항일 독립 운동 기지를 위해 신민회의 주도 하에 1911년 만주의 서간도 지역에 설립한 신흥 강습소에서 출발했다. 1919년 3·1 운동 이후 많은 청년들이 찾아오면서 기존 시설만으로 이들을 수용할 수 없게 되자 본부를 옮기면서 신흥 무관 학교로 명칭을 바꿨다. 신흥 무관 학교는 약 2천여 명의 졸업생을 배출했는데, 이들은 홍범도와 김좌진 장군의 부대에서 중심적인 역할을 하기도 했다.

그런데 1910년 일제는 무관학교 설립을 위해 자금을 모으던 안영근을 체포해 이를 '데라우치 총독 암살 군자금으로 날조하여 관련 인물들을 대거 검거하였다(안악사건)'을 신민회가 조종했다고 조작하였다. 1911년 9월 일제는 신민회 회원 등 지도자 700여 명을 검거하였다. 이어 1912년에는 윤치호·양기탁·이승훈 등 600여 명의 신민회 회원을 검거하고 그 중 105인을 기소하였다(105인 사건). 이에 타격을 입은 신민회는 와해되었다. 이후 신민회 회원들은 3·1 운동을 이끌며 대한민국 임시 정부 등에 가담하는 등 항일 독립 운동을 이어갔다.

3) 교육·언론·출판 활동의 전개

서북학회와 기호흥학회는 사립학교와 야학·강습소를 설립하여 근대 교육과 국민 계몽, 민족 의식 고취 등을 통해 민족 운동가를 양성하려 하였다. 통감부는 한국민의 신교육 구국 운동의 열기에 놀라 1908년 8월 '사립학교령'을 제정하여 이를 탄압했다.

애국 계몽 운동가들은 전국 주요 도시에 중학교와 전문학교를 설립하여 소학교 출신 청년들에게 고등 교육을 시켰다. 이를 통해 고급 신지식으로 무장한 교사와 민족 간부를 양성하였다. 이때 양성된 교사들이 전국 각지에서 학교를 설립하고 청소년들에게 국권 회복의 이념과 목적에 적합한 구국 교육을 실시하였다.

대표적 언론 구국 운동은 신문(대한매일신보·황성신문·제국신문·만세보·대한민보 등)과 잡지(소년 등)와 학회보(學會報)를 중심으로 하여 전개되었다. 이 중에서 대한매일신보는 을사늑약의 부당성을 널리 알렸고, 황성신문은 을사늑약이 체결되자 장지연이 '시일야 방성 대곡'이라는 논설을 게재하여 정간당하기도 하였다. 제국신문은 일반 민중과 부녀층을 계몽하고 국권 회복 의식과 자주 독립 사상을 갖게 하는 데 크게 기여하였다.

일제는 신문지법을 제정하여 신문과 잡지를 탄압하였다. 가장 과감하게 일제의 침략 정책을 규탄한 것은 대한매일신보였다. 공식 사주가 영국인 베델이었던 이 신문은 통감부의 신문지법에 의한 검열을 거치지 않고 신문을 발행할 수 있었다. 신민회 창립 때(1907년 4월)부터 신민회 본부를 신문사 안에 몰래 설치하고, 신민회 기관지가 되어 각 부문 애국 계몽 운동을 적극 주도하고 지원했다.

4 영토 주권 운동

1) 간도

청나라는 백두산을 만주족의 발상지로 여기고, 북쪽 간도 일대를 봉금 지역으로 선포하여 사람들의 이주를 금지시켰다. 청은 봉금 지역의 남방 한계를 정하기 위해 조선에 국경선을 획정하자고 요구해 왔다. 이에 조선 정부 대표는 청나라 대표와 백두산 일대를 답사한 후 백두산 정계비를 건립하였다(숙종 38년, 1712년).

그런데 19세기에 들어 함경도민들이 두만강을 넘어 농사를 짓기 시작되면서 두 나라 사이에 백두산 정계비 내용의 해석을 놓고 국경 분쟁이 일어났다. 더욱이 청나라가 1881년부터 봉금 정책을 해제하고 간도 이주와 개간·농경을 장려하는 정책을 실시하자, 먼저 이주한 우리 농민과 청나라 사람 사이에 다툼이 자주 발생하였다.

그렇게 되자 조선과 청 사이에 간도 귀속 문제가 제기되었다. 청나라는 간도 개간 사업을 구실로 한 민족의 철수를 요구하였다. 이에 조선은 백두산 정계비의 토문강이 청의 주장처럼 두만강이 아니라 송화강 상류이므로, 간도는 조선 영토라고 주장하였다. 이 문제는 20세기 초까지도 계속되었다.

20세기 들어 대한 제국은 1902년에 이범윤을 북변 간도 시찰원에 임명하여 간도의 실태를 조사하고 간도 주민에 대한 직접적인 관할권 행사를 하도록 하였다. 을사늑약으로 외교권을 강탈한 일제는 1907년 조선 통감부 간도 파출소를 설치하여 간도가 조선의 영토임을 확인하였다. 그러나 1909년 갑자기 일본은 청과 간도 협약(1909년)을 맺고 간도를 청에 인도하고 말았다. 물론 그 대가로 일제는 안봉선 철도 부설권과 무순·연대의 탄광 등의 이익을 취하였다. 이로 인해 간도는 우리나라 영토 주권에서 멀어져 갔다.

백두산 정계비(白頭山定界碑)

1712년 숙종 때 조선과 청나라 사이에 백두산 일대의 국경선을 표시하기 위해 세운 비석이다. 1883년 비석을 다시 조사했는데 비석의 '서쪽의 압록과 동쪽의 토문을 분수령으로 삼는다.'는 내용에서 동쪽 경계로 삼은 '토문(土門)'에 대한 해석을 둘러싸고 조선과 청나라 사이에 의견이 엇갈렸다. 조선은 토문이 쑹화강의 한 부분이라며 백두산 이북 지역도 우리 영토라고 주장했고, 청나라는 토문이 두만강이라고 주장해 양측이 합의를 보지 못했다. 하지만 당시 백두산 북쪽 지역(간도 지역)에도 우리 민족이 많이 이주해 있었기 때문에 현실적으로는 조선 영토로 인정이 됐다. 그러나 1909년 일제가 청나라와 간도 협약을 맺고는 일방적으로 간도를 청나라에 팔아넘긴 것이다.

백두산 정계비(白頭山定界碑) 복원 모형

2) 독도

삼국 시대(512년) 이래 독도와 울릉도는 우리 영토였다. 그런데 임진왜란 이후인 17세기에 들어 일본인들이 이곳에 나타나 고기를 잡거나 벌목해갔다. 1613년(광해군 6년) 조선 조정에서는 대마도주에게 공문을 보내 일본인의 울릉도·독도 왕래를 단속하도록 요구했지만, 일본인의 침탈은 그 뒤로도 이어졌다.

조선과 일본의 어부들이 울릉도·독도 수역에 함께 출어하면서 충돌이 일어나곤 하였다. 특히 1693년(숙종 19년)에는 안용복과 박어둔을 중심으로 한 경상도(동래·울산)와 전라도(순천·고흥) 어부 40여 명이 울릉도에서 오타니 가문의 일본 어부들과 충돌하였다. 이 일로 일본에 잡혀간 안용복은 오히려 바쿠후로부터 독도가 조선의 영토임을 확인하는 서계를 받고 돌아왔다.

독도의 '한국령(韓國領)' 표식

1900년 10월 25일 대한 제국은 울릉도 군수의 담당 구역에 독도를 포함하는 칙령을 발표하였다(칙령 제 41호). 그런데 일본은 러·일 전쟁 도발 후인 1905년 2월 시마네현 고시로 독도를 일방적으로 그들의 영토로 편입하였다. 1906년 대한 제국 정부는 시마네현 사무관이 독도를 조사한 후 이를 울릉도 군수에게 통고함으로써 그 사실을 알게 되었다. 일본은 대한 제국의 외교권을 강탈한 뒤에야 이 사실을 드러내 대한 제국 정부의 항의를 차단하였던 것이다.

한국은 광복 후 독도를 되찾았다. 이승만 정부는 '인접 해양 주권에 대한 대통령 선언'(1952년)을 발표하였다. 그런데 일본은 6·25 전쟁의 혼란을 틈타 독도 침탈 행위를 이어갔다. 심지어 같은 해 8월에는 일본인들이 불법으로 독도에 상륙해, 시마네현 오키군 다케시마라고 쓴 표목(標木)을 독도에 세우는 등 계속해서 불법 행위를 저질렀다. 독도에 대한 일본의 불법 침탈 행위가 계속되자 민간에서는 독도 의용 수비대가 조직되어 일본의 불법 행위를 방어하였고, 곧 대한민국 정부는 일본의 터무니없는 독도 소유권 주장을 차단하고자 독도 근해 일본인들을 몰아낸 뒤, 일본 어선의 독도 근해 어로 작업을 금지시켰다.

독도 : 경상북도 울릉군 울릉읍 독도 이사부길 63, 서도 : 경상북도 울릉군 울릉읍 독도 이사부길 3

대한 제국 칙령 제 41호

울릉도(鬱陵島)를 울도(鬱島)로 개칭(改稱)하고 도감(島監)을 군수(郡守)로 개정한 건

제1조: 울릉도를 울도로 개칭하여 강원도에 부속하고 도감을 군수로 개정하여 관제 중(官制中)에 편입(編入)하고 군등(郡等)은 오등급으로 할 것.

제2조: 군청 위치는 태하동(台霞洞)으로 정하고 구역은 울릉 전도와 죽도(竹島), 석도(石島)를 관할할 것.

제6조: 본령은 반포일로부터 시행할 것.

광무 4년(1900) 10월 25일

*석도는 돌섬[독섬]을 한자로 표기한 것으로 독도를 가리킴

18 개항 이후의
사회 변화와
근대 문물의 수용

광혜원(서울 서대문구 연세대학교) 복원

1 열강의 경제 침탈

1) 일본의 경제 침탈

강화도 조약(1876년) 후 조선과 일본의 무역 거래가 급격히 늘어났다. 일본은 조선과 영사 재판권(치외법권), 일본 화폐 유통, 수출입 상품의 무관세, 양곡의 무제한 유출, 귀금속(금) 반출 등을 조약과 후속 조치에서 규정함으로써 일본 상인의 조선 시장 잠식을 묵인하는 결과를 초래하였다. 개항장 무역이 커지자 1883년 조선 정부는 감리서를 두어 거류지 관계 사무와 통상 사무를 담당하게 했다.

1870~1880년대 조선에서 일본으로 수출하는 물품은 대부분 쌀, 콩, 쇠가죽 등이었다. 조선의 대일 수입품은 면제품, 담배와 성냥, 자기 등이었는데, 면제품이 가장 큰 비중을 차지하였다. 일본은 영국산 면직물(키네킨)인 옥양목(玉洋木)을 들여와 조선에 유통시켰다. 그 뒤 청·일 전쟁을 계기로 영국산 면제품이 일본산 면제품으로 대체되어 대량 수입되었다. 이에 따라 조선의 전통적인 면직물 산업이 타격을 받았다.

반면 일본은 막대한 이윤을 남겼다. 특히 일본은 면제품 등을 들여와 조선의 미곡을 주로 가져갔다. 미곡 무역은 일본인의 이윤 창출에 지대한 영향을 주었다. 일본 상인들은 개항 초기 조선에서 쌀 1섬을 40전에 사서 일본에서 6원에 팔아 15배의 이윤을 남겼다. 일본 상인들은 조선을 기회의 땅으로 여겨 몰려들었다. 1875년 수십 명에 불과한 왜관 거주 일본인 거류민이 8년 만에 약 2천 5백여 명으로 늘어났다. 미곡의 대일 수출 증가로 조선 국내의 곡물 가격이 오르고 품귀 현상이 나타났다.

또 일본은 조선 식민지화의 기초 작업으로 토지에 관심을 기울였다. 개항 직후 일본인이 개항장 안의 토지를 빌려 쓰거나 고리대를 이용하여 빼앗는 일도 있었다. 청·일 전쟁 후 일본 자본가들이 한반도에 진출하여 전주·군산·나주 등에서 농장을 경영하였다. 러·일 전쟁 후 일제는 철도(경인선·경부선) 부지와 군용지, 황무지 개간, 역둔토 수용 등을 구실로 국유지를 빼앗고, 사유지는 조선 정부가 구매하여 무상으로 제공할 것을 강요하였다.

을사늑약(1905년) 후에는 통감부가 일본인 등 외국인이 한국에서 합법적으로 토지를 소유할 수 있는 길을 열었다. 그래서 1908년 동양 척식 주식회사는 국가 소유의 미개간지나 역둔토를 빼앗고, 그 토지

동양 척식 주식회사(전남 목포) 1908년 일제가 대한 제국의 토지와 자원을 수탈할 목적으로 설치한 식민지 착취 기관이다. 한국인들은 일제와 동양 척식 주식회사를 상대로 소작 쟁의를 벌이며 투쟁하기도 했고, 나석주 의사는 1926년 동양 척식 주식회사에 폭탄을 투척하는 의거를 벌이기도 했다.

를 한국 농민에게 소작을 주거나 한국으로 이주한 일본 농민에게 헐값으로 처분하게 하였다. 1910년 국권이 피탈될 무렵 한국 내 일본인 소유지가 무려 1억 5천만 평에 이르렀다.

일제는 재정 지배도 강화하였다. 1905년 일본인 재정 고문(메가타 다네타로)이 주도하여 화폐 정리 사업을 단행하였다. 그는 화폐 정리 사업을 통해 대한 제국의 화폐를 일본의 화폐 제도에 흡수·통합하였다. 이 과정에서 한국의 백동화를 일본 제일은행권 화폐로 교환하게 하였다. 백동화의 평가 절하로 수많은 조선인들은 막대한 피해를 입었으며, 조선인이 설립한 은행들도 파산하거나 일본 은행으로 흡수되고 말았다. 일제는 시설 개선 명목으로 조세 징수권과 해관세를 담보로 차관을 강요하여 대한 제국의 재정을 일본에 예속시켰다.

백동화(5전) 갑오개혁 때부터 사용됐고, 대한 제국 때 대량으로 만들어졌다. 가치는 당시 엽전의 25개에 해당한다고 한다.

2) 청의 경제 침탈

청 상인은 강화도 조약(1876년) 후 초기에는 조선 내 시장 점유율이 일본 상인들보다 상대적으로 뒤졌다. 그런데 임오군란 이후 청의 내정 간섭이 강화되면서 청 상인은 일본 상인과 조선 상권을 놓고 경쟁하기 시작하였다. 특히 조·청 상민 수륙 무역 장정(1882년) 체결 후 청 상인들이 개항장 밖 내륙까지 와서 무역을 하였다. 그러자 최혜국 규정에 따라 다른 나라 상인들도 내륙 진출을 요구하였다. 일본과 청 상인은 서울까지 직접 들어와 막대한 이익을 올리기 시작하였다. 거류지 무역으로 수출입 상품을 중개하면서 돈을 벌어왔던 국내 상인들은 청과 일본 상인의 내지 활동으로 큰 타격을 받았다.

서울의 경우 청 상인은 남대문과 수표교 일대를, 일본 상인은 진고개(현 충무로 일대)를 각각 장악하였다. 지방에서는 청 상인이 함경도와 평안도를, 일본 상인이 삼남 지방의 상권을 차지하였다. 1890년대 초가 되면 조선의 대청 수입액이 대일 수입액과 비슷하게 되었다. 청·일 전쟁 패배 후 청의 조선에 대한 정치적 영향력이 줄자 청 상인들은 조선 시장을 일본 상인에게 내주게 되었다.

3) 제국주의 열강의 경제 침탈

청·일 전쟁 후 제국주의 열강의 경제적 이권 침탈이 더욱 심화되었다. 아관 파천이 일어나 러시아가 이권 침탈을 강화하자 다른 제국주의 열강들도 최혜국 대우 규정을 내세워 조선 정부에 이권을 요구하였다. 이권 침탈 과정은 열강의 세력 균형을 바탕으로 이루어졌다. 특히, 철도와 전화 등 교통·통신과 광산과 산림 등 자원에 열강의 이권 침탈이 집중되었다. 이 밖에 은행 금융권, 관세 협정권, 해관 운영권, 해관 수세권, 연안 해운권, 어업권 등도 이권 침탈의 대상이었다.

경인선 철도 개통식 [1900년 11월 12일 남대문역 (현 서울역)] 광장에서 경인선 개통식이 열리고 있다.

철도 부설권은 일본이 독점하였다. 일본은 1899년 경인선(최초 철도, 미국에서 인수받아 일본 완성)을 시작으로, 경부선(1904년), 경원선(1914년), 경의선(1906년, 프랑스에서 인수받아 일본 완성)에 대한 부설권을 독차지하였다.

광산 채굴권은 여러 나라가 차지했다. 미국(운산·갑산), 영국(은산), 러시아(종성·경성), 일본(직산·송화), 독일(철원), 프랑스(창성)가 광산 채굴권을 나누어 가졌다. '노다지'라는 신조어를 만들어낸 운산(평북) 금광에서 미국이 1897년부터 1915년까지 채굴한 금액이 4,950만 환(원)에 이르렀다.

산림 채벌권은 러시아와 일본이 경쟁하였다. 러시아가 압록강·두만강·울릉도의 산림 채벌권을 차지했다. 러·일 전쟁 후 일제는 1908년에 산림법을 제정하여 1910년대 초에 총 임야 면적의 7분의 1에 해당하는 220만 정보의 산림을 빼앗아 갔다.

연안 어업권은 청과 일본이 침탈하였다. 1880년대에는 청이 황해도와 평안도 연안의 어업권을, 일본이 남해와 동해 연안의 어업권을 차지했다. 1900년대에는 일본 정부의 지원을 받은 일본 어민이 서해안 제염업과 어업권까지 침탈하여 한국 어장을 유린하였다.

2 경제 수호 운동의 전개

1) 방곡령 선포

개항 후 일본 상인은 농촌까지 침투하였다. 그들은 면직물과 성냥, 석유, 화장품 등 생활 용품을 팔고, 그 대신에 쌀과 콩, 쇠가죽 등 농축산물을 사갔다. 일본 상인의 조선 쌀 대량 구매로 국내의 쌀값이 오르고 식량이 모자라자 백성들의 원성이 높았다. 이에 지방관들이 사태 수습에 나섰다. 1889년 5월 황해도 관찰사 조병철이 처음으로 방곡령을 선포하였다. 10월 함경도 관찰사 조병식은 원산항을 통해 해외로 수출되는 콩의 유출을 1년 동안 금지하였다. 1890년 2월에는 황해도 관찰사 오준영이 일본 상인이 구입한 쌀 등 곡물을 황해도 밖으로 유출할 수 없게 하였다. 이것은 흉년을 맞은 일본에서 쌀값이 폭등할 것을 예상한 상인들이 다량의 곡물을 매입하였기 때문이었다. 일본은 통고를 늦게 받았다는 억지를 부려 방곡령 철회와 배상을 요구하였다. 조선 정부는 일본 정부의 항의에 굴복하여 배상금을 지불하고 방곡령을 철회하였다.

2) 상권과 이권 수호

　서울 상인과 독립 협회 등은 열강의 경제 침탈에 대항하여 상권 수호 운동을 전개하였다. 외국 상인들이 최혜국 대우 규정을 내세워 내륙 통상권을 요구하고 청·일 상인의 상권 침탈 경쟁이 치열해지면서 기존 조선 상인들의 상권이 침해당하였다. 서울의 시전과 육의전 상인을 비롯하여 객주와 여각, 보부상 등 국내 상인들이 몰락 위기에 몰리자 상권 수호 운동을 전개하였다.

　서울의 상권이 일본과 청 상인에게 넘어가자 수천 명에 달하는 서울 상인들이 철시를 하면서 외국 상점이 서울에서 물러날 것을 요구하였다. 그들은 황국 중앙 총상회를 조직하여 외국인의 불법적인 상업 활동을 그만두도록 요구하였다. 독립 협회도 독립신문을 통하여 황국 중앙 총상회의 상권 수호 운동을 지지하였다. 이에 정부는 전국 각지에서 조약을 위반한 외국 상인의 활동을 금지시키는 조치를 취하였다. 그렇지만 열강의 정치적 간섭과 정부의 미온적 태도로 실효를 거두지 못하였다. 황국 중앙 총상회는 정부의 무능을 비판하고 관민 공동회에 적극 참여하여 정부가 헌의 6조를 채택하도록 독립 협회와 협조하였다.

　독립 협회도 이권 수호 운동(1896~1898년)을 전개하여 러시아의 부산 절영도(석탄 저장기지 설치용) 조차 요구와 목포·진남포 부근 섬(군사 기지 건설용) 매도 요구를 저지하고, 한·러 은행 폐쇄도 관철시켰다. 이와 달리 미국·일본 등의 철도 부설과 광산 채굴 요구에 대해서는 독립 협회가 근대화를 위한 개발을 이유로 찬성하였다.

3) 민족 자본의 육성

　조선 정부는 열강의 경제 침탈에 대응하기 위해 상공업 육성 정책을 실시하였다. 조선 정부는 유학생과 견습생을 파견하여 서양 과학 기술을 배우게 하고, 근대 시설과 공장·회사 제도를 도입하면서, 방직업 분야의 근대화와 광공업 개발, 도로·항만 시설의 확충을 추진하였다.

　정부는 상업 자본의 성장에도 힘을 기울였다. 황국 중앙 총상회의 조직뿐만 아니라 개성 상인에게 종삼 회사를 설립하여 인삼의 재배와 판매를 주도하도록 하였다. 객주와 여각과 보부상 등 대다수 상인이 외국 상인의 경제 침탈로 상권을 빼앗기자 자본 축적에 성공한 일부 상인들은 상회사를 설립하도록 하였다. 그 밖에 자본가와

(구) 조선은행 군산 지점(전북 군산) 일제의 식민지배를 상징하는 대표적인 건물로 1923년 지어졌다. 현재는 근대건축관으로 활용하고 있다.

관료에게는 철도 회사와 해운회사를 세우도록 하여 민족 자본을 육성하고자 하였다.

정부는 산업 자본 성장에도 힘썼다. 관립 기업으로 직조국(1885년)을 두어 면제품 생산 기계를 도입하고, 대조선 저포 제사(1897년), 한성 직조 학교(1900년)를 설치했다. 민간 기업으로는 신민회가 주축이 되어 민족 자본 육성을 위한 평양 자기 회사를 설립했으며, 시전 상인 중심으로 종로 직조사, 대한 직조 공장, 한성 제직 회사를 세웠다.

정부는 금융 자본도 육성하였다. 일본 금융기관 침투와 일본인의 고리대금업 성행으로 조선인들이 어려워지자 은행을 설립하였다. 1896년 전 현직 관료들이 발기하고 주식을 공모하여 우리나라 최초의 근대은행인 조선은행을 세웠다. 조선은행은 민간 은행으로 국고 출납 업무를 대행하고 지방에 지점도 두었으나 경영난으로 1901년 문을 닫았다. 1897년에 창설된 한성은행(1943년 조흥은행으로 바뀜)은 대표적인 민족 계열 은행이었다. 1899년 대한 제국의 관료가 중심이 되어 설립한 대한 천일 은행도 있었다. 그러나 자금 부족과 운영 미숙, 일제의 화폐 정리 사업 등으로 대부분 몰락하거나 일본인 손에 넘어갔다.

4) 국채 보상 운동의 전개

국채 보상 운동은 사이에 일본에 부담해야 할 나랏빚을 국민 모금으로 상환할 목적으로 전개한 국권 회복 운동이었다. 일제는 대한 제국을 예속시키기 위해 시설 개선 사업 등의 명목으로 차관을 대한 제국에 억지로 떠맡겼는데, 그 액수가 무려 1,300만 원에 달했다.

1907년 김광제·서상돈 등 10여 명이 대구에서 일제에 빚진 국채 1,300만 원을 갚자는 격문을 돌렸다. 서상돈(출판사 광문사 부사장)의 발의로 김광제(광문사 사장) 등이 국채 보상 기성회를 조직하였다(1907년 2월 16일). 대한매일신보에 국채 보상 국민 대표 취지문을 발표하였고, 서울에도 국채 보상 기성회가 조직되었다. 대한 자강회 등 애국 계몽 단체와 각종 신문도 국민 동참을 호소하며 적극 지원하였다. 여성들은 반찬값을 절약하여 모은 돈이나 비녀와 가락지 등을 기부하였다. 일본 유학생과 미주와 노령의 교포도 의연금을 보내왔다. 일부 외국인과 심지어 고종 황제와 정부 대신도 동참하였다. 시작한지 석 달 만에 모금액이 20만 원에 달했다.

일제 통감부는 국채 보상 운동을 배일 운동으로 간주하여 탄압했다. 일제는 대한매일신보 발행인(영국인 베델)을 추방하려 했고, 1908년 모금 책임자 양기탁을 국채 보상금 횡령 혐의를 씌워 구속하였다. 양기탁은 증거 불충분으로 무죄 선고를 받았지만 그 여파로 위축되었다. 국채 보상 운동은 일제의 방해와 일부 상층민·부호의 불참으로 중단되고 말았다.

국채 보상 운동 공원(대구 중구)에 있는 김광제, 서상돈 흉상과 기념비

3 근대 시설과 문물의 수용

1) 과학과 의료 기술의 수용

서양의 근대 과학 기술은 당시 동양의 모든 국가에게 놀라움과 충격이었다. 조선의 실학자들도 청을 통해 소개된 서구 과학 기술의 수용을 주장하였다. 흥선 대원군도 서양 무기 제조에 관심을 두고 서양식 군사 무기를 배워 강한 나라를 만들고자 하였다. 개항 후 개화파는 서양의 과학 기술 수용과 근대화 추진을 주장하였으며 정부도 영선사(청)와 조사시찰단(일본)을 파견하여 청과 일본의 근대 시설과 기술을 배워오게 하였다.

정부는 갑오개혁 후 근대 문물과 기술을 도입하고자 해외 유학생을 파견하고 경성 의학교와 철도 학교, 광무 학교 등 각종 기술학교를 설립하였다.

(1) 과학 기술의 수용

개항 초기 서양 과학 기술에 대한 관심이 높아지면서 각 분야에 근대 시설이 도입되었다. 1883년 정부는 박문국을 두어 최초 신문인 한성순보를 발행하고, 무기를 만드는 기기창과 화폐를 제조하는 전환국을 두었다. 1887년에는 전등을 경복궁에 처음 설치하였다.

통신 시설로는 1885년 서울과 인천 사이에 전선이 가설되고 한성 전보 총국이 문을 열면서 전신 업무가 시작되었다. 을미개혁(1895년)으로 우정국이 부활하고 근대식 산업 시설이 확충되었다. 전화는 처음에는 덕수궁(경운궁) 안에 가설되었는데(1898년), 그 뒤 서울 시내 민간까지 확대되었다.

철도는 1899년에 노량진과 제물포를 오가는 경인선이 처음 개통된 뒤, 경부선(1905년)과 경의선(1906년)이 차례로 부설되었다. 경인선은 처음 미국인 모스가 경인선 철도 부설권은 갖고 있었으나, 일본이 이 부설권을 매입하여 1899년 개통

전환국(인천)

시켰다. 이듬해에 한강 철교를 완성시키며 경인선 전 구간이 개통되었다. 경의선은 프랑스 회사가 본국 정부의 지원을 받아 철도를 부설하였다. 그런데 나중에 일본에 양도하였다.

전기는 1898년 1월 산업 진흥 정책의 하나로 한성 전기 회사를 설립하면서 시작되었다. 이채연·이윤용 등이 공동 대표로 사장에 취임하였지만, 자본과 기술 부족으로 미국인 콜브란과 보스트윅(Bostwick)을 상대로 도급 계약을 맺어 추진되었다. 이 회사의 주요 업무는 한성의 전차와 전등 시설을 설치하고 운영하는 것이었다. 1899년에 남대문~홍릉 간 전차 개통식을 가졌으며, 그 이듬해에는 동대문 전등 발전소를 설치하여 전기 보급에 힘썼다.

(2) 의료 기술의 수용

서양 의료 기술이 처음 조선에 알려진 것은 17세기 중엽이었다. 청에 간 사신들이 서양 의학서를 국내에 소개하면서 일부 실학자들이 관심을 가졌다. 개항 후 정부는 서양 근대 문물을 수용하면서 선교사

전차

1898년 12월 서대문에서 청량리까지 1단계가 완공된 후 1899년 5월 17일에 서울에서 전차 개통식이 열렸다. 전차 운영을 맡은 한성 전기 회사에 거금을 투자했던 고종은 자주 황실 전용 전차를 탔다고 한다. 고종은 전차를 타고 청량리에서 내려 을미사변으로 일제에 죽임을 당한 명성황후가 잠들어 있는 홍릉에 가서 슬픔을 달래기도 했다. 그러나 개통된 지 1주일 만에 탑골 공원(3·1공원) 앞에서 5살 어린이가 전차에 치여 사망하자 성난 군중들이 전차를 공격해 불태워 버리는 사건이 벌어지기도 했다. 이처럼 전차는 근대화의 상징으로 환영받기도 했으나, 낯설고 위험한 존재로 인식되기도 했다.

들을 활용하였고, 선교사들은 선교 목적으로 의료 사업에 적극 참여하였다.

1885년 최초로 서양식 국립 병원인 광혜원이 설립되었다. 갑신정변(1884년) 때 칼에 맞아 중상을 입은 민영익을 알렌(Allen, 安蓮)이 치료한 것이 계기가 되었다. 광혜원은 곧 제중원으로 이름을 바꾸었다. 알렌 등 서양 의료 선교사가 중심이 되어 왕실뿐 아니라 일반 평민까지 서양 의료 기술로 치료하였고, 의학교를 세워

대한의원 (서울 종로) 1907년 광제원 등을 통합하여 의정부 직속으로 설립되었다.

처음으로 근대 의학 교육도 실시하였다. 갑오개혁(1894년) 때 재정난으로 정부는 제중원을 미국 북장로교 선교부로 넘겼다. 선교부는 1904년 서울역 앞에 제중원을 새로 짓고 병원 이름을 세브란스 병원이라 불렀다. 세브란스 병원과 부설 의학교는 의료 보급과 확산에 기여하였다.

1900년 대한 제국은 한성에 내부 직할의 국립 병원인 광제원을 두었다. 광제원은 환자를 살피는 것 외에 전염병을 취급하는 곳을 두고 종두법을 실시하였다. 1907년 광제원과 적십자 병원의 통합 후 관립 의학교인 대한 의원을 두었으며, 각 지방에는 근대식 도립 병원인 자혜 의원 등을 설치하였다.

정부는 위생국을 신설하고 의료·위생 사업을 실시하여 국민의 보건 향상에 노력하였다. 서양 의학서를 번역하여 소개하거나 서양 의료 기술을 배우기 위해 유학을 보내기도 하였다. 서양 의술을 배운 의료인들은 의사 단체를 결성하여 의학 발전을 꾀하였다.

통감부 설치 후 일제는 한방 의료를 공식적인 제도에서 철저히 배제하였다. 그 뒤 전통 의학은 급격히 위축되고 그 자리를 서양 의학이 차지하게 되었다.

2) 언론의 발달과 신문

임오군란 후 제3차 수신사로 일본을 다녀온 박영효는 신문 발행을 건의하였다. 1883년 정부는 국민을 계몽하고자 박문국을 설립하고 한성순보를 발간하였다. 이 신문은 열흘마다 간행한 순한문 신문으로 각 관아에 배포하여 관리들이 읽도록 한 관보였다. 국내 소식과 함께 외국의 사건을 번역 소개하고, 세계 각국의 정치·법률·재정·과학·기술·물가 등을 모두 실어 정부의 개화 정책에 대한 여론의 지지를 끌어내려 하였다. 갑신정변(1884년) 실패로 개화파가 발간하던 한성순보는 폐간되었다. 그 뒤를 이어 1886년 정월 한성주보가 박문국에서 간행되었다. 한성주보는 국·한문 혼용체로 최초로 상업 광고를 실었다. 그런데 1888년 박문국이 폐지되자 이 신문도 폐간되었다.

1896년 미국 망명에서 돌아온 서재필 등은 정부의 자금 지원을 받아 독립신문을 발간하였다. 독립신

문은 독립 협회 기관지이자 최초의 순한글 신문이었다. 상업 광고를 게재하고 순한글로 띄어쓰기를 사용하여 한글 문법 보급에 기여하였다. 외국에 한국을 올바르게 홍보하고자 영문판도 간행되었다. 처음에는 격일간지로 출발해 1898년 이후 일간지로 발전하여 1899년까지 발행되었다. 독립신문은 정부의 개혁 정책을 널리 알리고 여론을 수렴하여 정부 정책에 반영하려고 노력하였다.

1898년 제국신문과 황성신문이 창간되었다. 제국신문은 이종일이 서민층과 부녀자들 대상으로 자주 독립과 개화의 중요성 계몽하고자 간행하였다. 이 신문은 순한글을 사용하였다. 황성신문은 개신 유학자 남궁억이 유림층을 대상으로 국한문 혼용체를 사용하여 간행하였다. 황성신문은 을사늑약이 체결되자 '시일야 방성 대곡'이라는 장지연의 논설을 실어 을사늑약의 부당성을 알렸다. 황성신문은 유교 구신론과 점진적 개혁, 보안회 지지, 의병 운동 비판, 서양 소식 등의 내용을 실었다.

1904년 7월 영국인 베델이 대한매일신보를 창간하였다. 사주가 영국인 신분이기에 일본의 간섭을 덜 받았으며 처음에는 한글과 영어를 겸용하다가 뒤에 국한문 혼용으로 바뀌었다. 양기탁이 주필, 박은식·신채호가 논설을 맡았다. 그 뒤 일반 대중을 위해서는 한글판을, 외국인을 위해서는 영문판을 발간하였다. 이 신문은 무엇보다도 국채 보상 운동을 홍보하고 신민회 기관지 역할을 담당하였으며 일제의 만행을 적나라하게 폭로하여 가장 많은 독자층을 확보하였다. 심지어 신문사 정문에 '일본인 출입 금지'라고 써 붙여 놓고 일본의 침략 행위를 규탄하였다.

종교계도 신문을 발행하였다. 1906년 일진회의 국민신보에 대항하여 천도교가 만세보를 창간하였다. 만세보는 국한문 혼용으로 한자 옆에 한글로 음을 달아 한문을 모르는 독자도 읽을 수 있게 하였다. 1906년 10월 천주교 기관지로 한글판 주간 신문인 경향신문을 발행하였다. 경향신문은 발행 겸 주필을 프랑스인 신부 안세화(安世華, Florian Demange)로 등록했는데, 이것은 외국인의 치외법권을 이용하여 통감부의 검열을 피하기 위함이었다.

이처럼 다양한 계층을 대상으로 다양한 신문이 발행되자 1907년 일제는 신문지법을 제정하여 애

대한매일신보 편집국

대한매일신보

국 계몽 언론을 탄압하였다. 1910년 강제 병합을 전후로 대부분의 민족 신문이 폐간되었다. 이에 따라 1907년 대한매일신보는 발행인 명의를 영국인 만함(萬咸, A. Mamham)으로 바꾸었으며, 그 뒤 이장훈이 맡다가 1910년 강제 병합 후 총독부 기관지인 매일신보로 전락하고 말았다.

해외에서도 신문이 발행되었다. 1908년 2월 러시아 블라디보스토크에서는 일간 신문으로 해조신문이 간행되었다. 이 신문은 우리말로 간행되었으며 장지연을 주필로 초청하여 항일 애국 논설을 집필하게 하였다. 그러나 그 해 5월 폐간되었다. 미국 샌프란시스코에서는 1909년 2월 재미 한인 단체의 기관지로 신한민보가 창간되었다. 신한민보는 국권 회복에 대한 기사와 일제의 침략 정책에 대한 비판, 그 밖의 미주 동포들에 대한 기사 등을 실었다.

4 근대 교육과 국학 운동

1) 근대 교육의 수용

조선은 개항 후 개혁의 추진을 뒷받침할 인재를 키우기 위해 교육 부문에 관심을 기울였다. 정부는 물론이고 일부 관리와 지식인들이 근대식 학교를 설립하였다.

1883년 덕원(원산의 옛 지명) 부사 정현석과 덕원부 상인들은 근대식 학교인 원산 학사를 설립하였다. 원산 학사는 유교 경전에 밝으면서도 서양의 문물을 배워 실생활에 활용할 수 있는 인재를 양성하고자 하였다. 1883년 8월 정부는 관립 외국어 교육 기관으로 통변 학교라 불린 동문학을 세웠다. 1882년 이후 외국과 조약이 연달아 체결되자 독일인 묄렌도르프의 제안으로 설립되었는데, 이것은 학교라기보다는 통역관(영어) 양성소 성격을 지녔다. 동문학(통변 학교)은 육영 공원 설립 후 문을 닫았다.

1886년 근대식 관립 학교인 육영 공원이 설립되었다. '젊은 영재를 기르는 공립 학교'라는 뜻의 육영 공원에서는 고관 자제나 고관이 추천한 젊은 선비를 대상으로 영어 · 수학 · 자연 과학 · 정치학 등을 가르쳤다.

기독교 단체들도 선교 목적으로 학교를 세웠다. 배재 학당(1885년)과 이화 학당(1886년)을 비롯하여 경신 학교(1886년), 정동 여학당(1890년) 등이 설립되었다.

1895년 갑오개혁 후 근대식 교육 제도가 만들어졌다. 정부는 종래의 예조(외교 · 교육 · 문화 담당)와 달리, 교육 행정

근대 교육 서양 교사의 수업 장면. 우리나라의 근대 교육은 민간 최초의 근대식 학교인 원산학사(1883년)가 설립되면서 시작됐다.

배재 학당 동관 (1885년)　　　　이화 학당 (1886년)

을 전담하는 학무아문을 두었다. 고종은 조칙으로 교육에 관한 특별 지시인 교육 입국 조서를 발표하였다(1895년 2월). 소학교 교사 양성 기관인 한성 사범 학교 설립(1895년 4월)과 함께, 소학교령(1895년 7월)에 의한 국민 의무 교육 제도의 지향, 수업 연한 6년의 관공립 소학교의 설립, 근대 교육에 적합한 교과서 편찬 등이 이 무렵에 이루어졌다. 또 소학교령 제정에 이어 소학교 운영비 조달에 관한 세부 규칙을 마련하였다. 정부는 『국민 소학 독본』, 『조선 역사』, 『조선 역대 사략』, 『조선 약사』, 『사민 필지』 같은 근대적 교과서를 간행하였다.

　1900년 이후 설립된 사립학교는 민족주의 계열 학교(애국 계몽 운동가)와 기독교 계열 학교로 나뉜다. 민족 계열 학교인 대성 학교(안창호), 오산 학교(이승훈) 등 교육 구국 운동의 하나로 설립되어 교육 활동을 전개하였다. 그 밖에 각종 외국어 학교와 상공 학교가 세워졌다. 왕실과 전 현직 관리, 일반인들이 학교 설립에 참여하였다. 1910년까지 흥화 학교를 비롯하여 수많은 사립학교가 설립되었다. 전문 교육 기관의 설립도 추진되어 한성 법어 학교(1895년)가 문을 열었다.

　일제는 사립학교령(1908년)을 제정하여 사립학교 설립과 운영을 엄격히 규제하였다.

2) 국학 연구의 발달

　1905년 을사늑약 후 국권 상실 위기에 봉착하자 민족 의식을 높이고 민족 문화를 지키려는 수단으로 국사와 국어 연구가 활발하게 전개하였다. 우리 역사와 우리말과 글이 애국심과 독립 정신을 불러일으키는 데 중요했기 때문이다.

　국사 분야에서는 신채호와 박은식 등이 근대 역사학의 토대를 닦았다. 신채호는 대한매일신보에 「독사신론」을 연재하여 일본의 식민 사관을 비판하고 민족주의 역사학의 연구 방향을 제시하였다. 신채호는 「독사신론」에서 우리 민족이 단군의 후예이며, 중심 종족은 부여족임을 천명했다. 그는 우리 역사의 계통을 단군 시대부터 부여·고구려로 이어진다고 보았다.

　황현은 1864년(고종 1년)부터 1910년 국권 피탈까지 47년 동안 최근세 역사 사실을 편년체 형식으

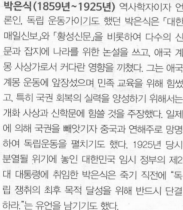

박은식(1859년~1925년) 역사학자이자 언론인, 독립 운동가이기도 했던 박은식은 「대한매일신보」와 「황성신문」을 비롯하여 다수의 신문과 잡지에 나라를 위한 논설을 쓰고, 애국 계몽 사상가로서 커다란 영향을 끼쳤다. 그는 애국 계몽 운동에 앞장섰으며 민족 교육을 위해 힘썼고, 특히 국권 회복의 실력을 양성하기 위해서는 개화 사상과 신학문에 힘쓸 것을 주장했다. 일제에 의해 국권을 빼앗기자 중국과 연해주로 망명하여 독립운동을 펼치기도 했다. 1925년 당시 분열될 위기에 놓인 대한민국 임시 정부의 제2대 대통령에 취임한 박은식은 죽기 직전에 "독립 쟁취의 최후 목적 달성을 위해 반드시 단결하라."는 유언을 남기기도 했다.

신채호(1880년~1936년) "국가의 역사는 민족의 소장성쇠(消長盛衰)의 상태를 가려서 기록한 것이다. 민족을 버리면 역사가 없을 것이며, 역사를 버리면 민족의 그 국가에 대한 관념이 크지 않을 것이니, 아아! 역사가의 책임이 그 또한 무거운 것이다. …… 우리나라의 중심 종족인 단군의 후예로 발달된 참된 자취가 명백하거늘 무슨 까닭으로 우리 조상을 그릇 기록함이 이에 이르렀는가. 오늘날에 있어서 민족주의로써 전 국민의 어리석음을 깨우치며, 국가 관념으로써 청년들의 머리를 도아하여 우세한 자는 살아남고 열등한 자는 멸망한다는 기로에 처하여 한 가닥 아직 남아 있는 국가의 명맥을 지키고자 하려면 역사를 버리고는 다른 방책이 없다고 할 것이나, 이런 역사를 역사라고 할진대 역사가 없는 것만 같지 못하다.

역사를 쓰는 자는 반드시 그 국가의 주인 되는 한 종족을 먼저 드러내어, 이것으로 주제를 삼은 후에 그 정치는 어떻게 흥하고 쇠했으며, 그 산업은 어떻게 번창하고 몰락했으며, 그 무공(武功)은 어떻게 나아가고 물러났으며, 그 생활 관습과 풍속은 어떻게 변하여 왔으며, 그 밖으로부터 들어온 각각의 종족을 어떻게 받아들였으며, 그 다른 지역의 나라들과 어떻게 교섭했는가를 서술하여야 이것을 역사라고 말할 수 있다. 만일 그렇지 않다면, 이것은 정신이 없는 역사이다. 정신이 없는 역사는 정신이 없는 민족을 낳을 것이며, 정신이 없는 국가를 만드니 어찌 두려워하지 않겠는가."

신채호, 「독사신론」 서론(대한매일신보 연재)

로 엮어 『매천야록』을 썼다. 정교는 1864년부터 1910년까지의 역사를 편년체로 『대한계년사』를 서술하였다. 현채는 『유년필독』과 중등 교과용 국사책으로 국한문 혼용체인 『동국사략』을 편찬하여 민족의 자주성과 애국심 함양을 강조했다.

을사늑약 후에는 외국의 침략에 맞서 싸운 우리나라의 구국 위인들에 대한 전기와 외국의 건국과 흥망과 관련한 역사 서적이 많이 저술되었다. 신채호는 『을지문덕전』 등을 간행하였다. 또 『월남망국사』(현채), 『이태리 건국 삼걸전』(신채호) 등을 번역하여 소개하였다. 경술국치 후 조선 광문회에서는 최남선이 『동사강목』과 『목민심서』 등 민족의 고전을 정리 · 간행하였다.

국어와 국문 연구도 활발하였다. 1905년 7월 지석영이 「신정국문(新訂國文)」을 냈고, 1906년 5월 이

능화가 「국문일정의견(國文一定意見)」을 학부에 제출하여, 우리나라 문자 체계의 통일을 역설하였다. 1907년에는 한글을 연구하기 위한 최초의 국가 기관으로 국문 연구소가 만들어졌다. 이때 국문 연구소에서 활동한 주시경은 그간의 학문적 축적을 집약한 『국어문법』(1910년)을 저술하고 우리글을 '한글'로 명명하였다.

5 사회 생활과 의식 구조의 변화

1) 사회 제도와 의식의 변화

개화기의 두드러진 사회 변화는 평등 사회로 발전해 간 것이다. 백성들의 의식이 성장하고 정부가 근대적 개혁을 추진하면서 신분 제도가 법적으로 폐지되었다. 동학 사상이 확산되고 계몽 운동이 전개되면서 평등 사상이 싹트고 사회 의식이 변화하여 근대 의식이 성장했다.

신분 제도는 이미 조선 후기부터 동요되기 시작했다. 농민층의 성장과 양반 인구의 증가 등으로 더이상 신분제를 유지하기 어려워졌다. 1801년 공노비가 해방되었으며, 개항 후에는 신분제 폐지의 속도가 빨라졌다. 1882년 서얼과 중인을 비롯한 모든 계층이 관직에 진출할 수 있게 허용되었다. 이것은 서얼이나 중인들이 자신의 학식이나 경제력에 걸맞은 사회적 지위를 획득하기 위해 그 동안 꾸준하게 노력해온 결과이기도 하였다.

갑신정변(1884년) 때 문벌 폐지와 인민 평등권이 선언되었다. 갑오개혁(1894년) 후 공식적으로 신분 제도가 폐지되면서 평등 사회의 제도적 기틀이 마련되었다. 과거 제도가 폐지되었고, 조혼이나 과부의 재혼 금지 같은 봉건적 악습도 없어졌다. 호적 제도를 바꾸어 호적에 기존의 신분을 빼고 그 대신 직업을 적게 하였다.

갑오개혁으로 신분 제도는 법적으로 폐지되었지만, 신분 차별 의식이 완전히 사라진 것은 아니었다. 차별 의식은 사회 활동을 통해서 점차 극복되어 갔다. 평민과 천민들은 독립 협회의 활동에 참여하고 의병 운동에 가담하면서 점차 민족 의식을 가진 사회적 존재로 부각되었다. 심지어는 백정 출신 중에 관민 공동회에서 연사로 나서 정부와 국민의 합심을 호소하는 경우도 생겨났다.

여성의 의식도 신장되었다. 남녀 교육의 평등을 법으로 제정하여(소학교령, 1895년) 교육이 확대되자, 여성 단체와 교육계·의료계·종교계 활동과, 그 밖의 각종 직업 활동을 통해서 여성이 사회의 한 구성원임을 깨닫게 되었다. 1898년 9월 서울 북촌에 사는 양반 부인 400여 명이 중심이 되어 "여학교를 세워 남녀평등을 이룩하자."는 내용의 여권 통문을 반포하기도 하였다. 통문 반포에 참여한 부인들이 모여, 우리나라 최초의 여성 운동 단체인 찬양회를 조직하였다. 이들은 여학교 설립 운동과 성인 부인을 계발시키는 사업을 추진하여 관립 여학교 설립의 상소를 하고, 우리나라 최초의 순수 사립 여학교인 순성 여학교 설립을 후원하였다. 이 단체는 독립 협회 등이 중심이 된 만민 공동회의 자유 민권 운동에도 참여하였다. 다만 관립 여학교 설립의 경우 보수 유생층의 반대와 재정 부족의 이유로 실현되지 못하였다.

2) 생활 문화의 변화

개항 후 서양 제품이 쏟아져 들어오면서 서민의 생활 문화도 크게 달라졌다. '신식 물건'에는 물을 건너왔다는 뜻에서 '양(洋)'이라는 접두사를 새로 붙이기 시작하였다(양복·양동이·양은·양화·양철·양말·양식 등). 19세기 말 우리나라에 들어오는 수입 품목은 200여 개가 넘었는데, 거의 모든 물품이 일본·청·영국·러시아 물건이었다.

여기에는 모피와 카페트 같은 고급 물품도 있었으며, 가정에서 사용하는 석유와 성냥, 그리고 화장품도 섞여 있었다. 등짐장수와 봇짐장수는 새로운 상품인 석유와 성냥과 구리무(크림)를 받아 집집마다 찾아다니며 팔았다. 석유는 이때부터 가정의 필수품으로 자리잡아 갔다. 외국 상인들은 재빨리 석유를 사용하는 새로운 등잔을 개발해서 보급하였다.

갑오개혁 후 의복에서도 커다란 변화가 일어났다. 관복이 대폭 간소화되고, 서양식 복제가 도입되었다. 관리와 민간인이 입고 다니는 옷의 차별도 없어졌다. 서양식 복장을 하는 사람이 점차 많아졌다. 관리의 복장은 문관 복장 규칙 반포(1900년) 후 문관 예복이 양복으로 대체되었다. 남성 복장도 바지와 저고리에 마고자와 조끼를 착용하고 지팡이와 안경 등이 유행하였다. 여성 복장으로는 양장을 본뜬 개량 한복이 여학생과 신여성의 옷차림이 되었다. 두루마기와 긴치마와 통치마를 착용하였고, 상류층에서는 양장이 유행했다. 쓰개치마인 장옷은 점차 사라지고 양산이 이를 대신하기도 하였다. 머리 모양은 중머리와 하이칼라가 성행하였다.

식생활도 변하였다. 남부 지방은 쌀밥이나 보리와 잡곡밥을, 북부 지방은 조밥이나 쌀밥을 많이 먹었다. 식사는 2~8월에는 세 끼를, 9~1월에는 두 끼를 먹었다. 반찬의 경우 18세기 말부터 배추에 젓갈과 고춧가루를 넣어 담근 배추김치가 유행하기 시작하여, 20세기에는 배추김치가 부식의 중심이 되었다. 그 밖에 간장과 된장 등 염장 식품이 주를 이루었다.

개항 후 외래문화가 식생활에도 영향을 미쳤다. 전통 음식 문화와 예절도 서양화되기 시작하였다. 기독교가 전래되고 선교사를 통해 서양 문화가 들어오면서 서양식 음식과

독상에서 식사하는 모습

예절이 자리를 잡아갔다. 예를 들면 우리 전통 식생활의 특색은 독상을 차리는 것이다. 성인 남자는 독상을 받는 것이 원칙이었고 잔치 때도 독상을 받았다. 그런데 서양의 영향을 받아 겸상 또는 여럿이 한 상에 먹는 두레상이 보급되어 갔다. 상류층에서는 남녀를 가리지 않고 식사를 함께 하는 광경도 볼 수 있었다.

서양 식품과 요리법이 개발되고 커피와 홍차를 애용하였다. 우유·설탕·양식과 양과자가 전래되었다. 최초의 국산 양약인 활명수가 개발되었다. 서양 음식과 아울러 중국·일본 음식 문화가 임오군란을 계기로 전파되었다. 중국 음식인 호떡과 일본 음식인 단무지와 어묵·유부 등이 보급되었다.

신분제에 바탕을 두었던 주거 문화도 달라졌다. 원래 조선 시대에는 신분 차이에 따라 대지 넓이와 가옥 규모, 장식 등에 차별이 있었다. 일반 민가는 10칸을 넘을 수 없도록 규정되었다. 그런데 문호 개방 후 개화에 눈을 뜨고 재력을 지닌 중인층은 신분에 따른 가옥 제한 규정을 무시하고 큰 집을 지었다. 갑오개혁으로 신분 제도가 폐지되면서 가옥 규제도 사라졌다. 이제는 누구나 경제력에 따라 자유롭게 주택을 지을 수 있게 되었다.

또 서양식 건물은 처음에는 외국인을 위한 외교나 종교·상업 시설이 주류를 이루었다. 그러다 점차 궁궐 건물에도 서양식 공공건물도 나타났다. 러시아 공사관, 명동 성당, 약현 성당, 정동 교회, 덕수궁 석조전, 손탁 호텔 등이 그것이다.

3) 문예와 종교의 변화

문학과 예술에서도 새로운 움직임이 나타났다. 신문학이 등장하고 서양의 음악과 미술이 소개되어 신극 운동도 일어났다. 신소설은 1906년 만세보에 연재된 이인직의 「혈의 누」에서 처음으로 그 명칭이 사용되었다. 신소설의 내용은 문명 개화를 앞세우고 통속적 흥미에 치중하여 여권 신장과 계급 타파, 자유 결혼 등이 주제였다. 대표 작품으로는 「혈의 누」(이인직), 「자유종」(이해조), 「금수회의록」(안국선),

약현 성당(서울 중구) 1892년에 준공된 근대식 벽돌 건물의 성당이다.

정동 교회(서울 중구) 1897년에 준공된 우리나라 최초의 개신교회이다.

「월색」(최찬식) 등이 있었다.

시사 문학은 최남선이 「해에게서 소년에게」를 지어 근대시의 새로운 형식을 개척하였다. 이를 신체시라 불렀다. 전통 시조나 가사는 글자 수와 배열 순서, 운율 등이 일정한 반면, 신체시는 이러한 형식에서 벗어나 근대시의 형식을 새롭게 개척하였다. 주된 내용은 개화 사상, 신교육, 남녀 평등, 자주 독립 등 계몽적 내용이었다.

외국 작품의 번역서도 등장했다. 『성경』, 『천로역정』, 『이솝이야기』, 『로빈슨 표류기』 등과 같은 책이 서구 문화를 이해하고 근대 문학을 발전시키는 데 이바지하였다. 당시 문학은 근대 의식과 민족 의식 고취에 기여하였다.

예술계에도 새로운 변화가 일어났다. 음악의 경우 서양 음악이 소개되고(찬송가), 서양식 군가가 보급되었다. 서구식 7음계가 도입되고 창가가 보급되었다(학도가, 권학가, 독립가, 애국가). 창가는 서양 음악이 들어온 뒤 나타난 새로운 음악 양식으로 외국곡에 노래 가사를 바꾸어 부른데서 시작되었다.

전통 음악의 경우 신재효는 동편제와 서편제로 나눠진 판소리를 융합하여 판소리가 민족 예술로 성장할 수 있는 기반을 마련하였다. 가야금 · 거문고 · 대금 산조가 유행하였고, 기존의 판소리를 여러 사람이 배역을 맡아 나누어 부르는 형태인 창극이 등장하였다.

미술은 서양 화풍이 소개되었으며, 학교 교육을 통해 서양화가 보급되었다. 장승업 · 안중식 · 고희동 · 이도영이 유명하였다. 장승업은 전통 회화를 바탕으로 하면서 입체적인 음영법 등 새로운 화풍을 수용하여 생동감이 넘치는 작품을 남겼다. 안중식은 조선 말기의 전통 회화를 근대 회화로 이행시키는 데 큰 역할을 하였다. 고희동은 서양화 기법을 처음으로 도입하였다. 이도영은 대한민보에 일제의 침략과 친일파를 풍자 비판하고, 민중의 각성을 촉구하는 시사만평을 게재하여 큰 호응을 받았다.

연극은 민속 가면극이 서민 사이에서 유행하였다. 양반이나 파계승에 대한 풍자와 익살이 주된 내용이었으며, 양주 별산대 놀이가 대표적이었다.

고희동(1886년~1965년) 초상

이 밖에도 신극 운동이 일어났다. 1907년 최초의 서양식 극장인 원각사가 건립되어 은세계와 치악산 등을 공연하였다. 나중에는 신극이 문명개화에 매몰되어 민족 의식을 드높이기보다는 친일로 가는 경향을 드러내기도 하였다.

한편 종교에서도 새로운 바람이 불었다. 유교의 경우 박은식과 신채호 등 진보적 유생들이 혁신을 주장하였다. 박은식은 「유교구신론」에서 실천적인 유교 정신의 회복, 민중이 중심이 되는 유교 정신을 강조하고, 대동 사상을 주장하였다. 신채호도 유교 개혁을 지지하며 실학과 대동 사상을 강조하였다.

불교는 갑오개혁 후 억불 정책에서 벗어났다. 그런데 일본의 회유와 간섭으로 말미암아 을사늑약 후 일본 불교에 예속당하기도 하였다. 이에 한용운은 『조선불교유신론』(1913년)에서 한국 불교의 자주성

회복, 근대화 운동 추진, 승려 교육을 강조하며 불교 개혁을 주장하였다.

동학은 동학 농민 운동 등 반봉건·반침략 운동에 앞장섰다. 20세기 초 이용구가 일부 동학 세력을 이용하여 시천교를 창립하였다. 손병희는 친일적 동학 세력(이용구)에 맞서 동학을 천도교로 개칭하고 동학의 정통을 계승하여 민족 종교로 발전시켰다. 천도교는 교육 활동(보성학교), 신문 발간(만세보), 출판사 운영(보성사)을 하였다.

대종교는 나철이 단군 신앙을 근거로 창시하여 민족 종교로 발전하였다. 그는 만주와 연해주에서 독립 운동을 전개하였다.

개항 후 본격적으로 들어와 교세를 확장한 개신교는 학교 설립 등 육영 사업을 통해 근대 교육 발전에 기여하였으며, 서양 의술을 전파하는 데 이바지하였다. 한편 천주교는 조선에서 18세기 무렵부터 신앙 활동을 시작하였다.

4) 해외 이주 동포의 생활

만주 지역은 1860년대부터 한인촌이 생겨났다. 두만강 건너 북간도 지역과 하얼빈 일대까지 한인 마을이 들어섰다. 서간도 지역인 백두산 서쪽과 압록강 너머까지 한인 동포 사회가 형성되었다. 1907년부터 1910년 사이에 매년 약 1만 명이 간도로 이주했다.

연해주 한인 이주민은 1897년 3만 명이었는데 1911년에는 6만 명에 이르렀다. 연해주 한인들은 주로 블라디보스토크나 아무르주 등지에 집단으로 거주하여 100여 개에 이르는 신한촌을 건설하였다. 이들은 민족 의식이 강해 한국의 전통 가옥 구조와 생활 양식을 지키며 살았다. 이들은 블라디보스토크 신한촌을 중심으로 한인 학교를 설립하고 해조신문, 권업신문, 대동공보 등 신문을 발행하여 민족 의식을 고취시키며 항일 유격대 활동을 전개했다.

19세기 말 근대화한 일본 현지에서 선진 학문을 배우고 견문을 넓히려는 한인 유학생이 일본으로 이주하였다. 이후 가난과 외세 침탈 등으로 생활 터전을 잃은 이들이 일본으로 건너갔다. 일본에 사는 한국인들은 일본인의 민족적 차별과 멸시를 받았다. 그런 가운데에서도 재일 조선인 마을을 이루어 동포로서의 유대감을 강화해 나갔다.

미주 지역 이주민은 보빙사의 미국 방문(1883년) 후 외교관, 유학생, 정치 망명객 등이 그 시작이었다. 1902년 하와이 이민이 시작되면서 1903~1905년 처음으로 하와이 사탕수수 농장 이민 7천여 명이 이주하였다. 하와이 사탕수수 경작자 협회가 노동력 확보를 위해 이민을 요청해오자 알렌의 건의를 받아들여 대한 제국 정부가 승인하였다. 이들은 열악한 조건에서 사탕수수 농장 일 외에도 농토 개간과 철도 공사 등 힘들고 위험한 일에 종사하며, 심한 인종 차별을 받기도 하였다. 이들은 민족 의식을 잃지 않고 독립 운동을 지원하였으며(대한인 국민회 조직), 신한민보를 발행하는 등 해외 독립 운동을 주도해 나갔다.

멕시코 이주도 이루어졌다. 1905년 1천여 명의 한인이 중개인의 알선에 의해 멕시코로 향하였다. 그들은 '에니깡'으로 불렸다. 이들은 열악한 환경과 조건에서 노예처럼 혹사당하였다. 훗날 이들은 미주에서 독립 운동을 벌이는 데 인적, 물적 지원을 아끼지 않았다.

이 당시 이민자들의 가장 큰 걱정은 결혼이었다. 노총각의 결혼 문제가 이민자의 정착을 어렵게 하는 문제였다. 그곳에서는 남녀 비율이 절대적으로 맞지 않았기 때문이다. 그래서 생긴 것이 사진만 보고 결혼하는 사진 결혼이었다. 1910년부터 1924년까지 중매쟁이를 통해 700여 명의 사진 신부들이 결혼을 위해 하와이로 건너 갔다.

미국 하와이 이민 1세와 2세

러시아 연해주 블라디보스토크에 조성된 한인 정착지 마을

신부 (한국이민사박물관) 배우자를 찾아 여러 섬으로 흩어지기 직전인 1931에 찍은 사진이다.

19 일제의 식민 지배와 민족의 수난

철거된 조선총독부 부재 (독립기념관) 1995년 철거된 조선총독부의 건축 부재로 가운데 것이 첨탑이다.

1 일제의 침략과 식민지화

1) 단계적인 일제의 침략

일제의 한반도 침략은 오랜 시간 단계적으로 진행되었다. 대한 제국과 일제는 1904년 한·일의정서를 체결하였다. 이 의정서의 주요 내용은 한국 황실의 안전과 독립 및 영토 보전을 보증한다는 무의미한 규정과 일본이 한국 내에서 군사 기지를 마음대로 사용한다는 것이다.

그 후 러·일 전쟁이 일본에 유리하게 진행되자 일제는 고문관 초빙을 강요하였다. 이어 재정 고문과 외교 고문 등을 파견하여 내정을 간섭하기 시작하였다.

을사늑약의 체결로 대한 제국은 외교권을 상실하였다. 이에 따라 재외 한국공관이 철수하고 한국인의 여권 발급 사무를 일본 영사관에 양도하였다. 이러한 을사늑약에 대해 한국인들은 저항하였다. 민영환은 고종과 2천만 동포에게 보내는 유서를 남기고 자결하였다. 대중 집회도 일어나 학생들은 동맹휴학을, 상인들은 동맹 철시를 벌였다. 민중들은 경운궁 앞에 모여들어 을사늑약 파기와 을사5적 처단 등을 요구하였다. 한편 최익현, 신돌석, 민종식 등이 의병을 이끌고 투쟁하였다.

2) 한·일 병합 조약

1907년 7월 한·일 신협약[정미 7조약]이 체결되었다. 이 협약으로 통감이 추천한 일본인을 차관에 임명한 차관 정치가 시행되었다. 시위대와 지방 진위대는 강제로 해산되어 시위대 제1대 대장 박승환은 자결로 저항하였고 강제 해산된 군인들은 일본군과 시가전을 벌였으며 지방 진위대의 일부는 의병과 합류하여 전국적 의병 전쟁을 일으켰다. 이를 정미의병이라고 한다. 장인환과 전명운은 미국에서 외교고문 스티븐스를 살해하였으며 안중근은 중국 하얼빈에서 이토 히로부미를 저격하고, 이재명은 이완용을 습격하였다.

1910년 대한 제국과 일제는 '한·일 병합 조약'을 체결하였다. 강제로 체결된 이 조약으로 자주적 근대 국가로의 수립이 좌절된 채 주권 국가의 지위를 상실하고 일본의 식민지로 전락하여 민족적 수난을 겪게 되었다.

안중근 의사가 이토히로부미를 저격한 장소(중국 하얼빈)

동양평화론

안중근 의사가 저술한 미완성의 '동양평화론'에는 한·중·일 삼국이 모두 대등한 독립 국가로서 서로 협력하여 연맹체가 될 수 있는 구체적인 방안을 제시하고 있다. 먼저 삼국 간의 상설기구인 동양평화회의를 뤼순에 조직해 기타 아시아 국가가 참여하는 회의로 발전시키고, 삼국 공동은행 설립, 3국 공동평화군 창설 등의 구체적인 구상을 밝혔다. 그가 주장한 내용은 오늘날 유럽연합(EU)과 같은 형태였다. 이는 안중근 의사가 단순한 독립 운동가가 아니라 시대를 앞서간 위대한 지식인이기도 했다는 것을 알 수 있게 한다.

2 일제의 식민지 통치

1) 조선 총독부의 설치

일제는 식민 통치 기관으로 조선 총독부를 설치하였다. 조선 총독부는 식민 지배의 중추 기관으로 조선 총독, 정무 총감, 경무 총감과 지방 통치 조직을 두었다. 조선 총독은 행정권, 입법권, 사법권, 군사통수권 등 전권을 장악한 절대 권력자였다. 현역 육해군 대장 출신을 임명하기 시작하여 역대 조선 총독 가운데 문관 출신은 한 명도 없었다. 정무 총감은 행정 사무를 총괄하였다. 경무 총감은 치안업무

광화문 뒤에 있었던 조선 총독부, 현재는 철거되어 없다.

를 지휘하여 정무 총감보다 막강한 실권을 갖고, 조선주둔군 헌병사령관을 겸임하였다.

조직적으로 조선 총독부는 행정 기관, 경찰 기구, 재판소 등이 있었다. 수탈 기관으로 토지조사국, 전매국, 세관, 철도국, 통신국, 영림창 등이 있었다. 자문 기관으로는 중추원을 두었다. 총독에게 예속된 중추원은 이완용, 송병준 등 친일파와 매국노들을 우대하였다. 따라서 형식적인 자문기구였다.

1914년 4월 조선 총독부는 대대적인 행정구역 개편을 하였다. 도·부·군에 각각 관청을 설치하였고, 도지사, 부윤, 군수, 면장, 서기까지 일본인과 친일 인사로 임명하였다.

2) 일제의 식민통치

일제는 식민 통치 초기 무단 통치를 감행하였다. 1910년대 무단 통치는 치안유지를 명분으로 경찰 업무를 헌병이 수행하는 헌병 경찰제를 실시하였는데 헌병 경찰은 전국에 배치되어 민간인들까지 군대식으로 통제하고 항일 운동을 탄압하였고 한국인의 일상 생활까지 감시하고 통제하였다.

무단 통치는 언론, 집회, 출판 결사 등 기본권을 제한하고 한국인의 정치 참여를 배제하였다. 조선 총독부의 기관지인 매일신보를 제외하고 한국인이 발행하던 신문

교원들이 칼을 차고 있는 모습

들을 폐간시키고, 학회를 해산시켰으며, 출판물을 검열하였다. 일반 관리들은 물론이고 학교 교사들은 제복을 입고 칼을 찬 채 수업에 들어갔다.

일제는 1911년 제1차 조선교육령을 발표하여 신민의 자질과 품성을 구비하고 '충량한 국민'을 육성하는 군국주의 교육 정신을 강화하였다. 교육을 독점하고 식민지 지배 교육을 통해 민족주의 교육을 탄압하였다. 교과목도 한국어, 한국역사, 지리, 한문 등의 수업 시수를 축소하고 일본어와 수신 교과를 확대하였다. 서당 설립을 허가제로 하여 민족 교육을 억압하였고, 사립학교 규칙도 개정하여 사립학교 인가 조건을 강화함으로써 일부 사립학교가 폐쇄되었다.

1919년 3월 1일, 3·1 운동이 발생하였다. 일제는 이를 계기로 통치 방식을 이른바 문화 통치로 바꿀 수밖에 없었다. 이러한 변화는 끈질긴 우리 민족의 저항과 무단 통치 한계 상황의 조성, 무단 통치에 따른 국제 여론의 악화, 일본 사회의 다이쇼 데모크라시의 영향 등에서 기인한 것이었다.

문화 통치로 인한 보통 경찰제에 기초한 통치 방식의 변화는 실제로는 경찰력의 강화를 기반으로 한 것이었다. 그리고 1925년 일제는 치안유지법을 한국에도 적용하여 항일 운동에 대한 탄압을 더욱 강화하였다. 일제는 지방 제도도 개정하여 식민 통치의 안정을 꾀하고 민족을 분열시키고자 하였다. 도 평의회, 부 협의회, 면 협의회와 같은 지방 기구가 설치되었다. 이들 기구는 실권이 없는 자문 기관으로 지방 사회의 친일 자본가나 지주들을 끌어들여 식민 통치의 협조자로 이용하려는 의도였다.

문화 통치로 언론 매체의 발행이 허용되었다. 조선일보, 동아일보, 시대일보, 중외일보 등의 신문과 개벽, 신천지, 신생활, 조선지광 등의 잡지가 발행되었다. 실상은 사전 검열과 허가제를 통해 정간과 폐간 그리고 삭제, 수정이 지속되어 우리 민족의 언론 활동을 탄압하였다.

1922년 일제는 제2차 조선교육령을 통해 식민지 교육을 재편하였다. 학제를 변경하고 외형적으로

서울 남산의 조선 신궁

신사참배 강요

일본인과 한국인의 동등한 교육의 실시를 표방하였다. 내면적으로는 일본 문화의 동화를 강조하고 일본 군국주의 사상 주입에 주안점을 두었다.

일제는 민족 이간, 분열 정책을 위해 친일 단체를 육성하고 친일 여론을 조성하였다. 아울러 회사령 철폐와 언론 기관의 허가 등을 이용하여 민족 개량주의자를 양성하였다.

1929년 찾아온 세계 공황은 일본 경제에도 큰 타격을 주었다. 1930년대 일제는 대공황으로 인한 경제위기를 벗어나기 위해 중국 대륙을 침략하기 시작하였다. 1931년 만주사변 이후 일제는 조선에 대한 식민 통치를 강화하였다. 2개 사단에서 3개 사단으로 군사력을 증가하고, 관공서와 경찰관 수를 대폭 늘려 경찰력도 강화하였다.

중 · 일 전쟁 발발 이후 일제는 전쟁을 수행하기 위해 인적, 물적 수탈을 강제하였다. 또한 친일 분자를 양성하였고, 국방 헌납과 비행기 헌납 등을 하게 만들었다. 1936년 1면(面) 1신사(神社) 원칙 아래 전국 각지에 신사를 설립하여 신사 참배와 황궁 요배를 강요하였다. 내선일체 구호 아래 황국신민의 서사를 아동용과 성인용으로 만들어 암기시켰다. 또한 일제는 일본식 이름을 강요하였다. 만일 창씨 개명을 하지 않으면 학교 입학, 공문서 전달, 우편물 전달이 금지되었고, 식량과 물자의 배급에서 제외하였다. 일제는 대동아공영론의 명분 아래 우리 민족 자체를 말살하고자 하여 한글 교육도 금지시켰으며 우리 역사의 독자성을 부정하고 일선동조론을 강조하였다. 민족 말살 정책이 시행되어, 조선일보, 동아일보, 문장, 인문평론 등이 폐간되고 진단 학회와 조선 어학회가 해산 당하였다.

3 일제의 식민지 개발과 수탈

1) 1910~1920년대

일제는 왜곡된 정책으로 경제를 수탈하였다. 지세 확보와 식민 지배의 기반을 마련하기 위해 토지 조사 사업을 실시하였다. 이 사업은 토지 소유권 조사, 토지 가격 조사, 지형과 지모 조사 등이 그 내용이다. 일제는 토지 소유권 제도와 지세 제도의 근대화라는 명분 아래 전국적으로 토지를 빼앗고 식민 통치 기반을 구축하였다.

1910년 일제는 토지 소유권을 조사하여, 법적 확인 절차를 확인하고 토지 가격을 조사하기 위해 토지 조사령을 반포하였다. 복잡한 절차와 홍보 부족으로 다수의 마을이나 문중의 공유지는 누락되거나 유력자가 신고하여 사유지가 되었다. 조사에 반대하는 사람들은 민족적 감정을 내세워 신고를 고의로 기피하는 경우도 적지 않았다.

토지 조사 사업과 함께 시행된 새로운 등기 제도는 토지 소유권에 대한 법적 보호를 강화하는 목적이었다. 동시에 토지의 거래와 저당을 편리하게 한다고 선전하였다. 그 과정에서 이를 통해 일본인 지주나 금융자본은 손쉽게 토지를 취득하게 되었다.

토지 조사 사업의 결과로 토지를 세습 경작해 오던 농민들은 토지에 대한 권리를 상실하게 되었다. 조선 총독부가 약탈한 토지는 동양 척식 주식회사와 일본 이주민에게 헐값으로 불하함으로써 일본인 대지주가 출현하는 배경이 되었다.

당시 대부분의 농민은 소작 농민으로 전락하였고 고율의 소작료가 부과되었다. 소작 농민은 불안정한 소작권과 과도한 소작료 부담에 더해 지주가 부담해야 할 각종 조세 공과까지 떠맡게 되었다. 지주제는 더욱 강화되고 농촌 사회의 불안정은 심해졌다.

일제는 일본 자본의 진출을 유도하기 위해 회사의 설립을 조선 총독의 허가를 받아야 하는 회사령을 실시하였다. 합법적으로 설립되어 운영되고 있는 회사라도 공공질서, 순량한 풍속에 위반되는 행위를 할 때는 조선 총독이 이를 해산시킬 수 있었다. 다만 일제의 식민지 경제 정책에 부합되는 소규모 조선인 자본은 인정하였다. 민족 기업은 정미업, 피혁, 제분업, 요업, 방직업 등에 한정되었다. 금융자본 수탈을 위해 일제는 조선은행을 설립하고 일본 화폐 제도를 한국에 통용할 수 있게 만들었다. 일본은행권

토지 측량 사업을 하는 모습

으로 조선은행권도 자유 교환할 수 있게 되었다. 그 결과 한국과 일본 사이의 통화 장벽은 없어졌고, 일본은 한국 경제를 통합 지배하였다.

일제는 지세령을 통해 전면적인 식민 지배를 보다 강화하였다. 과세 대상을 확대하고 지가가 오르면 지세도 오르게 제도를 제정하였다. 담배, 인삼, 소금, 아편 등에 대한 전매 제도를 실시하고, 담배세와 주세 세율을 인상하였다. 관세의 경우도 저율 관세를 부과하여 민족 기업의 성장을 저지하였다.

일제는 광산업 수탈을 위해 광물 자원을 조사하고 조선광업령을 공포하여 광업의 허가제를 실시하였다. 또한 조선 어업령도 공포하여 어업을 총독의 허가제로 변경시켰다. 조선 총독부는 임야에 대해서도 소유권을 조사하여 근거가 확실하지 않은 사유지 산림을 국유지로 바꾸었다. 산림령과 임야조사령도 반포하여 신고주의 원칙에 따라 소유권을 확정하였다. 산업 수

부잔교(뜬다리) (전북 군산) 1930년대 조수간만의 차를 극복하고 선박을 집안 시키기 위해 설치한 다리이다.

(구)익옥수리조합 사무실과 창고 (전북 익산) 1920년 일제의 식량 증식 정책을 돕기 위해 만들어졌다.

탈을 위하여 일제는 항만, 철도, 도로, 통신 등 사회 간접 자본의 시설을 확충하였다. 주요 항구에서는 항만 설비가 대대적으로 건설되고, 한국과 일본 사이의 항로가 정비되었다. 철도망과 도로망이 확장되어 항구와 내륙 시장이 연결되었다.

1920년대 일본의 식량 문제를 해결하기 위해 조선 총독부는 산미 증식 계획을 실행에 옮겼다. 제1차 산미 증식 계획의 시행은 일본의 불황 등으로 실패하였다. 그러나 제2차 시행 때에는 조선농회령(朝鮮農會令)을 제정하고 조선 총독부의 알선 자금이 확대되어 지주 중심의 농회가 성립되었다. 일본인과 한국인 대지주의 토지 집적이 진전되어 대농장이 증가하였다. 이 계획에 따라 수리 관개 개선, 품종 개량, 비료 공급 확대 등이 추진되었다. 결국 쌀 증산은 계획량에 미달했으나 일제는 그 이상으로 쌀을 수탈해 감으로써 국내의 식량 사정은 악화되었다.

산미 증식 계획으로 토지를 빼앗기고 소작농으로 전락한 농민들은 과도한 수리 조합비 부담에서 많

은 불이익을 당해야만 했다. 뿐만 아니라 여러 명목의 공과금을 부담하였다. 화전민이 격증하였고, 만주와 일본으로 떠나는 농민의 수도 증가하였다.

한편 1920년 일제는 회사령을 철폐하였다. 이 조치는 일본 독점 자본의 국내 진출을 쉽게 만들기 위한 것으로 회사 설립 요건을 허가제에서 신고제로 개편한 것이었다. 일제는 면직업과 주류를 제외한 일본 상품의 관세를 철폐하여 일본 상품 이입의 길을 확대하였다. 이를 계기로 직물, 의류, 기계, 금속 분야의 일본 상품과 자본이 한국 시장에 밀려들어 왔고, 자본과 기술력에 취약한 제조업은 타격을 받았다.

일본 독점 자본은 중공업에도 투자되었다. 일제는 흥남 질소비료 공장과 부전강 수력 발전소를 건립하였다. 또한 신은행령을 제정하여 보통은행을 조선은행에 강제로 합병하였다.

2) 1930~1940년대

1929년 세계 공황은 일본 경제에 타격을 주었다. 당시 일본은 실업자가 증가하고 사회주의 세력이 활동하였으며 군부 중심의 우익 세력이 급성장하였다. 일제는 산미 증식 계획 실패 이후 선진 자본주의 국가의 보호무역 주의로 원료 공급이 부족해질 것에 대비하여, 공업 원료 증산 정책인 남면북양 정책을 시행하였다. 남면북양 정책은 한국의 남부 지방에서는 면화를 재배하고, 북부 지방에 면양의 사육을 강요하여 일본인 자본가를 보호하기 위한 정책이었다.

1937년 중·일 전쟁 이후 일제는 전면적인 침략 전쟁을 수행하기 위해 한국을 병참기지로 만들기 시작하였다. 한국을 전쟁 수행을 위한 군수 물자 생산기지로 삼기 위해 경공업 정책에서 군수 공업 체제로 전환하였다. 일제는 군수 공업화의 주요 대상으로 화학, 기계, 금속 공업 등을 삼았다.

일제는 군수 산업에 필요한 자원을 확보하기 위해 중요 광물에 대해서는 생산 장려금을 지급하였다. 형석, 텅스텐, 니켈 등의 광물은 일제의 생산 목표량 가운데 절반 이상이 한국에서 공급되었다. 군수 관련 산업과 자원개발에 자금과 물자와 노동력을 집중 배치하였고, 중소기업도 군수 하청공장을 중심으로 재편하였다. 군수 공업화 정책으로 인하여 북한 지방의 공업화가 빠르게 진행되었다. 일제 말기 공업 생산액은 농업 생산액을 능가하였고 경공업보다 중화학 공업의 비중이 커졌다.

1938년 일제는 국가총동원법을 공포하였다. 이 법은 전쟁에 필요한 물자와 인력 등을 효과적으로 동원하기 위해 시행되었다. 일제는 국민정신총동원 조선 연맹을 조직하고, 식량 배급 제도와 공출 제도를 시행하였다. 전시 총동원 체제에 이용할 목적으로 친일 어용 단체들을 조직하고, 한국인 유력자의 단체 가입과 전쟁 협력을 강요하였다.

일제는 강제 연행도 시행하였다. 강제 연행은 징용과 징병의 형태로 노무, 군인, 군속, '위안부' 등의 동원을 말한다. 침략 전쟁의 확대로 노동력이 부족해지자, 한국인을 강제로 공사장, 군수 공장 등지로 끌고 갔다. 학생들도 근로보국이라는 명목으로 강제 노역에 동원되어, 학도보국대에 편입되어 각종 공사장에서 일했다. 태평양 전쟁 말기가 되자 여성들까지 동원하여 여자 근로 정신대를 조직하였다. 일제가

한국인 강제 징용자들

공출로 모은 금속기들

사기, 유괴, 강제 연행의 방법으로 끌고 간 젊은 여성들은 전쟁터와 대규모 사업장의 위안소에 보내져서 '위안부'가 되었다. '위안부'란 일제에 의해 일본군과 일본 회사의 위안소로 강제로 연행되어 성폭행당한 여성들을 일컫는다.

한국 청년들은 전쟁의 총알받이로 동원되었다. 일제는 중·일 전쟁 이후 지원병 제도를 만들어 군대에 지원하도록 독려하였다.

일제는 인력뿐만 아니라 물자도 약탈해 갔다. 공출이라는 명목으로 전쟁 물자를 수

나눔의 집(경기 광주) 위안부 흉상 일제말기 성적 희생을 강요당했던 일본군 위안부 할머니들이 모여 살고 있는 곳이다. 여기에 있던 할머니들이 돌아가시면 흉상을 만들어 추모한다.

탈하였다. 중·일 전쟁 직후 쌀 공출과 식량 배급제가 실시되었고, 태평양 전쟁 무렵에는 쌀 뿐만 아니라 생산할 수 있는 모든 것을 수탈하였다. 금, 은, 구리, 고철 등 모든 쇠붙이도 공출하였다. 절이나 교회의 종은 물론이고 집에서 쓰는 농기구와 가마솥, 심지어는 놋그릇과 수저까지도 공출되었다. 공출된 쇠붙이는 전쟁에 필요한 무기나 비행기 등을 제작하는 데 이용되었다.

일제의 군수 공업화와 전쟁 물자 동원은 한국인의 삶을 왜곡되게 만들었다. 일상적인 한국인의 생활은 극도로 악화되었다. 전쟁으로 인한 물자의 결핍은 생활필수품의 공급 부족으로 이어졌고 물가는 올랐다. 물가의 급격한 상승은 전시 체제의 안정을 위협하였다. 이에 물가를 억제하기 위하여 가격 통제 정책과 강제 저축을 실시하였다. 강제 저축으로 인해 농민과 노동자의 생활 수준은 더욱 악화되어 갔다.

20 3·1 운동과 대한민국 임시 정부 수립

천안 아우내 만세 기념 공원(충남 천안) 유관순의 만세운동을 기념하기 위한 조형물이다.

1 1910년대 독립운동

1) 국내 독립운동

1910년대 한국 독립운동은 일제의 식민 통치에 전면적으로 투쟁하였다. 국내의 독립운동은 비밀 결사의 형태로 활동하였다. 비밀 결사는 지식인과 학생 등이 농민, 노동자와 연계하여 전개하였다. 실질적으로는 독립 전쟁이었다. 이들은 복벽주의자와 공화주의자로 분화되었다.

대한 제국의 재건을 목표로 한 복벽주의의 단체는 독립 의군부가 있었고 공화주의를 표방한 단체로는 대한 광복회, 조선 국민회 등이 있었다. 독립 의군부는 1912년 고종의 지시를 받은 임병찬이 유생들을 모아 조직한 단체였다. 대한 광복회는 박상진, 김좌진 등이 조직한 단체로 공화 정치를 내걸었고 군대식 조직을 갖춘 비밀 결사였다. 1918년 전국 조직망이 탄로나 박상진, 채기중 등이 순국하였고, 김좌진 등은 국외로 망명하였다.

계몽주의 계열의 조선 국권 회복단도 있었다. 조선 국권 회복단은 지방 유생들의 항일 비밀 결사로 단군 숭배와 국권 회복 운동을 전개하고 국외의 독립운동과 연계하여 투쟁하였다. 이밖에도 송죽회, 기성단, 자립단 등이 있었다.

의병 전쟁은 일제 강점기에도 이어졌다. 대한 제국 시기 의병장으로 활동했던 채응언은 평안도에서 1915년 체포될 때까지 의병 활동을 계속 하였다.

박상진과 그의 생가(울산 북구)

2) 국외 독립운동

1910년을 전후하여 독립운동 세력은 국내에서 항일 투쟁을 전개하기 어렵다고 생각하여 국외로 근

거지를 옮겼다. 만주와 연해주 지방은 동포들이 많이 이
주해 있어 독립운동 기지로 적합하였다. 간도를 중심으로
삼원보, 용정, 연길 등지에는 한인촌이 건설되었다. 간도
용정의 서전서숙, 명동 학교 등의 교육 기관을 통해 독립
운동가도 양성하였다. 또한 신민회에서는 만주에 독립군
기지를 건설하기로 하고, 이동녕과 이회영을 삼원보에 파
견하기도 하였다. 이들은 이곳에 정착하여 경학사를 조직
하였다. 여기에서는 국내에서 모여드는 청년들에게 구국
이념과 항일 정신을 고취시키고자 신흥강습소를 설치하
였다. 이는 신흥 무관 학교의 전신이었다.

신흥무관학교 설립 100주년 기념 우표

연해주에도 독립운동 기지가 건설되었다. 한민회, 성명회, 권업회 등이 이 지역에서 조직되었다. 권
업회는 기관지인 권업신문을 발간하여 연해주에 살고 있는 동포들의 대변지 역할을 하고 항일 정신을
높이는 데 역할을 하였다. 대한 광복군 정부, 대한 국민 의회, 한인사회당 등의 독립운동 단체도 조직되
어 독립운동을 전개하였다. 대한 광복군 정부는 1914년 블라디보스토크에서 결성된 최초의 임시 정부
로, 이상설과 이동휘를 정·부통령으로 하는 망명 정부의 효시였다.

중국 관내에서도 독립운동 단체가 결성되었다. 신한 청년단, 동제사, 박달학원 등이 조직되었다. 신
한 청년단은 파리 강화 회의에 민족 대표로 김규식을 파견하고 상하이 대한민국 임시 정부 수립에 영향
을 미쳤고 신한 청년보를 발행하였다. 동제사는 신한 혁명당으로 발전하기도 하였다.

미주 지역에서도 독립운동은 전개되었다. 이들은 모금 활동을 통해 독립운동 자금을 마련하여 국내
로 보내기도 하였다. 1908년 장인환, 전명운 등이 친일 미국인 스티븐스를 사살한 이후 재미동포의 항
일 운동이 활기를 띠었다. 이후 안창호, 박용만, 이승만 등이 주도하여 대한인 국민회가 조직되어 미주
지역 독립운동의 중심이 되었다.

안창호는 기독교인을 중심으로 흥사단을 조직하였다. 흥사단은 1913년 5월 13일 도산 안창호가 미
국 샌프란시스코에서 창립한 독립운동 단체이다. 8도 대표를 창립 위원으로 하여 조직되었고, 목표는
민족 부흥을 위한 민족의 힘을 기르는 데 있었다. 당시 흥사단은 군인 양성과 외교 활동에 중점을 두었
고, 무실역행을 내세웠다.

일본 지역에서는 도쿄에서 유학생 중심으로 학우회가 결성되었다. 처음에는 친목 단체로 발족하였으
나 이후 독립운동 단체로 발전하여 기관지 학지광을 발간하였다. 1918년 2·8 독립운동 때는 유학생들
이 조선 청년 독립단을 조직하였다. 이들은 도쿄 YMCA 강당에서 2·8 독립선언서와 결의문을 낭독하
고 시위를 전개하였다. 이와 함께 재일 한인 노동자들의 항일 운동이 전개되었고, 학생과 연계되어 항일
전선을 형성하였다. 1919년 3·1 운동 때는 국내로 유학생들이 이동하여 만세 투쟁에 참가하였다.

2 3·1 운동

1) 배경과 전개

1919년 전후 국제 사회는 변화의 물결이 나타났다. 신생 소비에트 공화국의 레닌은 식민지 약소민족의 지원을 약속하였고, 미국 대통령 윌슨 역시 제1차 세계 대전의 전후 처리를 위하여 열린 파리 강화 회의에서 각 민족의 운명은 그 민족 스스로 결정해야 한다는 민족자결 주의를 제창하였다. 국내의 민족 지도자들은 민족자결 주의의 시대가 온다고 전망하기도 하였다. 그러나 민족자결 주의는 패전국의 식민지

탑골 공원 팔각정 (서울 종로) 3·1 운동이 처음 일어난 곳으로, 이곳에서 참가자들이 독립 선언서를 낭독하고 만세시위를 시작했다.

문제를 해결하기 위한 원칙이었기 때문에 승전국인 일본의 식민지에 적용되지 않았다.

하지만 민족 지도자들은 이러한 국제 정세의 변화를 이용하여 거족적인 독립운동을 준비하였다. 미주 지역의 대한인 국민회 총회는 이승만 등을 파리 강화 회의에 파견하려 시도하였다. 중국 관내 상하이에서는 신한 청년당이 김규식을 파리 강화 회의에 민족 대표로 보냈다. 이미 3·1 운동 이전에 독립 선언도 발표되었다. 대동단결 선언과 대한 독립 선언이 있었다. 일본에서는 조선 청년 독립단이 2·8 독립 선언서를 발표하였다.

국내에서는 천도교, 기독교, 불교 등의 종교 단체와 지식인, 학생 등이 중심이 되어 독립운동을 준비하였다. 도쿄 유학생들이 2·8 독립 선언서를 발표했다는 소식이 국내에 전해지자 민족 지도자들은 독립 의지를 국내외에 알리기 위해 독립 선언서를 채택하였다. 천도교, 불교, 기독교와 학생 대표들은 대대적인 만세 시위운동을 계획하였다. 1919년 3월 1일이 만세 시위 날로 선정되었다. 3월 1일이 만세 시위 날로 선정된 이유는 고종의 장례식에 참석하기 위해 많은 사람들이 상경할 것으로 예상했기 때문이었다. 그리고 독립 선언식의 장소는 종로의 탑골 공원으로 결정하였다.

1919년 3월 1일 학생과 백성들이 탑골 공원 주위에 모였다. 민족 대표 33인은 탑골 공원에서 독립 선언식을 거행할 생각이었다. 그러나 많은 군중이 모여 시위가 폭력화될 것을 우려하여 장소를 태화관으로 변경하고 독립 선언서를 낭독하였다. 탑골 공원에 민족 대표가 오지 않자 한 학생이 앞으로 나와 독립 선언서를 낭독하였고, 만세 시위가 전개되었다. 고종의 국장에 참가하려 올라온 사람들도 이 만세 시위에 참가하여 군중은 순식간에 수만 명으로 늘어났다.

서울에서 만세 시위가 일어나자 지방인 평양, 진남포, 의주, 원산 등지에서도 시위가 일어났다. 만세 시위는 3월 10일 무렵부터는 지방의 군 단위까지 확산되었다. 3월 말에서 4월 초 무렵에는 농촌과 산간벽지까지 확대되었다.

3·1 운동의 대표적인 인물인 유관순은 학생 신분으로 3·1 운동에 가담하여 서울에서 만세 운동에 참여하였다. 하지만 일제는 학생들이 만세 운동에 참가하지 못하도록 중학교 이상의 모든 학교에 강제로 휴교령을 내리고 학교 문을 닫도록 하였다.

그러자 유관순은 고향인 천안 병천으로 내려가 장터에 모인 3,000여 명의 군중에게 태극기를 나누어주며 시위를 이끌었다. 1919년 4월 1일 유관순은 병천 시장에서 수천 명이 참여한 만세 시위에 앞장섰는데, 이것이 바로 '아우내 독립 만세 운동'이다. 시위 과정에서 부모님이 모두 일본군에 의해 죽임을 당했으나 끝까지 일본군에 대항하여

유관순(1902년~1920년) 일제에 체포되어 수감자 카드에 수록된 사진이다.

싸웠다. 결국 일본군에 의해 체포되어 끔찍한 고문을 당하면서도 애국심을 잃지 않았던 유관순은 불과 18살의 꽃다운 나이에 서대문 형무소에서 순국하고 말았다.

전국적으로 농민들이 참여하면서 만세 시위는 더욱 확대되었다. 이에 일제는 무력 탄압으로 일관하였다. 그러자 시위 양상이 처음에는 자연 발생적이었으나 조직적으로 발전하였다. 시위 방식도 비폭력적인 방법에서 면사무소나 헌병주재소 등과 친일 지주들을 습격하는 폭력적인 방법을 보이기 시작하였다. 시위 군중도 종교인, 학생 뿐만 아니라 농민, 노동자, 상인, 기생 등도 가담하였다.

2) 확산과 의의

만세 시위가 전국으로 확산되자 일제는 군대를 동원하여 진압하였다. 이 과정에서 경기도 화성의 제암리에서 만행이 자행되었다. 1919년 4월 15일 수원 제암리 교회에 인근 주민 중 15세 이상의 남자들을 교회에 모이게 하여 밖에서 문을 잠그고 무차별 사격을 가하고 교회에 불을 질렀다. 계속해서 일본군은 주변에 있는 집에도 불을 질렀다. 이 소식을 듣고 캐나다 선교사 스코필드가 현장을 방문하여 시신을 수습하였다. 그가 찍은 사진을 통해 제암리 학살 사건은 전 세계에 알려졌다.

3·1 운동은 해외 동포에게도 큰 자극이 되었다. 남만주의 삼원보, 북간도의 용정, 연길, 화룡, 왕청 등지에서도 만세 시위가 일어났다. 연해주 블라디보스토크에는 신한촌을 중심으로 만세 시위가 일어났다. 미주 지역의 하와이 호놀룰루와 샌프란시스코에서도 만세 시위가 벌어졌다. 필라델피아에서는 한

폐허화된 제암리

용정 3·13 반일 의사릉 (중국 룽징)

인 자유 대회가 열려 참가자들이 독립 선언서를 낭독하였다. 일본에서도 도쿄, 오사카 등지에서 만세 시위가 있었다.

　3·1 운동 이후 국내에서는 독립운동의 참여가 확대되었다. 학생, 농민, 노동자들이 독립운동의 주도 세력으로 등장하였다. 3·1 운동은 독립운동의 분수령으로서의 역할을 하였다. 이념적으로 공화주의 이념이 정착되는 계기가 되었고, 독립운동 방식이 사회주의와 민족주의 운동으로 분화하였다. 3·1 운동에 참가했던 독립운동 세력은 무장 투쟁론, 실력 양성론, 외교 독립론, 민족해방운동론 등을 주장하며 다양한 독립운동의 방법을 선택하였다.

필라델피아 시가 행진 (미국)

한편, 3·1 운동의 결과로 상하이에서는 대한민국 임시 정부가 수립되었다. 이 정부의 수립은 독립운동의 통일적 지도부를 마련하는 계기가 되었다. 만주, 연해주에서는 독립군의 무장투쟁 노선이 본격화되었다. 국제적으로는 인도, 베트남, 필리핀, 이집트 등지에서 일어난 민족 해방 운동에도 영향을 주었다.

3·1 운동은 우리의 독립 의지를 국내외에 알린 거족적인 민족 운동이었다. 3·1 운동은 한국 역사상 최대의 독립운동이었다. 결과적으로 일제의 강압적 식민 통치는 더 이상 유지되지 못한채 이른바 문화 통치로의 전환이 이루어졌다.

3 대한민국 임시 정부의 수립과 활동

1) 대한민국 임시 정부의 수립

3·1 운동 전후 독립운동 세력은 통일적 지도 기구로서 임시 정부를 수립하려고 노력하였다. 독립운동의 체계화와 조직화의 필요성이 대두되었기 때문이다.

1919년 3월 연해주의 전로 한족회 중앙 총회가 대한 국민 의회로 개편되면서 손병희를 대통령에 추대하여 임시 정부를 수립하였다. 4월 상하이에서는 신한 청년당을 중심으로 임시 의정원을 구성하고, 이승만을 국무총리로 하는 민주 공화제 정부가 발족하였다. 서울에서는 13도 대표가 비밀리에 모여 국민대회를 개최하여 이승만을 집정관 총재로 하는 한성 정부가 수립되었다.

임시 정부가 3곳에서 발표되자 단일 정부 필요성이 대두되었다. 그 결과 상하이 임시 의정원의 대한민국 임시 정부안, 연해주 대한 국민 의회의 정부안, 국내의 한성 정부안이 발표되었다. 상하이측은 중국의 상하이가 일제의 영향력이 미치지 않는 조계 지역이기 때문에 이곳을 중심으로 외교 활동을 하자고 주장하였다. 대한 국민 의회는 외교부를 상하이에 두고 의회와 정부는 간도나 연해주에 두자고 제안하였

대한민국 임시 정부 서울 연통부 터(서울 중구)

상하이 대한민국 임시 정부 청사(중국 상하이) 프랑스 조계지에 있었던 대한민국 임시 정부 청사의 모습이다.

다. 회의 결과 통합된 정부의 위치는 상하이에 두기로 합의하였다. 이에 따라 노령의 일부 세력이 상하이의 통합 임시 정부에 합류하였다. 대한민국 임시 정부는 1919년 헌법을 공포하였다. 이승만을 임시 대통령으로, 이동휘를 국무총리로 선출하였다. 대한민국 임시 정부는 1919년 4월 11일 출범하였다.

대한민국 임시 정부는 입법 기관인 임시 의정원, 행정 기관인 국무원, 사법 기관인 법원을 두었다. 대한민국 임시 정부는 국내외 연락을 담당하고 독립운동을 지도하기 위하여 비밀 조직으로 연통제를 실시하였다. 연통제에 따라 국내의 각 도에는 독판, 군에는 군감, 면에는 면감을 두고, 간도에는 총판을 두었다. 문서와 명령의 전달, 군자금의 조달, 독립운동의 지휘, 감독 등의 업무를 담당하였다. 대한민국 임시 정부는 통신 기관인 교통국도 두었다. 상하이와 만주, 상하이와 국내, 만주와 국내를 연결하여 정보 수집과 분석 등의 일을 맡았다. 대한민국 임시 정부는 기관지로 독립신문을 발행하였다. 이를 통해 국내외 동포들에게 독립운동 소식을 알리고, 일제의 만행을 폭로하였다. 사료편찬소를 두어『한일 관계 사료집』도 간행하였다.

2) 다양한 활동

대한민국 임시 정부는 외교 활동에 적극적이었다. 국제 연맹과 미국, 유럽 열강, 중국 등에 정부로서 인정받기 위해 적극 접촉하였다. 김규식을 전권대사로 임명하여 파리 강화 회의에 우리 민족의 독립 의지를 알리도록 하였다. 미국에는 구미 외교 위원부를 두어 이승만을 중심으로 독립 자금을 모금하고, 미국 정부와 국민들을 대상으로 활발한 외교 활동을 전개하였다.

정부의 형태를 갖춘 대한민국 임시 정부는 군사 활동에도 적극적이었다. 정부 조직에 군무부를 설치하였다. 이 조직을 통해 군사에 관한 업무를 보게 하였고 독립 전쟁에 필요한 군인을 양성하기 위해 젊은이를 중국 군관학교에 입학시켜 군사 교육을 받게 하였다. 광복군 사령부, 육군 주만 참의부, 광복군 총영 등 군무부 직할대도 운영하였다.

대한민국 임시 정부는 독립운동 방식을 두고 창조파와 개조파로 갈렸다. 무장 투쟁 노선을 주장하는 세력들이 개조 운동을 일으켰다. 1923년 1월 독립운동 단체들의 대표 100여 명이 상하이에 모여 5개월 동안 국민 대표 회의를 개최하였다. 이 회의에서는 대한민국 임시 정부를 개선하여 존속시키자는 개조파와 대한민국 임시 정부를 해체하고 새로운 정부를 구성하자는 창조파가 대립하였다. 이견은 좁혀지지 않았다.

항저우 대한민국 임시 정부 청사(중국 항저우) 상하이 임시 정부 청사가 1932년 항저우로 이전했다.

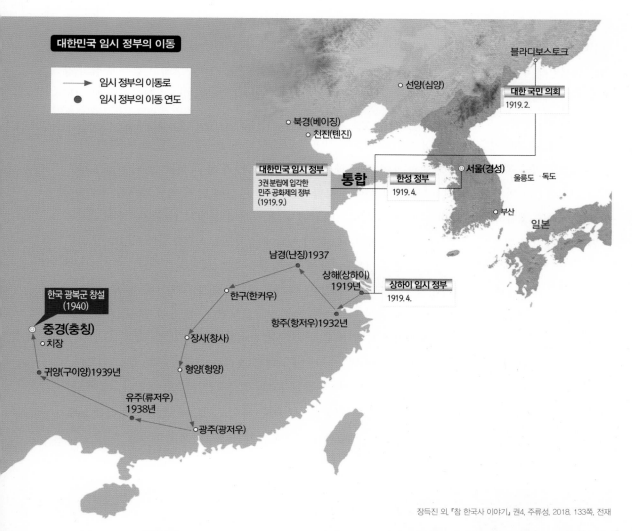

대한민국 임시 정부의 이동

→ 임시 정부의 이동로
● 임시 정부의 이동 연도

대한 국민 의회
1919. 2.

선양(심양)

블라디보스토크

북경(베이징)
천진(톈진)

대한민국 임시 정부
3권 분립에 입각한
민주 공화제의 정부
(1919. 9.)

통합

한성 정부
1919. 4.

서울(경성)

울릉도 독도

부산

일본

남경(난징)1937

상해(상하이)
1919년

상하이 임시 정부
1919. 4.

한구(한커우)

한국 광복군 창설
(1940)

중경(충칭)

치장

귀양(구이양)1939년

유주(류저우)
1938년

장사(창사)

형양(헝양)

항주(항저우)1932년

광주(광저우)

장득진 외, 「참 한국사 이야기」 권4, 주류성, 2018, 133쪽, 전재

　1925년 개조파 내각의 대한민국 임시 정부는 불법적인 외교활동을 들어 이승만을 탄핵, 파면하고 박은식을 새로운 대통령으로 선출하였다. 헌법을 고쳐 국무령 중심의 집단 지도 체제로 전환하였다.

　1931년 김구는 상하이에서 비밀 결사로 한인 애국단을 결성하였고, 단원인 이봉창, 윤봉길이 의거를 일으켰다. 이 의거로 대한민국 임시 정부는 국제적으로 주목을 받았고, 장제스의 중국 국민당 정부가 관심을 보였다. 대한민국 임시 정부는 중국인들의 지원을 이끌어낼 수 있었고, 이는 침체된 대한민국 임시 정부에 활력을 불어넣었다. 하지만 대한민국 임시 정부는 상하이를 떠나야만 했다. 일본 경찰이 프랑스 조계 당국을 협박하여 대한민국 임시 정부 요인들을 체포하려고 했기 때문이었다. 대한민국 임시 정부는 항저우 등지로 피신하였다. 대한민국 임시 정부는 1940년 충칭에 정착할 때까지 오랫동안 중국 대륙 각지로 이동하며 활동하였다.

　이렇게 어려운 시기에도 대한민국 임시 정부는 군사 계획을 수립하고 여러 세력을 통합하는 등 독립

운동의 중심 역할을 하였다. 1940년 정부 청사를 충칭에 마련한 대한민국 임시 정부는 한국 광복군을 창설하여 군사 계획을 수립하고, 연합국과 합동하여 작전을 수행하기도 하였다. 외교 정책을 수행하기 위해 워싱턴에 주미 외교 위원부를 설치하고 이승만을 위원장으로 임명하였다. 그리고 김구 중심의 강력한 지도 체제를 마련하였다. 이 시기에는 한국 국민당, 한국 독립당, 조선 혁명단이 합당하여 한국 독립당을 조직하였다.

1941년 11월 대한민국 건국강령을 발표하였다. 내용은 조소앙의 삼균주의를 기본으로 하여 정치, 경제, 교육의 평등을 실현하고, 개인과 개인, 민족과 민족, 국가와 국가의 평등 실현이었다.

이후 대한민국 임시 정부는 다양한 정치 세력을 통합하고, 주석 중심의 단일 지도 체제를 수립하여 정부의 권한을 강화하였다. 대한민국 임시 정부는 1941년 12월 태평양 전쟁이 발발하자 주석 김구의 지휘 아래 총사령 지청천, 참모장 이범석을 지휘부로 하여 일본에 정식으로 선전포고를 하였다.

대한민국 임시 정부 산하에 창설된 한국 광복군은 다양한 경험을 갖고 있었다. 주축은 만주와 시베리아 등지의 독립군과 중국의 정규 군사학교 수료자였다. 여기에 김원봉의 조선 의용대 일부가 참여하고, 장준하, 김준엽 등 학병 출신 탈영자 등이 가담하여 전력이 강화되었다. 한국 광복군은 주로 대적 선전, 포로 심문, 암호문 번역, 선전 삐라의 작성, 회유 방송 등에 참여하였다.

1943년에는 영국군의 요청으로 인도와 미얀마 전선에 공작대를 파견하기도 하였다. 한국 광복군은 국내에 침투하여 무장 투쟁의 거점을 확보하고 광복을 쟁취하려는 적극적인 계획도 세웠다. 이 계획에 따라 미국 전략 정보처(OSS)와 협약을 맺고 유격전에 필요한 특수 훈련을 받았다. 한국 광복군은 1945년 9월 국내 진격 작전을 계획하였으나 일본이 예상보다 빨리 항복하여 실행하지 못하였다.

인도로 파견된 한국 광복군 영국군으로 배속되어 인도 방면에 파견된 한국 광복군이다.

광복군 제2지대 표지석 기념 공원(중국 시안)

21 국내외 독립운동의 전개

봉오동 전투지(중국 지린성 허룽현) 봉오동댐이 건설되어 전투지는 물에 잠겼다.

1 1920년대 국내 독립운동

1) 독립운동의 분화와 학생 운동

3·1 운동 이후 한국 독립운동의 계열은 크게 사회주의 계열과 민족주의 계열로 나눌 수 있다. 사회주의 계열은 러시아 혁명의 성공과 3·1 운동을 거치면서 청년, 지식인 중심으로 확산되기 시작하였다. 이들은 식민지 해방과 계급 해방을 주장하고 노동 운동, 농민 운동, 청년·학생 운동 등에 영향을 미쳤다. 민족주의 계열은 타협적 민족주의 세력과 비타협적 민족주의 세력으로 분화되었는데, 실력 양성 운동을 전개하기도 하였다. 타협적 민족주의 세력은 일제의 식민지 지배를 인정하고 일제에 협력하여 자치 등을 얻어내자고 주장하였다. 이에 비타협적 민족주의 세력은 타협적 민족주의 세력을 개량주의를 비판하면서 사회주의와의 연대를 추진하였다.

1920년대 국내의 독립운동으로 학생 운동이 새롭게 등장하였다. 당시 학생 운동은 계획적이고 집단화되고 조직적으로 발전하였다. 1920년대 학생들은 항일을 위해 식민지 교육에 저항하였다. 일반적으로는 동맹 휴교로 나타났다. 학생들은 자신의 목적을 관철하기 위해 등교 거부, 수업 거부, 농성 등을 하였다. 1920년대의 동맹 휴교는 초반에는 대부분 주요 학교 시설 문제 등의 해결과 일본인 교사의 민족적 차별에 관한 것이었다. 학생 조직이 발전함에 따라 동맹 휴교의 목적도 식민지 교육 철폐와 조선인 본위의 교육 등을 요구하였다. 교사도 조선인으로, 교육 용어도 조선어로, 교육 내용도 조선의 것으로 바꾸라고 주장하였다.

2) 6·10 만세 운동과 광주 학생 항일 운동

1926년 6·10 만세 운동이 일어났다. 순종이 서거하자 전 국민은 애도하였다. 순종의 장례일인 6월 10일 학생들은 시위 투쟁을 일으켰다. 일제 경찰의 삼엄한 경비 속에서도 학생들은 순종의 장례 행렬을 따라가다가 상여가 종로 3가를 지날 때 '조선 독립 만세'를 부르고 격문을 뿌리며 시위 투쟁을 전개하였다.

6·10 만세 운동은 학생이 독립운동의 구심체가 되어 독립운동 세력의 중심으로 부상됨을 보여주는 사건이었다. 이어 전개된 광주 학생 항일 운동은 독립운동 속 학생들의 역할이 진전되어 갔음을 의미한다.

광주 학생 항일 운동은 광주중학교에 다니는 일본인 학생이 광주여자고등보통학교 학생을 희롱한 사건이 발단이 되어 일어났다. 당시 여학생 희롱을 목격한 한국 학생들이 이를 제지하였으나 일본 학생들은 듣지 않았다. 이로 인해 조선과 일본 학생들 사이에 싸움이 벌어졌다. 이에 일본 경찰은 일방적으로 일본 학생만 두둔하였다. 1929년 11월 3일 오전 11시경 메이지기념절 기념식에 동원된 광주고등보통학교 학생들은 일본 국가 제창에 침묵으로 항의하였다. 일부 조선 학생들은 식이 끝난 이후 일본 학생을 편들어 보도한 일본 어용신문인 광주일보사 본사를 습격하고 윤전기에 모래를 끼었었다. 광주의 학교 학생들과 시민은 여기에 합세하여 시위를 벌였다. 시위는 광주 전역으로 확대되었다. 일제는 휴교령을 내리고 관련 학생들을 검거해 나섰다. 이 소식이 성진회를 중심으로 알려지자 전국적인 규모의 항일 투쟁으로 발전하였다.

즉, 항일 시위는 광주에서 시작되어 나주와 목포로 확산되었다. 12월에는 서울에서도 시위가 일어났다. 다음해인 1930년 신학기에 학생들의 시위는 전국적으로 확대되었다. 국내 뿐만 아니라 만주까지 확산되었다. 학생들은 식민지 노예 교육에 반대하였고, 일제 타도와 식민지 민족의 해방을 주장하였다. 신간회는 광주 학생 항일 운동에 대한 진상조사단을 파견하고 민중 대회를 열었다.

6·10 만세 운동 기념비(서울 종로) 중앙고등학교에 있다.

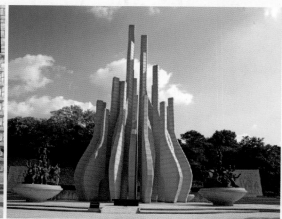

광주 학생 항일 운동 기념탑(광주)

6·10 만세 운동의 격고문

우리는 벌써 민족과 국제 평화를 위하여 1919년 3월 1일 우리의 독립을 선언했다.
우리는 역사적 국수주의를 반복하려는 것은 아니다. 우리의 항구적 국권과 자유를 회복하려 함에 있다.
우리는 결코 일본 전민족에 대한 적대가 아니요 다만 강도(強盜) 일본 제국주의의 야만적 통치로부터 탈퇴코자 함에 있다.
우리의 독립 요구는 실로 정의의 결정으로 평화의 실현인 것이다.
형제여, 자매여! 속히 나와서 일본 제국주의와 싸우자! 그리하여 완전한 독립을 회복하자!

2 의열 투쟁과 1920년대 국외 무장 독립운동

1) 의열 투쟁

의열 투쟁은 한국 독립운동사에서 한 흐름을 차지하고 있다. 3·1 운동 이후 의열 투쟁은 본격화되었다. 무장 독립운동의 필요성을 느낀 김원봉은 1919년 11월 만주 지린성에서 의열단을 결성하였다. 의열단은 일제 요인 암살, 식민지 기관 파괴 활동, 민중 봉기에 의한 일제 타도 등을 목표로 하였다. 의열단의 강령은 신채호가 작성한 「조선 혁명 선언」이었다. 신채호는 여기에서 일본에 타협하려는 내정 독립이나 참정권과 자치 등을 운동하는 자, 일본 정치에서 기생하려는 문화 운동자들을 '적'으로 규정하였다. 신채호는 민중을 혁명의 주체로 인식하였고 테러를 통한 민중의 직접 혁명론을 주창하였다.

의열단의 주요 활동으로는 박재혁의 부산 경찰서 폭탄 투척, 최수봉의 밀양 경찰서 폭탄 투척 의거, 김익상의 조선 총독부 폭탄 투척, 김상옥의 종로 경찰서 폭탄 투척 등이 주목된다. 나석주는 한국 경제 침탈의 본거지인 동양 척식 주식회사와 식산 은행에 폭탄을 던졌다. 일본에서는 김지섭이 황궁의 니주바시에 폭탄을 투척하였다.

1920년 후반부터 의열단은 개인적인 활동만으로는 '민족의 해방'을 쟁취하기 어렵다고 인식하여 계획적인 훈련과 간부 양성에 착수하였다. 김원봉을 비롯한 많은 독립 운동가들이 황포 군관 학교에 입학하여 체계적인 군사 교육과 훈련을 받았다. 김원봉은 1930년대 전반 중국 국민당 정부의 지원 아래 난징 근처에 조선 혁명 간부학교를 세워 군사 훈련을 전개하였다. 그리고 정당과 단체의 통합 운동을 주장하여 민족혁명당을 결성하였다.

윤봉길 의거 직후 상하이 훙커우 공원

이봉창(1901년~1932년)

1931년 일어난 만보산 사건으로 한국인에 대한 중국인의 감정이 악화되었다. 김구는 이를 극복하기 위해 1931년 상하이에서 한인 애국단을 조직하였다. 한인 애국단은 의열 투쟁을 통해 일제의 주요 인물이나 권력 기관에 타격을 가하였다.

한인 애국단의 거사로는 이봉창의 의거가 주목된다. 그는 1932년 1월 도쿄에서 천황 히로히토를 폭살하고자 폭탄을 던졌다. 비록 실패하였지만 일본 천황을 대상으로 타격을 가하려 했던 사실로 일제는 큰 충격을 받았다. 중국 신문은 이 사건을 "한인 이봉창이 일왕을 저격했으나 불행하게도 명중하지 않았다"라고 하여 아쉬움을 토로하기도 했다. 일제는 이봉창 의거에 대한 중국신문 보도에 대한 불만을 가졌다. 이에 따라 1932년 1월 28일 상하이 사변을 일으켜 중국 본토 침략을 시작하였다.

한편, 윤봉길은 만주로 망명한 이후 한인 애국단에 가입하였다. 윤봉길은 1932년 4월 26일 한인 애국단원으로 태극기 앞에서 "나는 적성(赤誠)으로써 조국의 독립과 자유를 회복하기 위하여 한인 애국단의 일원이 되어 중국을 침략하는 적의 장교를 도륙하기로 맹세하나이다." 라고 선서하였다. 같은 달 27일과 28일 홍커우 공원(오늘날 루쉰 공원)을 답사하면서 의거 결행을 준비하였다. 4월 29일 윤봉길은 수통과 도시락으로 위장된 폭탄을 김구부터 입수하여 홍커우 공원에 입장하였다. 그는 경축식 단상에 있던 침략군 총사령관 육군대장 시라카와 요시노리와 주중국공사 시게미쓰 마모루 등에 폭탄을 투척하여 시라카와 요시노리를 즉사시켰고 여러 장교들에게 부상을 입혔다.

윤봉길의 의거는 동아시아의 민중과 항일 운동가에게 항일 의욕을 고취시킨 일대 사건이었다. 중국의 장제스는 윤봉길의 의거를 중국의 100만 대군도 하지 못한 일을 1인의 한국 청년이 해냈다고 높이 평가하였다. 그리고 대한민국 임시 정부의 독립운동을 지원하기로 약속하였다. 또한 중국 군관학교에 한국인 특별반을 설치하여 군 간부를 양성할 수 있도록 하였다. 이 학교에서 양성된 인재가 훗날 한국 광복군의 주요 간부가 되었다.

의열단과 한인 애국단 말고도 의거를 통해 항일 운동을 전개한 애국지사들이 적지 않았다. 1919년 노인단 소속의 강우규는 조선 총독 사이토 마고토가 부임하려고 남대문 정거장에 있을 때 수류탄을 던져 살해하고자 하였다. 박열은 1923년 관동대지진 당시 일본 천황을 폭살하려고 계획을 세운 것으로 알려져 있다. 조명하는 1928년 5월 일제 침략자들이 중국 본토 침략 전쟁을 계획하면서 일본 천황의 장인인 구니노미야를 육군 특별 검열사로 대만에 파견한다는 소식을 듣고, 5월 14일 환영 일본인 인파에 속에 있다가 구니노미야에 상해를 입혔다.

2) 1920년대 국외 무장 독립운동

1920년대 한국 독립운동 세력은 일제와 대항하는 방법으로 국외에서 본격적인 무장 독립운동의 길을 선택하였다. 독립에 대한 자신감과 만주, 연해주 지역의 독립 기지가 증가하자 독립군 부대가 편성되었다. 독립군 부대는 관할 지역의 한국인 주민이나 이주 동포를 편입하여 군사훈련 실시, 지휘관 양성, 무

홍범도(1868년~1943년)

김좌진(1889년~1930년)

기 구입 등으로 무력을 증강하고 조직을 강화하였다.

북로 군정서는 대종교도들이 중심이 되어 조직한 독립군 부대로 총사령관 김좌진이 통솔하였다. 남만주 지역에는 서로 군정서와 대한 독립단 등이 있었다. 서로 군정서는 3·1 운동 직후 서간도 지역 한인 자치 기구였던 부민단이 한족회로 발전하여 그 산하에 무장 조직인 군정부를 편성하여 결성되었다. 지청천이 지휘한 이 서로 군정서는 신흥 무관 학교 졸업생을 중심으로 조직을 확대 강화하고 의용대를 편성하여 국내 진입 작전을 감행하였다.

1920년대 국외 무장 독립운동사에서 주목되는 사건이 봉오동 전투이다. 홍범도와 최진동이 이끄는 독립군은 두만강을 건너 일본군 헌병 국경 초소를 습격하여 격파하였다. 이에 일본군 수비대 1개 중대는 두만강을 건너 독립군에 대한 추격을 시도하였다. 독립군은 1920년 6월 4일 삼둔자에서 매복하여 이들 일본군을 격파하였다. 이에 일제는 대규모 병력을 동원하여 독립군을 토벌하고자 봉오동으로 들어왔다. 여기에서 일본군은 완전히 참패하였다. 한국 독립군과 독립 운동가들은 사기가 크게 고양되었고, 이후 항일 무장 투쟁이 보다 전면화 되어 갔다.

청산리 대첩은 1920년 10월 북로 군정서와 대한 독립군 연합 부대가 중국 지린성 청산리 일대에서 일본군과 10여 회의 격전 끝에 승리를 거둔 사건이다. 첫 전투는 삼도구 방면에서 포진하고 있던 김좌진의 북로 군정서와 일본군 동지대 소속의 야마다 토벌대 간에 10월 21일 오전 8시경부터 전개된 백운평 전투였다. 독립군은 매복하여 있다가 일본군을 백운평 골짜기 깊숙이 유인하여 일제히 사격을 가하여 순식간에 200명을 쓰러뜨렸다. 같은 날 오후 홍범도 부대는 완루구에서 일본군 추격군과 전투를 벌여 400여 명의 적을 사살하였다. 이후 일본군의 총 공세에 맞서 김좌진 부대와 홍범도 부대가 연합하여 어랑촌 전투를 벌였다. 10월 22일 독립군 부대는 일본군을 맞이하여 싸웠다. 전투는 1천 6백여 명의 독립군이 5천여 명의 일본군을 상대로 아침 9시부터 시작되어 저녁 늦게까지 계속되었다. 결국 연합 부대가 승리하였는데, 청산리 대첩에서 가장 큰 전투였다. 청산리 대첩은 일본군의 간도 출병 작전을 완전히 실패로 돌아가게 만들었다는 역사적 의의가 있다.

이후 일제는 이에 대한 보복과 만주 출병을 정당화할 목적으로 중국의 마적을 사주하여 훈춘의 일본 영사관을 습격하게 하고 이를 빌미로 만주 출병을 강행하였다. 이 사실을 파악한 독립군은 일본군이 공격하기 힘든 산골짜기나 소련 국경지대 등지로 이동하였다. 이에 일본군은 간도 지역에 3개 사단을 출동시켜 한국인들을 무조건 잡아 죽이는 대학살을 저질렀다. 이것이 1920년에 일어난 간도 참변(경신 참변)이다. 3개월이나 계속된 일본군의 학살은 이곳의 한인 사회를 붕괴시키고자 하는 목적도 있었다.

이렇게 되자, 독립군은 러시아로 이동을 준비하였다. 독립군의 주력은 서일을 총재로, 김좌진과 홍범도 등을 부총재로 하는 대한 독립군단이었다. 그리고 독립군은 일본군의 위협을 피해 소련령 자유시로 이동하였다. 일찍부터 연해주에서 활동하던 다른 항일 무장 단체들도 이곳으로 모여들었다.

자유시에서는 약소민족의 독립운동을 지원하겠다는 러시아 혁명 군대인 적군이 약속과 달리 독립군의 지휘권 양도를 요구하였다. 독립군이 이를 거부하자, 소련군과 이르쿠츠파 공산당 소속 무장 대대는 독립군의 무장을 강제로 해제시켰다. 이 과정에서 수백 명의 독립군이 사살되고, 900여 명이 포로가 되었다. 이들 가운데 일부만이 탈출하여 만주로 돌아올 수 있었는데 이를 자유시 참변이라고 한다.

자유시 참변을 경험한 독립군은 만주 지역으로 돌아가서 여러 독립운동 단체를 통합하여 3부를 결성하였다. 참의부, 정의부, 신민부의 3부가 성립되었다. 참의부는 정식 명칭이 대한민국 임시 정부 육군주만 참의부였다. 그리고 길림, 봉천 등 남만주 일대에 자리 잡은 정의부는 참의부 미가담 세력으로 1924년에 설립되었다. 북만주 일대에 설립한 신민부는 북로 군정서 출신인 대종교 신자가 중심이 되어 구성되었다. 신민부는 1925년 설립되었는데 총사령 김좌진의 통솔 하에 무장한 별동대와 보안대가 있었다.

3부는 정부와 흡사하였다. 3부는 동포 사회에서 선출된 임원으로 행정부와 입법부, 사법부를 구성하였고, 동포 사회에서 걷는 세금으로 정부를 운영하며 독립군을 길렀다.

만주 지역에서 독립군 세력이 다시 커지자 일제는 1925년 만주군벌 장쭤린과 연합하여 미쓰야(三矢) 협정을 체결하였다. 이로 인해 어려운 상황에 놓이게 된 만주 지역의 독립운동 단체들은 통합을 모색하기 시작하

청산리 항일 대첩 기념비(중국 길림성 화룡시)

여 정의부를 중심으로 통합 회의를 개최하였다. 3부는 완전 통합에는 실패했으나 북만주 지역은 신민부와 정의부, 참의부를 중심으로 혁신 의회로 통합하였다. 혁신 의회는 한국 독립당과 한국 독립군을 조직하였다. 남만주 지역은 주력인 정의부와 참의부, 그리고 일부 신민부를 중심으로 국민부로 통합하였다. 국민부는 조선 혁명당과 조선 혁명군을 조직하였다.

3 1930년대 이후 중국 내 독립운동

1) 만주의 독립운동

1930년대 만주에서의 독립운동은 이전과 달랐다. 1931년 9월 일제는 만주 사변을 일으켰다. 다음해에는 청의 마지막 황제 푸이를 추대하여 만주국을 수립하였다. 만주국의 성립으로 1930년대 만주에서의 독립운동은 어려워졌다. 장제스가 이끄는 국민당 정부는 일본 제국주의 타도와 공산당 토벌을 추진하였다. 우익의 경우 국민당과 협동 전선을 강화하였

동북항일연군 전투 모습

고, 좌익은 통일 전선과 무장 투쟁 노선을 추구하였다.

한국 독립운동 세력도 변하였다. 한국 독립당 산하 한국 독립군의 지청천은 총사령관이 되어 쌍성보 전투, 사도하자 전투, 대전자령 전투에서 승리하며 독립 전쟁을 하였다. 남만주에서도 양세봉이 이끄는 조선 혁명군과 중국 의용군이 흥경성 전투, 영릉가 전투 등 여러 전투에서 승리를 거두었다.

만주의 한인 공산주의 운동은 코민테른의 일국일당 주의에 따랐다. 만주 지역 한인 공산주의자들은 중국 공산당 만주성위원회 산하로 들어갔다. 이들은 1930년 5 · 30 봉기를 일으켰다. 봉기 이후에 한인 농민은 무장을 갖추기 시작하였다.

한인 공산주의자로 구성된 항일 유격대는 중국 공산당 산하의 동북 인민 혁명군으로 편성되었다가 1936년 동북항일연군으로 개편되고 국내의 공산주의자, 민족주의자 등과 손을 잡고 재만 한인 조국 광복회를 조직하였다.

2) 중국 관내와 화북 지방의 독립운동

만주의 독립운동 세력은 일제의 중국 침략이 본격화되자 중국 관내로 이동하기도 하였다. 1935년 7

이청천(지청천)(1888년~1957년)　　양세봉(1894년~1934년)

월 난징에서 한국 독립당, 조선 혁명당, 의열단, 신한 혁명당, 대한 독립당 등이 통합하여 민족 혁명당이 조직되었다. 주석은 김규식, 총서기는 김원봉이었다. 민족 혁명당 정강은 사회 민주주의적 성격을 보였다.

　민족 혁명당에 참가하지 않은 세력들을 규합하여 김구는 1935년에 한국 국민당을 창당하였다. 이후 민족진영은 3당 통합이 추진됨에 따라 1940년 5월 8일 3당 해체 선언을 계기로 민족진영의 대표당으로서 김구를 중앙 집행 위원장으로 하는 한국 독립당을 창립하였다. 한국 독립당은 조국 광복을 염두에 두고, 건국 이념과 독립 전쟁 준비 태세를 천명하기 위해 1941년 대한민국 건국 강령을 반포하였다.

　중국 화북 지방에서는 화북 조선 독립 동맹이 출범하였다. 이 동맹의 주석에는 김두봉, 중앙 집행 위원에는 김무정을 임명하였다. 화북 조선 독립 동맹은 국민당 정부의 영향력을 벗어나 중국 공산당이 지배하던 화북 지역에서 조선 청년 전위 동맹과 일부 조선 의용대원이 연합하여 결성한 화북 조선 청년 연합회를 개편한 것이었다. 화북 조선 독립 동맹은 강령에서 보통선거에 의한 민주 공화국 수립, 기본권 보장, 일제와 친일 대기업의 재산과 토지 몰수, 8시간 노동제와 의무 교육제 실시 등을 제기하였다.

22 일제강점기
민족 운동과 사회 변화

진주 형평운동 기념탑(경남 진주)

1 사회·경제의 변화와 독립운동

1) 변화된 경제 상태와 민족주의 운동

　1920년대 회사령의 철폐를 계기로 한국인 사이에서는 기업 설립의 분위기가 확산되어 갔다. 한국인은 정미업, 주조업에서도 근대적 혁신을 꾀하였다. 메리야스 공업, 고무 공업 등 시장 수요와 기술 변화에 능동적으로 대응하여 성장하였다. 또 전국의 대지주와 상인자본가를 중심으로 경성방직 주식회사가 설립되었다.

　대표적인 민족주의 운동인 물산 장려 운동은 조선 총독부의 일본 상품 관세 면제 조치와 자본과 경영에서 우위에 있는 일본 기업과의 경쟁에 따른 민족 자본의 위기에서 비롯되었다. 1920년 7월 조만식을 중심으로 민족 지도자들과 자작회가 주축이 되어 평양에서 발기인 대회를 개최하였다. 1923년 1월 9일 서울에서 조선 물산 장려회 발기 준비 위원회를 구성하고, 같은 달 20일 서울 낙원동 협성 학교에서 창립 총회를 개최하였다. 물산 장려 운동은 '내 살림 내 것'으로 등의 구호를 앞세워 민족 산업의 보호와 육성을 위해 토산품 이용, 근검 저축 등을 주장하였다. 그런데 물산 장려 운동은 일본 상품 불매 운동이나 공장 건설을 적극 추진하지는 못하였다. 사회주의 진영과 일반인들은 이 운동이 자본가 계급만을 위한 것이라고 비난하며 외면하였다.

(구) 경성방직 사무동(서울 영등포)

경성방직 주식회사의 광목 선전 광고

2) 다양한 민족주의 독립운동

　3·1 운동 이후 국내 민족주의 계열은 실력 양성을 주장하였다. 일부의 민족주의자들은 3·1 운동 이후 높아진 교육열과 일제 식민지 교육 정책에 대항하여 한국인 본위의 교육을 주장하였다. 민족주의자들은 초등 교육 확대와 대학 설립을 촉구하였다. 이를 주도한 단체는 조선 교육회와 이상재, 이승훈

브나로드 운동 포스터

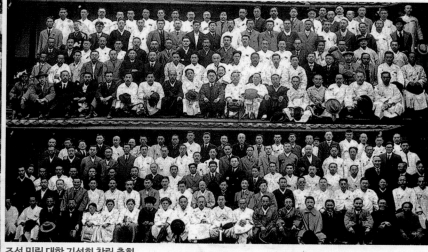

조선 민립 대학 기성회 창립 총회

등이 1922년 결성한 조선 민립 대학 기성회였다. '한민족 1천만이 한사람이 1원씩'이라는 구호 아래 3년에 걸쳐 1,000만원 모금 운동을 전개하였다. 또한 각 군에 지방부를 결성하고 만주, 미국, 하와이 등 해외에서도 모금 운동을 전개하였다. 조선 민립 대학 기성회는 지방을 순회하면서 강연회를 열고 민립 대학 취지에 대해 설명하였다. 이 운동이 확대하는 모습을 보이자 일제는 배일 사상을 고취시킨다는 이유를 내세워 강연회를 중지시키고 청중을 강제로 해산하는 등 탄압을 가하였다.

1920년대 들어 일제의 우민화 정책에 대한 반발하여 일반 교육도 활발하게 전개되었다. 정규 학교에 들어가지 못한 가난한 사람들을 대상으로 한 야학이 설립되었다. 일부 야학은 문맹을 퇴치할 뿐만 아니라 사회 활동에 필요한 능력을 기르고 민족 의식도 고취시켰다.

1930년대 들어와서도 문맹 퇴치 운동이 전개되었다. 문자 보급 운동도 전개하였는데, 이 운동은 언론 기관인 조선일보사와 동아일보사 등이 전개하였다. 조선일보사는 민족적 고양과 함께 '아는 것이 힘, 배워야 산다'라는 구호 아래 전개된 문자 보급 운동을 벌렸다. 동아일보사의 경우, 브나로드 운동을 전개하여 '배우자, 가르치자, 다함께'라는 구호를 내걸었다. 브나로드 운동은 농민 계몽 운동에 그치지 않고 농민의 민족 의식을 일깨우는 데 노력하였다.

한편, 민립 대학 설립 운동과 물산 장려 운동이 실패하자 일부 독립 운동가들은 '자치'를 내걸었다. 이광수는 1922년 5월 민족개조론을 주장하였다. 그는 "우리 민족의 민족성은 거짓되고 공상과 공론만 즐기며 신의와 충성이 없고 일에 임하여 용기가 없다."고 비판하고 이를 개조해야 한다고 주장하였다.

최남선도 우리의 국민성이 사대주의, 타율성, 조직력 부족, 형식병 등이 있다면서 『역사를 통하여 본 조선인』이란 글을 발표하였다.

2 사회주의 운동과 민족 운동

1) 사회주의와 사회주의 운동

한국에서 사회주의 사상은 러시아 혁명 이후 러시아와 중국, 일본 등지를 통하여 국내에 유입되었다. 레닌은 식민지 약소 민족의 해방 지원을 약속하였다. 이러한 분위기 속에 중국과 일본, 연해주의 한인 사회를 통해 사회주의 사상이 국내로 유입되었다.

1920년대 전반기 국내 사회주의 운동에 일정한 진전이 있었고, 노동·농민 운동과 청년 운동을 중심으로 대중 운동이 발전하였다. 1925년 4월 17일 창당 대회에서 조선 공산당이 비밀리에 결성되었다. 화요계를 중심으로 북풍회와 일부 사회주의 그룹이 가담하였다. 이런 조선 공산당은 코민테른의 한국 지부로서 사회주의 운동을 주도하였다. 1~4차에 걸친 일제의 검거에도 조선 공산당은 거듭 조직되었다. 그러나 4차당의 검거와 코민테른의 '12월 테제'에 의거하여 조선 공산당은 해체되었다. 노동자, 농민 중심의 당 재건은 이후 조선 공산당 재건 운동을 통해 전개되었다.

사회주의 사상은 청년·학생 운동, 여성 운동, 형평 운동, 노동 운동, 농민 운동 등 1920년대 독립 운동에 많은 영향을 끼쳤다. 1920년대는 청년·학생 운동도 활발하였다. 3·1 운동 이후 새로운 교육을 받은 청년의 역할이 주목되면서 각종 청년회가 조직되고 전국적인 청년 운동 단체가 결성되었다. 학생들은 동맹 휴학, 퇴학, 일본인 교사 배척 등으로 교내 투쟁을 벌였다. 청년, 학생 단체로는 조선 청년 연합회와 서울 청년회 등이 조직되었다.

(구) 목포 청년회관 일제강점기 목포 청년들의 항일 운동 근거지로 목포 청년회에서 1924년부터 모금 활동을 벌여 1925년 건립하였다. 특히, 신간회 목포 지회가 활동하였다.

초기 청년 단체는 지, 덕, 체의 발달, 산업 발달과 교육의 확대 등 민족의 실력 양성을 목적으로 조직
된 경우가 많았다. 그리고 금주와 금연 등 민중 계몽 운동을 주로 펼쳤다. 사회주의 사상이 보급되면서
청년 단체들의 활동 방향도 실력 양성이나 민중 계몽보다는 무산 계급의 해방을 앞세우는 경향이 강해
졌다. 청년 운동에도 민족주의 계열과 사회주의 계열로 분열되는 현상이 나타났다. 이런 가운데 등장한
것이 조선 청년 총동맹이었다. 조선 청년 총동맹은 전국의 청년 운동을 통일적으로 지도하는 역할을 하
면서 정치, 경제적 민족 운동을 활발히 전개하였다.

2) 다양한 민족 운동

소년 운동은 천도교가 중심적인 역할을 하였는데,
1921년 방정환은 색동회를 조직하고 5월 1일로 어린이날
을 정하고자 하였다. 일제가 메이데이와 겹친다는 이유로
허가하지 않아 어린이날을 5월 첫째 일요일로 정하였다.
그는 '어린이'라는 명칭을 사용하여 어린이에게 존댓말을
쓰는 운동을 전개하였다. 조선 소년 연합회는 전국적 조
직체로 체계적인 소년 운동을 전개하였다.

3·1 운동 이후 여성의 지위도 변화가 생겼다. 가부장
제적 사회 풍토에 있던 전통적인 여성과 달리 여성의 지
위 향상과 사회 참여, 자유연애와 결혼 등을 주장하는 여
성들이 나타났다. 이들은 주로 의사, 교사, 기자 등 신여
성으로서 여성 단체를 조직하고 강연회와 잡지를 발행하
여 여성 계몽과 여성의 권익 신장에 앞장섰다.

여성 운동 단체도 생겨나 대한 애국 부인회, 조선 여자
교육회, 조선 여자 기독교 청년회 등이 결성되었다. 사회
주의의 영향을 받은 여성 운동 단체로는 조선 여성 동우
회 등이 있었다. 1927년에는 신간회의 자매단체인 근우
회가 조직되었다. 근우회는 국내에 지부를 설치하고 순회
공연과 강연회 등을 개최하여 여성의 지위 향상을 위하여
노력하였다. 근우회는 민족적 처지의 탈피와 봉건적 질서

전조선형평사 정기대회 포스터

의 타파를 목적으로 여성 노동자의 이익 옹호와 신생활 개선을 강령으로 하고, 강연회, 토론회, 강좌 등
을 통한 선전과 계몽 활동을 전개하였다. 근우회를 통해 여성 운동은 한 단계 진전되었다.

일제는 호적을 작성할 때 '도한(屠漢)'이라고 백정의 신분을 표시하여 그들에 대한 사회적 차별을 존

속시켰다. 백정의 자녀는 학교에 다니는 것은 물론 취업하기도 힘들었다. 백정 출신 사람들은 "백정도 똑같은 인간이다"라고 주장하며 차별 철폐를 요구하였다. 이들은 1923년 초 경남 진주에 조선 형평사를 조직하였다. 조직을 확대하여 1925년에 이르러서는 본부를 진주에서 서울로 옮기고 1925년 4월 형평사 전조선 대회를 개최하였다. 여기서 이들은 백정 차별 철폐, 백정 자녀의 교육 문제 해결 등을 촉구하였다.

조선 형평사는 1927년 전국 각지에 지사와 분사를 147개를 설치하는 등 회원이 7천여 명에 이르는 전국적인 조직으로 발전하였다. 형평사가 주도한 형평 운동은 처음에는 신분 해방 운동에서 출발하였으나 나중에는 항일 운동의 성격을 띠게 되었다. 그런데 형평 운동은 1920년대 후반에 들어 내부적인 갈등을 겪으면서 점차 약화되어 갔고, 1930년대 후반 형평사가 대동사로 개칭하여 회원들의 경제 이익 향상 운동으로 그 방향을 바꾸었다.

3 신간회 활동

1) 배경

1920년대 이후 국내의 민족주의 세력과 사회주의 세력은 항일 운동의 이념이나 방법을 둘러싸고 대립하였다. 중국과 만주의 독립운동 진영에서도 이념과 노선의 차이로 분화하고 대립하였다. 1923년 대한민국 임시 정부의 국민 대표 회의가 결렬된 이후 대한민국 임시 정부도 독립운동에 대한 영향력이 약화되어 갔다. 이에 중국과 만주의 독립운동 세력은 민족 협동 전선의 필요성에 공감하여 민족 유일당 운동을 전개하였다. 사회주의 세력도 국내외에서 민족 협동 전선에 적극적이었다. 비타협적 민족주의 세력은 타협적 민족주의 세력의 자치 운동을 저지하기 위해 사회주의 세력과 연대하고자 하였다. 비타협적 민족주의 세력은 서울파 공산주의자와 물산 장려회계 민족주의자와 제휴하여 조선 민흥회를 설립하였다.

2) 창립과 활동

1926년 11월 화요회, 북풍회, 조선 노동당, 무산자 동맹회의 발전적 해체에 기초하여 정우회가 설립되었다. 정우회는 정우회 선언을 통해 사회주의 운동의 새로운 방향을 제시하였다. 베이징에서도 한국 독립 유일당 북경 촉성회가 결성되었고, 민족 유일당 운동이 중국 각지로 퍼져 갔다. 1927년 2월, 비타협적 민족주의 세력은 사회주의 세력과 연대하여 신간회를 창립하였다. 신간회의 발기인에는 다수의 민족 운동 세력이 참여하였고, 초대 회장에는 이상재가 선출되었다.

대구 (구) 교남 YMCA회관 일제 강점기 신간회 운동 등 민족 운동의 장소였다.

신간회는 본부를 서울에 두었으며, 전국의 군 단위 지역과 해외에 지회가 설치되었다. 전성기에는 140여 개의 지회에서 4만여 명의 회원이 활동하였다. 신간회는 전국을 순회하면서 강연회와 교양 강좌 등을 개최하여 민중을 계몽하고 민족 의식을 고취하였다. 또 원산 총파업을 비롯하여 각종 사건에 영향을 미쳐 일제의 탄압에 맞섰다. 광주 학생 항일 운동이 일어났을 때에는 진상을 조사, 보고하는 민중 대회를 계획하였다.

신간회는 동양 척식 주식회사의 철폐를 요구하고 언론·집회·결사·출판 등의 자유 쟁취와 일본인 이민 정책을 반대하였다. 또한 노동 운동과 농민 운동을 지원하고, 청년 운동, 여성 운동, 형평 운동 등 사회 운동과 연대하였다.

그런데 민중 대회 사건으로 중앙 집행 위원장인 허헌을 비롯하여 홍명희, 조병옥 등이 공판에 회부되었고, 온건 지도부가 조직을 장악하여 천도교 신파와 관계를 맺고 자치운동으로 전환하였다. 이에 사회주의 세력이 우세하였던 지방 지회에서는 신간회 본부의 타협 노선으로의 전환에 불만을 가졌다. 결국 신간회의 해소론이 제기되었고, 1931년 5월 16일 창립된 지 4년 만에 해소의 길을 걸어갔다.

신간회 창립 보도

신간회 안동지회 제2회 정기대회 (1928. 1. 29)

신간회 해소 이후 국내의 민족주의 진영은 개량주의화, 친일화 경향이 강해졌다. 사회주의 진영은 계급 혁명을 우선시하는 경향을 보였다.

4 농민 운동과 노동 운동

1) 농민 운동

일제 강점 이후 농민의 생활은 어려워졌다. 토지 조사 사업과 산미 증식 계획은 농민을 궁핍하게 만들었다. 소작 농민들은 수확의 절반이 넘는 소작료를 지주에게 바치고, 토지 개량비, 조세 공과금과 비료 대금 등 지주가 부담할 몫까지 부담하였다.

3·1 운동 이후 농민 의식이 성장하면서 농민 운동 단체가 조직되었다. 소작인 조합, 농민 조합, 농우회 등의 농민 조직이 등장하였다. 1924년에는 조선 노농 총동맹이 결성되었다. 이 조직은 노농 운동을 선도하였는데, 1920년대 초반에는 노동 운동과 농민 운동이 하나의 조직으로 통합되어 있었다. 그러나 1927년에 가서는 조선 농민 총동맹과 조선 노동 총동맹으로 분리되었다. 당시 소작 쟁의는 고율 소작료의 인하, 소작권 이동 반대, 동척 이민 반대 등 생존권의 수호를 목적으로 하였다. 그 가운데 1923년 전라남도 무안군의 암태도 소작 쟁의와 1924년 황해도 재령군 동양 척식 주식회사 농장 소작 쟁의 등이 주목된다.

암태도 농민들은 1923년 8월부터 1924년 8월까지 지주 문재철과 일제 경찰에 대항하여 소작 쟁의를 일으켰다. 당시 암태도의 소작인들은 7~8할의 소작료를 4할로 인하해 줄 것을 요구하였다. 문재철이 이를 거절하자 소작인들은 추수 거부, 소작료 불납 동맹으로 맞섰다. 이렇게 되자 지주 측이 사람들을 동원하여 소작인들을 습격하였다. 이에 분개한 소작인들은 문재철 부친의 송덕비를 파괴하여 지주 측과 충돌하였고, 일부 암태도 소작회 간부들이 목포형무소에 수감되었다. 경찰서와 법원 앞에서 부녀자와 어린이, 노인까지 포함한 600여 명이 '아사동맹(餓死同盟)'을 맺고 3일간 단식 농성을 벌였다. 각 지역 변호사들은 무료 변론을 자청하고, 목포 지역의 노동, 청년 단체 등이 연대 투쟁을 전개하여 전국적으로 주목받게 되었다. 일제는 소작 쟁의가 전국으로 확대되는 것을 염려하여 문재철을 설득하였고, 구속자를 석방하였다. 그리고 소작료는 4할로 하고, 지주는 소작회에 2천원을 기부하며, 전년의 미납 소작료는 3년 분할 상환한다는 약정서가 체결되면서 일단락되었다. 암태도 소작 쟁의는 소작인의 승리로 끝났다.

1930년대 들어 농민 운동은 종전의 생존권 투쟁에서 벗어나 일제의 식민 지배를 부정하는 방향으로 전개되었다. 농민들은 산미 증식 계획으로 인해 몰락하고, 식민지 지주제가 강화되자 '일제 타도', '농민 토지 소유'를 요구하였다. 농민 운동은 사회주의의 급진적인 노선과 연계하여 비합법적인 혁명적 농민 운동으로 전개되었다. 당시 농민 단체는 야학, 독서회, 강연회 등의 활동을 통해 농민들의 민족 의식과 계급 의식을 고취하였고, 혁명적 농민 조합으로 변화되었다. 당시 대표적인 농민 투쟁은 불이흥업의 소작 쟁의 등이 있었다.

2) 노동 운동

일제의 식민 지배 이후 노동자는 이중적 고통에 시달려야 하였다. 1920년대 노동자들은 열악한 노동 환경과 민족적 차별을 받으며 장시간의 노동과 저임금에 시달렸다.

이러한 가운데 1920년 노동 운동 조직인 조선 노동 공제회가 만들어졌다. 전국에 20여 개의 지회를 가졌던 이 조직은 1만 5천여 명의 회원을 확보하고 있었다. 1924년에는 조선 노농 총동맹이 결성되었다. 당시 노동자들은 임금 인하 반대와 임금 인상 등 생존권을 위한 투쟁이었다. 아

총파업을 벌이는 원산 노동자들

울러 단체 계약권의 확립, 8시간 노동제의 실시, 악질 일본인 감독의 추방 등도 요구하였다.

1920년대 중반으로 가면서 노동자들의 파업 투쟁은 참가 인원도 늘고 점차 전국적으로 확산되었다. 1926년 목포 제유공장 노동자들과 1927년 영흥에 있는 흑연 광산의 장기 파업 등이 주목된다.

1929년에는 원산 총파업이 있었다. 이 파업은 1928년 함경남도 덕원군 문평리에 있던 영국인 석유 회사 라이징선의 일본인 감독이 조선인 노동자를 구타하면서 발생하였다. 이에 조선인 노동자들은 일본인 감독의 파면과 그들의 처우 개선을 요구하며 파업에 들어갔다. 라이징선 회사가 노동자의 요구를 수용하여 파업은 끝났다. 이후 회사 측은 약속한 3개월이 지났지만 약속을 지키지 않았고, 오히려 노동 단체를 탄압하였다. 이에 1929년 1월 총파업이 일어났다. 이 소식이 알려지면서 국내의 여러 노동 조합과 청년, 농민 단체들이 후원하였고, 세계 각국의 노동 단체들도 격려하였다. 그러나 원산 상업 회의소는 파업 참가 노동자들을 해고하고 함남 노동회라는 어용 노동조합을 만들어 여기에 가입하는 노동자만을 고용한다고 발표하였다. 게다가 경찰의 탄압으로 원산 노동 연합회의 간부들이 구속되면서 원산 총파업은 3개월 만에 막을 내렸다. 원산 총파업은 실패로 끝났지만, 민족적 성원과 국제적 지지를 받은 총파업이자 항일 운동이었다는 데 의의가 있다.

1930년대 들어 노동 운동은 일제의 탄압으로 합법적 노동 운동이 불가능해지자, 그 대안으로 혁명적 노동조합이 조직되었다. 투쟁 방향도 생존권 투쟁에서 민족 해방과 계급 해방의 성격으로 바뀌었다.

5 국학 운동의 전개와 과학의 활성화

1) 국학 운동

일제는 일본의 한국 식민지 지배를 역사적으로 왜곡, 정당화하고자 하였다. 이들이 만들어낸 사관이 식민 사관이다. 식민 사관은 식민 통치를 합리화하는 이론적 기반으로 조선사 편수회가 중추적인 역할을 하였다.

식민 사관은 일선동조론, 타율성론, 정체성론, 당파성론 등으로 설명할 수 있다. 일선동조론은 일본과 한국은 한 뿌리로 일본의 한국 병합은 분가가 본가로 복귀하는 것이며, 두 나라의 관계가 본래의 상태로 돌아간 것이라고 주장하였다. 타율성론은 한국 역사는 중국이나 일본 등 외세의 힘에 의해 좌우되었다는 것이다. 한국은 봉건제가 결여되었다는 정체성론과 조선 시대 당파를 강조하여 한국인은 선천적으로 파쟁 의식이 강하다는 당파성론도 주장되었다.

한국의 근대 역사학은 일제의 이러한 식민 사관에 대항하는 과정에서 확립되었다. 한국의 근대 역사학은 민족주의 사학, 마르크스주의 역사학(사회 경제 사학), 실증 사학 등으로 구분할 수 있다. 민족주의 사학은 일제 식민 사관의 허구성을 폭로하고 민족의 유구성과 독자성을 밝히는 데 앞장섰다. 동시에 민족적 정체성을 확립하고 독립운동의 사상적 기반을 제공하였다. 대표적인 민족주의 사학자로는 신채호, 박은식, 정인보, 문일평 등이 있다. 신채호는 고대사 연구에 주력하여 우리 민족의 자주적이고 진취적인 기상을 강조하였다. 그는 역사를 '인류 사회의 아와 비아의 투쟁'이라고 규정하였다. 『독사신론』, 『조선상고사』, 『조선사연구초』 등을 통해 민족주의 사학의 기반을 확립하였다. 박은식은 국어와 국사는 민족을 지켜 주는 '혼'이라고 하였다. 그는 역사 연구를 통하여 민족의식을 고취하려고 하였다. 그

신채호(1880년~1936년)

신채호의 『조선상고사』

박은식의 『한국통사』

는 『한국통사』와 『한국독립운동지혈사』에서 국가를 구성하고 있는 두 요소를 '혼'과 '백'으로 구별하여 설명하였다.

정인보는 『조선사연구』 등을 통해 한국사에 대한 관심과 자긍심을 환기시키고 '조선의 얼'을 강조하였다. 문일평은 '조선심'을 강조하고 조선심의 결정체로서 '한글'을 들었다. 이밖에도 이능화는 전통 문화와 민속학을 연구하여 한국학 발전에 선구적인 기여를 하였다. 안확은 민족주의 사학을 계승, 발전시켜 문화사 차원에서 언급하였다.

마르크스주의 역사학(사회 경제 사학)은 백남운, 이청원, 전석담 등에 의해 대두되었다. 마르크스주의 역사학(사회 경제 사학)은 인류 역사 발전 5단계설에 기초하여 한국사를 바라보고 한국사의 세계사적 보편성을 추구하고자 하였다. 백남운은 『조선사회경제사』와 『조선봉건사회경제사』에서 한국사의 발전 과정을 변증법적 역사발전 법칙에 따라 서술하였다. 그는 삼국 이전의 원시 공산제 사회, 삼국 시대는 노예제 사회, 신라통일 이후 조선 시대까지는 동양적 봉건 사회, 개항 이후는 이식 자본주의 사회로 파악하였다. 백남운은 자본주의 맹아론을 주장하였고, 봉건제의 결여라는 당시 식민 사학의 정체성론에 전면적으로 의문을 제기하였다. 이청원은 아시아적 생산양식론을 수용하여 조선 사회의 구체적 특수성을 규명하였다. 전석담도 노예제 사회 결여를 주장하였다.

실증 사학은 식민 사학의 한국사 왜곡을 비판하면서 등장하였다. 실증 사학자들은 랑케 사학을 수용하여 실증주의를 표방하였다. 실증 사학자들은 '우리 힘으로 우리 것 연구'를 표방하여 1934년 진단학회를 설립하였다. 실증 사학은 역사에서 나타난 개별적 사실을 고증하여 체계화함으로 역사학을 과학화하고 독립 학문으로 정립시키는 데 기여하였다. 그러나 식민 사관의 허구성을 폭로하고 독립을 쟁취해야 한다는 역사 인식이 부재한 역사학이라는 평가를 받기도 한다.

한편, 1930년대에는 민족주의 사학에 영향을 받아 형성된 조선학 운동이 일어났다. 그 계기는 1934

안재홍(1891년~1965년)

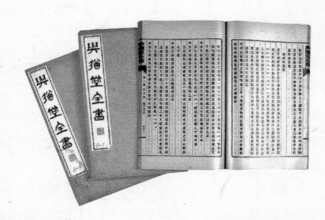

『여유당전서』 1930년대 중반, 안재홍·정인보 등은 조선학 운동을 시작했는데, 이러한 조선학 운동에 의해 조선 후기 학자인 정약용의 저술을 총정리한 문집인 『여유당전서』가 발행됐다.

년에 다산 정약용 서거 99주기를 맞아 『여유당전서』를 간행하고 이를 기념한 다산 기념사업이었다. 정인보, 안재홍, 문일평 등이 '조선학 운동'을 주창하면서 촉발되었다. 일제 관학의 공세에 대응하여 한국학을 체계적으로 진흥시키기 위하여 조선학 운동을 일으켜 학술 운동으로 발전시켰다. 과거 민족주의의 역사학이 지나치게 국수적, 낭만적이었음을 반성하고, 민족과 민중을 다 같이 중요시하면서 민족 문화의 고유성과 세계성을 찾고자 하였다. 조선 후기 실학을 주목하고 고대사 뿐만 아니라 조선 시대를 발전적으로 이해하려고 노력하였다. 조선학 운동은 민족의 정체성을 학문적, 사상적으로 재정립함으로써 민족문제 인식을 심화시켰다.

일제는 '한글'의 사용도 억압하였다. 이에 맞서 국어학자들은 한글 보급 운동을 전개하였다. 1910년대 침체된 한글 연구는 3·1 운동 이후 활기를 띠기 시작하였다. 이윤재, 최현배 등은 조선어 연구회를 조직하였다. 또한 그들은 강연회와 강습회를 개최하였다. 1926년 훈민정음 반포 480주년을 기념하는 모임을 갖고 음력 9월 29일을 '가갸의 날'로 정하여 매년 기념식을 거행하였다.

조선어 학회 회원들(1935년)

조선어 연구회는 1931년 조선어 학회로 이름을 바꾸고 한글 보급 운동을 활발하게 전개하였다. 국어 교재를 보급하고 지방을 순회하여 한글 보급 강연에 힘썼다. 『훈민정음언해본』, 『조선어사전』 등과 『한글』 잡지를 발간하였다. 1933년 조선어 학회는 한글 맞춤법 통일안과 표준어를 제정하고 『우리말큰사전』 편찬에 착수하였다. 여기에 언론사 주도의 문맹 퇴치 운동에도 호응하여 교재를 편찬하고 한글 강습회를 개최하였다. 일제는 이를 탄압하기 위하여 조선어 학회 사건을 조직하여 학회 회원을 검거하고 투옥하였다.

2) 과학의 보급

일제는 식민 통치 기간 내내 그들에 순응하는 식민지민을 양성하기 위하여 하급 기술자 양성에 치중하였다. 때문에 제대로 된 과학 교육을 도외시하였다. 1924년 일제는 경성 제국 대학을 설립하였으나 이공학부는 1938년에나 가서 설치되었다.

일제 강점기 과학의 보급은 안창남의 조국 방문 비행을 계기로 과학 대중화 운동이 일어났다. 그는 1918년에 일본으로 건너가 비행기 제조법과 조종술을 배우고, 1921년에는 일본에서 최초로 실시된 비행사 시험에 1등으로 합격하였다. 각종 비행 대회에서 최우수상을 차지하여 이름을 알렸다. 그는 고국

방문 비행을 하여 크게 환영을 받았다. 당시 비행기는 20세기 과학 기술의 핵심으로 그의 비행 모습은 민족의 자존심을 세워 준 것과 동시에 과학에 대한 관심을 자극하였다.

과학의 대중화에는 김용관이 주목된다. 그는 1924년에 설립된 발명학회의 중심이었다. 그리고 1933년 김용관은 잡지 과학조선을 창간하고, 과학의 날을 정하였다. 과학 지식 보급 강연회도 개최하였다. 그는 1934년 창립된 과학 지식 보급회라는 상설 조직을 통해 자동차 퍼레이드, 라디오 강연, 과학관 단체 견학 등 과학의 중요성을 계몽하였다.

6 다양한 종교, 문예 활동

1) 종교 활동

한국의 항일 세력에는 종교인도 주목된다. 일제 강점을 전후하여 해외로 나간 일부 유생들은 독립군 기지를 건설하고 교육 운동에 헌신하였다.

동학의 3대 교주인 손병희는 1905년 동학을 천도교로 개칭하고 친일파 이용구를 비롯하여 동학에 침투한 친일 세력을 추방하였다. 천도교는 교육 사업에 힘을 기울여 보성 학원과 동덕 학원을 운영하였다. 또한 이 단체는 3·1 운동을 주도하여 이후 일제의 감시와 탄압을 심하게 받아 많은 지도자들이 체포되고 감옥에 투옥되기도 하였다. 천도교는 어린이 청년회와 소년회를 만들어 독립운동을 벌였다. 『개벽』과 『신여성』 등의 잡지를 발간하여 평등 사상을 보급하고 민족 의식을 높였다. 『개벽』은 천도교 기관지로 민족 정신을 높이는 데 기여하였다.

일제 하 불교계는 사찰령의 제정을 계기로 바뀌어 갔다.

천도교 중앙대교당(서울 종로) 천도교 중앙 교당으로 1921년 준공되었다.

한용운은 불교 유신론을 내세워 우리 불교를 일본 불교에 통합하려는 일제에 저항하였다. 그는 3·1 운동 때는 불교계의 민족 대표로 참여하였고, 조선 불교 유신회와 만(卍)당을 결성하였다. 정교 분리와 사찰령 폐지 운동을 전개하는 등 일제의 불교 정책에 맞섰다.

원불교는 박중빈에 의해 창시되었다. 박중빈의 지도 아래 원불교는 교화, 교육, 자선의 3대 사업을 전개하였고 개간 사업, 저축 운동 등으로 민족 경제의 자립을 도모하였다. 또한 남녀 평등, 금주, 허례 허식 폐지 등의 새 생활운동을 전개하였다.

대종교는 나철의 노력으로 민족 종교로 형성되었다. 나철과 오기호는 을사늑약 직후 5적 암살단을 만들어 활동하는 등 독립운동을 전개하였다. 이에 대종교에 대한 일제의 종교 탄압이 심해지자 제 2대 교주 김교헌이 총본사를 만주 화룡현으로 옮겨 항일 투쟁을 전개하였다. 1918년에는 무오 독립 선언서를 작성, 발표하였다. 대종교인을 중심으로 비밀 결사 조직인 중광단을 조직하였는데, 훗날 이 단체가 북로 군정서에 합류하여 1920년 청산리 대첩을 승리로 이끄는데 공헌하였다.

기독교계의 개신교는 교육 사업에 많은 노력을 기울였다. 3 · 1 운동이 일어날 무렵 개신교 학교가 사립학교의 약 30%를 차지할 정도였다. 개신교 학교 졸업생 가운데 민족 지도자들이 많이 배출되었다. 1930년대 일제가 대륙 침략을 하면서 기독교계 사립학교까지 신사 참배를 강요하기 시작하자 유일신을 믿는 기독교인들은 여기에 반대하는 사람이 많았다. 주기철 목사는 일제의 신사 참배를 적극 거부하다 투옥되어 순교하였다.

일제 하 천주교는 사회 복지 시설의 건립에 앞장서 많은 고아원을 세웠다. 3 · 1 운동 때에는 교회 당국의 절대적 금지에도 불구하고 서울과 대구의 신학교 학생들이 만세 시위에 앞장섰다. 1919년 간도에서는 천주교인이 중심이 되어 만주 길림성 왕청현에서 의민단이라는 독립운동 단체가 조직되었다. 하얼빈에서 이토 히로부미를 저격한 안중근 의사와 국채 보상 운동을 제창한 서상돈은 주목할 만한 천주교 신자였다.

2) 문예 활동

3 · 1 운동을 계기로 문학은 계몽적 사조가 퇴조하고 문학 본래의 예술성과 사실성이 중시되었다. 창조, 폐허, 백조 등의 동인지가 발간되어 창작 활동도 활발하게 전개되었다. 소설은 현실 세계를 사실적으로 묘사한 작품으로 널리 읽혔다. 김소월은 민족적 정서를 민요적 율조로 노래한 시「진달래꽃」을 발표하여 주목을 끌었다. 일제의 통치에 저항하는 시가 발표되었는데, 한용운의 「님의 침묵」 등이 대표적이다.

1920년대에는 사회주의 사상을 반영한 신경향파 문학이 등장하였다. 이들은 일제 강점기 사회의 비참한 현실을 고발하고 계급 의식을 고취하는 작품이 발표되었다. 그러나 일제 말기에 가면 우리의 문학은 암흑기를 맞이하는데, 그럼에도 불구하고 윤동주의 「서시」, 이육사의 「광야」 등은 일제의 강압에 굴하지 않은 대표적인 항일 작품이다. 조지훈과 같은 청록파 문인은

한용운 생가(충남 홍성)

윤동주 생가 (중국 길림성 화룡현 명동촌)

순수 문학을 지켜갔다.

연극계에서는 전통적인 판소리나 가면극 대신 「이수일과 심순애」와 같은 일본풍의 신파극이 유행하였다. 1920년대에는 일본 유학생들이 토월회를 조직하여 신극 운동을 벌였다. 신극 운동은 1930년대 극예술연구회의 활동으로 이어졌다. 극예술연구회는 유치진의 「토막」 등 민족적 정서에 호소하는 작품을 많이 제작하는데 기여하였다. 중·일 전쟁 이후 연극의 주제는 일제 찬양 일색으로 변질되었다.

일제 강점기 음악계는 서양과 일본의 예술을 수용하면서 발전하였다. 서양 음악은 개화기에 기독교의 전래와 함께 소개되었다. 서구의 악곡에 맞추어 제작된 창가는 일제 강점기 이전부터 제작되어 국권 상실과 망국의 아픔 등을 노래하여 민족 의식과 항일 정신을 높이는 데 기여하였다. 1920년대에는 홍난파의 「봉선화」, 윤극영의 「반달」 등 가곡과 동요가 작곡되기도 하였다. 1930년대 들어 안익태는 「코리아 환상곡」을 작곡하였다. 이 곡에 들어있는 합창곡이 훗날 '애국가'로 채택되었다. 3·1 운동 이후 「풍진세상」, 「황성 옛터」 등과 같은 대중가요가 유행하였다. 대중가요는 한국인 대중의 감정을 잘 반영한 것으로 애수에 찬 가락으로 이루어져 있었다.

미술계는 한국 최초의 미술 단체로 1918년 서화 협회가 창설되었다. 이를 기초로 하여 다양한 활동이 전개되었는데, 당시 한국화에서는 안중식을 비롯하여 이상범, 허백련 등이 활동하였다. 서양화는 고희동과 김관호 등에 의하여 개척되었다. 나혜석은 여류 화가로 주목받았다. 이중섭은 소를 주제로 하여 민족적 특성을 강하게 표출하여 독특한 경지를 개척하였다. 조각에서는 김복진이 금산사 미륵대불을 제작한 것이 주목된다. 전형필은 일제의 한국 문화재 침탈에 맞서 문화재 수집에 공헌하였다. 고유섭은 국내의 명승과 고적, 사찰을 답사하고 연구하여 문화재에 관한 연구 성과를 내기도 하였다.

영화계는 20세기에 들어와 외국 영화를 소개하기 시작하였다. 1919년 한국 영화를 최초로 상영하였다. 1920년대 조선 키네마 주식회사가 설립되어 민족 의식을 강조하거나 사실주의를 추구한 영화가 제작되었다. 나운규는 일제 강점기 민족의 아픔을 그린 한국의 기념비적인 영화 「아리랑」을 제작하여 일제 강점기 민족의 애환을 영화로 만들었다.

일제는 중·일 전쟁 이후부터 한국인 문인과 예술가로 하여금 분야마다 친일 어용 단체를 조직하고 자신의 침략 전쟁과 전쟁 동원을 찬양하는 데 앞장서도록 강요하였다. 문학과 예술계에서도 친일적인 경향이 나타났다. 일부 문인들은 일제를 찬양하는 소설과 시를 썼는가 하면 일본 군가를 제작하는 작곡가도 생겨났다. 대중 가수들은 군대 위문단 활동에 동원되었다. 화가들 중 일부는 일본의 군국주의를 찬양하는 그림을 그려 일제에 바쳤다. 연극과 영화계에서도 일제의 강요로 친일 어용 영화와 연극이 제작되고 상연되었다.

일제는 문화재 약탈과 도굴 외에도 파괴를 일삼았다. 일제는 한국의 상징적인 문화재들을 대상으로 삼아 숭례문 담장을 파괴하였고, 1915년에는 전찻길을 조성한

간송 미술관(서울 성북) 전형필 동상

다는 명분으로 서대문인 돈의문을 헐어버렸다. 1915년에는 경복궁에서 조선 물산 공진회를 열어 경복궁 내 전각 4천여 칸을 무단으로 해체, 반출하였다. 1926년에는 경복궁의 홍례문을 헐고 그 자리에 조선 총독부 건물을 지었다. 순종 황제가 창덕궁으로 옮기자 순종을 위로한다는 명분으로 바로 옆 창경궁을 놀이 동산인 창경원으로 조성하였다. 그리고 한국인의 민족 정신을 말살하기 위해 1943년 해남의 이순신 명량 대첩비, 아산의 충무공 이순신 신도비, 남원의 이성계 황산 대첩비, 고양의 행주 전승비 등을 파괴하거나 없앴다.

7 일상의 변화

1) 도시화

개항 이후 한국 사회는 자본주의 세계 경제에 편입되었다. 일제 강점기 일본 경제에 예속되어 식민지 자본주의적 경제로 재편되었다. 대자본과 고급 기술력을 필요로 하는 분야는 거의 일본 자본으로 운영되었다. 상공업 부문에서 일본 자본의 지배력은 압도적이었다. 한국인 자본가들은 생산 제품을 다양화하거나 새로운 기계 설비를 도입하여 시장의 변화에 대응하였다.

경제적으로 침체하거나 몰락하는 한국인이 늘어났으며, 농민층의 몰락이 두드러졌다. 노동자들의 형편도 마찬가지였다. 일부 기술자와 숙련 노동자를 제외한 대다수의 한국인은 미숙련 육체 노동자이거나 유년, 여성 노동자였다.

식민지 자본주의가 발달함에 따라 도시화도 진전되었다. 도시 인구는 빠르게 증가하여, 1930년대 후반에 전체 인구의 20%를 차지하였다. 서울, 대구, 평양 등 전통적인 행정 도시는 여전히 주요한 지위

를 유지하였다. 일제의 침략과 함께 형성된 인천, 부산, 목포, 대전, 군산 등 신흥 식민 도시는 빠른 속도로 발전하였다.

서울은 가장 발전한 도시로 근대 문명의 전시 공간이었다. 1899년에 등장한 서울의 전차는 1910년대를 거치면서 대중교통의 수단으로 애용되었으며 버스, 자동차, 자전거 등도 나타났다. 1920년대 도로, 철도, 항만을 잇는 운송 체계의 틀이 마련되었다. 당시 철도는 새로운 도시를 만들고 철길을 따라 역 주변은 도시화 되어 갔다.

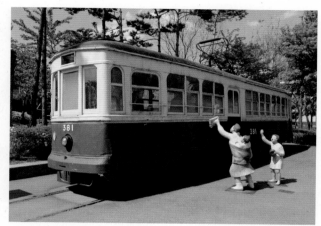
전차(서울역사박물관 앞 전차 381호)

전등과 가로등은 도시의 야경을 바꾸었다. 관청, 은행, 백화점 등의 근대적인 건축물은 경관을 변화시켰다. 서울에는 백화점, 카페, 다방, 극장 등이 들어서 소비문화를 자극하였다.

도시는 식민지의 특성이 드러난 공간이었다. 도시 중심부에는 일제의 행정 기관, 금융 기관 등이 자리를 잡았다. 한국에 온 일본인은 현재의 명동, 을지로, 충무로 일대인 남촌에 밀집하여 살았고, 근대 문명과 상권도 이들 지역을 중심으로 발전하였다. 일본인의 거주 도시에는 일본 신사, 일본 사찰, 일본 공원 등 일본의 종교와 문화를 상징하는 건물들이 들어섰다. 일제 강점기 도시의 경관은 일본인 거주지와 조선인 거주지가 명확히 나뉘었다. 반면에 급격한 도시화로 서울 변두리에는 1만 5천여 명에 달하는 빈민이 토막집에서 생활하기도 하였다.

2) 일상의 변화

일상의 생활에서도 변화가 나타났다. 대도시에서는 직장인을 중심으로 서양식 의복을 입는 사람이 늘어났으며, 한복은 점차 사용이 줄어들었다. 여성의 경우에는 쪽 진 머리에서 단발머리, 파마 등으로 바뀌어갔고, 스타킹과 하이힐도 보급되어갔다. 전시 체제로 들어선 이후부터 남성은 국민복과 전투모를, 여성은 일하기 쉬운 복장인 몸빼를 착용해야만 하였다. 과자, 빵, 케이크, 아이스크림 등 서양음식이 대중에게 소개되었다.

일제의 특정한 일본 옷 착용 강요는 전통적 의복 문화를 단절시켰고 동시에 획일화시켰다. 서양의 음식 또한 일부의 상류층에게만 한정되어 있었을 뿐이었으며, 대다수 한국인들의 식량 사정은 더욱 열악해져 갔다. 한국인 1인의 연간 쌀 소비량은 일본인의 1/2에도 미치지 못하였다. 서민들은 배고픔을 달래기 위해 소나무 속껍질, 콩깻묵, 술지게미 등을 먹으며 연명하기도 하였다.

빈민들이 살던 토막집 땅을 파고 위에 거적 등을 얹고 흙을 덮어 추 **몸빼(1940년대)**   **국민복(1940년대)**
위와 비바람만 간신히 피하도록 지은 임시 거처이다.

일제에 의한 일상의 삶의 변화와 함께 서구식 의료 제도도 1910년 이후 일본식으로 재편되었다. 조선 총독부에 의해 제도화된 의료 체계가 관공립 병원과 사립 병원 등을 통해 구성되었다. 이런 의료 체계는 일본인과 일부의 한국 사람을 대상으로 하였다. 전통적인 한의학 체계는 무시되었고, 위생은 위생 경찰에 의해 통제 관리되었다.

8 한민족의 해외 이주

1) 해외 이주의 시작

19세기 후반부터 한국인은 해외로 이주하기 시작하였다. 이주의 계기는 이주 지역과 시기에 따라 다양하였다. 주로 경제적 곤란 때문이거나 더 나은 생활을 위하여 이주하였다. 일제 강점 전후나 3·1 운동 때에는 일제의 탄압을 피하거나 독립운동을 위하여 이주하는 동포도 적지 않았다.

해외 이주 동포들은 열악한 환경에서 황무지를 개간하여 생활 터전을 마련하였다. 동포들은 한인촌을 건설하여 독립운동 기지를 마련하고 항일 단체를 결성하였다.

2) 해외 이주 동포의 생활

이주의 대상지로 먼저 주목받은 곳은 지리적으로 가까운 만주였다. 특히 1910년대의 이주는 북간도에 집중되었다. 북간도에는 '용정촌', '명동촌'이라 불리는 한인 마을이 형성되었다. 이 지역 인구의 80%를 한국인이 차지하였다. 이곳 만주 동포들은 간도 참변과 미쓰야 협정, 훈춘 사건, 만보산 사건 등으로 시련을 겪기도 하였다.

명동 교회(중국 길림성 화룡현 지린 룽징) 1909년 정재면이 민족주의 신장을 위해 세운 교회이다.

연해주에는 19세기 후반부터 한인의 이주가 이루어졌다. 이주한 동포들은 버려진 땅에서 농사를 지었다. 일제 강점기에 접어들면서 이주 동포가 크게 늘어나 '신한촌'이라는 한인 마을이 생겨났다. 이곳은 독립운동 단체와 학교, 국외 의병 운동의 중심지로 성장하였다. 1917년 러시아 혁명 이후에는 볼셰비키군과 연합하여 항일 투쟁을 전개하였다. 1920년대 볼셰비키는 정권 장악 이후 한인 무장 활동을 금지시켰다. 더욱이 이곳에서 자유시 참변을 겪으면서 한인의 독립운동은 약화되었다.

1930년대 일본과 소련의 긴장 관계가 지속될 때에는 일본군과 구별이 되지 않는다는 이유로 연해주에 살던 많은 동포들이 고통을 당하였다. 특히 1937년 스탈린에 의하여 우즈베키스탄·카자흐스탄 등의 중앙아시아로 17만 명이 강제 이주되기도 하였다. 이 과정에서 많은 연해주 동포들이 목숨을 잃었다.

일본에는 19세기 말 이래 유학을 떠난 학생들과 일터를 찾아간 노동자들이 대도시에 거주하였다. 동포들은 피지배 민족으로서 민족적 차별과 수모를 겪었으며, 열악한 환경과 저임금 노동을 벗어나지 못하였다.

1923년 9월 1일 일본의 수도 도쿄 일대에 진도 7.9의 지진이 발생하였다. 이른바 관동대지진으로 도쿄를 비롯하여 가나가와, 지바, 요코하마, 사이다마 등지가 폐허가 되었다. 약 3만 8천 명의 사람들이 목숨을 잃었다. 1923년 관동대지진이 발생하였을 때 재일 한국인이 일본인 자경단에게 학살당하였다. 이때 일본 당국은 재일 한국인들이 방화, 약탈을 하고 일본인을 습격한다는 유언비어를 유포하였다. 심지어 '조선인이 우물에 독을 타 일본인을 살해한다'고까지 하였다. 학살은 무고한 조선인 약 8천여 명을 희생시켰다.

미주 지역 이주는 20세기 초에 대한 제국 정부의 주선으로 사탕수수 농장이 있는 하와이 이주가 처음이었다. 이주 동포들은 농장 단위로 이주민의 권익 보호에 힘썼고, 신문과 잡지 등을 발간하여 민족의 정체성을 지켜 나갔다. 미주 지역의 이민은 멕시코와 쿠바 등지로 확대되어 갔다. 일제 강점기 미주 지역은 정치적 망명과 유학생의 증가로 그 수가 늘었다. 이들 중에는 독립운동에도 참여하여 외교 활동을 전개하였고, 애국 공채를 구입하여 각종 의연금을 송금하는 등 대한민국 임시 정부를 지원하기도 하였다. 제2차 세계 대전 때에는 미군에 자원 입대하여 군사 활동도 전개하였다.

1923년 관동대지진 당시 조선인 학살

일제에 의한 국권 피탈 등을 겪으면서 유럽에서도 망명객과 유학생이 증가하여 한인 사회가 형성되었다. 이때 유럽으로 건너간 경로는 미국에 갔다가 거기서 다시 이민하는 방식과 3·1 운동 이후 중국에 망명하였다가 유럽으로 진출한 방식이 있었다. 간도나 시베리아에 이주했던 동포들이 러시아를 거쳐 유럽으로 가기도 하였다. 유럽 지역에서 동포가 가장 많이 산 곳은 프랑스였다. 이곳은 3·1 운동 이후 대한민국 임시 정부의 파리위원부가 설치되었던 장소이기도 하다.

23 해방과
대한민국 정부 수립

大統領就任및光復節紀念式場

慶 大統領就任   光復節 祝

대한민국 정부의 초대 대통령 취임 및 광복절 행사

1 국제 질서의 변화와 해방

1) 국제 질서의 변화와 한국

제2차 세계 대전 중 연합국은 국제기구 창설에 의견을 모았다. 연합국은 전쟁을 일으킨 독일, 이탈리아, 일본의 전범들을 재판하고 미국, 소련 중심의 새로운 국제 질서를 모색하였다. 1945년 샌프란시스코에서 국제 연합 헌장을 채택하였고, 국제 연합을 창설하여 국제 질서 유지를 위해 필요한 외교적, 경제적 제재 조치뿐 아니라 군사적 행동을 할 수 있는 권한을 가지게 되었다.

전쟁이 끝나고 세계 질서가 재편되면서 미국과 소련은 대립하게 되었다. 연합국 일원으로 참전한 소련은 사회주의 진영을 주도하였고 미국은 자본주의 진영의 맹주를 자처하며 사회주의 체제의 확산을 막고자 했다. 미국은 사회주의 확산을 막기 위하여 원조를 통해 유럽 경제를 부흥시키는 마셜 계획을 실행해 옮겼으며 북대서양 조약기구(NATO)를 창설하여 서유럽 국가들의 집단 방어 체제를 구축했다. 소련은 코민포름을 창설하여 미국의 전략에 맞섰고 바르샤바 조약 기구를 창설했다.

동서 냉전 구조는 아시아 지역에서도 이념 대립과 갈등을 일으켰다. 중국에서는 국민당과 공산당 사이에 내전이 일어났다. 처음에는 국민당이 우세하였지만, 점차 농촌에서 세력 기반을 다진 중국 공산당이 우세해지면서 중국 전역을 장악하였다. 중국 공산당이 1949년 중화 인민 공화국을 수립하였으나 국민당 정부는 공산당 세력에 쫓겨 타이완으로 옮겨갔다.

한국 독립에 대한 최초의 국제 논의는 카이로 선언이었다. 여기에 참가한 미국, 영국, 중국 등 3개국은 일본의 무조건 항복 요구와 일본 점령 영토 일체 반환, 한국 독립을 결의하였다. 그러나 카이로회담에서는 원칙적으로 한국을 독립시키자는 데에는 합의를 했지만 연합국들 사이의 의견 차이로 그독립 시기를 합의하지는 못하였다.

제2차 세계 대전이 끝나기 전 미국, 영국, 소련의 정상들은 얄타에서 만나 전후 세계 질서 개편과 함께 소련의 대일 참전을 결정하였다. 1945년 7월에는 다시 미국, 영국, 중국의 정상들이 포츠담에서 회의를 개최하여 일본의 무조건 항복을 요구하고 카이로 회담의 결정 사항을 재확인하였다.

2) 1945년 해방

1945년 8월 15일 해방을 맞이하였다. 일본의 식민지가 된 이후 35년 만에 일제의 지배와 탄압에서 벗어났다. 우리가 해방을 맞이할 수 있었던 것은 연합국의 승리가 가져다 준 결과이기도 하지만 우리민족이 온갖 희생을 무릅쓰고 일제에 항거하여 전개해 왔던 독립운동의 결실이었다.

전국에서 해방을 기념하는 집회가 열리고 벽보가 거리에 나붙었다. 조선 총독부와 조선군 사령부 등은 식민 통치 내용이 기록된 각종 문서와 자료를 불태웠다. 국내에 살고 있던 일본인들은 재산을 처분

연합군 앞에서 항복 문서에 서명하는 일본   해방 후 서울역에 모여든 사람들

하고 일본으로 돌아갔다. 일제의 탄압을 이겨낸 항일 운동 세력은 새로운 국가 건설을 서둘렀다.

2 정치 세력의 움직임과 미 군정

1) 정치 세력의 동향

여운형(1886년~1947년)

국내외 독립 운동가들은 정부 수립을 위해 적극 나섰다. 먼저 주도권을 장악한 세력은 여운형을 중심으로 한 건국 동맹이었다. 건국 동맹은 일본의 패전과 민족의 독립에 대비하기 위하여 국내에서 사회주의 세력이 조직한 비밀 결사였다. 여운형이 조선 총독부에 요구한 건국 공작 5개항은 다음과 같다. 첫째, 전국적으로 정치범과 경제범을 즉각 석방할 것, 둘째, 서울에 3개월분의 식량을 확보할 것, 셋째, 치안 유지와 건국을 위한 정치 운동에 대하여 간섭하지 말 것, 넷째, 학생과 청년을 조직 훈련하는 데 대하여 간섭하지 말 것, 다섯째, 노동자와 농민을 건국 사업에 동원하는 데 대하여 간섭하지 말 것 등이었다.

건국 동맹은 해방 이후 조선 건국 준비 위원회(약칭 '건준')로 확대 개편되었다. 독립 국가 탄생을 준비하던 건준은 좌우 세력을 참여시켜 위원장 여운형, 부위원장 안재홍이 맡았다. 건준은 그해 8월 말까지 전국에 다양하게 등장한 자치 기관을 통합하여 지부로 재편하고, 이를 기반으로 치안과 질서를 유지하였다. 건준에는 친일파를 제외한 사회주의자, 민족주의자, 언론인, 지식인뿐만 아니라 지방의 유지들까지 광범위하게 참여하였다. 건준 지도부는 미군 진주보다 앞서 인민 대표자 회의를 열고, 조선 인민 공화국을 선포하였다.

조선 인민 공화국(약칭 '인공')은 1945년 9월 6일 전 인민 대표자 회의에서 조선 인민 공화국 임시 조직 법안이 통과된 뒤 수립을 발표하였다. 여기에서 55명의 대표 위원과 12명의 고문 위원을 선발하였다. 인공은 건국 강령으로 자주 독립국가 건설, 민주주의 실현, 일제 잔재 청산, 민중 생활의 급진적 향상, 세계 평화 공헌 등을 내걸었다.

인공은 지방 조직으로 인민 위원회를 확대 개편하고 각 지역 치안과 행정을 담당하게 하여 일본인들이 남기고 간 재산을 관리하였다. 대중 조직으로 조선 노동조합 평의회, 전국 농민조합 총동맹, 조선민주청년 동맹, 조선 부녀 총동맹 등을 두었다.

국내에서 인공이 선포될 때 우익 세력은 임시 정부에 대한 지지와 인공 반대를 주장하였다. 그리고 충칭에 있던 대한민국 임시 정부는 친일 잔재 청산과 독립 국가 건설을 위한 정책을 내놓았다. 해방이 되자 김구를 비롯한 대한민국 임시 정부 요인들은 임시 정부를 인정하지 않는 미 군정의 거부로 인해 개인 자격으로 귀국하였다. 또한 1945년 11월 미국에 있던 이승만이 귀국하여 한국민주당과 협력을 모색하였다. 한 달 뒤인 12월 미군사령관 하지 장군은 인공이 정부 행세를 하는 것은 비합법적이므로 단속 의사를 발표하였다.

1945년 9월 한국민주당(약칭 '한민당')은 인공 타도와 임시 정부 추대를 명분으로 김성수, 송진우 등 민족주의 우파를 중심으로 창당하였다. 이들은 토지 개혁과 친일파 처벌 반대, 대한민국 임시 정부 정권 장악 저지, 이승만의 단독 정부 주장을 지지하였다. 한민당 인사들은 미 군정과 긴밀하게 연결되어 있었기 때문에 강력한 정치 세력으로 부상하였다. 그들은 좌익 세력이나 친일파 제거를 내세운 대한민국 임시 정부 세력이 정권을 장악할 경우 타격을 받게 될 것을 우려하여 이승만의 남한만의 단독 정부 수립 노선을 지지하였다. 그러나 대한민국 정부가 수립되자 이승만 정부로부터 배제되었다.

이승만은 10월 16일 미국에서 귀국하자 자신이 초당파적 존재라면서 독자 조직 결성에 나섰다. 10월 23일 정당 사회단체협의체의 성격을 띤 독립촉성중앙협의회(약칭 '독촉')를 결성하였다. 여기에서 그는 완전 독립, 38도선 철폐, 신탁통치 반대 등을 내용으로 하는 결의문을 채택하였다.

미 군정이 조선 인민 공화국을 인정하지 않자 여운형이 창당한 조선 인민당은 진보적 민주주의를 표방하고 미·소 공동 위원회를 지지하였다. 이후 남조선 노동당과 통합으로 해체되자 사회 노동당, 근로 인민당으로 발전하였다. 또한 남조선 신민당은 화북 조선 독립 동맹 계통의 백남운이 주도하였는데 신민주주의론을 표방하였다.

1945년 9월에는 조선공산당이 창립되었다. 장안파, 재건파 등 국내 여러 공산주의 세력이 모인 이 조직은 조선 노동조합 전국 평의회, 전국 농민조합 총연맹 등을 산하 기관으로 하여 노동자, 농민 세력을 규합하였다. 모스크바 3상회의 결정 사항인 신탁 통치를 지지하며 남한에 공산 정권을 수립하고자 선전 활동을 전개하였다. 조선공산당은 1945년 10월부터 위조 지폐를 발행한 정판사 위조 지폐 사건을 계기로 미 군정의 탄압을 받았다. 미 군정은 1946년 중반부터 좌익 세력에 대한 탄압을 본격화하였다.

남조선 노동당(약칭 '남로당')은 조선공산당과 조선인민당, 남조선 신민당이 합당하여 만든 조직이었다. 미 군정과 우익의 탄압에 대처하기 위해 허헌을 위원장으로 하여 1946년 11월 조직하였다. 이들은 공산주의 세력 규합, 민주주의 민족전선 결성, 단독정부 수립 반대, 총파업, 제주 4 · 3 사건, 여수 · 순천 10 · 19 사건 등을 주도하였다.

북한에서도 조만식을 중심으로 조선민주당이 창당되었다. 기독교 민족주의자, 기업인, 지주 등 다양한 계층이 참가하였고 초기에는 소련군과 협조적인 관계를 유지하였다. 1945년 10월 조선공산당 북조선 분국이 결성되자 북한 지역의 정치 정세는 변화되고 새로운 구심체가 등장하였다.

2) 미 군정 시대

해방 공간 당시 미국과 소련은 38도선을 경계로 남과 북에 진주하였다. 이는 일본군의 무장 해제를 명분으로 한 미국과 소련의 한반도 분할 점령을 의미한다. 1945년 9월 6일 인천에 상륙한 미군은 38도선 이남 지역에 미 군정을 수립한다고 선포하였다. 소련군은 북한에 진주하여 일제로부터 행정권을 이양받았다. 미 군정은 대한민국 임시 정부를 비롯한 한국인의 모든 정치 단체를 인정하지 않았을 뿐만 아니라 통치의 편의를 위해 조선 총독부 체제를 그대로 인계받았다. 미 군정은 자신들에 우호적인 정치 세력을 육성하여 남한 정계를 개편하고자 하였으므로, 이 과정에서 우익 진영이 확대되었다.

미국기(성조기)가 올라가다(미국문서기록관리청, 국사편찬위원회 수집 자료)

소련은 사회주의자들을 중심으로 하는 인민 위원회를 각 도마다 결성하여 행정권을 이양하는 간접 통치 방식을 선택하였다.

미 군정 3년간은 남북 사이의 경제 단절과 일본의 철수, 그리고 한국 실정에 어두운 미 군정의 정책 혼선으로 사람들의 삶이 어려웠다. 특히, 부산의 경우는 일본인의 철수와 동포의 귀국, 부산항으로 들어오는 물자를 따라 사람들이 모여 들었다.

3 미·소 대립과 좌우 합작

1) 미국과 소련의 대립

제2차 세계 대전 중에 연합국은 한국에 대한 전후 처리 문제에 대해 구체적으로 합의하지 못하였다. 결국 전쟁이 끝난 뒤 미국, 영국, 소련은 모스크바에서 3상회의를 열어 이 문제를 논의하였다. 이 회의에서 미국과 소련은 한반도에서 임시 민주정부 수립, 미·소 공동 위원회 설치, 최고 5년 기한으로 중국이 포함되는 4개국 신탁통치 실시 등을 결의하였다. 핵심은 임시 민주정부 수립이었다.

신탁통치 내용이 국내에 알려지자 반대 운동이 일어났다. 이승만, 김구 등은 소련이 먼저 신탁통치안을 제시했다고 주장하며 반탁 운동을 전개하였고 이는 반공, 반소 운동으로 확대하였다. 이들은 신탁통치가 또 다른 식민지가 되는 것이라며 비상 국민회의를 열어 적극적인 신탁통치 반대 운동을 전개하였다.

반면 좌익 세력은 처음에는 반탁 입장을 취했으나, 나중에 모스크바 3상회의의 결정이 조선의 독립을 지

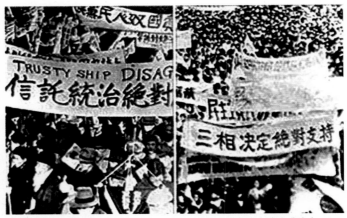

우파 정치 세력의 신탁 통치 반대 집회(왼쪽, 1945. 12)와 좌파 정치 세력의 모스크바 결정 지지 집회(오른쪽, 1946. 1) 신탁 통치 절대 반대와 삼상 결정 절대 지지 문구가 선명히 대비된다.

원하기 위한 것이라고 하면서 회의 결과를 총체적으로 지지하였다. 이런 가운데 미 군정은 대한민국 비상 국민회의를 결성하고, 미·소 공동 위원회 개최에 대비하였다.

덕수궁 석조전(서울 중구) 미국과 소련이 1차 미·소 공동 위원회를 열었다.

신탁통치 문제로 좌익과 우익의 대립이 격화되는 상황에서 1946년 3월 서울에서 제1차 미·소 공동 위원회가 열렸다. 여기에서 소련은 반탁 운동을 벌여 온 단체를 임시 정부 수립에서 제외시키자고 하였다. 반면, 미국은 표현의 자유를 내세우며 모든 정치 단체를 참여시켜야 한다고 주장하였다. 미국과 소련의 의견 대립으로 회의는 끝내 타협을 보지 못한 채 무기한 휴회되었다. 회의가 연기되자 남한에서는 이를 소련의 책임으로 돌리는 반소, 반공 움직임이 일어났다.

5 1945~50년 남·북한 사회

1) 남한 사회의 변화

남한 사회는 해방과 함께 경제, 사회, 문화 등 여러 분야에서 변화가 나타났다. 농민들은 실제로 농사를 짓는 사람들에게 토지가 재분배되기를 원하였다. 또한 대한민국 정부 수립 당시 대부분의 국회의원들은 농지 개혁의 필요성을 공감하고 있었다. 5·10 총선거에서 대부분의 당선자들은 농지 개혁을 공약으로 내걸었다. 이승만 정부는 1950년 2월 농지 개혁법을 공포하였다. 농지 개혁은 '유상매입, 유상분배'를 원칙으로 하였다. 1가구당 3정보를 초과하는 토지는 국가에서 유상으로 매입하였고 토지를 분배받은 농민은 토지 대금으로 1년 평균 생산량의 1.5배를 5년 간 나누어 납부하도록 하였다.

1945년 8월 15일 당시 한국 총 소작지는 147만 7천여 정보였는데 농지 개혁으로 89%가 자작 농지로 바뀌었다. 이 가운데 정부가 실제 매수한 농지는 전체 소작지의 21%에 불과하였다. 이는 농지 개혁 법안을 최종 공포하여 정부가 매수하기 전에 지주가 토지를 미리 처분했기 때문이었다.

해방 이후의 사회적 변화는 교육면에서 두드러지게 나타났다. 미 군정기에 조선 교육 위원회가 구성되어 미국식 학제가 도입되었다. 이러한 학제 아래에서 초·중·고등학교는 6-3-3제가 자리잡았다. 교육 기회가 확대됨에 따라 문맹률이 떨어지기 시작하였고 한글 위주의 교과서가 만들어져 한글이 널리 보급되었다. 이승만 정부는 1950년 6월부터 초등학교 의무 교육을 전면적으로 실시하였다. 이때 홍익인간을 교육 이념으로 삼았고, 교육 목표로 민주 시민 양성을 내세웠다.

사회, 문화적으로는 이념 대립의 양상이 두드러졌다. 해방 이후 신문 발간이 확대되어 전국적으로 70여 개의 신문이 발행되었는데, 대부분 좌우의 이념적 색채를 강하게 띠고 있었다. 좌우의 이념적 색체는 학술과 예술 분야에서도 나타났다.

해방 직후 일제가 물러난 대학과 연구소는 민족문화 재건과 새로운 국가 건설을 위한 요람으로 바뀌기 시작하였다. 일제가 금지한 국어와 국사 연구가 활발하게 이루어졌다. 이 과정에서 좌우익 계열의 학자들이 망라된 조선 학술원이 탄생하였다. 문화와 예술 분야는 좌익 계열의 조선 문화단체 총연맹과 우익 계열의 전국 문화단체 총연합회 등으로 결집되었다.

2) 북한 사회의 변화

해방 이후 북한은 남한과 달랐다. 평양에서는 민족주의 계열의 조만식을 위원장으로 하는 평안남도 건국 준비 위원회가 결성되었다. 북한에 진주한 소련군은 다수의 조직에게 좌우 합작의 인민 위원회로 개편할 것을 명령하였다. 김일성을 비롯한 공산주의자들은 소련군의 지원을 받아 실권을 장악하였다. 그들은 1946년 2월에는 북조선 임시 인민 위원회를 구성하고 김일성을 위원장으로 선출하였다.

해방 이전 중국 화북 지방에서 활약하던 조선 독립 동맹 계열의 인사들은 북한으로 들어가 조선 신민당을 결성하고, 김일성이 이끈 북조선 공산당과 합쳐 북조선 노동당(북로당)을 만들었다. 북로당은 위원장에 김두봉, 부위원장에 김일성을 선출하였다.

북조선 임시 인민 위원회는 사회주의 체제를 강화하였다. 친일파 청산과 주요 산업의 국유화, 무상 몰수 무상분배의 토지 개혁 실시, 8시간 노동제를 규정한 노동법, 남녀 평등법 제정 등을 실시하였다. 일련의 개혁으로 친일파, 지주, 자본가, 종교인, 지식인들은 타격을 받았다. 1948년 초에는 헌법 초안을 만들고 군대를 창설하였다. 조선 민주주의 인민 공화국 헌법은 1948년 9월 8일 최고인민회의 제1기 제1차 회의에서 채택되었다.

북한에서도 토지개혁은 실시되었다. 1946년 3월 '북조선 토지 개혁에 대한 법령'에 의해 일본인 토지 소유와 조선인 지주들의 토지 소유, 그리고 소작제를 철폐하였다. 토지 이용권은 경작하는 농민에게 있으며, 농업 제도는 지주에게 예속되지 않은 농민 경제에 의거하였다. '무상매입 무상분배' 원칙에 따라 토지 개혁을 실시하였다. 토지 개혁으로 북한에서 지주제는 해체되었다. 이 과정에서 토지를 빼앗긴 지주들의 상당수가 38도선을 넘어 남한으로 왔다.

북한은 남한만의 단독 정부가 들어서자마자 최고인민회의 대의원선거를 거쳐 김일성을 수상으로, 박헌영을 부수상으로 하는 '조선 민주주의 인민 공화국' 수립을 1948년 9월 9일 선언하였다.

24 한국전쟁과 사회 변화

한국전쟁과 전쟁고아

1 한국전쟁의 시작과 전개

1) 전쟁의 배경

남과 북이 각각 단독 정부를 수립하자, 미국과 소련은 자국 군대를 철수시켰다. 하지만 사회 체제를 달리하는 남북 정부 사이의 갈등은 점차 심화되었다. 이때 미국은 한반도와 타이완을 미국의 태평양 방위선에서 제외한다는 '애치슨라인'을 발표하였다.

1949년 중국 공산당이 중화 인민 공화국을 수립하자 김일성은 극비리에 소련과 중국을 방문하여 양국으로부터 전쟁 지원을 약속받았다. 북한은 소련으로부터 전투기와 탱크 등 무기와 군사 고문단의 지원을 받아 전쟁 준비를 시작하였다. 중국은 국공 내전에서 싸웠던 조선 의용군 5만 명을 북한 군대에 편입시켰다. 북한은 한반도 전체를 공산화하려는 목표를 세웠다.

2) 전쟁의 시작

1950년 6월 25일 새벽 북한은 38도선 전역에서 전면적인 공격을 강행하였다. 한국전쟁이 일어난 것이다. 북한군은 소련의 무기 지원과 조선 의용군의 북한 편입으로 남한에 비해 상대적으로 강력한 군사력을 보유하고 있었다.

6월 28일에 서울은 북한군에게 함락되었다. 이후 대전이 함락되고 7월 말에는 국군이 낙동강까지 북한군에게 밀리게 되었다. 전쟁 개시 2개월 여만에 국군의 방어선이 포항, 대구, 진주로 내려갈 정도로 남한의 전투력은 북한에게 상대가 되지 않았다.

한국전쟁이 발발하자 미국은 유엔 안전보장 이사회를 긴급 소집하여 북한의 무력 공격은 평화를 파괴하는 침략행위라고 선언하였다. 또한 유엔 회원국들에게 한국에 원조를 제공할 것과 북한에 대해서는 어떤 원조도 중지할 것을 요청하였다. 미국의 트루먼 대통령은 해군과 공군에게 한국군을 지원하도록 명령하였다. 유엔 안전보장 이사회에서는 한반도에서의 유엔 군사 활동을 위하여 미국에 최고 지휘권을 위임하는 결의를 채택하였다. 그 결과 미국의 맥아더 장군이 유엔군 총사령관에 임명되었고 16개국의 유엔군 파병이 결정되었다.

1950년 8월 초부터 국군과 유엔군은 낙동강 전선에서 반격을 시작하였다. 전세가 역전된 것은 9월 중순 이후였다. 맥아더 장군은 9월 15일 인천 상륙 작전을 실행하였고 북한군은 배후가 막히게 되었다. 국군과 유엔군은 9월 28일에 서울을 수복하였으며 10월 1일에는 38도선을 넘어 북으로 진격하였다. 이어 평양과 원산을 점령하고 압록강까지 진격하면서 통일을 눈앞에 두었으나 중국군의 개입으로 전세는 다시 역전되었다. 중국은 압록강, 두만강까지 미군이 진출하는 것은 자국의 안보에 심각한 영향을 줄 수 있다고 판단하였던 것이다. 그리하여 중국은 인민 지원군이라는 명목으로 북한에 중국 인민 해방군을 파견하였다.

국군과 유엔군은 중국군 참전 이후 1951년 1월 다시 서울을 빼앗겼다. 후퇴를 거듭하여 1951년 1월에는 평택과 제천을 연결하는 전선까지 밀리게 되었다. 그러나 전력을 가다듬은 국군과 유엔군은 반격을 시작하여 3월에 서울을 재탈환하고 다시 38도선까지 진격하였다. 이때부터 남북 간의 치열한 공방전이 계속되면서, 휴전선을 중심으로 전쟁은 교착되었다.

폭파된 대동강 철교를 건너 남하하는 북한 주민들

🇺🇳 국제 연합(UN군)			
🇺🇸 미국	🇿🇦 남아프리카 공화국	🇳🇱 네덜란드	🇳🇿 뉴질랜드
🇱🇺 룩셈부르크	🇧🇪 벨기에	🇹🇷 터키	🇬🇷 그리스
🇬🇧 영국	🇪🇹 에티오피아	🇵🇭 필리핀	🇹🇭 태국
🇫🇷 프랑스	🇨🇴 콜롬비아	🇨🇦 캐나다	🇦🇺 오스트레일리아

3) 휴전

1951년 6월 소련이 유엔에서 휴전을 제의하자, 미국은 이를 수용하여 7월부터 휴전 회담이 시작되었다. 휴전 협상은 군사 분계선 설정, 포로 송환 등에서 대립이 계속되었다. 중국군과 인민군 포로가 일방적으로 많았던 것도 한 요인이었지만 이 전쟁이 자본주의와 사회주의 간 이념 전쟁이었기 때문이었다.

한국전쟁에서는 포로 교환도 문제였다. 유엔군 측은 포로의 개인 의사에 따라 교환 문제를 결정하자는 반면, 공산군 측은 무조건 모두 교환하자고 제시하였다. 1949년 체결된 전쟁 포로의 예우에 관한 제네바 협약에서는 전쟁이 끝나는 동시에 본국으로 돌려보내자는 자동 소환을 원칙으로 하였다. 그러나 미국은 인도주의적 원칙을 내세워 자유 송환을 주장하였다. 휴전에 반대하고 북진 통일을 주장하던 이승만 대통령이

인천 상륙 작전 기념관의
자유수호의 탑(인천 연수)

정전 협정서에 서명하는 유엔군 대표 클라크 장군
(사진 왼쪽에서 두 번째)

1953년 6월 18일 거제도에 수용되어 있던 2만 5천명의 북한군 포로를 전격 석방함으로써 회담은 위기에 봉착하였다.

　1953년 소련에서는 스탈린이 사망하고 미국은 종전을 선거 공약으로 내세운 아이젠하워가 대통령으로 당선되었다. 결국 전쟁을 더 이상 진행하는 것은 무리라고 판단한 유엔군과 중국군, 북한군은 1953년 7월 27일 휴전 협정에 서명하였다. 미국과 소련 양국의 협의에 따라 남한 정부는 실질적인 전쟁의 당사자이면서도 휴전 회담에 참여하지 못하였다. 대한민국 국민의 반대에도 1953년 7월 27일 휴전협정이 체결되었다.

2 한국전쟁의 영향

　3년 동안의 전쟁으로 남북한은 많은 인적, 물적 피해를 입었다. 전쟁 과정에서 한반도 지역의 대부분이 국군, 유엔군, 북한군에 의해 점령되어 피해는 커질 수밖에 없었다. 수백만 명의 사람들이 죽거나 다치고 행방불명되었다. 개전 초기 보도 연맹원 학살에서부터 시작하여, 전쟁 과정에서 상대방의 편을 들거나 협력하였다는 이유로 민간인이 북한군에게, 때로는 국군과 유엔군에게 억울한 죽임을 당하였다.

　남북 양측 군대에 의해 민간인도 죽었다. 북한군과 좌익 세력은 남한의 점령 지역에서 마음대로 인민재판을 열어 민간인을 반동분자로 몰아 처형하였다. 국군도 북진하면서 북한을 도운 사람들을 찾아내어 처형하였다. 특히 무장공비를 색출한다는 명목으로 거제, 충무, 거창, 산청 등지에서 민간인을 학살하였다. 1951년 국군이 말썽의 소지가 있는 곳은 초토화시킨다는 작전에 따라 거창 신원면에서 지역 주민 700여 명을 마을 뒤 산골짜기로 끌고 가서 학살하였다. 미군도 1950년 7월 노근리에 있는 경부선 철로 위에 주민들을 피난시켜 주겠다고 하고 전투기로 기총 사격을 가하였다. 이어 철교 및 굴다리에 숨은 사람들까지도 쏘았다. 또한 국민 방위군 간부들이 횡령 사건도 일어났다.

전쟁은 남북한 모두에게 치명적 타격을 주었다. 군인과 민간인을 합하여 남북한 약 280~370만 명 정도의 인명 피해가 발생하였다. 피난과 이념에 따른 인구 이동도 광범위하게 나타났다. 물적 피해의 경우, 남한 제조업은 1949년 대비 42%가 파괴되었고, 북한은 1949년 대비 공업의 60%, 농업의 78% 가 파괴되었다.

밀고 밀리는 전쟁에서 가족과 헤어진 사람은 1천만 명에 이르렀다. 이산가족이 생겨났고 고아가 많아졌다. 전쟁미망인과 상이군인도 급증하였고, 생존을 위해 거리를 헤매는 사람들이 많았다. 국토는 황폐화되고 많은 산업 시설이 잿더미가 되면서, 농업 생산이 어려워져 식량 부족이 극심하였으며, 공업 생산량도 크게 줄어들었다. 도시에는 실업자가 늘어났고, 농촌에서는 하루 3끼 식사조차 힘든 농가가 전체의 1/2이었다.

거창 양민 학살사건 위령비 (경남 거창)

노근리 양민 학살사건 (충북 영동) 흰색으로 보이는 곳이 총알 자국이다.

3 한국전쟁 이후 남·북한 사회의 변화

1) 대한민국

한국전쟁이 끝난 뒤 이승만 정부는 전후 처리를 위한 일이 남아 있었다. 이승만 정부는 1953년 10월 한·미 상호 방위조약을 체결하고 미국과 유대 관계를 강화하고 반공 체제를 공고히 하였다. 한·미 상호 방위조약의 체결로 한·미 상호 간 공동 방위를 약속하였으나, 미국이 한반도 문제에 개입하는 근거가 되었다. 그 결과 한국 내 미군기지 설치가 용인되고, 한국군 작전 지휘권은 유엔사령부에 양도되었다. 냉전 체제가 확대되어 가는 과정에서 이승만 정부는 반공을 국시로 삼았다.

발췌 개헌안 통과(1952년)

1952년 부산에서 대통령 임기 만료를 앞둔 이승만은 자유당을 창당하고 대통령 직선제 개헌안을 국회에 제출하였다. 제1대 대통령 선거 때와 같이 국회에서 간접 선거로는 재선될 가능성이 적다고 생각하였기 때문이다. 그는 1952년 임시 수도인 부산에서 계엄령을 선포하고, 국회 해산을 요구하는 데모를 벌이게 하였다. 야당의원 40여 명을 국제 공산당의 자금을 받았다는 혐의로 연행하고 국회를 탄압하였다.

이승만은 대통령 직선제 개헌안을 토대로 하는 발췌 개헌안을 국회에서 통과시켰다. 개정된 헌법에 따라 실시한 대통령 직선제 선거에서 이승만은 제2대 대통령에 당선되었다.

1954년 자유당 정권은 초대 대통령에 대한 중임 제한 철폐를 골자로 한 개헌안을 또 다시 통과시켰다. 당시 헌법은 대통령의 3선을 금지하고 있었는데 2번의 대통령을 지낸 이승만은 임기가 다하면 물러나야 했지만 자유당은 초대 대통령에 한해서는 3선 제한을 철폐하였다. 이 개헌으로 이승만의 장기 집권에 대한 길이 열렸지만 이 사건은 이승만에 반대하는 세력들이 힘을 모으는 계기도 되었다. 국회 내에서 이승만에 반대하는 세력들이 내각 책임제를 내세운 민주당이나 진보 개혁적 성격의 진보당 추진위원회로 모이게 되었다.

1956년 제3대 대통령 선거에서는 민주당 후보 신익희가 유세 도중 사망함에 따라, 자유당의 이승만 후보와 진보당의 조봉암 후보가 격돌하게 되었다. 조봉암 후보가 예상 밖의 선전을 보였으나 이승만이 다시 대통령에 당선되었다. 이때 진보당의 조봉암은 유효 득표율의 약 24%의 지지를 얻었다. 부통령에는 민주당의 장면 후보가 당선되었다. 이에 따라 이승만 정부와 자유당은 위기 의식을 느끼게 되었고, 반대 세력에 대한 감시와 탄압을 강화하였다.

이승만 정부는 반공을 앞세워 반대 세력 탄압과 장기 집권, 독재 권력을 정당화하는 신국가보안법을 제정하여 국민의 기본권을 침해하였다. 그리고 야당과 비판 세력을 탄압하고 지방자치 단체장 선거 방식을 주민 선거제에서 중앙정부 임명제로 변경하였다. 이후 1958년 진보당 사건으로 혁신계 정당인 진보당을 해체하고 조봉암을 간첩죄로 몰아 다음 해에 사형을 집

재판에 회부된 조봉암

행하였다. 진보당은 1956년 11월 조봉암이 중심이 되어 조직한 혁신정당으로, 남북한 총선거에 의한 평화통일안을 주장하였다. 이 주장이 북한과 소련, 중국의 중립국 감시위원단하의 총선거안과 같다면서 조봉암을 비롯한 당 간부들을 간첩 혐의로 구속, 기소하고 진보당을 해체시켰다.

2) 조선 민주주의 인민 공화국

한국전쟁이 끝나자 북한에서는 김일성의 권력이 강화되었다. 박헌영을 중심으로 한 남로당 세력에게 간첩죄와 내란 음모죄를 적용하였다. 1956년 8월에는 소련파와 연안파들이 김일성의 개인숭배와 권력 독점에 반기를 들자, 이들을 대대적으로 숙청하였다. 그 결과 북한 내에서는 김일성에게 권력이 집중되었다.

북한은 사회주의 공업화를 앞세워 전후 복구 사업에 박차를 가하였다. 전후 복구 3개년 계획이 추진되었고, 이어 경제 개발 5개년 계획을 실시하여 사회주의 경제 체제를 확립하였다. 이 과정에서 노동력을 효과적으로 동원하기 위한 천리마 운동이 전개되기도 하였다. 농업의 협동화도 진행되어 1958년에는 모든 농가가 협동조합에 가입하였다. 개인이 경영하던 기업, 공장 등도 협동 체제로 바뀌었다. 이를 통해 북한은 공동 소유, 공동 분배 체제를 갖추게 되었다.

분단과 한국전쟁을 계기로 북한 체제에 반대하는 세력들이 대거 남으로 내려왔고, 반대로 사회주의를 지지하는 사람들은 북으로 올라갔다. 남북 간의 적대 의식과 대립은 남북 간 교섭과 대화를 중단시켰다. 1954년 국제적 합의를 통해 전쟁을 종결하기 위한 제네바 회담이 열렸다. 그러나 어떤 성과도 없었다. 오히려 남북한의 집권 세력은 이러한 대립을 이용하여 체제 강화에 주력하였다.

3) 미국의 경제 원조

한국전쟁으로 한국은 막대한 인명 피해와 함께 대부분의 산업 시설이 파괴되었다. 기업의 생산 능력은 저하되고, 인플레이션과 실업 등으로 서민들의 생활은 어려워졌다.

한국 경제는 한국전쟁 이후 미국의 경제 원조에 크게 의지할 수밖에 없었다. 미국의 원조 물자는 주로 소비재 중심이었다. 한국 경제는 미국 원조 농산물인 흰색의 밀가루, 설탕, 면화를 원료로 하는 삼백 산업 중심으로 재편되었다. 1950년대 말에는 국내 수요를 초과하는 많은 원조 농산물이 들어와 농산물 가격이 폭락하여 상당수의 농민들이 농촌을 떠나는 부작용을 낳기도 하였다.

이승만 정부는 1951년부터 1955년 사이에 일본인들이 소유하고 있던 귀속재산을 매각하였다. 1949년 처음 귀속재산 처리법이 제정되어 민간 기업에 넘겨졌는데, 정치권과 밀접한 관계가 있던 기업들이 차지하였다. 당시 불하가격이 시가의 1/4~1/5 정도였으며 상환 기간도 15년 분할이었다. 인플레이션이 심했으므로 불하를 받는 그 자체가 큰 혜택이었다. 일부 기업은 불하뿐만 아니라 정부의 재정과 금융 지원을 받는 등 각종 특혜를 받아 재벌로 성장하는 기반이 조성되었다.

한국전쟁으로 생산 설비가 파괴되고 통화의 증발로 한국 경제는 경제 회복을 위한 재원 확보가 어려웠다. 물가의 폭등으로 1953년 2월 통화 개혁을 단행할 수밖에 없었으나 별 효과를 보지 못하였다. 그렇게 되자 이승만 정부는 전후 경제 재건을 위해 미국의 원조에 의지하였다. 미국은 1952년 7월 한미 합동 경제 위원회를 설치하였는데, 이 위원회는 실제적인 한국 경제의 최고 의사결정 기구로서의 역할을 하였다.

침체된 한국 경제는 1950년대 중반 이후 회복세를 보이기 시작하였다. 그러나 1950년대 후반에 미국의 원조가 감소하면서 경기 불황이 나타났다. 이에 따라 경제 자립에 대한 인식이 확산되어 1959년에는 경제 개발 3개년 계획안이 마련되었다. 한국 정부가 마련한 경제 개발 계획의 시초였다. 또한 산업 구조면에서는 소비재 공업의 비중이 낮아지고 생산재 공업의 비중이 높아졌다.

4) 사회의 변화

한국전쟁은 다양한 사회와 제도의 변화를 가져왔다. 교육 제도에서 변화가 나타났다. 도시와 농촌에는 많은 학교들이 세워졌고, 1950년 이후 초등학교 의무 교육이 실시되면서 문맹률이 크게 낮아졌다. 중·고등 교육도 확대되었고, 해외 유학생들도 늘어났다. 교육을 통해 사회 계층의 상승을 원하는 사람들이 많아지면서, 입시 경쟁을 비롯한 교육 경쟁이 치열해졌다. 교육 기회의 확대는 가난한 사람들에게도 교육을 통한 계층 상승의 희망을 주었고, 이것은 한국 사회가 발전하는 가장 큰 인적 기반이 되었다. 그리고 교육을 받은 이들이 한국 경제 발전의 기본 동력으로 1960년대 이후의 경제 성장에 적극적인 역할을 하였다.

여성의 사회 진출도 점차 확대되었다. 경제 활동 인구 중에서 여성이 차지하는 비율이 늘었고, 교육받은 여성의 숫자도 차츰 증가하였다. 한국전쟁은 여성 가장을 양산하였다. 여성 가장의 불가피한 사회적 진출과 전후 서구 문화의 수용은 전통적인 가치관과 생활양식에 큰 변화를 가져왔다. 유교 문화를 대신하여 도시와 도시 서민들을 중심으로 대중문화가 형성되었다. 이 시기 신문과 라디오는 대중문화의 보급에 큰 영향을 주었다.

한국전쟁의 비극을 겪고 난 이후 문학과 영화, 대중가요 분야에서는 전쟁으로 인한 인격 파괴와 부조리한 현실을 고발하고 인간성을 되찾고자 하는 노력이 나타났다. 1950년대 중반부터는 국산 영화도 제작되어 「춘향전」과 같은 영화가 인기를 끌었고, 유현목의 「오발탄」 같이 전쟁의 아픔을 다룬 작품도 나타났다. 하지만 당시의 영화계는 한국전쟁을 배경으로 한 반공 영화가 주류를 이루었다. 대중가요는 분단의 아픔과 전쟁의 비극을 그린 노래들이 인기를 끌었다. 「굳세어라 금순아」, 「단장의 미아리 고개」 등이 그것이다. 아울러 미국의 서부 영화나 전쟁 영화, 팝송 등도 인기를 끌었다. 미국적인 것을 동경하는 분위기가 이를 선도하였다.

한국 전쟁과 관련된 노래

굳세어라 금순아(1953년 발표)

눈보라가 휘날리는 바람 찬 흥남 부두에/ 목을 놓아 불러 봤다 찾아를 봤다/
금순아 어디로 가고 길을 잃고 헤매었더냐/ 피눈물을 흘리면서 일사 이후 나 홀로 왔다.

단장의 미아리 고개(1957년 발표)

미아리 눈물 고개 님이 넘던 이별 고개/화약연기 앞을 가려 눈 못 뜨고 헤매일 때/
당신은 철사줄로 두 손 꼭꼭 묶인 채로/뒤돌아보고 또 돌아보고 맨발로 절며 절며/
끌려가신 이 고개여 한 많은 미아리고개

25 민주주의의
시련·발전과
경제·사회의 변화

5·18 민주 묘역(광주) 많은 무고한 시민들이 신군부에 의해 희생되었다.

1 민주주의의 시련과 발전

1) 이승만 정부의 3·15 부정선거

1950년대 후반 이승만 정부는 비민주적인 각종 정책과 부정부패로 국민들로부터 외면을 받기 시작하였다. 1957년 이후 미국의 경제 원조가 줄어들면서 경제난에 직면하였고, 시민과 학생들은 정부에 강한 불만과 불신을 갖게 되었다.

1960년 정·부통령 선거가 있었다. 야당은 정권 교체를 주장하였고, 국민들의 호응도 높았다. 1956년의 대통령 선거에서 여당 부통령 후보를 당선시키는 데 실패한 이승만 정부는 대통령과 부통령 후보를 모두 당선시키기 위해 부정 선거를 계획하였다. 1960년 3월 15일 이승만 정부는 장기 집권을 위해 대대적인 부정 선거를 자행하였다. 3·15 부정 선거이다.

부정 선거를 알게 된 국민들은 이미 2월 28일 대구에서 정부의 불법적인 선거 개입을 비판하는 시위를 벌였다. 선거 당일에는 마산에서 학생과 시민들이 부정 선거를 규탄하는 대규모 시위가 일어났다. 야당은 3·15 부정 선거가 전적으로 무효라고 선언하고 선거 무효 시위에 들어갔다. 선거 당일 오후 마산에서는 이승만 정부의 불법적인 선거 개입을 비판하고 선거 무효를 주장하는 학생과 시민들의 격렬한 시위가 발생하였다. 이른바 마산 시위가 3월 15일 선거 날에 일어났다. 마산에 이어 부산과 서울로 시위가 확산되었다. 이승만 정부는 시위를 무력으로 진압하였다. 그러나 약 한 달 뒤 시위에 참여하였다가 실종된 고등학생 김주열의 시체가 마산 앞바다에 경찰이 쏜 최루탄이 눈에 박힌 채 떠오르자, 마산을 중심으로 시위가 격화되면서 전국적으로 확대되었다. 이승만 정부는 마산 시위의 배후에 공산당의 조종이 있었다고 발표했다.

국립 3·15 민주 묘지(경남 창원)

2) 4·19 혁명

4월 18일 서울에서는 고려대 학생 3천여 명이 구속 학생 석방과 학원의 자유 보장 등을 요구하면서 시위 투쟁을 전개하였다. 그들은 국회의사당 앞에서 연좌 데모를 벌이다가 귀교 도중에 대한 반공 청년단 소속의 폭력배들에게 피습을 당하였다. 4월 19일 고대생 시위대 피습 사건에 서울 시내 대학생들은 각 대학별로 총 궐기 선언문을 낭독하고 중앙청을 향해 시가 투쟁에 돌입하였다. 고등학생과 시민들까지 시위대에 합세, 오후 1시경에는 서울 시내 전역의 시위 군중은 10만을 넘었다.

경찰은 이승만과 면담하겠다는 학생들의 요구를 무시하였다. 학생들에게 무차별 발포를 감행, 많은 사상자가 발생하였다. 시위 군중은 자유당 정권의 앞잡이 노릇을 했던 서울신문사와 반공 청년단 본부, 자유당 본부 등을 파괴한 데 이어 부통령 이기붕 집도 습격하였다.

이제 시위는 선거 무효를 넘어 독재 정권 타도까지 요구하였다. 국민들의 저항은 더욱 거세졌고, 시위에 참여하는 사람들의 폭도 넓어졌다. 정부는 계엄을 선포하고 계엄군을 파견하였으나 계엄군까지 시위대에 동조하는 태도를 보였다. 4월 25일 전국 27개 대학의 교수 약 400여 명이 "쓰러진 학생의 피에 보답하라!"며 시위에 나섰다.

4월 26일 이승만 대통령은 대통령직에서 물러난다는 성명을 발표하고, 하와이로 망명하였다. 12년에 걸쳐 권력을 장악했던 이승만 정부는 국민들의 힘으로 무너졌다. 부패한 정권을 국민의 힘으로 무너뜨린 이 사건을 4 · 19 혁명이라고 한다. 4 · 19 혁명을 통해 국민들은 역사상 처음으로 독재 정권을 몰아내고 주권이 국민에게 있다는 사실을 확인하였다.

4 · 19 혁명으로 자유당과 이승만 정부가 물러난 뒤, 국회에서는 비상 시국 대책 위원회를 구성하여 이승만 하야, 3 · 15 부정 선거 무효와 재선거, 내각 책임제 개헌 단행, 개헌 후 민의원 총선거 실시 등 4개안을 통과시켰다. 이후 이승만 정부에서 장면 내각으로 넘어가는 과도기에 허정이 중심이 된 과도 정부가 수립되었다.

과도 정부는 의원 내각제, 참의원과 민의원의 양원제 국회, 지방 자치제 실시 등을 주요한 내용으로 한 헌법을 개정하였다. 개정된 헌법에 따라 총선이 실시되어 민주당이 압도적인 승리를 거두었다. 대통령에 윤보선, 국무총리에 장면이 선출되었다. 총리인 장면이 내각을 구성함으로 새로운 정부가 출범하였다.

장면 내각은 민주당 계파 간의 대립으로 처음부터 순조롭게 출발하지 못하였다. 단체 결성과 표현의

각 대학 교수단의 시위 "학생의 피에 보답하라."라는 구호를 내걸고 국회 앞으로 행진 시위를 벌이고 있다.

태극기를 들고 경무대로 향하는 시위대

자유를 확대하고, 지방 자치제 선거도 실
시하는 등 민주주의의 발전을 위해 노력하
였다. 경제 제일주의를 내세우고 경제 개
발을 추진하였다. 이에 따라 경제 개발 5
개년 계획을 수립하기도 하였다.

이무렵 대학생들과 진보 세력 중심으로
통일 운동이 활발하게 전개되었다. 장면
내각은 이승만 정부의 북진통일론을 철회
하고 유엔 감시 아래 남북한 총선거에 의
한 통일을 공식 입장으로 천명하였다. 일

장면 내각의 기자 회견(1961. 2.)

부 학생들은 남북 학생 회담과 학생 친선 체육 대회 등을 제의하였으며 혁신 세력은 남북 정당 사회단
체 회담 개최를 주장하였다. 이들은 한반도 분단이 강대국의 이해관계 때문이라면서 중립화 통일론을
주장하기도 하였다. 이 시기에는 학원 문제나 노동 문제 등이 표출되었고, 각종 단체와 학생들의 시위
가 자주 일어났다. 장면 내각은 봇물처럼 쏟아지는 각계각층의 요구를 제대로 수용하지 못하였다.

2 군사 정부 출현과 유신 체제

1) 군사 정부의 출현

1961년 5월 16일 제2군 부사령관 박정희 소장 등은 5·16 군사 정변을 일으켰다. 정치성이 강한 이
들 군인들은 이들은 이른바 사회 혼란을 명분으로 하여 군대를 동원해 권력을 장악하였다. 그들은 군사

혁명 위원회를 설치하고, 반공 정책 강화, 유엔 권장 준
수, 부패 척결, 자립 경제 수립, 통일 노력 등 6개항의 혁
명 공약을 발표하였다.

5·16 군사 정변 세력은 방송국과 주요 기관을 점령하
고 5월 19일 군사 혁명 위원회를 국가 재건 최고 회의로
바꿨다. 국가 재건 최고 회의는 국회를 해산하고, 입법·
사법·행정의 3권을 장악한 후 반대 세력을 막기 위해 비
상계엄을 선포하였다. 국가 재건 최고 회의는 1963년 제
3공화국이 탄생할 때까지 국가 최고의 통치 기관으로 존

5·16 군사 정변의 주역 박정희 소장을 중심으로 육사 8
기생들이 주도했다.

재하였다. 이들은 도지사, 시장, 군수, 읍·면장에 이르기까지 대부분을 군인으로 임명하였다.

군사 정부는 민주공화당을 창당하여 민정 이양 이후에도 계속 정권을 장악하려 하였다. 1962년 대통령 중심제와 단원제 국회를 주요 내용으로 하는 헌법 개정안이 국민 투표로 확정되었다. 개정된 헌법에 따라 1963년 제5대 대통령 선거가 실시되었고 박정희가 공화당 후보로 출마하여 당선되었다.

박정희 정부의 가장 큰 과제는 경제 발전이었다. 조국 근대화를 표방하며 장면 정부에서 계획되었던 경제 개발 5개년 계획을 본격적으로 추진하였다. 이 과정에서 일본과 국교 정상화를 위한 한·일 회담에 적극적으로 나섰다. 한·일 회담의 현안은 일본의 식민 지배에 대한 사죄와 배상 문제였다. 그러나 박정희 정부는 한·일 협정에서 식민 지배에 대한 배상이 아니라 '독립 축하금'으로 배상 문제를 마무리하려 하였다. 1962년 11월에는 김종필과 오히라 사이에 협정 체결에 합의가 이루어졌다. 한·일 양국은 외교, 영사 관계를 개설하고 한·일 병합 조약과 양국 간에 체결된 모든 조약 및 협정이 무효임을 확인하였다.

일본 측은 대한민국 정부가 한반도에서의 유일한 합법 정부임을 인정하였다. 또한 부속 협정인 '청구권·경제협력에 관한 협정'을 통해 일본이 한국에 3억 달러의 무상 자금과 2억 달러의 장기 저리 정부 차관, 3억 달러 이상의 상업 차관을 공여하기로 결정하였다. 그리하여 1966년부터 1975년까지 5억 달러의 대일 청구권 자금이 도입되었다. 어업협정에서는 양국 연안 12해리의 전관 수역을 설정하고, 어업 자원의 지속적 생산성을 확보하기 위해 일정한 공동 규제 수역을 설정하였다. '재일 교포의 법적 지위와 대우에 관한 협정'에 의해 재일 한국인이 일본에서 영주권을 획득할 수 있게 되었다. '문화재·문화협력에 관한 협정'을 통하여 일제 강점기 일본으로 유출된 문화재를 반환받을 수 있게 되었다.

무리한 한·일 협정 비준에 대해 1964년 학생들은 반대하였다. 학생들은 민족적 민주주의 장례식을 거행하고 전국적인 시위에 돌입하였다(6·3 시위). 시민들과 대학생들은 정부의 대일 협상을 굴욕적 외교라고 비판하고 한·일 회담 반대 시위를 전개하였다. 시위가 전국으로 확대되고 정권 퇴진의 구호가 등장하자 박정희 정부는 계엄령을 선포하고 군대를 동원하여 시위를 진압하였다.

결국 1965년 6월 22일 일본 도쿄에서 한·일 양국 정부는 협정을 조인하였다. 한국에서는 야당이 불참한 가운데 국회에서 이를 비준하였다. 한·일 협정의 비준으로 한국은 경제 개발에 필요한 자금을 충당할 수 있었고, 한·미·일의 공동 안보 체제를 구축할 수 있었다. 그러나 아직까지도 일본은 식민 지배에 따른 사과와 약탈 문화재 반환, 위안부와 강제 징용 등 여러가지 문제를 해결하고 있지 않다.

박정희 정부는 1964년 베트남에 군대를 파견하였다. 인도차이나 반도에서 전쟁이 확대되자, 박정희 정부는 미국의 요청에 따라 반공과 자유 우방 지원을 내걸고 베트남에 병력을 파견하였다. 같은 해 12월 브라운은 한국군의 증병을 요청하였다. 1965년부터 한국은 전투부대를 파병하기 시작하였다. 1973년 철군할 때까지 8년 5개월 동안 한국군은 베트남 전쟁에 참전하였고 인원은 총 32만여 명에 달하였다.

미국은 브라운 각서를 통해 베트남 추가 파병에 대한 미국 측의 14개 항의 보상 조치를 약속하였다.

한 · 일 협정에 서명하는 박정희 대통령 (1965년)　　　　　월남전 파병

이 과정에서 한 · 미 동맹은 강화되었고, 미국의 군사, 경제적 지원도 받을 수 있었다. 또한 한국 기업의 해외 진출이 활성화되면서 외화 수입이 증가하고 수출도 늘었다. 당시 대외 원조를 줄이던 미국으로부 터 군사 원조 삭감 중지와 1억 5천만 달러의 장기 차관을 도입하였다. 베트남에 파견된 군인들과 군납 업체, 기술자들이 한국으로 달러를 송금하여 한국 경제 발전에 도움이 되었다. 그러나 베트남 전쟁에 참전한 많은 군인들이 희생당하였다.

2) 유신 체제

　　1960년대 후반 미 · 소 냉전 체제가 약화되면서, 긴장 완화의 흐름이 나타났다. 여기에 석유 파동으 로 시작된 세계적인 경제 위기가 국내의 경제에도 큰 영향을 미쳤다. 당시 여당인 공화당은 야당 세력 의 성장으로 선거에 의한 집권 연장이 어렵게 되었다.

　　이렇듯 급변하는 세계정세와 국내 상황에서 1970년대 박정희 정부는 국가 비상사태를 선언하고 국 민 통제를 강화하였다. 1971년부터 박정희 정부는 '퇴폐풍조'를 단속했다. 당시 '퇴폐풍조'의 대표적인 것으로는 장발과 미니스커트 착용이었다. 당시 장발과 미니스커트는 젊은이들 사이에 유행이었지만 박 정희 정부는 그런 자유와 사생활까지 간섭하며 공포 분위기를 만들어 갔다.

　　1972년 10월 박정희 정부는 국회를 해산하고 모든 정치 활동을 금지시켰다. 또한 위기 상황에서 는 강력한 대통령이 필요하다는 명분을 내세워 대통령에게 권력을 집중시킨 유신 헌법을 제정하였다. 1972년 12월 박정희는 통일 주체 국민회의의 간접 선거를 통해 대통령에 당선되었다. 유신 체제가 시 작되었다. 유신 체제 하에서 대통령은 임기가 6년으로 늘어났고, 출마 횟수의 제한도 사라져 사실상 종 신집권이 가능해졌다. 헌법에 따라 대통령은 법관을 임명하고, 국회의원 후보 3분의 1을 추천할 수 있 었다. 헌법의 효력을 정지시킬 수 있는 긴급조치권도 갖게 되었다. 박정희 정부는 유신 체제를 통해 '한국적 민주주의'를 추구한다고 선전하였다. 그러나 사실상 이런 조치들은 민주주의의 원칙과 거리가 먼 비민주적, 권위주의적 통치 체제였다.

유신 헌법 공포식(1972. 12. 27)

　유신 체제가 성립되면서 박정희 정부는 국민들의 거센 반대에 직면하였다. 유신 체제에 대한 저항은 대학생, 재야 세력, 언론인, 종교계 등 각계각층에서 일어났다. 1973년 서울에서 유신 철폐를 요구하는 대학생들의 시위가 있어, 이에 자극받은 재야인사들도 유신 헌법 개정 청원 운동을 벌렸다.

　박정희 정부는 국민들의 민주화 요구를 무시하고, 잇따라 긴급조치권을 발동하여 유신 체제에 반대하는 민주화 운동을 탄압하였다. 민주 청년 학생 총연맹(민청학련) 관련자들을 구속하고 인혁당 사건을 통해 그 강도를 더하였다. 이후 민주화 운동은 보다 다양한 형태로 전개되었다. 학생 운동을 했던 대학생들이 노동 현장에 투신하였다. 박정희 정부는 경찰력과 중앙정보부를 동원하여 민주화 운동을 탄압하였다.

　1970년대 말에 이르러 유신 체제에 대한 국민적 저항은 더욱 거세졌다. 제2차 석유 파동으로 경기가 침체되고 물가가 폭등하면서 정부에 대한 일반 국민들의 불만도 급속도로 확산되었다. 1979년 8월, YH 무역 노동자들이 당시 제1야당이었던 신민당사에 들어가 농성하였고, 강제 진압으로 야당과 재야 세력이 전면 저항하였다.

3 민주화 운동의 발전

1) 5·18 민주화 운동

　1979년 10월 16일 부산대학교 학생들을 중심으로 시위가 일어나 시민들의 가세로 확산되었다. 박정희 정부가 18일 0시를 기해 부산 지역에 계엄령을 선포하였음에도 학생들의 민주화 운동은 계속되었다. 마산에서도 시위가 커져 마산과 창원 일대에는 위수령이 발동되었다. 부산과 마산에서 일어난 부마 항쟁은 지역 출신 정치인 김영삼의 국회의원 제명, 부산 일대의 심각한 불황이 원인이었다. 이를 진압하는 과정에서 박정희 정부는 강경 진압 방침을 유지하였다. 당시 중앙정보부장 김재규는 이에 반대하였다. 이러한 갈등 속에서 1979년 10월 26일 김재규의 총탄으로 박정희 대통령이 서거함으로써 유신 체제는 무너졌다.

유신 체제가 무너지자 사회 전반에 민주화를 위한 논의가 활발하게 일어났다. 국민들 사이에 민주화에 대한 열망도 높아졌다. 그러나 군 내부에서 보안사령관이었던 전두환을 중심으로 한 '하나회'의 신군부 세력이 군 지휘 계통을 무시하고 군부를 장악하였다. 이들에 의해 1979년 12·12 사태가 일어났다.

통일주체 국민회의에서의 대통령 선거(1972년)

1980년 민주화에 대한 국민적 열망은 전국적인 현상이었다. 노동자들은 임금 인상, 노동 조건 개선, 노동조합의 민주화 등을 내걸었다. 1980년 4월 강원도 사북 지역 노동자의 4일 동안의 어용 노동조합에 항의한 투쟁은 당시의 시대상을 반영해 주는 사건이었다. 5월 15일에는 서울역에서 계엄령 해제와 신군부 퇴진 등을 요구하는 대대적인 시위가 일어났다. 서울의 봄이 도래하였다. 신군부는 계엄령을 전국으로 확대하면서 무력으로 시위를 진압하였다. 또한 국회를 무력으로 봉쇄하고, 대학에 군대를 주둔시켰다.

5월 18일 광주민주화 운동이 일어났다. 5월 18일부터 광주에서는 계엄령 철폐와 민주 인사 석방을 요구하는 대규모 저항이 10일 동안 벌어졌다. 5월 18일 오전 전남대 앞 시위를 시작으로 광주 시내 곳곳에서 산발적으로 시위가 있었다. 공수부대를 동원하는 등 계엄군은 무차별적인 폭력으로 탄압하였다. 분노한 시민들이 거리로 나와 시위는 대규모로 전개되었다. 이 과정에서 계엄군이 시위대를 향해 총격을 가하는 만행을 저질러 많은 희생자가 발생하였다. 발포는 시민들을 무장시켰다. 시민들은 시민군을 조직하고 무장하여 계엄군의 폭력에 저항하기 시작하였다. 이들은 계엄군과 시가전을 전개하여 전남 도청을 장악하여 계엄군을 광주에서 몰아냈다. 이후 광주는 민주 공간이 되었다. 시민들은 계엄군과 협상을 통해 문제를 해결하고자 하였다. 신군부는 이를 거부하고, 5월 27일 진압 작전에 나서 많은 시민들을 희생시켰다. 이들은 진

서울의 봄(1980. 5. 15) 서울역 앞에서 '유신 철폐'와 '계엄 해제'를 요구하며 대규모 시위를 벌였다.

압 작전에서 헬기를 동원하여 총을 쏘아 대기도 하였다.

5 · 18 광주민주화 운동을 무력으로 진압한 신군부는 국가보위 비상 대책 위원회를 구성하고 정권을 장악하였다. 최규하 대통령은 8월 사임하였다. 이들은 정치인의 정치 활동을 통제하고, 언론을 강제로 통폐합하였으며 삼청교육대를 설치, 운영하기도 하였다.

신군부는 대통령 선거인단에 의한 7년 단임의 대통령 선출을 내용으로 하는 헌법 개정안을 통과시켰다. 전두환이 대통령 선거인단 선거로 대통령이 되었다. 전두환 정부는 '정의 사회 구현', '복지 사회 건설' 등을 내세웠다. 당시 신군부는 언론 통제, 학원 사찰 등 권위주의적 통치를 이어 갔다. 강압 통치에 대한 국내외의 비난이 거세지자, 전두환 정부는 정치 활동 규제자의 단계적 해금, 야간 통행금지 해제, 해외여행 자유화, 학생들의 교복 자율화 조치 등의 조치를 취하기도 하였다.

2) 6월 민주 항쟁

1985년 실시된 총선에서 야당 정치인들이 국회의원에 많이 당선되었다. 야당은 1986년 초부터 대통령 직선제 개헌 운동을 추진하였다. 전두환 정부는 언론을 통제하고 북한의 위협을 과장하면서 강경한 탄압으로 일관하였다. 이 과정에서 1987년 1월 대학생 박종철이 경찰의 고문을 받다가 사망하였다. 또한 1986년 7월 부천 경찰서에서 위장 취업한 여성 노동자를 심문하면서 성고문을 자행한 사실도 폭로되었다. 민주화 운동 세력은 일반 국민들과 정권 퇴진을 요구하는 시위를 벌였다. 전

6월 민주 항쟁(1987년) 6월 민주 항쟁은 6월 10일을 정점으로 20여 일 동안 국민들이 전국에서 시위를 일으킨 사건으로, 대통령 직선제와 민주화를 요구하며 전두환 정권을 물러나게 만들었다.

두환 정부는 대통령 직선제 개헌을 거부하는 '4 · 13 호헌 조치'를 발표하였다.

이에 야당과 재야 세력은 민주헌법 쟁취 국민운동 본부를 만들어 조직적인 개헌 운동을 전개하였다. 당시 집권 여당은 노태우를 대통령 후보로 지명하면서 국민의 개헌 요구를 받아들이지 않았다. 이에 대통령 직선제를 요구하는 국민들의 저항은 더욱 거세졌다. 1987년 6월 호헌 철폐와 독재 타도를 내세운 시민과 학생들의 시위가 전국으로 확대되었다. 6월 말에는 일반 직장인들과 각계각층의 평범한 국민들까지 거리로 나와 전국 각지에서 밤늦게까지 격렬한 시위가 일어났다. 이에 전두환 정부는 국민들의 민주화 요구를 수용하여 대통령 직선제 개헌, 일부 정치인들의 사면 복권과 석방 등을 주요 내용으로 하는 '6 · 29 민주화 선언'을 발표하였다.

'6·29 민주화 선언'은 군부 통치에 굴복하지 않은 국민의 승리였다. 강경한 탄압 속에서 끊임없이 전개된 민주화 운동의 결실이었다. 이 선언은 이후 노동 운동, 통일 운동, 시민 운동 등 사회 전반에 걸친 다양한 운동에 영향을 미쳤다.

6월 민주 항쟁은 여야 간 협상을 통해 직선제 개헌안을 만들었고, 이것이 국민투표에서 통과되었다. 1987년 12월, 16년 만에 직선제 대통령 선거가 실시되었다. 이 선거에서는 야당 후보인 김대중과 김영삼의 후보 단일화가 실패되었다. 결국 여당의 노태우 후보가 대통령에 당선되어 노태우 정부가 출범하게 되었다.

노태우 정부는 달라진 국제 환경에 대처하기 위해 북방 외교를 추진하였다. 사회주의 국가들과 교류에 적극 나서, 헝가리를 비롯한 소련, 중국과도 잇달아 국교를 체결하였다. 이러한 북방 외교의 결과 사회주의권과 경제 교류와 인적, 물적 자원의 교류가 확대되었다. 북한과의 관계 개선도 추진되어 남북한이 동시에 1991년 유엔에 가입하였다.

1988년에 치른 총선에서 노태우 정부는 과반수 의석을 확보하는 데 실패하였다. 이로서 여소야대의 정국이 조성되었다. 야당의 요구에 따라 '5공 및 광주 청문회'가 열려 신군부 세력 집권의 불법성과 실정이 백일하에 드러났다.

3) 문민 정부의 시대

노태우 정부는 여소야대의 국면을 타개하기 위해 1990년 민주 정의당, 통일 민주당, 신민주 공화당의 3당 합당을 이끌어냈다. 이어 민주 자유당 대표 최고위원으로 김영삼을 추대하였다. 1992년 12월 대통령 선거에서 김영삼 후보는 대통령에 당선되었다. 그는 1993년 제14대 대통령에 취임하여 32년 만에 군사 정권에 마침표를 찍고, 문민 정부의 시대를 열었다. 군사 정권이 아닌 민간 정부가 등장한 것이다. 1993년 문민 정부는 공직자 재산 등록과 금융 실명제 등을 실시하였다. 1995년 지방자치 단체장 선거를 통해 지방자치 시대를 열었다.

김영삼 정부는 역사 바로 세우기를 위해 군대 내부의 '하나회'를 제거했을 뿐만 아니라 12·12 사태와 5·18 민주화 운동에 대한 책임을 물어 전두환과 노태우 전 대통령을 구속하였다. 특히 5·18 특별법을 제정하여 5·18 광주 민중 항쟁을 민주화 운동으로 인정하였다. 그러나 김영삼 정부는 경제가 어려워져 1997년 11월 국제 통화 기금(IMF)의 구제 금융을 신청하였다.

1997년 12월 김대중 후보가 대통령에 당선되었다. 이로서 국민의 정부가 열렸다. 이어 금모으기 운동 등을 통해 국제통화기금의 구제 금융을 상환하였다. 그리고 햇볕 정책을 실시하여 북한과 관계 개선에 나섰다. 그 결과 '6·15 남북 공동 선언'을 이끌어냈다. 김대중 정부는 여성 문제, 인권 문제에 관심을 가졌고, 권위주의에 대한 개혁도 단행하였다. 아울러 과거사에 대한 청산 작업도 이루어졌다. 그러나 외국 자본의 확대, 노동 시장의 유동성 증대, 고용 구조의 악화와 소득 격차의 심화와 사회 구조의 양극화 현상 등은 해결할 과제를 남겨놓았다. 한편 김대중 대통령은 2000년 한국인 최초로 노벨평화상을 수상하기도 하였다

　2002년 12월에는 노무현 후보가 대통령에 당선되었다. 노무현 정부는 참여 정부라 한다. 변화와 개혁을 내세운 노무현 정부는 국가 권력 기관의 독립, 낡은 정치의 청산, 권력과 재벌, 언론과의 유착 청산 등에 진력하였다. 탈권위주의와 대북 포용정책을 채택하였다. 진실과 화해를 위한 과거사 정리 위원회, 친일 반민족행위 진상규명 위원회 등을 통해 과거사 청산에 노력하였다.

4 경제 발전과 사회·문화의 변화

1) 한국 경제와 경제 개발

　한국 자본주의는 1960년대 이후 경제 개발의 길을 갔다. 4·19 혁명으로 수립된 민주당 정부는 경제 제일주의를 내세워 경제 개발 5개년 계획을 수립하고, 이를 실행하기 위한 준비 작업에 착수하였다. 그러나 5·16 군사 정변으로 이 계획을 실행에 옮기지 못하였다.

　5·16 군사 정변으로 집권한 박정희 정부는 경제 개발을 집권의 한 가지 명분으로 삼았다. 경제 개발을 위해 정부가 직접 개입하여 경제 기획원을 신설하고 외국 자본 도입을 추진하였다. 외자 도입법을 통해 외국인의 투자 유치를 확대하였다. 경제 개발이 시작되면서 자본이 부족한 한국 경제는 원자재를 외국에서 수입, 가공하여 다시 외국 시장에 파는 전략을 선택하였다. 또한 박정희 정부는 외국에서 들여온 자금을 낮은 이자로 빌려 주는 금융 정책을 실시하여 수출 중심 기업을 적극적으로 지원하였다.

　1960년대 한국 경제는 계획경제의 시대였다. 박정희 정부는 1962년부터 제1차 경제 개발 5개년 계획을 추진하였다. 도로, 항만 등 사회 간접 자본을 확충하고, 합판, 신발, 가발, 면직물 등 노동 집약적 경공업을 집중적으로 육성하였다.

　제1차 경제 개발 5개년 계획 이후 박정희 정부는 1967년부터 제2차 경제 개발 5개년 계획을 추진하여 외형적 성장을 이루었다. 수출 증대와 산업 구조의 근대화, 식량 자급 등에 초점을 맞추었다. 이때에는 베트남전 참전에 따른 특수 경기로 기업들의 해외 진출, 상품 수출 등이 유리하였다.

　1, 2차에 걸친 경제 개발 5개년 계획에 따라 한국 경제의 평균 경제성장률은 9%를 초과하였다. 1인당 국민 총생산은 이전 시기보다 2배가 되었고, 저축률도 크게 높아졌다. 국가 주도의 경제 개발이 추진되면서 외국 자본 도입과 금융 지원 등의 특혜를 받은 일부 수출 기업들이 대기업으로 성장하였다.

　1960년대 후반 세계 경제의 침체로 주요 수출품인 경공업 제품이 세계 시장에서 고전하면서 한국 경제는 위기를 맞이하였다. 세계 경제는 산업 구조를 조정하여 선진 자본주의 국가들은 산업 중심을 중화

서독 파견 광부들　　　　　　　　서독 파견 간호사들

학 공업에서 첨단 산업으로 옮겨 갔다. 이 과정에서 중화학 공업의 상당수가 한국을 비롯한 개발 도상국으로 이전되었다.

2) '한강의 기적'과 재편되는 한국 경제

　1970년대 들어선 한국 정부는 경공업 중심의 경제 구조를 재편하기 위해 대기업에 재정, 금융, 조세상의 특혜를 주었다. 1972년 8·3 사채동결 조치를 실행하였다. 정부는 제3차 경제 개발 5개년 계획을 추진하여 제철, 정유, 석유화학 등 중화학 공업을 집중적으로 육성하였다. 한국 정부는 기존의 중화학 공업 수출 산업화를 위해 정부 주도로 특정 산업 지향형 대규모 투자와 종합적인 지원 체계를 갖추었다.

　이어 제4차 경제 개발 5개년 계획에서도 중화학 공업화는 꾸준히 추진되었다. 1970년대 말 중화학 공업 생산이 경공업을 넘어서게 되었다. 국내 총생산에서 제조업이 차지하는 비중도 크게 증가하였다. 이 기간에는 무역 신장, 중동 경기 건설 특수와 국내 수요 증가 등으로 높은 성장을 이루었다.

　1977년에는 수출 100억 달러, 1인당 국민 소득 1,000달러를 돌파하였다. 당시 한국경제 발전을 '한강의 기적'이라고 하였다. 그러나 수출주도 경제 정책은 부의 편중과 불균형을 초래하여 국민 경제의 성장에 장애를 일으키는 요소로 작용하기도 하였다.

　한국 경제는 1970년대 말 정치적 불안정, 중화학 공업에 대한 중복·과잉 투자, 제2차 석유파동 등으로 심각한 위기를 겪게 되었다. 1980년에는 국제 수지가 악화되어 적자 성장의 상황이 초래되었다. 1980년대 들어 전두환 정부는 산업 합리화 정책을 추진하여 중화학 공업 분야의 투자를 조정하고 부실 기업을 일부 정리하였다. 실질 임금을 동결시켰으며, 농산물 가격을 통제하였다.

한국 경제의 고도성장은 1980년대에도 계속되었다. 1980년대 중반 이후에는 저유가, 저금리, 저환율의 이른바 '3저 현상'으로 때 아닌 호황을 맞이하였다. 1980년대 후반부터는 자본과 기술의 개방과 자유화가 진행되면서 반도체, 자동차 등 기술 집약형 산업이 성장을 이끌었다. 1980년대 이후 세계 경제는 시장 자유화 추세로 나아갔다. 선진 자본주의 국가들은 보호 무역주의를 강화하고 '다자간 무역 협상을 위한 각료 선언(우루과이 라운드)'을 통해

포항 종합 제철 모형(경북 포항)

금융과 시장, 산업의 개방화를 추진하였다. 한국은 1995년 세계무역기구(WTO)에 가입하였다.

그러나 1997년 김영삼 정부는 국제 금융 위기 등 각종 경제 문제에 잘 대응하지 못하였다. 한보철강 부도를 시작으로 대기업이 부도를 맞았다. 대기업 부도는 금융 기관의 경영 위기와 증권 시장의 붕괴로 이어졌다. 급기야 같은 해 11월 김영삼 정부는 국제 통화 기금(IMF)에 구제 금융을 신청하였다. 한국은 'IMF 외환위기'를 맞이하였던 것이다. 이로 인해 한국에 다국적 기업들이 들어오고, 국제 금융 자본이 국내 자본 시장에 유입되었다. 이러한 상황 속에서 한국 정부는 온 국민이 참여하는 금 모으기 운동 등의 전개에 힘입어 2001년 8월 구제금융 195억 달러를 전액 상환하였다.

2010년부터 경제협력 개발기구(OECD)의 개발 원조국이 된 한국은 이제 어려운 나라에 도움을 주는

100억불 수출의 날 경축 아치(1977년)

나라로 발전했다. 불과 50년 전에, 다른 나라의 도움을 받아야만 했던 나라가 이제는 가난하고 힘든 생활을 하는 다른 나라에 도움을 주는 위치에 오른 것이다.

3) 농촌과 도시의 변화

1960년대 이후 성장 위주의 경제 정책은 사회 문제를 양산하였다. 특히 농촌에서는 공업화 과정에서 저임금을 유지하기 위해 실시한 저곡가 정책으로 도시와 농촌의 소득 격차가 벌어졌고 일자리를 찾아 농민들이 농촌을 떠나 도시로 가야만 했다.

정부는 농촌의 소득증대 사업으로 1970년대 초부터 새마을 운동을 시작하였다. 새마을 운동은 근면, 자조, 협동의 정신을 바탕으로 하였다. 또한 마을길 넓히기, 초가지붕 개량, 하수구 정비 등이 추진되었다. 새마을 운동은 농민들의 잘 살아보겠다는 의욕을 자극하여 농촌의 외적인 환경을 바꾸었다. 농가 소득도 증대되는 효과를 가져왔다. 1980년대 이르러는 도시 환경 정비와 시민 의식의 계발을 목표로 하는 도시 새마을 운동으로도 전개되었다. 그러나 새마을 운동은 정부에 의해 국민 통제 차원으로 진행된 폐해도 있었다.

1970년 농민들은 농민들의 권익을 주장하기 시작하였다. 가톨릭 농민회를 중심으로 농민 운동이 활성화되었다. 정부의 저곡가 정책에 맞서 추곡 수매와 농협 민주화 운동 등을 전개하였다. 1980년대에는 외국의 농축산물 수입 개방을 반대하는 운동을 추진하였다. 전국적인 규모의 농민단체 결성을 시도하기도 하였다.

1960년대부터 본격화된 경제 성장은 한국 사회를 전통적인 농업 사회에서 공업 중심의

새마을 운동 관련 자료

산업 사회로 변화시켰다. 농촌을 떠나 도시로 이동하는 인구가 늘면서 농업에 종사하는 인구가 줄어들고, 공업과 서비스 산업에 종사하는 인구가 크게 증가하였다. 지속적인 산업화와 경제 성장은 도시를 중심으로 이루어졌다. 또한 산업 발전이 대기업 중심으로 이루어지면서 노동자가 늘어났고 산업화에 따른 사회 변화도 진전되었다. 인구의 도시 집중으로 서울을 비롯한 대도시에는 고층 빌딩과 아파트 단지가 들어섰고, 자동차와 공업 단지의 증가로 교통과 환경 문제가 발생하였다

산업화는 전통적인 가족 구조에도 영향을 미쳐 대가족 중심에서 핵가족 중심의 시대로 접어들게 하였다. 이에 따른 주택 수요 증가를 발생시켰다. 주택 부족은 내집 마련의 중요성을 부각시켰고, 부동산 가격 상승이 물가 상승을 추월하였다.

도시 빈민의 문제도 심각하였다. 산업화에 따라 농민들이 도시로 몰려들어 영세민으로 전락하였다. 대도시 곳곳에 판자촌이 형성되었다. '달동네'가 들어섰다. 이들은 영세 사업장에서 저임금과 장시간 노동에 시달리거나 막노동, 행상 등을 하면서 하루 벌어 사는 삶을 살았다. 1970년대 정부는 열악한 판자촌 환경 개선을 목표로 도시 미화 사업을 추진하였다. 서울의 도시 철거민들은 경기도의 외곽지대로 집단 이주 당하였다. 1971년 광주 대단지 사건은 이러한 폐해를 보여주는 대표적인 사건이다.

도시를 중심으로 급격한 인구 증가 현상이 나타났다. 1960년대 이후 정부는 인구 증가를 억제하기 위해 꾸준히 산아 제한을 실시하기도 하였다. 그런데 2000년 이후 오히려 저 출산이 문제가 되어 정부에서는 출산 장려 정책을 쓰고 있다.

4) 노동 문제의 대두

1960년대 이후 정부는 수출 상품의 경쟁력을 확보하기 위해 노동자들의 임금을 낮은 수준으로 유지하는 성장 위주의 경제 정책을 선택하였다. 결국 노동자들은 희생의 대상이 되었다. 5 · 16 군사 정변 이후 한국 노동조합 총연맹(한국노련)이 한국 노동조합 총연맹(한국노총)으로 재조직되었다. 이들 단체는 설립 의도와 달리 1960년대 이후 저임금과 열악한 노동 조건에 시달리던 노동자들을 대변하지 못하였다.

1970년 평화 시장에서 전태일의 분신 사건이 발생하였다. 재단사 전태일이 불합리한 노동 조건 개선과 근로기준법의 준수를 외치며 분신하였다. 이 사건은 당시 사회에 노동 문제의 관심을 불러일으켰다.

산업화의 진전은 노동자들의 숫자도 크게 증가시켰다. 1960년대에는 중소 사업장에 종사하는 여성 노동자가 많았다. 여성 노동자들은 상대적으로 적은 봉급을 받으면서도 생산성이 높아 노동 집약적 수출 산업에서 큰 역할을 다하였다. 1970년대에는 중화학 공업의 성장으로 남성 노동자가 상대적으로 크게 늘어났다. 이에 따라 노동자들의 실제 권익을 옹호하는 민주 노동조합도 등장하였다.

1980년대 중반까지 정부는 저임금 정책을 유지하였다. 기업가의 입장을 옹호하고 노동자의 단체 교섭권과 단체 행동권을 제약하였고, 노동 운동은 탄압 당하였다.

1987년 6월 민주 항쟁 이후 노동 운동은 일대 전환기를 맞았다. 1987년 7월부터 민주적 노동조합이 본격적으로 결성되었다. 노동 환경 개선, 임금 인상 등을 요구하는 노동자들의 시위가 크게 증가하였다. 노동 운동은 사무직 노동자와 전문직 노동자들로까지 확대되었다. 또한 민주 노동조합 진영은 전국적 규모의 제조업 노동조합과 비제조업 노동조합의 조직에 기초하여 1995년 민주 노동조합 총연맹(민주노총)을 출범시켰다.

5) 소외된 삶의 시대를 넘어

한국 사회는 소외된 삶을 살고 있는 사람이 1960년대 이후 다수 나타났다. 국민들은 생활수준이 향상되었지만 산업화 과정에서 빈부 격차가 심화되면서 사회적 약자와 소외 계층이 발생하였다. 국민 평균 수명이 늘어나 인구가 급격히 증가하였으며, 핵가족화와 육아 문제, 고령화 문제와 질병 관리 문제 등이 나타났다. 1977년 의료보험 제도를 도입하여 도시와 농촌, 직장 중심의 의료보험 체계를 갖추었다. 1960년대부터 공무원 등을 중심으로 실시되어 오던 연금 제도를 확대하여 1988년에 국민연금 제도를 실시하였다.

여성은 노동 집약적 수출 산업에서 전문직과 기술직에 종사하기 시작하였다. 이에 따라 여성들의 사회 진출이 늘어나기 시작하였다. 고등 교육을 받은 여성들도 늘어나게 되고, 여성의 사회의식이 성장하면서 전통적인 가부장적 의식이 약화되었다. 1970년대에는 가부장제 중심의 가족법을 개정하자는 운동을 벌이기도 하였다. 1980년에도 여성 운동은 꾸준히 계속되었다. 이에 대한 결실로 '남녀고용평등법'이 제정되었다. 1990년대 초에는 가족법이 개정되어 여성도 남성과 동등하게 재산과 아이에 대한 권리와 의무를 가지게 되었다. 2005년에는 호주제가 폐지되고 호적 대신 가족 관계 등록부가 만들어졌다.

경제 성장과 함께 국민들의 교육열이 더욱 높아졌다. 교육이 사회 진출과 직업 선택의 기회를 넓혀주는 통로로 인식되면서 각 가정마다 교육에 대한 관심과 투자가 높아졌다. 중·고등학교, 전문대학과 종합 대학의 수가 늘어났고, 공립 교육 기관뿐만 아니라 사립 교육 기관도 크게 늘었다.

한국 사회의 지나친 교육열은 여러 가지 폐단을 낳았다. 고액 과외와 치맛바람이 성행하는 부작용을 가져왔다. 1960년대와 1970년대를 거치면서 박정희 정부는 지나친 교육열을 완화하기 위해 중학교 무시험 제도를 시행하였고, 대도시를 중심으로 고등학교 평준화 제도를 도입하였다. 대학 교육을 강화하기 위해 대학 입학 예비고사와 학사자격 고시를 시행하였다. 교육 정책은 정부가 주도하였고, 1968년에는 국민 교육 헌장을 선포하고 교육 획일화 정책을 강요하였다. 학교 내에서는 군사 훈련과 반공 교육이 일상화되었다.

1980년대에 들어와 전두환 정부는 학교 교육 정상화를 내세우며 과외를 전면 금지하고, 대학 입학 본고사를 폐지하였다. 대학에서는 졸업 정원제를 실시하였다. 그러나 대학에 입학하기 위한 경쟁은 여전히 치열하였고, 비밀과외가 성행하는 등 부작용이 속출하였다. 이를 해소하기 위해 대학 입시 제도의 개선이 여러 차례 되풀이되었으나, 근본적인 문제는 해결되지 않았다.

6) 새로운 언론의 시대

4·19 혁명을 계기로 신문에 대한 발행 허가제가 폐지되고 등록제로 바뀌자, 많은 신문들이 발간되었다. 1960년대에 들어 언론의 사회적 역할이 강화되자, 박정희 정부는 언론사에 경제적 특혜를 주는 방식으로 언론을 길들이고자 하였다. 1960년대의 경제 성장으로 광고 수입이 증가하면서 언론의 상업화가 진행되었고, 신문 발행 부수도 늘어났다. 유신 체제 하에서 박정희 정부가 언론에 대한 탄압을 강

화하자 언론 자유를 지키기 위한 운동이 벌어졌다. 이로 인해 기자들이 대량 해고당하기도 하였다.

1980년대 전두환 정부는 언론 매체들을 통폐합하고 비판적 성향의 기자들을 대거 해직시켜 언론 통제를 강화하였다. 보도 지침을 통해 언론사가 보도해야 할 내용을 규정하였다. 1980년대 중반 민주화의 진행에 따라 언론에 대한 정부의 간섭은 줄어들기 시작하였다. 1987년 6월 민주 항쟁으로 언론의 자유가 신장되었고, 새로운 신문들이 등장하여 다양한 성향의 여론이 형성되었다. 신문, 잡지와 정기 간행물들이 여론의 한 축을 담당하였다.

7) 한국학과 한국 문화

1960년대에는 한국학이 발전하였다. 분야별로 새로운 학회들이 창립되었고, 여러 대학에 학술 연구 기관들이 세워졌다. 국어, 국문학 분야에서 고전에 대한 연구 활동이 활발해졌고, 역사학 연구도 진일보하였다. 실증적, 문헌 고증적 연구가 주류를 이루었다.

1970년대 박정희 정부는 민족 사관과 국적 있는 교육을 강조하면서 국사 교육을 강조하였다. 한국 역사학계는 식민 사관의 극복을 내세워 민족사의 내재적 발전론을 강조하였다. 1980년대 이후 국민들의 역사에 대한 관심이 높아졌고, 일본 역사 교과서의 한국사 왜곡에 대해 관심과 비판이 제고되었다. 정치 현실에 대한 비판과 민족 통일에 대한 새로운 전망도 나타났으며 민중을 중심에 두고 역사를 서술하는 분위기도 형성되었다.

산업화 이후 현실적 필요에서 과학기술 연구가 장려되었다. 정부는 1971년 한국 과학기술 연구원(KIST)을 설립하고, 해외의 한국인 과학자를 유치하는 등 과학 기술 분야를 중점적으로 육성하고자 하였다. 과학 진흥 풍토를 조성하기 위해 전 국민 과학화 운동을 추진하였다.

1960년대 이후 한국 문학은 순수 문학과 참여 문학이 대립하면서 문학의 지형이 새롭게 형성되었다. 이때의 문학은 민족 문화의 정통성에 대한 인식과 함께 전통의 계승과 발전에 주목하였다. 또한 강렬한 사회 인식과 현실 참여적 성격을 갖는 작품들이 등장하였다. 각종 문학 전문 잡지들도 꾸준히 발행되어 한국 문학과 문단이 발전하였다.

음악과 미술은 경제 성장과 함께 발전하였다. 음악과 미술 분야는 해외 유학파들이 잠시 주도하기도 하였다. 초기에는 서양 음악과 서양 미술의 흐름을 받아들여 이를 모방하고 응용하는 수준이었으나, 지속적으로 음악과 미술이 발전하여 새로운 한국 예술이 형성되기 시작하였다. 독자적인 경지를 개척하는 예술가들도 등장하였

세종문화회관(서울 종로)

다. 1980년대 이후에는 뛰어난 실력으로 해외에서 활발하게 활동하여 세계적인 수준에 오른 예술가들도 나타났다.

국악과 한국화 분야에서는 이전 시기보다 관심이 높아져서 전통 예술을 계승하거나 발굴하는 작업도 상당히 진행되었다. 전통 예술과 서양 예술을 접목하려는 움직임도 나타났다. 정부는 세종 문화 회관을 건립하였고 문화 활동을 적극 지원하였다. 1980년대에는 음악, 미술 공연장과 전시장을 망라한 예술의 전당을 세워 예술 발전의 토대를 만들었다.

8) 대중문화와 1988년 서울 올림픽

1960년대에는 대중문화가 발달하였다. 라디오와 텔레비전의 등장과 확산으로 드라마와 음악이 대중에게 큰 영향을 미쳤다. 방송의 공익성보다 상업성이 전면화 되었다. 미국을 중심으로 한 서양 문화의 유입이 빨라지면서 서양 문화가 유행하였다. 복고풍이 유행하는 현상도 나타났다. 영화관이 늘어나 영화가 대중들로부터 사랑을 받았다.

1970년대에는 통기타와 청바지로 상징되는 청년 문화가 형성되었다. 상대적으로 새로운 문화의 수용에 적극적인 청소년들이 대중문화의 주인공으로 등장한 것도 1970년대 이후였다. 1980년대부터는 대중가요와 텔레비전 방송의 프로그램들이 대중적인 인기를 받았다. 텔레비전의 보급으로 한때 침체되었던 영화는 선진 영화의 감성과 기법을 도입한 새로운 영화의 출현으로 대중의 인기를 다시 얻기 시작하였다.

이 시기에는 상업적인 대중문화를 비판하거나, 현실 참여적인 문화 활동도 나타났다. 민중가요가 등장한 이후 각 분야에서 활발한 활동이 전개되어 대중문화의 다양화가 표출되었다. 민중문화의 시대가 열렸다.

1960년대 이후 스포츠는 정부의 지원에 힘입어 발달하였다. 1966년 국가 대표 선수들의 훈련을 위해 만들어진 태릉선수촌은 한국 스포츠의 요람으로 발전하였다. 한국 스포츠는 체계적이고 집중적인 지원과 관심으로 국제 대회에서 차츰 성과를 낼 수 있었다. 1976년 몬트리올 올림픽 대회에서 해방 이후 처음으로 레슬링 종목에서 금메달을 땄다. 1980년대에 들어서는 양궁과 격투기에서 세계적 수준에 올랐고, 국제 대회에서 괄목할 만한 결과를 성취하기도 하였다. 한국의 스포츠는 1986년 아시안 게임과 1988년 서울 올림픽 대회를 개최함으로써 두각을 나타냈다.

1980년대 이후 야구와 축구 분야에서 프로팀이 등장하였다. 프로 스포츠는 대중적 인기를 얻으며 정착에 성공하였다. 때로는 정부의 정치적 의도에 의해 육성되거나 이용되는 경향도 있었다. 엘리트 스포츠가 점차 대중에게 보급되면서 건강 증진과 인간적 화합, 친목을 도모하기 위한 사회 체육으로 발전하였다.

1990년대 한국은 1988년 서울 올림픽의 개최로 세계적으로 위상이 제고되었다. 사회적으로도 독재

종식과 지속적인 호황, 경제 발전 등으로 '좋은 시절'로 기억되고 있다. 동시에 악재도 겹쳐 성수대교 붕괴 사고, 아현동 도시가스 폭발 사고, 삼풍백화점 붕괴 사고 등의 인재가 일어나기도 하였다.

서울 올림픽 기념 우표(호돌이)

이 시기의 청소년과 대학생들은 1980년대의 이념적인 면에서 탈피하여 자유로운 사고를 하였다. 새로운 세대인 X세대는 개성을 중시하고 대중문화에 열광하였다. 경제적 능력의 향상과 사교육비는 자연스럽게 늘었고 사회적인 문제가 되었다. 과도한 사교육과 함께 학생 인권의 침해 현상이 사회적 문제가 되었다. 대학교 입학률도 높아졌고, 전국적으로 대학교가 늘어났다. 인구 분포에서도 청소년층이 줄고 성인층이 증가하며 노년층도 급격히 증가하였다.

1991년부터 외국인 노동자들의 입국이 허용되어 매년 많은 외국인 노동자들이 한국에 들어오고 있다. 아울러 불법 체류자도 대량 양산되고 있는데 이는 1990년대 중반부터 국내 노동자들의 임금 저하가 원인이었다. 취업 호경기도 1990년대 중반부터 변하였다. 1996년에는 비정규직법이 많은 반대에도 불구하고 통과되었고, 이후 1997년 외환 위기가 도래하여 비정규직은 더욱 늘어나기 시작하였다.

1990년대는 한국인의 삶과 가치관이 가장 크게 변화된 시대였다. 안정된 민주주의와 경제적 풍요, 개인용 컴퓨터, 휴대 전화 등의 보급에 의한 정보 기술의 발전 속에서 한국인들의 삶은 바뀌었다. 한국 사회는 다양한 사회로 바뀌어 갔다.

1990년대는 대중음악에서도 '아이돌의 시대'가 열렸다. 이제 '듣는 음악'에서 '보는 음악' 시대로 전환되기 시작하였다.

9) 시민 사회의 도래

1990년대 말 2000년대 이후 한국 사회는 시민 사회가 성장하였다. 시민과 시민운동의 발언권이 강해지고 정부와 협력과 갈등의 구조를 창출하여 갔다. 2000년 제16대 총선은 부적격 후보에 대한 공천 반대와 낙선 운동이 전개되었다. 2000년대에는 여성의 지위 향상과 사회적 영향력이 확대되었고 이를 위한 각종 정책이 마련되었다.

2005년에는 호주제가 폐지되었고, 가문의 결정에 여성이 참여할 수 있는 길이 열렸다. 환경문제가 부각되었고 핵폐기물 처리를 위한 부지선정 등의 문제가 사회적 관심을 모았다. 2007년 태안 앞바다 원유 유출 사고가 발생하여 환경 문제가 크게 부각되었다.

평화 운동과 대중문화의 새로운 변화는 이 시대를 급변하게 만들었다. 미군 장갑차에 여중생이 사망한 사건과 2002년 월드컵 때 길거리 응원은 새로운 문화를 선도하였다. 그리고 한류의 확산은 한국 문화의 세계화로 현재도 진행형이다.

26 평화 통일과 과제

오두산 통일 전망대 (경기 파주)

1 북한 사회

1) 주체 사상과 북한 사회

1970년대 이후 북한 사회는 주체 사상에서 출발하고 있다. 주체 사상은 혁명과 건설의 주인은 인민대중이고 혁명과 건설을 추동하는 힘도 인민대중에게 있다는 사상이다. 1972년 9월 17일 '우리 당의 주체 사상과 공화국 정부의 대내외 정책의 몇 가지 문제에 대하여'라는 김일성의 연설에 등장하였다.

북한에서는 주체 사상이 1926년 조직된 타도 제국주의 동맹의 회의에서 처음 주창되었고 김일성이 1930년 지린성 창춘 카륜회의에서 발표한 '조선혁명의 진로'라는 연설문에서 주체적 입장이 천명되었다고 한다. 주체 사상이 공식 '통치이념'으로 규정된 것은 1972년 사회주의 헌법의 제정에서였다. 이 헌법에 의해 김일성이 주석이 되었고, 국가 주석은 행정과 군사 분야의 최고 지도자가 되었다.

북한은 1970년대 사상, 문화, 기술의 3대 혁명 운동을 확산시켰다. 북한은 경제 계획이 부진함에 따라, 이 계획을 성공시키기 위해 1973년 3대 혁명 소조 운동을 시작하였다. 이들은 공장, 기업소, 농장, 학교 등에 파견되어 현장 간부들을 지도하였다. 이 운동은 김정일의 지도 아래 전개되었고 김정일이 북한 사회 전반에 영향력을 강화하는 계기가 되었다.

중국과 소련의 갈등이 지속되자 북한은 독자 노선을 천명하였다. 이 때문에 중국, 소련의 경제 및 군사 원조가 줄어들었다. 북한은 이 위기를 극복하기 위해 국방력 강화와 경제 발전을 동시에 추구하는 국방과 경제 병진 노선을 채택하였다. 국방 예산을 늘림에 따라 북한 경제 성장은 둔화되었고, 그 결과 1961년부터 시작된 제1차 7개년 계획은 1970년에 가서야 마무리되었다. 그리고 인민 경제 6개년 계획에 이은 제2차 7개년 계획이 추진되었으나, 그 성과는 미미하였다.

2) 북한 사회의 제한적 변화

1984년 북한은 외국 자본과 기술을 받아들여 합작회사를 운영하겠다는 합영법을 만들어 경제 침체를 극복하고자 하였다. 합영법에 따라 경

주체사상탑(북한 평양)

제 개방과 무역 확대를 추진하였지만, 미국의 경제 제재와 열악한 투자 환경 때문에 효과는 크지 않았다. 북한 경제는 김일성 유일 체제 구축, 과도한 군사비 지출, 자본과 에너지 부족, 기술 낙후 등으로 지속적인 침체에 빠졌다. 1980년대 이후에는 큰 경제적 위기에 놓이게 되어 1990년대 중후반 국제적 고립과 자연 재해 등으로 극도의 경제적 어려움을 겪었다. 1994년 김일성 주석 사망 이후 경제 사정이 어려워지자 김정일 국방위원장은 '고난의 행군'의 정신을 잊지 말자고 하였다. 당시 북한은 국제적 고립과 자연 재해로 수백만 명의 아사자가 발생하였다.

1991년도 함경도 나진시와 선봉군의 지역을 묶어 자유 경제 무역 지대로 나진항 등을 자유무역항으로 지정하였다. 외국으로부터 선진 과학과 기술을 받아들이고 경제의 활성화를 일으키고자 하였다. 이곳에서 각종 투자 설명회를 개최하여 해외 투자 유치 활동에 노력을 기울였다. 북한의 '경제 특구 정책'은 대외 경제 개방 정책에서 중요한 전환점이었다. 북한은 이를 통해 외국인의 직접 투자 유치의 필요성을 실현시키고자 시장 경제도 허용하였다. 그러나 물류 유통, 전력 공급 등의 사회적 인프라가 취약하여 실질적인 효과는 부진하였다.

2 남북 통일과 남북 교류

1) 1960, 1970년대 남북 교류

남북한의 교류와 통일 논의는 한반도 역사의 한 가운데를 관통하고 있다. 남한의 통일 논의는 1960년대부터라고 할 수 있다. 4·19 혁명으로 수립된 장면 정부는 이승만 정부의 북진통일론 대신 평화적 통일과 유엔감시 하의 남북한 총선거를 통일 방안으로 채택하였다. 당시 학생과 민간 통일 운동 세력은 영세 중립화, 남북 협상에 의한 통일을 주장하기도 하였다. 북한은 과도적 고려 연방제를 제안하였다.

5·16 군사 정변으로 집권한 박정희 정부는 반공을 국가 이념으로 삼았다. 남한에서는 통일에 관한 논의가 중단되었으며, 통일 정책을 추진하거나 북한과 관계 개선에 나서지 않았다. 북한도 남북 협상론 대신 남조선 혁명론으로 대응하였다. 1960년대 후반 북한은 연이은 군사 도발을 감행하였다. 1968년 북한 특수부대가 청와대를 습격하려다 실패하였고, 동해안을 통해 울진과 삼척 지구에 대규모 무장 간첩을 침투시켰다. 동해에서 미국 군함인 푸에블로호를 납치하여 한반도에 긴장이 증폭되기도 하였다. 한국과 미국은 군사 동맹 체제를 강화하고 박정희 정부는 향토 예비군과 학도 호국단을 창설하여 반공 체제를 구축하고자 하였다.

1970년대에 들어 냉전 체제가 완화되자 남북 관계도 새로운 변화를 맞이하였다. 박정희 정부는 자주 국방 정책을 추진하고 남북 간 긴장 완화를 위한 남북 대화를 제안하였다. 북한은 국방비 지출을 줄이고, 주한 미군 철수를 주장하기 위해 남북 대화에 응하였다. 1971년부터 이산가족 재회를 위한 남북 적십자 회담을 진행하였다.

1972년 남북한은 당국자들 간의 비밀 회담과 상호 방문을 거쳐 '자주·평화·민족 대단결'의 3대 통일 원칙에 합의한 '7·4 남북 공동 성명'을 발표하고 남북 조절 위원회를 구성하고 남북 대화를 진행하였다. 이 선언은 분단 이후 최초로 남과 북의 대표가 합의한 선언이다. 이후 남과 북은 통일 원칙에 대한 당국자들의 해석 차이로 구체적인 성과를 내지 못하였다. 그러는 사이 남한에서는 유신 헌법을 공포하면서 유신 체제가 시작되었고, 북한에서는 사회주의 헌법을 선포하며 김일성 독재 체제를 강화하였다. 결국 '7·4남북 공동 성명'은 남북한 정권의 권력 강화에 이용되었다는 평가를 받기도 하였다.

1973년 박정희 정부는 '6·23 평화통일 외교정책 선언'을 발표하였다. 남북한 유엔 동시 가입, 호혜 평등의 원칙에 기반을 둔 문호 개방을 제안하였다. 이에 대해 북한은 남북한 유엔 동시 가입은 분단을 영구화시키는 것으로, '7·4 남북 공동 성명'에서 합의한 통일 원칙에 위배된다고 주장하며 대화를 중단하였다. 그러던 차에 북한은 1974년 박정희 대통령의 부인인 육영수를 8·15 광복절 기념식장에서 저격하는 도발을 일으켰으며 1976년에는 판문점 도끼 살인 사건이 발생하였다. 판문점 인근 공동 경비 구역 내에서 조선 인민군 30여 명이 도끼를 휘둘러 미루나무 가지치기 작업을 감독하던 주한 미군 장교 2명을 살해하고 주한 미군과 한국군 다수에게 피해를 입혔다.

1980년대에도 남북 대립이 지속되는 상황에서 남과 북은 각각 서로 다른 통일 방안을 제시하였다. 1989년 노태우 정부는 '한민족 공동체 통일 방안'을 발표하였다. 북한은 1980년 이래로 고수해 온 '고려 민주 연방 공화국 통일 방안'을 제시하였다. 이는 서로 다른 사상과 제도를 가진 남북의 정부를 각각 인정한 상태에서 군사권과 외교권을 행사하는 연방 정부를 두자는 제안이었다. 남북이 내놓은 통일 방안은 이후 실질적인 노력은 없었다.

하지만 노태우 정부는 북방 정책을 내세우며 사회주의권에 대한 외교를 강화하였다. 중국의 개혁, 개방을 계기로 사회주의 국가들과의 경제 교류를 확대할 수 있었다. 독일 통일을 지켜본 정부는 평화적인 남북 관계로의 진전과 평화 통일에 대한 필요성을 느끼고 북한과 접촉을 시도하였다. 1990년 남북 총리를 대표로 하는 남북 고위급 회담이 서울과 평양에서 열렸다. 그리고 이듬해인 1991년에는 남북한이 유엔에 동시 가입하였다. 계속해서 제5차 남북 고위급 회담에서 '남북 시기의 화해와 불가침 및 교류·협력에 관한 합의서'(남북 기본 합의서)가 채택되었다. 여기에서 남북한은 상호 체제를 존중하고 내정에 간

7·4 남북 공동 성명(1972년)

첫째, 통일은 외세에 의존하거나 외세의 간섭을 받음이 없이 자주적으로 해결하여야 한다.
둘째, 통일은 서로 상대방을 반대하는 무력행사에 의거하지 않고 평화적 방법으로 실현하여야 한다.
셋째, 사상과 이념, 제도의 차이를 초월하여 우선 하나의 민족으로서 민족적 대단결을 도모하여야 한다.

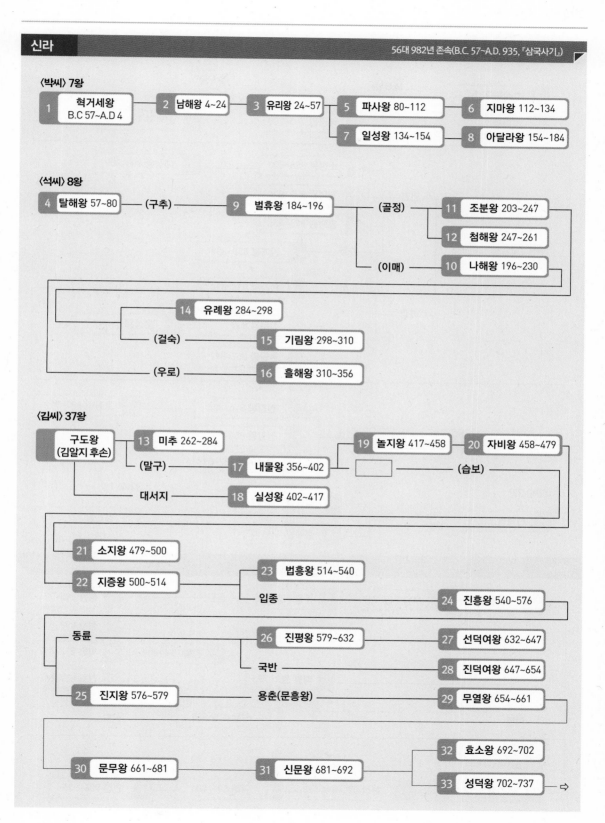

〈박씨〉 7왕

1 혁거세왕 B.C 57~A.D 4 — 2 남해왕 4~24 — 3 유리왕 24~57 — 5 파사왕 80~112 — 6 지마왕 112~134

7 일성왕 134~154 — 8 아달라왕 154~184

〈석씨〉 8왕

4 탈해왕 57~80 — (구추) — 9 벌휴왕 184~196 — (골정) — 11 조분왕 203~247

12 첨해왕 247~261

(이매) — 10 나해왕 196~230

14 유례왕 284~298

(걸숙) — 15 기림왕 298~310

(우로) — 16 흘해왕 310~356

〈김씨〉 37왕

구도왕 (김알지 후손) — 13 미추 262~284

(말구) — 17 내물왕 356~402 — 19 눌지왕 417~458 — 20 자비왕 458~479

(습보)

대서지 — 18 실성왕 402~417

21 소지왕 479~500

22 지증왕 500~514 — 23 법흥왕 514~540

입종 — 24 진흥왕 540~576

동륜 — 26 진평왕 579~632 — 27 선덕여왕 632~647

국반 — 28 진덕여왕 647~654

25 진지왕 576~579 — 용춘(문흥왕) — 29 무열왕 654~661

30 문무왕 661~681 — 31 신문왕 681~692 — 32 효소왕 692~702

33 성덕왕 702~737 ⇨

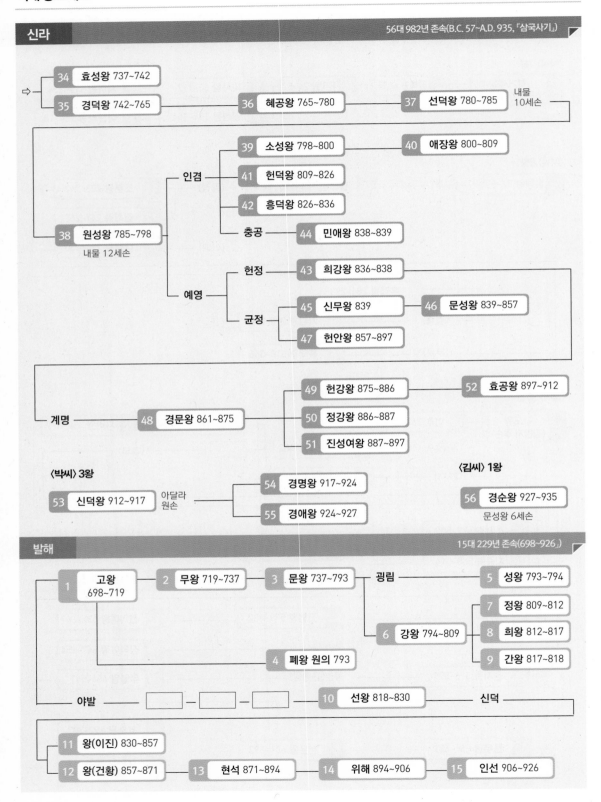

신라　　56대 982년 존속(B.C. 57~A.D. 935, 「삼국사기」)

- 34 효성왕 737~742
- 35 경덕왕 742~765 ── 36 혜공왕 765~780 ── 37 선덕왕 780~785　내물 10세손
- 38 원성왕 785~798 　내물 12세손
  - 인겸
    - 39 소성왕 798~800 ── 40 애장왕 800~809
    - 41 헌덕왕 809~826
    - 42 흥덕왕 826~836
    - 충공 ── 44 민애왕 838~839
  - 예영
    - 헌정 ── 43 희강왕 836~838
    - 균정
      - 45 신무왕 839 ── 46 문성왕 839~857
      - 47 헌안왕 857~897
- 계명 ── 48 경문왕 861~875
  - 49 헌강왕 875~886 ── 52 효공왕 897~912
  - 50 정강왕 886~887
  - 51 진성여왕 887~897

〈박씨〉 3왕
- 53 신덕왕 912~917　아달라 원손
  - 54 경명왕 917~924
  - 55 경애왕 924~927

〈김씨〉 1왕
- 56 경순왕 927~935　문성왕 6세손

발해　　15대 229년 존속(698~926)

- 1 고왕 698~719 ── 2 무왕 719~737 ── 3 문왕 737~793
  - 굉림 ── 5 성왕 793~794
  - 6 강왕 794~809
    - 7 정왕 809~812
    - 8 희왕 812~817
    - 9 간왕 817~818
  - 4 폐왕 원의 793
- 야발 ── ☐ ── ☐ ── ☐ ── 10 선왕 818~830 ── 신덕
- 11 왕(이진) 830~857
- 12 왕(건황) 857~871 ── 13 현석 871~894 ── 14 위해 894~906 ── 15 인선 906~926

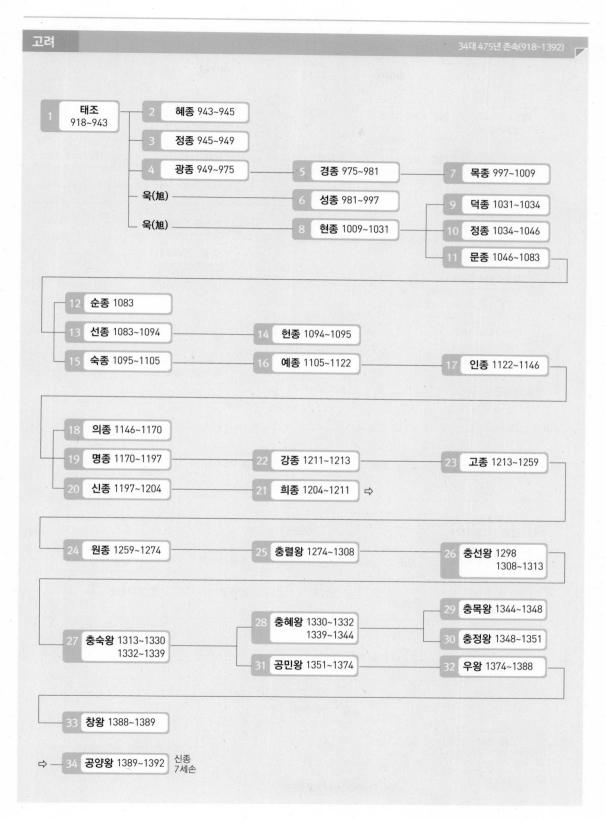

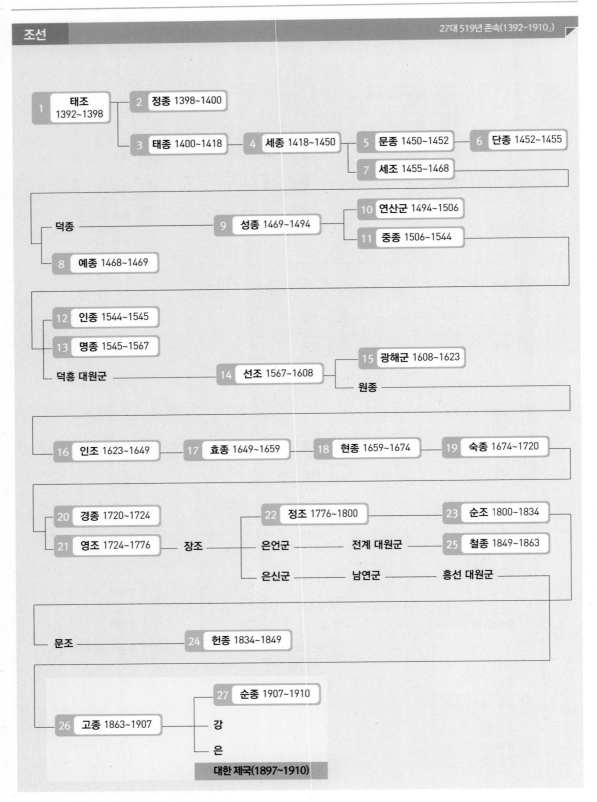

2. 참고 문헌

강동진, 『일제의 한국침략정책사』, 한길사, 1985.

강만길, 『고쳐 쓴 한국현대사』, 창작과비평사, 2001.

김인호 외, 『미래를 여는 한국의 역사』, 웅진지식하우스, 2011.

김철준 · 최병헌 편, 『사료로 본 한국문화사』, 고대편, 일지사, 1986.

김한종 외, 『한국 근 · 현대사』, 금성출판사, 2005.

김원룡 · 안휘준 저 『한국미술사』, 서울대출반부, 2000.

민속원, 『한국 역사 민속학 강의』 1, 민속원, 2010.

박환, 『20세기 한국 근현대사 연구와 쟁점』, 국학자료원, 2001.

박경식, 『일본제국주의의 조선지배』, 청아출판사, 1986.

박용운, 『고려사』상, 하, 일지사, 1989.

박찬승 편, 『한국 근현대사를 읽는다』, 경인문화사, 2010.

변태섭 · 신형식, 『한국사통론』, 삼영사, 2006.

서의식, 이병희, 류승렬 외, 『뿌리 깊은 한국사, 샘이 깊은 이야기』 권1~권7, 가람기획, 2004.

서중석, 『사진과 그림으로 보는 한국현대사』, 웅진지식하우스, 2009.

서중석, 『한국 현대 민족 운동 연구』, 역사비평사, 2002.

송건호 외, 『해방 전후사의 인식』, 한길사, 2007.

송건호, 『한국현대사』, 두레, 1986.

신형식, 『고구려사』, 이화여자대학출판부, 2003.

신형식, 『백제사』, 이화여자대학출판부, 1992.

신형식, 『신라 통사』, 주류성, 2004.

신형식, 『한국의 고대사』, 삼영사, 1999.

신형식 외, 『신 한국 통사』, 주류성, 2014.

이광린, 『한국 근현대사 논고』, 일조각, 1999.

이광린 외편, 『사료로 본 한국문화사』, 근대편, 일지사, 2001.

이기명, 『조선시대 관리임용과 상피제』, 백산자료원, 2007.

이기백, 『한국사신론』, 일조각, 1999.

이기백 · 민현구 편, 『사료로 본 한국문화사』, 고려편, 일지사, 1995.

이기백 · 이기동 공저, 『한국사강좌』 1, 고대편, 일조각, 1990.

이성무, 『조선시대당쟁사』, 아름다운 날, 2007.

이완범, 『해방 3년사』, 태학사, 2007.

정구복 외, 『조선시대 연구사』, 한국정신문화연구원, 1999.

정재정, 『서울 근현대 역사 기행』, 혜안, 1998.

장득진 외, 『참 한국사 이야기』, 1~4, 주류성, 2018.

조동걸, 『한국 근현대사의 이해와 논리』, 지식산업사, 1998.

진홍섭 외, 『한국 미술사』, 문예출판사, 2006.

하원호 외, 『한국 근대 개화 사상과 개화 운동』, 신서원, 1998.

한영우, 『다시 찾는 우리역사』, 경세원, 2001.

한우근 · 이성무 편, 『사료로 본 한국문화사』, 조선후기, 일지사, 1985.

한우근 · 이태진 편, 『사료로 본 한국문화사』, 조선전기, 일지사, 1984.

국립중앙박물관, 『고려 시대를 가다』, 국립중앙박물관, 2009.

국립중앙박물관, 『다시 보는 역사 편지 : 고려묘지명』, 국립중앙박물관, 2006.

국사편찬위원회, 『고등학교 국사』, 교육인적자원부, 2002.

국사편찬위원회, 『신편 한국사』 1~50권, 탐구당, 1994~1998.

대한민국 임시정부 청사관리처, 『도설 한국 독립 운동사』, 대한민국임시정부 청사관리처, 2002.

역사문제연구소, 『한국 현대사의 라이벌』, 역사비평사, 1992.

역사학연구소, 『함께 보는 한국 근현대사』, 서해문집, 2004.

한국사연구회 편, 『한국사 연구입문』, 지식산업사, 제1판(1981), 제2판(1987), 제3판(2008).

한국사특강편찬위원회, 『한국사 특강』, 서울대출판부, 2008.

한국역사연구회, 『한국사강의』, 한울아카데미, 1989.

한국역사연구회, 『고려 시대 사람들 어떻게 살았을까』 1 · 2, 청년사, 2005.

한국역사연구회, 『삼국 시대 사람들 어떻게 살았을까』, 청년사, 2005.

한국역사연구회, 『한국현대사』 4, 풀빛, 1991.

한국학중앙연구원, 『한국 민족문화 대백과사전』, 한국학중앙연구원, 1991.

F.A. 매켄지, 『한국의 독립운동』, 집문당, 1999.

〈참고 웹 사이트〉

고전번역원

공훈전자사료관(국가보훈처)

국사편찬위원회

독립기념관

두산 백과사전

문화재청

서울대 규장각 한국학연구원

장서각

한국역사정보통합시스템

한국학중앙연구원

색인

ㄱ

역시 한국사

초판 1쇄 인쇄 | 2018년 8월 10일
초판 1쇄 발행 | 2018년 8월 24일
지은이 | 김인덕(청암대학교), 이기명(죽전고등학교), 장득진(국사편찬위원회)
　　　　정성일(광주여자대학교), 한문종(전북대학교), 홍성덕(전주대학교)
검토 및 사진 | 장득진(국사편찬위원회)
발 행 인 | 황순신
펴 낸 곳 | (주)지엔피에듀

등록번호 | 2016년 6월 8일 제2016-000166호

주　　소 | (03992) 서울특별시 마포구 월드컵북로6길 12-9(동교동 203-35)
구입문의 | 02-6203-1532
팩　　스 | 02-6203-1533

(주)지엔피에듀에서 발간한 책은 전국 대형서점에서 구입할 수 있습니다.
편집·디자인 | (주)지엔피링크
기　　획 | 한국역사문화교육연구회
제　　작 | (주)지엔피링크
가　　격 | 22,000원

ISBN 979-11-960939-8-3　43910